영유아
안전관리와 교육

조경자 · 이현숙 공저

학지사

머리말

인간의 삶을 둘러싼 환경이 편리하고 풍요롭게 될수록 '안전한가?'라는 의문이 잇따르게 되는 현실이다. 우리의 삶을 보다 윤택하게 하고자 이루어 낸 것들이 우리의 안녕을 위협하는 또 다른 요인이 되기도 한다. 천혜의 자연조건을 가진 상태에서도 예기치 않은 자연재난이 인간을 위험에 봉착하게 한다. 그러니 인간이 이루어 낸 다양한 환경의 구축과 변화들이 안전을 위해하는 새로운 요인이 되는 것은 어찌 보면 당연하다.

가장 어린 세대인 영유아는 현재는 물론이고 어쩌면 앞으로도 부모나 그 이전 세대보다 더 안전하지 않은 환경에 노출된 채 살아가게 될지 모른다. 인간이 환경을 새롭게 조성하고 변화시켜 나가는 창조적 능력을 발휘할 때마다 우리는 우리가 이루어 내는 그러한 변화들이 인간 삶의 안전에도 적합한지 점검하여야 한다. 그러한 측면에서 안전과 관련된 다양한 법이 제정되고 또 변화되는 환경에 따라 개정되고 있다.

영유아교사양성기관인 대학의 교육과정도 이러한 변화를 반영하고 있는 듯하다. 그동안 건강교육은 교사양성과정의 주요 교과목으로 중요성을 지니고 운영되어 왔으며 교과목의 내용으로 '안전'이 포함되어 왔다. 그러나 영유아를 위한 안전관리와 교육이 개별 교과목으로 교사양성교육과정에 포함되어야 한다는 요구가 제도적으로 반영되었다. 이에 따라 이제 많은 대학에서 영유아의 안전과 관련한 교육이 단일 교과목으로 운영되고 있다.

이 책은 영유아를 위한 안전관리와 교육을 주제로 하는 교과목의 교재로 집필되었다. 예비유아교사들이 장차 교사가 되었을 때 환경을 안전하게 관리하고, 영유아에게 적절한 안전교육을 수행하는 데 기초가 되는 내용을 담고자 하였다.

1장에서는 안전관리와 교육의 중요성을 우리나라 영유아 사고 현황과 연관하여 살펴보고 영유아의 안전을 위한 유아교육기관의 역할과 국가 수준 교육과정에서 제시하고 있는 안전교육의 내용을 알아보았다.

2장과 3장에서는 실내·외 유아교육기관의 안전한 환경 조성과 관리, 그리고 유아교육기관 환경에 대한 안전교육을 포함하여 다루었다.

4장부터 10장까지는 각각 주제별 안전과 안전교육에 대한 내용을 담고 있다. 즉, 각 장별로 식품안전, 교통안전, 재난안전, 약물안전, 미디어 안전, 학대로부터의 안전, 실종 및 유괴 안전으로 나누어 제시하였다.

끝으로 11장에서는 응급상황에 대한 대처와 응급처치에 대한 내용을 다루고 있다.

이 책의 주제인 '안전'은 많은 부분이 법 및 정책을 비롯한 공공의 자료들이 기준이 되고 있다. 따라서 집필 내용에 안전과 관련된 다양한 법규, 관련 부처나 기관의 연구 자료와 지침 등 공공 자료가 많이 활용되었음을 밝힌다.

이 책이 나오기까지 정성을 다하여 주시고 저자들의 미흡함을 보완하여 더 좋은 책이 되도록 도와주신 학지사의 김진환 대표님과 편집자님을 비롯하여 도움과 지원을 주신 많은 분께 깊은 감사를 드린다. 이 책이 부족하나마 유아교사가 되기 위해 공부하는 학생들에게 활용되어 어린이의 안녕과 안전을 위한 환경구성과 관리, 그리고 어린이의 안전한 삶을 위한 교육을 실천하는 데 도움이 되기를 희망한다.

2019년 12월

저자 일동

차례

1장

안전관리와 교육의 기초

1. 안전 및 안전교육의 중요성
2. 영유아 사고 현황
3. 발달 특성에 따른 안전 문제
4. 영유아 안전을 위한 유아교육기관의 역할
5. 국가 수준 교육과정의 안전교육

영유아 안전관리와 교육

사람이 사람다운 삶을 꾸려 나가기 위해 안전은 필수적이다. 인간은 태어나는 그 순간부터 위험에 노출된다. 생명의 탄생이라는 기쁨과 사랑하는 자녀에 대한 지극한 애정으로 갓 태어난 아기에게 최적의 환경과 양육을 베풀지만 불가항력적인 위험 요소는 언제 어디서 나타날지 모른다. 우리는 살아가는 내내 인간으로서의 삶에 최적의 안전을 희망하지만 완전한 상태란 존재하기 어렵다. 또 최적의 안전을 이루려면 여러 측면에서 많은 노력이 필요하다. 사람은 자신이 처한 환경이 안전하지 못하다고 생각하면 심적인 상태와 행동이 위축되고 최고의 역량을 발휘할 수 없게 된다. 최선의 안전한 환경이 바람직한 사회환경과 인간의 잠재력 계발을 이루게 하는 것이다. 그러므로 성장기 어린이들에게 안전한 환경은 더욱 필수적이다. 또 자신과 타인을 안전하게 보호할 수 있는 능력과 태도를 기르도록 돕는 안전교육을 통해 안전한 환경과 삶을 이루는 데 기여하도록 할 수 있다.

1. 안전 및 안전교육의 중요성

안전(安全)은 '위험이 생기거나 사고가 날 염려가 없이 편안하고 온전한 상태, 또는 그러한 상태를 유지하는 일'을 의미한다(다음 한국어사전). Marland 등(1973)은 '인간의 행동수정으로 만들어진 안전한 조건이나 상태, 또는 위험 가능성을 줄일 수 있도록 물리적 환경을 고안하여 사고 위험이 감소된 것'으로 정의하였다(이기숙, 장영희, 정미라, 윤선화, 2014에서 재인용). 즉, 안전은 단순하게 사고를 예방하고 위험이 없는 상태만을 의미하는 것이 아니라 궁극적으로 인간의 생명존중을 목표로 하며 위험이 없는 주관적이고 긍정적 상태의 유지를 포함하는 포괄적 개념이다(박남수, 2016). 그러므로 안전한 환경이 확보되어 있으면서 위험이나 사고를 예방하기 위한 관리와 조치들이 시행되어 편안하고 온전한 상태가 지속되는 것을 안전한 상태라고 할 수 있다. 이렇게 안전한 상태에 있을 때 사람은 심신이 안정된 가운데 자신의 잠재력을 최대한 발휘하며 건강하고 행복한 삶을 살아갈 수 있을 것이다.

인간은 안전한 여건에서 생명이 존중될 권리를 가지고 있다. 어린이 역시 권리를 가진 인간 주체이다. UN은 1989년 아동권리협약을 채택하였는데 제6조에서 '아동이 생명에 관한 고유의 권리를 가지며, 국가는 아동의 생존과 발달을 최대한 보장해야 함'을 명시하였다. 또한 제24조를 통해 아동은 '최상의 건강수준을 유지할 권리'가 있는 존재이므로 국가가 이를 위한 역할을 하여야 한다고 제시하였다.

안전하지 않은 상태로 인해 일어나는 것이 사고이다.[1] 사고가 일어나면 무엇이 원인이 되어 안전한 상태에서 벗어났는지 그 원인을 파악하게 된다. 일반적으로 안전하지 않은 상태가 유발되는 것은, 첫째, 환경 조건이 안전하지 않은 경우이다. 즉, 주로 자연적 여건과 관련된 것으로 지질, 기후환경 등의 요인에 의한 것이다. 둘째, 환경의 설계와 설비가 안전하지 않은 경우에도 안전을 위협하게 된다. 셋째, 관리와 예방의 미비로 위험을 초래하는 경우이다. 천혜의 자연여건이 좋거나 설계와 설비가 안전하게 이루어진 환경이라 하여도 일상의 여건, 환경의 변화 등으로 상태는 달라지고 그에 따른 안전관리와 예방이 병행되지 않으면 위험한 환경으로 변화하게 된다. 넷째, 행위 주체가 행동을 적절히 하지 못하거나 상황을 판단하고 예측하는 능력이 부족한 것도 원인이 된다. 그러므로 인간이 생존권에 해당하는 안전한 삶을 보장받기 위하여 안전한 환경을 조성하고 관리하는 것과 더불어 안전교육을 통해 자신의 행동이 위험과 연관되지 않도록 하는 것, 위험을 예측하고 예방, 관리하는 능력과 태도를 형성할 필요가 있다.

유아기는 신체발달과 지적 발달이 빠르게 이루어지는 시기이다. 그러나 신체적, 인지적으로는 위험을 인식하고, 대처하기에 매우 취약하여 사고가 발생할 가능성이 크다. 실제로 해마다 많은 유아에게 사고가 발생하고 있다. 사고는 손상 정도에 따라 삶의 질 저하와 더불어 경제적 손실, 장애, 심하게는 생명을 위협한다. 위험 인식 능력과 대처 능력이 부족한 유아기 사고는 치명적인 결과를 가져올 가능성이 크다. 따라서 유아의 안전을 확보하기 위한 법적, 제도적 노력과 더불어 안전한 환경

1) '안전사고'란 단어가 하나의 보통명사처럼 사용되고 있다. 그러나 이에 대해 서로 상반되는 뜻을 가진 한자어 두 개를 엉뚱하게 조합하여 사용하는 것으로 해석하기도 한다(출처: 다음백과사전, 이재운 우리말 100가지).

을 마련해 주고, 유아를 보호하는 데 특별한 주의를 기울여야 한다. 또한 안전교육을 통해 사고를 예방하고, 사고에 대처할 수 있는 능력을 길러 주어야 한다.

안전하고 편안한 상태가 지속되려면 안전교육이 필수적이다. 특히 안전한 행동은 단번에 습득되거나 습관화되는 것이 아니므로 자율적 행동이 형성되기 시작하는 영유아기부터 안전교육이 필요하다. Florio(1962)는 안전교육을 다음의 목표를 포함하여 정의하였다(이근화, 2017에서 재인용).

안전교육 정의

첫째, 일상생활 전 영역에서 안전을 위해 필요한 사항을 이해하도록 하고, 안전 규칙을 지키며, 안전하게 행동할 수 있는 능력과 태도를 기른다. 이는 안전에 필요한 지식을 이해하고 안전하게 행동할 수 있는 태도나 습관을 형성하며, 안전에 바람직한 기본적인 행동 양식을 습득하는 것을 의미한다.

둘째, 일상생활 속에 잠재해 있는 안전을 위협하는 위험을 예측 · 확인하고, 판단하여 안전하게 행동할 수 있는 태도와 능력을 기른다.

셋째, 자신이나 타인의 안전생활을 존중하고, 학교, 가정, 지역사회, 산업체 등에서 안전하게 역할을 수행할 수 있는 태도와 능력을 기른다.

출처: Florio (1962)를 이근화(2017)에서 재인용.

이명선 등(2011)과 행정안전부(2012)는 안전교육의 목표를 '안전행동의 습관'으로 정의하였다. '안전행동의 습관'을 이루는 목표는 안전에 관한 '지식' 습득, '기능(기술)'에 대한 교육과 함께 안전을 실천하는 '태도'에 관한 교육이 종합적으로 이루어질 때 달성할 수 있다. 안전교육을 통해 '지식 · 기능(기술)의 습득과 태도의 변화'를 통하여 사고예방을 위한 '종합적 능력'을 갖추고 안전한 행동을 수행하는 것이 안전교육이 추구하는 방향이다. 안전교육을 통해 능력을 갖춘 사람은 본인이나 타인에게 발생할 수 있는 사고를 사전에 예방할 수 있는 행동습관을 가지고 있다(이명선 외, 2011; 행정안전부, 2012).

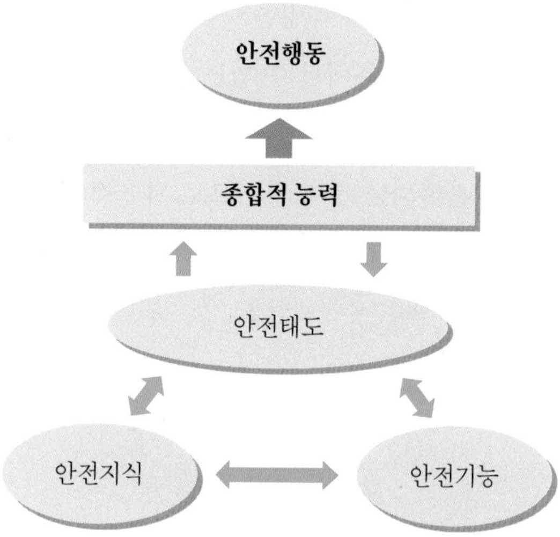

[그림 1-1] 안전교육체계

출처: 이명선 외(2011), p. 10; 행정안전부(2012), p. 11.

안전교육은 안전에 대한 가치관의 확립과도 관계되며 이를 통해 자신만이 아니라 타인의 안전과 복지(권리)를 보호, 존중하는 태도를 형성하고 실천하게 된다. 이러한 맥락에서 안전교육은 곧 인성교육과도 연관된다.

이를 종합하면 안전교육의 개념은 다음과 같이 정리될 수 있다.

- 안전교육은 안전행동을 습관화하기 위한 것이다.
- 안전교육은 인성교육이다. 즉, 자신과 타인의 생명을 존중하는 가치관을 확립하고 실천하도록 교육하는 것이다.
- 안전교육은 안전에 관한 지식을 갖추도록 하는 것이다.
- 안전교육은 안전하게 행동할 수 있는 능력을 갖추도록 하는 것이다.
- 안전을 위한 행동은 일상의 행동뿐 아니라 환경을 안전하게 관리하는 능력을 포함한다.
- 안전교육은 안전을 중요시하고 실행하려는 태도를 갖추도록 하는 것이다.
- 안전교육은 사고를 예측하고 예방하는 능력을 갖추고 실행하도록 하는 것이다.

2. 영유아 사고 현황

유아의 안전을 위해하는 사고는 환경의 문제가 원인이 되어서, 유아가 위험을 인지하고 예측, 대비하지 못하여서, 적절하지 않은 행동을 하여서, 혹은 성인이 유아를 안전하게 관리하지 못하여서 등의 다양한 이유로 발생한다. 우리나라는 아동의 사망자 수가 OECD 국가 중 매우 높아 정부는 2003년 5월을 어린이 안전원년으로 선포하고, '아동안전종합대책'을 수립 · 추진하였다(김승권, 윤선화, 김형욱, 정윤경, 이주영, 2008). 또한 2015년에는 제1차 아동정책 기본계획을 제시하고 이 중 '아동의 안전한 삶'을 핵심지표 영역으로 설정, 주요 정책을 제시하였다(관계부처합동, 2015). 어린이 사망 사고는 줄어들고 있으나 아직도 OECD의 다른 나라보다 사고 사망자 수가 많다. 2016년에는「어린이 안전 종합대책」으로 2020년까지 어린이 사고 사망자 수를 10만 명당 2명 이하로 감축한다는 정책 목표와 실천방안을 제시하였다(국민안전처, 2016. 4. 17.).

1) 유아의 사고 실태

우리나라의 0세에서 14세까지의 어린이[2] 안전사고 사망자 수는 감소 추세에 있기는 하나, 매년 평균 200명 이상의 어린이가 안전사고로 사망하고 있다(통계청, 2018). 최근 2014년부터 2018년까지 5년간의 0~14세 어린이 안전사고 비율은 매년 전체 사고의 30% 이상으로 우리나라의 총 인구 대비 어린이 인구 비중인 12.8%(행

2) 어린이 및 유아의 연령 범위는 다양하게 규정되고 있다. 발달심리학에서도 다양하게 연령이 구분되는데 태내기, 신생아기(출생~약 2주), 영아기(~약 2세), 유아기(~약 6세), 아동기(~약 12세) 등으로 구분한다(유효순, 최경숙, 2006). 통계청의 유소년 인구기준에 따르면 0세부터 만 14세를 유소년 인구로 보고 '어린이'라는 명칭을 사용하며, 발달단계에 따라 영아기(만 1세 미만), 걸음마기(만 1~3세), 유아기(만 4~6세), 취학기(만 7~14세) 등 4단계로 구분한다. 한국소비자원의 어린이 안전 관련 조사 또는 연구도 동일한 기준을 따르고 있다.「어린이제품 안전 특별법」은 만 13세 이하를 어린이로 정의하고 있고,「유아교육법」에서 유아는 '만 3세부터 초등학교 취학 전' 어린이이며,「영유아보육법」에서는 '6세 미만의 취학 전 아동'을 영유아로 정의하고 있다. 이 책에서는 0세부터 초등학교 취학 전 연령에 해당하는 어린이를 유아로 통칭하되, 필요시 영아, 걸음마기 유아, 유아라는 용어를 사용하거나 구체적인 연령 제시 방식을 병용하기로 한다.

정안전부, 2018b)에 비해 매우 높은 편이다(한국소비자원 위해정보국 위해예방팀, 2019). 특히 초등학교 취학 전 유아는 위험을 판단하고 대처하는 능력이 미숙하고, 호기심이 많아 안전사고가 발생할 가능성이 높다.

어린이 사고 실태에는 인적 요인과 환경적 요인의 영향이 반영되어 있다. 대표적인 인적 요인은 성과 연령이다. 여아보다 남아가, 그리고 1~3세 사이의 유아가 안전사고에 많이 노출되어 있다. 환경적 요인으로는 장소와 물건 및 제품이 포함된다. 안전사고가 가장 많이 발생하는 장소는 가정이다. 가정에서 일어나는 안전사고는 미끄러짐 또는 넘어짐, 부딪힘, 추락, 눌림 또는 끼임, 화상, 중독, 삼킴 또는 흡인 등 다양하여 일상적인 가정환경이 안전을 위협할 수 있음을 나타내고 있다. 침대를 비롯한 가구, 주방기기 등이 유아들에게 물리적 충격이나 화상을 입힐 수 있으며 소량의 유해 화학물질도 유아에게는 손상을 입힐 수 있다.

2018년 한국소비자원의 소비자위해감시시스템(CISS)에 접수된 사고에 기초한 통계를 중심으로 사고의 실태 및 경향성을 구체적으로 살펴보면 다음과 같다.[3]

• 성별

여아보다 남아에게서 사고가 많이 발생한다. 우리나라 어린이의 사고에서도 남아의 사고(61.1%)가 여아(39.0%)보다 약 1.5배 정도 높았는데, 이러한 경향은 해마다 유사하게 나타나고 있다. 이는 남아들이 여아들보다 일반적으로 활동적이고 거친 놀이가 많기 때문으로 해석할 수 있다(Frost, Wortham, & Reifel, 2001).

• 발달 시기

사고는 발달 시기에 따라 일정한 경향성을 보인다. 2018년 현황을 기준으로, 6세까지의 취학 전 유아의 사고가 전체 어린이 사고의 79.9%로 어린이 사고의 대부분을 차지하고 있으며 그중에서도 걷기 시작하면서 움직임이 많아지는 1~3세 유아의 사고가 차지하는 비율이 어린이 사고의 거의 과반수에 이를 정도로(48.5%) 가장 높다.

3) 이하 사고 실태는 '한국소비자원 위해정보국 위해예방팀(2019)' 2018년 어린이 안전사고 동향 분석'의 내용에 기초함.

표 1-1 발달단계별 사고 현황(2014~2018년) (단위: 건, %)

구분	2014년	2015년	2016년	2017년	2018년
1세 미만	2,322(8.5)	2,237(8.9)	2,219(9.8)	2,340(9.1)	1,986(8.2)
1~3세	13,804(50.4)	12,534(49.8)	11,081(49.2)	12,186(47.4)	11,678(48.5)
4~6세	5,839(21.3)	5,482(21.8)	4,924(21.8)	5,907(23.0)	5,586(23.2)
소계	21,965(80.2)	20,253(80.5)	18,224(80.8)	20,433(79.5)	19,250(79.9)
학령기(7~14세)	5,416(19.8)	4,899(19.5)	4,321(19.2)	5,266(20.5)	4,847(20.1)
계	27,381(100.0)	25,152(100.0)	22,545(100.0)	25,699(100.0)	24,097(100.0)

다음이 4~6세(23.2%), 학령기 어린이(20.1%), 1세 미만(8.2%) 순이다. 이러한 경향은 해마다 유사한 경향을 보인다.

사고 내용도 연령 및 발달 시기에 따라 달라지는 경향을 보인다. 1세 미만 영아에게는 침대에서 추락하거나 가구에 부딪히는 등 환경에 의한 사고가 많이 발생한다. 1~3세 유아에게는 가구에 부딪히거나 바닥에 넘어지는 사고가 많다. 4세 이상 유아에게는 놀이터, 계단 등 실외에서의 사고가 많아진다. 이로 인해 위해 부위와 위해 증상 또한 달라진다.

• 장소

어린이 사고의 상당수가 가정에서 발생하였으며(67.8%), 다음은 '교육시설'(6.1%), '여가 · 문화 및 놀이시설'(5.4%), '숙박 및 음식점'(3.4%), '도로 및 인도'(3.3%) 순이다. 취학 전 유아의 사고 현황을 발달단계별로 보면 주택에서의 안전사고가 1세

표 1-2 발달단계별 주요 사고 발생 장소(2018년) (단위: 건, %)

구분	1세 미만	1~3세	4~6세
주택	1,735(87.4)	9,022(77.3)	3,506(62.7)
여가 · 문화 및 놀이시설	10(0.5)	422(3.6)	479(8.6)
교육시설	3(0.1)	410(3.5)	385(6.9)
숙박 및 음식점	26(1.3)	361(3.1)	154(3.5)
도로 및 인도	19(1.0)	196(1.7)	206(3.7)

미만 영아 사고의 거의 대부분(87.4%)을 차지하며 1~3세 유아는 77.3%, 4~6세 유아는 62.7%로 어릴수록 주택 내 안전사고의 비중이 크다. 이는 가정 내 안전교육의 필요성과 안전에 대한 부모의 인식 및 관심과 주의가 필요함을 나타내는 것이다.

• 사고 유발품목

어린이 사고를 유발하는 품목으로는 '가구 및 가구설비'가 가장 많고(31.3%), 다음이 '건축/인테리어 자재 및 작업공구'(18.2%), '스포츠 및 취미용품'(11.1%)이다. 이들 품목은 매년 유사하게 사고를 유발하는 것이다.

발달단계별로 사고 유발품목을 살펴보면 1세 미만 영아의 사고는 '침실가구'가 가장 많고, 다음으로 '거실가구', '유아용 가구', '바닥재'의 순이다. 1~3세 유아의 경우 '바닥재'와 '침실가구', '거실가구', '완구'의 순이다. 4~6세 유아는 '바닥재', '놀이터 시설', '침실가구', '문'의 순이다(〈표 1-3〉참조). 사고 유발품목이 침실에서 보다 다

표 1-3 발달단계별 상위 10개 사고 유발품목(2018년)

(단위: 건, %)

순위	1세 미만		1~3세		4~6세	
1	침실가구	689(34.7)	바닥재	1,821(15.6)	바닥재	651(11.7)
2	거실가구	165(8.3)	침실가구	1,230(10.5)	놀이터 시설	508(9.1)
3	유아용 가구	156(7.9)	거실가구	978(8.4)	침실가구	397(7.1)
4	바닥재	113(5.7)	완구	737(6.3)	문	319(5.7)
5	주방가구	72(3.6)	주방가구	672(5.8)	완구	311(5.6)
6	문	71(3.6)	문	623(5.3)	놀이장비 및 액세서리	272(4.9)
7	주방가전	64(3.2)	학생용 및 서재용 가구	500(4.3)	거실가구	259(4.6)
8	식기, 접시 및 컵	41(2.1)	유아용 가구	413(3.5)	학생용 및 서재용 가구	210(3.8)
9	완구	40(2.0)	놀이터 시설	366(3.1)	여행, 문화, 놀이시설 및 서비스	175(3.1)
10	기타 가구 및 가구 부품	29(1.5)	주방가전	293(2.5)	계단 및 층계	172(3.1)

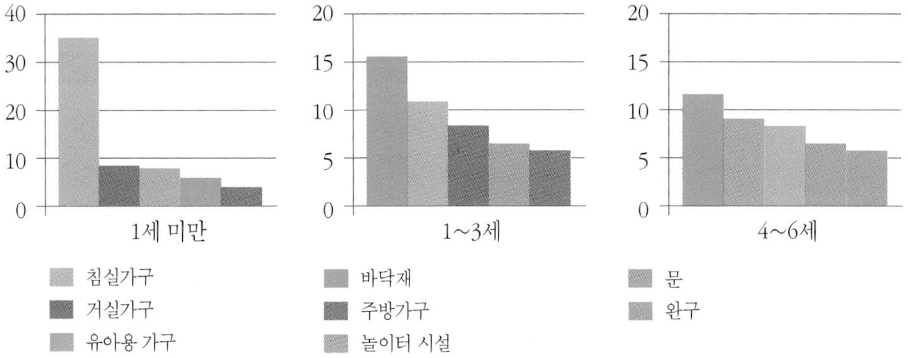

[그림 1-2] 발달단계별 상위 5개 사고 유발품목

양한 장소의 품목으로 확장되는 것은 연령이 높아질수록 활동범위가 넓어짐을 반영하는 것이다.

• 사고 유형(위해 유형)

어린이가 손상을 입는 직접적인 원인이 되는 사고 유형은 '미끄러짐 · 넘어짐'(26.9%), '부딪힘'(23.1%), '추락'(17.4%), '눌림 · 끼임'(6.7%) 등이다. 이 위해 원인들은 해마다 순위는 조금씩 차이가 있으나 지속적으로 주된 위해 원인들이다.

2014~2018년까지 5년간의 어린이 사고의 유형을 발달단계별로 살펴보면 〈표 1-4〉와 같이 추락은 1세 미만에 가장 많다가 성장하면서 줄어든다. 1세 미만 영아의 경우, 추락사고가 사고의 거의 절반(48.6%)에 이르고, 다음은 부딪힘 사고(13.1%)이다. 추락은 주로 침대, 소파, 유모차, 유아용 침대에서 떨어진 것이며, 부딪힘 사고는 주로 거실장과 TV장, 침대, 테이블에 부딪힌 것이었다. 1~3세 유아는 미끄러지거나 넘어지는 사고(27.1%)와 부딪히는 사고(26.7%)가 가장 많으며, 다음으로는 침대나 소파, 의자 등에서의 추락사고(16.2%)가 많다. 3~5세 유아는 바닥재, 킥보드, 계단 등으로 인해 미끄러지거나 넘어지는 사고가 가장 많으며(30.5%), 다음은 부딪힘(24.6%), 추락(15.5%)이다.

표 1-4 발달단계별 주요 사고 유형(2014~2018년) (단위: 건, %)

순위	1세 미만		1~3세		3~5세	
1	추락	5,400(48.6)	미끄러짐 · 넘어짐	16,582(27.1)	미끄러짐 · 넘어짐	8,461(30.5)
2	부딪힘	1,451(13.1)	부딪힘	16,385(26.7)	부딪힘	6,821(24.6)
3	미끄러짐 · 넘어짐	1,089(9.8)	추락	9,934(16.2)	추락	4,295(15.5)
4	고온물질에 의한 위해	766(6.9)	눌림 · 끼임	4,749(7.8)	눌림 · 끼임	2,260(8.2)
5	이물질 삼킴/흡인	569(5.1)	이물질 삼킴/흡인	4,730(7.7)	이물질 삼킴/흡인	1,759(6.3)
6	식품 섭취로 인한 위해	526(4.7)	베임 · 찔림	2,590(4.2)	베임 · 찔림	1,357(4.9)
7	눌림 · 끼임	495(4.5)	고온물질에 의한 위해	2,263(3.7)	식품 섭취로 의한 위해	998(3.6)
8	베임 · 찔림	354(3.2)	식품 섭취로 인한 위해	1,531(2.5)	충돌, 추돌 등 물리적 충격	488(1.8)
9	충돌, 추돌 등 물리적 충격	132(1.2)	충돌, 추돌 등 물리적 충격	850(1.4)	고온물질에 의한 위해	413(1.5)
10	동물에 의한 상해	84(0.8)	동물에 의한 상해	505(0.8)	동물에 의한 상해	337(1.2)

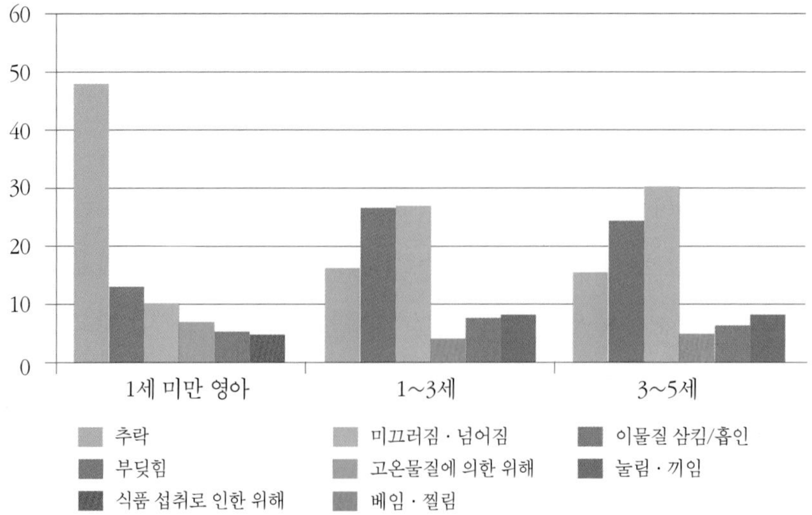

[그림 1-3] 발달단계별 주요 사고 유형(2014~2018년)

• 위해부위와 증상

위해부위는 '머리 및 얼굴'(64.2%)이 가장 많으며 다음이 '팔 및 손'(17.1%), '둔부 · 다리 및 발'(7.6%) 순이다. 이러한 경향은 매년 유사하다. 증상은 피부 및 피하조직 손상 중 '열상(찢어짐)'(43.7%)이 가장 많고, 다음은 '타박상'(15.6%), '골절'(6.3%), '체내 위험 이물질'(6.2%) 순으로 많다.

0세 영아는 '뇌진탕 및 타박상'(41.1%)과 '피부 및 피하조직 손상'(39.0%)이 위해증상의 대부분을 차지한다. 이는 영아기 사고 유형 중 가장 많은 '추락', '부딪힘' 사고로 인한 것으로 분석된다. 반면에 1~3세 유아와 4~6세 유아는 '피부 및 피하조직 손상'이 각각 61.1%, 58.7%로 가장 많으며 그다음으로 많이 나타난 사고 유형은 '뇌진탕 및 타박상'(18.1%, 17.5%)이다.

어머니, 아버지가 지켜야 할 7가지 안전수칙

1. 가정 내의 위험요소를 어린이의 시각에서 점검해 봅시다.
2. 질식, 감전, 베임, 화상, 미끄러짐, 걸려 넘어짐, 추락, 익사 등 일어날 수 있는 사고를 항상 염두에 두고 평소에 사고 예방법을 생각해 보는 습관은 큰 도움이 됩니다.
3. 사고를 예방할 수 있는 정확한 방법을 숙지합시다. 위험요인은 미리 제거하고, 안전한 환경 조성에 주의를 기울이세요.
4. 자녀에게 안전교육 내용을 지도할 때에는 자세하고 정확하게 지도해 주시고 생활 속의 실제 예를 들어 주는 것이 좋습니다.
5. TV, 동화책, 컴퓨터에 나오는 안전하지 않는 상황을 바르게 지도해 주시고 아이가 무엇이 잘못되었는지 알 수 있도록 해 주면 그 자체로 효과적인 안전교육이 될 수 있습니다.
6. 어린이를 집에 혼자 두지 않도록 하고, 부득이한 경우는 대문을 반드시 잠그고 문을 아무에게나 열어 주지 않도록 지도합시다.
7. 밤에 어린이 혼자서 밖에 나가지 않도록 하며, 낮에 나가는 경우에도 어른에게 알리도록 하고, 반드시 주의사항을 알려 줍시다.

출처: 보건복지부, 한국보건사회연구원(2003).

2) 유아교육기관에서의 사고 실태

유치원과 어린이집의 취원율 증가와 종일반 확대 등으로 많은 유아가 가정 밖의 기관에서 생활하는 시간이 증가하고 있다. 이에 따라 유아의 안전에 대한 유아교육기관의 책임은 더욱 증대하고 있다.

(1) 유치원

2018년도 기준 유치원에서의 사고는 초·중·고등학교, 특수학교, 그리고 기타 학교를 포함한 전체 학교 안전사고(122,570건)의 6.1%(7,484건)이다(학교안전공제중앙회, 2019. 5. 19. www.ssif.or.kr).

사고 발생 시간은 수업시간이 가장 많으며, 체육시간, 점심시간, 등하교 시간 순이다. 사고 발생 장소는 교실, 운동장, 부속시설, 통로, 교외활동 순이다. 사고 형태는 물리적 힘에의 노출, 낙상-넘어짐, 기타 순이다. 사고로 인한 손상 부위는 머리와 치아가 가장 많다.

표 1-5 학교안전공제회에 접수된 유치원 사고

시간	수업시간	체육수업	점심시간	석식시간	휴식시간 및 청소시간	특별활동	학교행사	등하교	합계
	4,579	738	680	6	440	49	424	568	7,484

장소	교실	운동장	통로	교외활동	부속시설	합계
	3,926	1,211	713	445	1,189	7,484

형태	사람과의 충돌	물리적 힘에의 노출	낙상-넘어짐	낙상-미끄러짐	낙상-떨어짐	기타	합계
	917	3,172	1,751	416	217	1,011	7,484

손상 부위	머리(두부)	치아(구강)	흉복부	팔	손	다리	발	기타	합계
	3,469	1,284	58	675	893	259	676	170	7,484

출처: 학교안전공제중앙회(2019. 5. 19.). https://www.ssif.or.kr/

(2) 어린이집

어린이집의 사고를 6개의 사고 유형으로 분류하여 분석한 자료(보건복지부, 어린이집안전공제회, 중앙육아종합지원센터, 2019, pp. 7-10)를 중심으로 살펴보면 다음과 같다.

어린이집의 사고는 〈표 1-6〉과 같이 1군에 속하는 유형의 사고가 가장 많으며 다음으로 2군, 6군 순이다. 이러한 경향은 어린이집의 모든 연령대에서 유사하게 나타나고 있다. 유형별로 연령에 따른 발생건수를 살펴보면 화상사고는 수치상으로는 3세 이상이 가장 높으나 재원생 수를 고려했을 때 0~1세 영아의 사고발생률(전체 379건 중 100건으로 26.4%)이 매우 높다. 꼬집음/물림/할큄 사고의 비율은 2세에서 가장 높다.

군별 사고 현황은 다음과 같다.

- 유형 1군(넘어짐/떨어짐/미끄러짐, 34.1%)의 사고: 전 연령대에서 고르게 발생하고 있으나, 특히 2세 이하 영아들에게 주로 발생
- 유형 2군(물체/사람에 부딪힘, 30.7%)의 사고: 전 연령대에서 고르게 발생
- 유형 3군(꼬집음/물림/할큄, 7.8%)의 사고: 자기감정조절 능력이 미약한 상황에서 친구와의 놀이 중 상대아동에 대한 상해를 입히는 사고 등이 특징이며, 2세 이하에서 주로 많이 나타남
- 유형 4군(화상, 1.9%)의 사고: 2세 이하가 높은 비중을 차지함
- 유형 5군[이물질 삼킴(삽입) 및 흡입/음식물 섭취, 1.8%]의 사고: 영아기 유아뿐 아니라 3세 이상의 유아들에게서도 역할놀이 관련 음식재료 등과 같은 교구나 동전/건전지 등의 삼킴/삽입, 음식물 섭취로 인한 안전사고가 적지 않게 발생
- 유형 6군(기타, 23.6%)의 사고: 끼임, 찔림, 베임, 기타 야외사고(물에 빠짐 등)나 교통사고 등으로 전 연령기에 걸쳐 나타남

표 1-6 사고 유형별 사고 발생 수(비율)

(단위: 건, %)

구분 (세부 유형)	1군 (넘어짐, 떨어짐, 미끄러짐)	2군 (물체/사람에 부딪힘)	3군 (꼬집음/물림/할큄)	4군 (화상)	5군 [이물질 삼킴(삽입) 및 흡입/음식물 섭취]	6군 (끼임/눌림/할큄/당김/찔림/베임/기타
0~1세	739	587	293	100	33	438
2세	1,974	1,696	684	119	71	1,263
3세 이상	4,073	3,815	582	160	261	2,997
계	6,786(34.1)	6,008(30.7)	1,559(7.8)	379(1.9)	365(1.8)	4,698(23.6)

3. 발달 특성에 따른 안전 문제

유아의 사고 중 상당수는 안전에 대한 관심과 안전을 중시하는 태도, 그리고 사고 가능성을 인식하고 대비하는 노력을 통해 예방할 수 있다. 유아교육기관에서의 사고를 예방하기 위하여 안전한 유아교육 환경의 조성, 규칙 세우기, 주의 깊게 지켜보기, 안전교육이 필요하다(조경자, 이현숙, 2010). 이러한 노력은 유아의 발달 특성에 대한 정확한 이해에 기초하여야 한다. 유아의 사고는 유아기의 발달적 특성과도 밀접한 관련이 있기 때문이다. 발달 특성에 따른 안전 문제를 이해하면 이에 따른 잠재적 위험 요인이나 상황을 인식하여 안전한 환경과 활동을 계획하고, 규칙을 세우며, 물리적 환경과 유아의 놀이 및 활동에 대한 적절한 관리 감독과 안전교육을 시행할 수 있다.

1) 영아기

영아기의 발달은 급속하게 이루어진다. 2~4개월이 되면 영아들은 순식간에 몸을 뒤집어서 침대나 소파에서 떨어질 수 있다. 영아용 의자나 유모차에서 몸을 흔들거나 움직일 수도 있다. 추락 사고는 영아기 사고의 주요 원인이 되므로 떨어질 가능성이 있는 곳에는 잠깐이라도 영아를 두지 말아야 한다. 계단이 있는 가정이나 어린이집에서는 계단의 밑과 위에 보호문을 설치하여 추락 사고를 예방해야 한다. 보행기는 바닥 높이가 다른 곳으로 이동할 때 뒤집힐 우려가 있어 매우 위험하므로 되도록 사용하지 않도록 한다.

영아들은 무엇이든 입으로 가져가는 습성이 있다. 입을 통해 세계를 탐색하는 것이다. 따라서 질식을 예방하기 위해 영아의 손에 닿는 모든 물건은 입에 들어가지 않을 정도로 커야 한다.

우리나라 규정에 의하면 36개월 미만의 어린이제품 및 분리가능 부품은 내부 직경 31.7mm의 크기의 실린더 안에 완전히 들어가지 않는 크기여야 한다. 36개월 이상 72개월 미만의 어린이제품 및 분리가능 부품은 내부 직경 31.7mm의 크기의 실린더 안에 완전히 들어가면 경고표시를 해야 한다(「어린이제품 공통안전기준」 제4항, 제6항).

약품이나 독성 물질은 어느 연령이든 간에 어린이의 손이 닿지 않는 곳에 두어야 한다. 사용하지 않는 전기 콘센트에는 안전캡을 씌우도록 하며, 전깃줄은 영아들이 씹을 우려가 있으므로 벽에 안전하게 고정한다. 늘어져 있는 전선을 영아가 잡아당기면 무거운 물건이 영아에게로 쏟아져 내려올 수 있는데, 이때 코드가 뜨거운 다리미나 커피포트 등과 같은 물건과 연결되어 있으면 심각한 위험을 초래할 수 있다.

영아기에는 화상 사고가 빈번하게 발생하는데 뜨거운 용액으로 인한 화상이 가장 빈번하다. 화상의 75%는 6개월에서 3세 사이에 발생한다. 많은 화상 사고가 부엌에서 발생하는데 가열대 위에 놓인 팬을 뒤집어 떨어뜨리거나 찻잔을 쏟거나 기타 뜨거운 용액이 든 용기를 쏟아서 발생한다(한국소비자원 위해정보국 위해분석팀,

1세 미만 어린이 사고 예방을 위한 가이드라인

- 어린이를 침대나 소파에 혼자 두지 않아야 한다. 유아용 침대를 사용하고 침대 안전가드 등을 설치하여 사고를 예방한다.
- 영아가 작은 물건 등을 삼킬 우려가 있으므로 주변에 크기가 작은 물건을 두지 않는다. 특히 단추형 전지나 강력 자석은 단시간 내 장내 손상을 일으키고 심할 경우 사망할 수도 있으므로 전지 및 자석 제품 취급에 특히 주의한다.
- 다리미, 조리기구, 밥솥, 난방기구 등 고온물질에 의해 화상사고가 발생할 수 있으므로 유아용 안전가드를 활용해 아이가 닿지 않도록 한다.

출처: 한국소비자원 위해정보국 위해분석팀(2018a), p. 48.

2018b). 유아교육기관에서는 유아들이 사용하는 세면대로 연결된 온수 라인에 온도 조절장치를 설치하여야 한다.

2) 걸음마기

걸음마기 유아들은 계단 오르기, 달리기, 물건 짚고 올라가기 등 다양한 움직임을 통해 주변을 탐색한다. 그러므로 높은 곳에 위험한 물건을 두거나 서랍에 숨겨 둔다고 안전이 보장되는 것은 아니다.

걸음마기 유아에게는 특히 주의 깊은 감독이 필요하다. 이동능력이 향상되었으나 아직 위험을 판단하고 대처하는 기술이 발달되어 있지 않기 때문이다. 영아기의 위험 요인들 모두가 걸음마기에도 문제가 된다. 오히려 걸음마기 유아는 그러한 위험에 보다 빨리 뛰어들 수 있다. 지시에 주의를 기울이지 않을 수 있으므로 미리 위험 요인을 제거해 주어야 한다. 걸음걸이가 서툰 시기에는 가구 부딪힘 사고가 많이

1~3세 어린이 사고 예방을 위한 가이드라인

- 유모차, 카시트를 사용할 때는 반드시 안전벨트를 채워서 이용한다.
- 실내 가구나 문 모서리에 보호대 및 완충장치를 설치하며 모서리가 둥근 가구를 사용하고, 바닥에는 미끄럼 방지 바닥재나 미끄럼 방지용 매트, 스티커를 사용한다.
- 현관문, 방문 등에는 손 끼임 방지 보호대나 경첩 끼임 방지 장치 등을 설치하고 엘리베이터나 자동문은 보호자와 함께 이용한다.
- 가정용 화학제품, 의약품 등은 어린이의 손에 닿지 않는 곳에 보관한다.
- 압력밥솥, 뜨거운 냄비와 같이 화상의 위험이 있는 주방용품 등을 아이들의 손이 닿는 곳에 놓지 않도록 주의한다.
- 지나치게 작은 부품이 있어 삼킴 사고의 우려가 있는 완구나 장난감을 갖고 놀지 않도록 주의하고, 완구나 장난감 구매 시 안전기준 적합 여부 및 권장 연령대에 유의하여 사용한다.

출처: 한국소비자원 위해정보국 위해분석팀(2018a), p. 48.

일어나므로 모서리가 둥근 가구를 사용하거나 모서리에 완충재를 부착한다.

걸음마기 유아가 성인이 알아차리지 못하는 사이에 나가는 일이 없도록 낮은 문을 설치하는 등의 장치가 되어 있어야 한다. 계단에 접근하는 것을 방지하는 보호문을 계단 밑과 위에 설치하여 추락을 방지하고 창문은 유아들이 떨어지지 않도록 안전장치를 해야 한다.

3) 유아기

유아기에는 균형감각과 협응 능력이 발달하며 활동적인 대근육 놀이, 모험을 요하는 놀이를 즐긴다. 따라서 시설물에 부딪히거나 유아끼리 부딪히거나 시설물에서 떨어지는 사고가 발생하기 쉽다. 너무 많은 유아가 하나의 시설물을 사용할 때에도 마찬가지이다. 유아는 도전적인 실험을 통해 운동능력을 발달시킨다. 계단 오르기, 낮은 곳에서(30cm) 뛰어내리기를 능숙하게 할 수 있고, 놀이 시설물을 단단히 쥘 수 있을 때 보다 도전적인 놀이 시설물을 사용하도록 한다.

유아기 어린이는 사회화된 놀이를 즐기며 자신보다 나이가 많은 어린이와 성인의 행동을 모방하는 특성이 두드러진다. 때로 그러한 놀이나 행동에 필요한 기술과 보호 장치가 없을 때도 시도한다. 상상놀이를 많이 하므로 위험한 놀이도 이루어진다.

유아기에는 도구 사용 기술을 습득하기 시작하는데, 이로 인한 사고가 발생하기 쉽다. 실외에서의 놀이가 많아지면서 교통사고의 위험도 증가한다.

4~6세 어린이 사고 예방을 위한 가이드라인

- 자동차 탑승 시 어린이가 완전히 탑승하였는지 확인하고 어린이가 탑승한 좌석의 문과 창문은 조작할 수 없도록 잠금장치를 걸어 둔다.
- 베란다에 가구나 발판 등 아이들이 딛고 올라갈 수 있는 물건을 놓지 않는다.
- 계단 주변에서는 추락 · 낙상 사고의 위험이 있으므로 유모차, 보행기, 자전거 등 바퀴가 달려 있는 제품은 계단을 이용하지 않도록 한다.

출처: 한국소비자원 위해정보국 위해분석팀(2018a), p. 48.

〈표 1-7〉은 유아기 어린이의 발달적 특성과 시기별로 일어나기 쉬운 사고의 종류, 장소, 예방 조처 등을 요약한 것이다.

표 1-7 어린이의 연령에 따른 발달 특성, 사고 위험 및 예방

연령	발달 특성	상해의 종류와 장소	예방 조치
출생~4개월	• 먹고, 자고, 운다.	• 화상	• 목욕물의 온도를 확인한다.
		• 추락	• 보호 울타리가 없는 침대나 탁자 위에 혼자 있게 하지 않는다.
		• 놀잇감/삼키기	• 놀잇감은 삼킬 수 없는 정도의 크기여야 하며 독성이 없고 모서리가 날카롭지 않은 것이어야 한다.
		• 날카로운 물건	• 핀이나 날카로운 물건들을 영아가 닿을 수 없는 곳에 치운다.
		• 질식	• 얇은 비닐, 비닐봉지, 가방, 베개 등으로 인해 질식하거나 목이 감길 수 있으므로 주의한다. 침대 매트리스나 요는 단단한 것이 안전하다. 이불은 넉넉한 것이 좋다. • 상해를 입을 만한 것들로부터 완벽한 보호를 필요로 한다.
4~12개월	• 물체를 손에 움켜쥐며, 입에 넣는다. • 움직임의 범위가 커진다.	• 놀이공간	• 영아를 성인이 지켜볼 수 있는 안전한 장소에 있도록 한다.
		• 목욕실	• 목욕물의 온도를 확인한다. 영아를 수도꼭지 가까이에 있도록 하지 않는다. 잠시라도 목욕탕에 영아를 혼자 있게 해서는 안 된다.
		• 놀잇감	• 깨지지 않고 가장자리와 모서리가 둥근 놀잇감 또는 부드러운 재질의 목재나 플라스틱 놀잇감이 안전하다.
		• 작은 물건	• 단추, 구슬, 동전 등과 같이 작은 물건은 항상 영아의 손이 닿지 않도록 주의하여 보관한다.
		• 독성물질	• 이 시기의 영아들도 완전한 보호를 필요로 한다.
		• 추락	• 계단이나 현관에 안전 울타리를 설치한다. 영아가 높은 바닥에 있을 때 혼자 두지 않는다.
		• 화상	• 난로나 라디에이터 주변에 보호막을 설치한다. 뜨거운 음식, 물, 기구 등을 영아 가까이에 놓지 않는다. 또한 뜨거운 증기를 쐬지 않도록 주의한다.

1~2세	• 기어오르고, 탐색한다. • 문과 서랍 등을 연다. • 물건을 분해한다. • 놀이를 즐긴다.	• 현관문, 문, 창문 • 놀이 공간 • 놀잇감 • 물 • 독성 물질 • 화상	• 도로에 접한 문은 항상 닫아 둔다. 계단, 복도 등에 안전대를 설치한다. 창문은 잠그거나 고정한다. • 실외 놀이장은 울타리를 친다. 실내에 있는 전기포트, 토스터 등의 전기코드를 모두 치운다. • 작은 조각으로 분해되지 않고, 깨지지 않는 튼튼한 놀잇감을 준다. • 욕조, 물가 주변에 영아 혼자 있게 하지 않는다. 물이 멀리 있을 때도 마찬가지다. • 약품은 장 안에 넣고 잠근다. 화장품, 세제도 영아들의 손이 닿지 않는 곳에 보관한다. • 난방용 기구에는 보호망을 설치한다. 영아를 혼자 두지 않는다.
2~3세	• 불에 상당한 흥미를 갖는다. • 끊임없이 움직인다. • 무슨 일이든 혼자 하려 한다. • 모방행동과 탐색행동을 한다. • 빠른 속도로 달음박질 한다. • 제재받는 것을 못 참아 한다	• 교통사고 • 물 • 놀잇감 • 화상 • 위험 물질 • 놀이 친구	• 길이나 도로에 혼자서 나가지 않도록 한다. • 성인의 보호 없이는 얕은 물도 위험 요인이 될 수 있다. • 날카로운 모서리가 없는 크고 견고한 놀잇감을 선택한다. • 라이터나 성냥을 유아 가까이에 두지 않는다. 불이 얼마나 위험한 것인지를 유아에게 가르쳐 준다. • 라이터, 성냥을 보게 되면 성인에게 가져오도록 가르친다. 집에 유아 혼자 두지 않는다. • 약품, 세제와 소독제, 식물 재배용 비료 등 위험한 도구나 화기(火器)를 잠금 장치가 된 장에 보관한다. 도구를 안전하게 사용할 수 있는 방법을 가르친다. • 놀이 친구의 연령이 더 많을 때 사고가 더 빈번히 일어난다. 2세아들은 방망이, 단단한 공, 자전거, 거친 놀이(rough play) 등으로 인한 사고를 많이 당한다.
3~6세	• 동네나 이웃동네까지 행동 범위가 확대된다. • 자전거를 즐겨 타고, 기어오르기를 즐긴다. • 거친 놀이를 즐긴다. • 성인의 시야를 벗어나기 쉽다. • 성인의 행동을 모방하기를 즐긴다.	• 도구 및 설비 • 독성 물질 및 화상 • 추락 및 기타 안전사고 • 물 • 교통사고	• 위험한 도구는 잠금장치가 된 장에 보관한다. 도구와 부엌용품을 안전하게 사용할 수 있는 방법을 가르친다. • 약품, 세제 등은 장에 보관한다. • 무독성의 미술재료를 제공한다. • 버린 냉장고, 쓰레기 더미, 오래된 물건, 건축 장소 등에서 놀지 못하게 한다. • 물의 위험을 알려 주고, 수영 지도를 시작한다. • 항상 지켜본다. • 교통사고의 위험을 가르쳐 주며 교통규칙을 알려 주고 지키도록 한다.

6~12세	• 모방놀이가 확장된다. • 가정 밖에서 보내는 시간이 점차 많아진다 • 활동적인 운동을 즐긴다 • 감독보다는 가르침이 주가 되어야 한다.	• 교통사고	• 안전 운전의 모범을 보인다. • 보행자 안전교육을 한다. • 자전거 안전교육을 한다. • 소화기 사용법을 가르친다.
		• 운동	• 안전한 환경과 설비를 제공하고 활동을 지도, 감독한다.
		• 물	• 수영과 물에 뜨는 법을 가르친다.

출처: Marotz, Cross, & Rush (2005); Robertson (2002); 조경자, 이현숙(2010), pp. 170-172에서 재인용.

4. 영유아 안전을 위한 유아교육기관의 역할

유아의 발달적 특성으로 인해 사고의 위험이 크기는 하지만 유아의 사고는 무엇보다도 성인의 책임이 크다. 유아의 특성 외에 사고를 일으키는 원인은 크게 세 가지로 요약될 수 있다. 첫째, 환경이 지닌 문제로, 환경은 물리적 시설뿐 아니라 사회적 · 법적 제도를 포함하는 광범위한 것이다. 예를 들어, 어린이의 발달 특성과 안전을 충분히 고려하지 않은 관련 법규, 놀이터, 도로시설, 위험한 놀잇감 등은 어린이의 안전을 위협하는 환경이 된다. 둘째, 유아의 능력과 활동 사이의 부조화로, 이는 교육과정 운영과 관련이 있다. 유아의 능력과 흥미에 적절하지 않은 활동은 사고를 유발하기 쉽다. 셋째, 성인의 관리와 감독 소홀도 빼놓을 수 없는 이유이다. 성인이 주의 깊게 어린이의 놀이와 활동을 지켜보고 적절하게 지도하는 것이 사고의 예방에 있어서 매우 중요하다. 특히 어린이의 연령이 어릴수록 성인의 세심한 보살핌이 더욱 필요하다.

여러 가지 상황이 사고를 초래하는데 유아교육기관에서 사고의 가능성을 증진시키는 것으로 확인된 상황들은 다음과 같다(Aronson, 2002; Marotz et al., 2005).

- 신임 교사 또는 방문자가 있을 때
- 결근한 교직원이 있을 때
- 교사가 당황하거나 어려운 일에 직면했을 때(예: 다루기 어려운 유아가 있을 때, 부모와의 편치 않은 대화, 다른 교직원과의 불화, 개인적인 문제가 있을 때 등)

- 교직원의 수가 부족할 때
- 날씨로 인해 유아들이 실외에서 놀 수 없을 때
- 재촉받는 상황에 있을 때
- 놀이 규칙이 명확하지 않을 때
- 특정한 유아(예: 새로 온 유아)에게 성인의 주의가 집중될 때
- 아픈 유아로 인해 교사의 일과 진행이 순조롭지 않을 때
- 유아가 지치고 배고플 때, 기분이 좋지 않을 때
- 위험을 안고 있는 대상이 유아에게 너무 매력적으로 보일 때
- 교사들이 유아의 능력을 정확히 파악하고 있지 못하는 경우
- 견학과 같이 유아들이 새로운 장소를 탐색하느라 안전규칙을 잊을 수 있는 상황일 때

유아교육기관에서는 유아의 안전을 확보하기 위하여 다음의 역할을 수행하여야 한다.

- 유아교육기관의 환경을 안전하게 조성하고 관리한다.
- 안전을 위한 유아교육기관의 정책을 수립한다.
- 교육과정을 유아의 발달적 특성에 적절하게 운영하여 위해한 상황의 발생을 예방한다.
- 유아들에게 안전교육을 하여 유아 스스로 자신과 타인의 안전을 도모할 수 있는 능력을 기르도록 돕는다.
- 유아의 활동을 늘 관찰하고 지켜봄으로써 사고를 예방하고 안전하게 생활하도록 지원한다.
- 유아교육기관의 교직원은 안전교육을 이수하고 안전 관련 규정들을 숙지하도록 한다.

1) 안전한 환경 조성과 관리

안전하고 교육적인 환경을 구성하기 위해 교육기관의 입지 선정, 설계와 시공, 건축 자료, 실내 공간의 배치에서부터 놀잇감의 선정에 이르기까지 철저한 주의가 필요하다.

환경은 계속 안전하게 관리하여야 한다. 항상 실내외의 위험 요인을 살피고 제거한다. 점검은 수시점검과 정기점검으로 분류하여 실시하고 위험한 곳에 대해서는 수시로 확인하여야 한다.

안전점검에는 모든 성인이 참여하되 점검 내용별로 다른 사람이 번갈아 하거나 2인 1조로 하면 간과한 문제가 발견될 수 있다. 또한 이로 인해 관련된 모든 사람의 안전의식이 강화될 수 있다. 점검 및 관리와 관련하여 업무분담과 책임이행에 대한 안전점검 조직을 구성하고 시설관리지침을 마련하여 명문화해 놓아야 한다.

또한 유아교육기관에서 일어난 크고 작은 사고와 사고가 날 뻔했던 사례들을 정기적으로 검토함으로써 위험을 통제할 수 있다. 사고가 활동과 관련된 것이라면 활동 방식을 바꾸어야 할 것이다. 특정한 실외 놀이기구에서 계속 사고가 일어났다면 원인을 즉시 찾아보아야 한다. 규칙을 수정하거나 감독을 강화하거나 시설 자체를 변경해야 할 것이다.

연말에는 안전점검 사항을 정리하여 자체평가를 실시함으로써 향후 시설 개보수 및 안전점검 계획에 개선 사항을 반영하도록 한다(교육부, 2015b).

표 1-8 안전점검 계획에 포함되어야 할 내용과 점검 시기

관리 내용		점검 시기	관련 기관
실내외 시설 및 설비 점검		매월 4일/6개월	자체점검/안전보건공단
전기 및 가스 점검		1년	전기안전공사/가스안전공사
재해대비시설		분기별	소방서
소방 안전 검사	소방점검	매월	자체점검/소방시설관리업체
	종합 정밀점검	1년	소방시설관리업체
냉 · 난방 용품		수시점검	해당 제조업체
통학버스		수시/정기점검	자체점검/정비기관 점검

어린이놀이터		수시/2년 정기점검, 안전교육	자체 점검/안전검사기관, 어린이놀이시설 안전관리지원기관
정기방역		매월	구청(보건소) 및 전문방역업체
응급처치		수시점검	소방서
안전관리 인적조직 구성		수시점검	자체 점검
관련 보험 가입		원아 입학 시 수시 등록	학교안전공제회, 교육시설 재난공제회, 해당보험사
급식	조리종사자 건강진단	연 1회 (유치원은 연 2회)	보건소
	조리종사자 개인위생 확인	매일	자체 점검
	일일위생 안전점검	매일	자체 점검
정수기 수질 검사		분기별 1회	수도사업소

출처: 교육부(2015b), p. 8의 내용을 보완함.

2) 안전과 관련한 정책

유아교육기관이 안전을 얼마나 중시하고 관련 정책을 수립, 실행하고 있는가는 사고 예방에 매우 중요하다. 유아교육기관은 응급사태와 재난 준비에 대비한 절차가 마련되어 있어야 한다. 위급상황에 대비해 계획을 세우고 지침을 정해 둔다. 이러한 지침에는 화재, 기타 재난 시 유아의 안전을 위해 취해야 할 행동이 기술되어 있어야 한다.

유아교육기관에 근무하는 성인들은 응급사태를 다루고 신속히 응급처치를 할 수 있도록 구조 및 응급처치에 관한 교육을 실습교육 2시간 포함 4시간 이상 매년 받아야 한다(「응급의료에 관한 법률」 제14조, 「학교보건법 시행규칙」 제10조 제1항). 「학교보건법 시행규칙」에서는 교육시간을 3시간 이상으로 조정할 수 있도록 제시되어 있다.

응급 시 필요한 연락처를 보기 편리한 곳에 둔다. 응급상황 시 차량을 언제나 이용할 수 있도록 준비한다.

안전과 관련하여 유아교육기관에서는 다음 사항에 관한 기록이 구비되어 있어야 한다.

- 응급상황 시 연락처
- 재난 대피 훈련 기록부
- 안전사고 기록부
- 안전점검 기록부
- 어린이의 의료 기록

3) 유아에게 적절한 교육과정 운영

물리적 환경의 구성과 관리, 안전에 대한 정책뿐만 아니라 프로그램, 즉 교직원의 수와 자질, 학급의 집단 크기, 교육과정 및 일과 운영 등이 유아의 안전에 영향을 미친다.

(1) 집단 크기와 구성

교사 대 유아 비율이 낮은 것, 집단 크기가 작은 것은 건강과 안전뿐 아니라 교육의 질에 영향을 미치는 가장 중요한 요소 중의 하나이다(Howes, Phillips, & Whitebook, 1992). 특히 영아와 걸음마기 유아에게는 개별적으로 관심을 갖고 돌보는 것이 더욱 중요하다. 집단의 크기가 작을 때 교사들은 통제적인 관리방식을 덜 사용하고 유아들과 보다 우호적인 관계를 형성하며 다양한 교수전략을 사용한다.

우리나라 유치원의 경우, 각 관할청이 학급당 최소 및 최대 유아 수를 정하도록 하고 있어 학급 규모가 지역별로 차이가 있다(「유아교육법 시행령」 제16조). 교사는 학급마다 1명 이상을 배치하여 학급을 담당하도록 하고 있으며 방과후 과정을 운영하는 유치원에는 각 학급 담당 교사 외에 방과후 과정 운영을 담당할 교사를 1명 이상 둘 수 있도록 정하고 있다(「유아교육법 시행령」 제23조).

반면에 보육시설의 경우, 연령별 교사 1인당 유아 수가 제시되고 있으며 반별 정원은 교사 대 아동 비율을 준수하도록 되어 있다. 그러나 학급별 최대 집단의 크기는 제시되어 있지 않다.[4] 유치원과 보육시설 모두 유아 및 성인의 안전을 도모하고 교육의 질을 보장하기 위해서는 유아의 연령별 학급 크기와 더불어 교사 대 유아의 비율이 적절하게 제시되고 이를 준수할 필요가 있다.

(2) 교사의 특성

안전은 교사 개인의 특성과 지식, 기술에도 좌우된다. 유아의 요구에 온정과 인내를 지니고 민감하게 반응하며 개인차를 존중해 주는 교사의 특성이 유아의 안전과 성장에 중요하다. 이러한 교사의 특성은 교육과정이 보다 안정적이고 원활하게 운영되도록 하는 요인이 될 수 있으며, 일과 중 사고의 가능성을 줄이는 데 기여할 수 있다.

교사가 유아의 안전과 건강을 고려한 교육과정을 계획하고 조직하며 의사결정을 내리는 능력 또한 중요하다. 더불어 활동과정을 주의 깊게 관찰하고 적절히 반응하는 민첩함과 세심함이 필요하다.

또한 교사는 신체적, 정신적으로 건강해야 한다. 이는 유아들의 성장과 발달에 긍정적인 영향을 미치기 때문만이 아니라 교사 자신의 건강과 행복한 삶에도 지대한 영향을 미치기 때문이다.

(3) 교육과정 및 일과 운영

교육과정 내용과 운영 방식 또한 유아의 안전과 건강에 중요한 영향을 미친다. 교육활동은 선정과 계획 과정에서부터 유아의 특성을 고려하여야 한다. 활동은 유아의 능력과 발달 수준에 적절하면서 유아들이 호기심과 탐색의 욕구, 독립심을 안전하게 충족시킬 수 있는 것이어야 한다.

적절한 교육 경험을 제공하는 것 외에 하루 일과의 배열 또한 신중하게 계획되어야 한다. 다양한 활동을 계획하되 휴식과 활동을 적절하게 안배함으로써 피로를 방지하고 활동에 흥미를 갖도록 도울 수 있다.

4) 보육시설의 경우, 만 1세 미만 영아 3명당 보육교사 1명, 만 1세는 영아 5명당 보육교사 1명, 만 2세는 영아 7명당 보육교사 1명, 만 3세는 유아 15명당 보육교사 1명, 만 4세 이상은 유아 20명당 보육교사 1명을 원칙으로 하고 있다.

교사들은 각 활동에 내재한 위험 요소를 인식하여야 한다. 유아들에게 제공하기 전에 자료, 방법과 설비를 점검한다면 많은 문제를 예방할 수 있다. 또한 이러한 과정에는 유아들에게 활동을 하도록 하기 전에 활동의 각 단계를 생각하는 것이 포함된다. 교사가 준비물을 잊거나 진행 방법을 확실하게 인지하지 못한 경우 사고의 위험은 증대될 수 있다. 유아의 예기치 않은 행동을 예상하고, 각 활동에 대한 구체적인 안전규칙을 개발하는 것이 교육계획에 포함되어야 한다.

4) 안전교육

사고를 예방하기 위해 안전한 환경을 구성하고 관리하며 성인의 주의 깊은 감독이 이루어져야 함은 물론 안전교육을 통해 안전에 대한 지식과 기술, 태도를 형성하여야 한다. 안전교육은 영아기부터 시작하여 안전을 중시하고 실천할 수 있는 태도를 자연스럽게 지닐 수 있도록 한다.

유아의 가정에서도 안전관리와 교육이 적절하게 이루어질 수 있도록 한다. 아울러 안전교육은 유아교육기관의 교사를 비롯한 전체 성인들에게도 지속적으로 행해져야 한다.

안전규칙을 세우고 지키기

유아의 안전을 위해 현실적인 제한을 가하여야 할 필요가 있으며, 안전규칙을 통해 제한이 이루어진다. 안전규칙은 유아들로 하여금 활동하고 놀이할 수 있는 충분한 자유를 허용하는 것이어야 하되 일정한 한계 내에서 그러한 활동이 이루어지도록 해야 한다. 규칙들이 지나치게 유아의 활동을 제재한다면 환경을 마음껏 탐색하고 실험할 수 없을 것이다.

안전규칙에 대해 성인들은 유아에게 무엇을 하지 말아야 할지에 관해서만 알려주는 경우가 많다. 따라서 유아의 입장에서는 어떤 행동이 바람직하거나 올바른지 불분명하다. 교사는 긍정적으로 진술된 안전규칙을 사용하여 유아들의 적절한 행동을 격려할 수 있다. 안전규칙은 명료하고 간단하게 진술되어야 어린 유아들도 이해할 수 있다. 안전규칙이 왜 필요한지 이유를 분명하게 설명해 준다면 유아들은 안전규칙을 보다 기꺼이 받아들인다. 연령이 어릴수록 보다 명료한 규칙과 제한이 필요하다.

안전규칙을 세우는 것뿐 아니라 지키도록 하는 것이 중요하다. 규칙 지키기가 강조되지 않으면 유아들은 안전규칙이 의미가 없다는 것을 즉시 알아차린다. 그러나 규칙을 지키도록 하기 위해 위협을 가하지는 말아야 한다. 유아들이 적절한 안전 행동을 나타낼 때마다 칭찬과 격려를 해 주도록 한다. 때때로 유아들은 놀이 시설을 잘못 사용하거나 안전규칙을 따르지 않을 수 있다. 대개의 경우, 부드럽게 안전규칙을 상기시켜 주는 것으로 충분하다. 이 방법이 효과가 없어서 유아가 계속해서 적절하지 못하게 행동을 한다면 유아에게 그 활동을 잠시 중단하도록 하는 방법을 사용할 수 있다. 이때 길게 잔소리를 하기보다는 간단하게 규칙을 언급해 주도록 한다. 후에 유아에게 다시 그 활동을 하도록 허용한다. 이러한 과정은 유아에게 적절한 행동 방식을 학습할 능력이 있음을 성인이 신뢰하고 있다는 것을 인식시킨다.

5) 주의 깊게 지켜보기

가장 중요한 교사의 역할 중 하나는 유아를 주의 깊게 지켜보는 것이다. 안전규칙이 있어도 교사의 세심한 감독이 필요하다. 유아들은 안전규칙을 잊을 수 있는데 특히 활동에 몰두하거나 흥분되어 있을 때 그러하다.

유아의 연령과 특성, 활동에 따라 감독의 성격이 달라질 수 있다. 어릴수록 이러한 감독은 더욱 보호적인 것이어야 한다.

공격적인 행동을 하는 유아가 있거나 위험스럽게 놀이하는 유아가 있는 경우 교사들은 이런 유아들을 보다 세심하게 지켜보아야 한다. 때로 위험을 예방하기 위해 개입을 하거나 활동을 중지시킬 필요가 있다.

교사의 세심한 감독은 또한 활동의 유형과 직접 관련된다. 예를 들어, 불을 사용하는 요리 활동에서는 극화놀이에서보다 교사의 세심한 감독이 더욱 요구된다. 위험 요인이 많은 놀이기구일수록 교사가 가까이에서 지켜보아야 한다.

교사가 안전하게 지도할 수 있는 유아의 수 또한 활동의 성격에 의해 영향을 받는다. 외부로 견학을 간다면 학급당 여러 명의 성인이 필요하다.

표 1-9 유아교육기관 교직원이 의무적으로 이수해야 할 안전 관련 교육

2019년 3월 기준

구분		대상	이수 기준	근거 법령	비고
1	성희롱 예방 교육	전 교직원	연 1회 이상, 1시간 이상	• 양성평등기본법 제30조/동법 시행령 제2조	신규 임용자는 임용일로부터 2개월 이내에 교육 실시
2	성매매 예방 교육	〃	〃	• 성매매방지 및 피해자보호 등에 관한 법률 시행령 제2조	
3	성폭력 예방 교육	〃	〃	• 성폭력 방지 및 피해자 보호 등에 관한 법률 제5조/동법 시행령 제2조	
4	가정폭력 예방 교육	〃	〃	• 가정폭력방지 및 피해자보호 등에 관한 법률 제4조의3	
5	아동학대 신고의무자교육 (아동학대예방교육)	〃	〃	• 아동복지법 제26조 제3항/동법 시행령 제26조	
6	구조 및 응급처치에 관한 교육	〃	연 1회, 실습교육 2시간 포함/3시간 이상	• 응급의료에 관한 법률 제14조 • 학교보건법 시행규칙 제10조 제1항	
7	통학버스 안전교육	운전자 운영자	2년마다 정기교육 실시(3시간)/미이수 시 과태료 8만 원	• 도로교통법 제53조의3	
8	통학버스 관련자 안전교육	운전자 동승자	유치원안전책임관 주관 월 1회		안전 매뉴얼 숙지 교육
9	안전교육	전 교직원	3년마다 15시간 이상	• 학교안전사고예방 및 보상에 관한 법률 제8조/동법 시행규칙 제2조 • 학교안전교육 실시 기준 등에 관한 고시(교육부) 제4조 • 교육 분야 안전종합대책(교육부, 2014. 11. 11.)	• 3년 미만의 계약을 체결하여 종사하는 자: 매 학기 2시간 이상을 이수 • 교육활동참여자 –매 학년도 1회 이상 안전 이수 –학교의 장은 교육활동참여자의 안전교육을 위한 계획을 수립 · 실시
10	놀이시설 안전교육	안전 관리자	2년에 1회 이상/1회 4시간 이상	• 어린이놀이시설 안전관리법 제5조/동법 시행규칙 제20조	• 어린이놀이시설을 인도 받은 경우: 인도받은 날로부터 3개월 • 안전관리자가 변경된 경우: 변경된 날부터 3개월 • 안전관리자의 안전교육 유효기간이 만료되는 경우: 유효기간 만료일 전 3개월
11	소방안전관리자 실무교육	〃	• 선임된 날부터 6개월 이내 • 그 이후에는 2년마다(최초 실무 교육을 받은 날을 기준일로 하여 매 2년이 되는 해의 기준일과 같은 날 전까지) 1회 이상	• 화재예방, 소방시설 설치 · 유지 및 안전관리에 관한 법률 시행규칙 제36조	

주의 깊게 어린이의 활동을 지켜보기 위해서는 교사 대 유아의 비율이 낮아야 한다. NAEYC에서는 어떤 집단 크기에서도 성인의 수는 2명 이상이어야 함을 권고하고 있다. 유아들의 활동을 감독하고 다룰 수 있는 교사의 능력에는 개인차가 있다. 따라서 원내 장학, 연수, 동료교사와의 상호작용 등 다양한 방법을 통해 교사의 능력을 계발하도록 한다.

6) 교직원의 안전 관련 규정 이해와 안전교육 이수

안전한 환경을 구성하고 관리하기 위해 반드시 고려해야 할 것은 유아의 발달 특성에 대한 이해와 더불어 법적인 안전 기준이다. 우리나라의 어린이 안전 관련 법은 특별법을 비롯하여 품목이나 대상에 따라 여러 부처의 소관으로 분산되어 관리되고 있다. 현재 어린이제품, 어린이 식의약품, 어린이 시설 및 환경, 학교안전 등의 분야에 걸쳐 많은 법률이 있다. 유치원과 어린이집의 시설, 설비, 용품 및 자료의 마련과 관리를 위해 관련 법 규정을 확인하고 준수해야 한다(관련 법은 부록 참조). 또한 교직원들은 안전교육을 이수하여야 한다. 교직원이 이수하여야 할 안전교육의 내용은 〈표 1-9〉와 같다.

5. 국가 수준 교육과정의 안전교육

유아의 안전 및 안전교육은 국가 수준의 교육과정의 교육 목적과 내용에 포함되어 왔다. 어린이집의 표준보육과정, 어린이집과 유치원의 3~5세 유아의 공통교육과정인 누리과정에서 제시하는 안전교육관련 목표 및 내용을 살펴보면 다음과 같다.

1) 0~2세 영아의 안전교육의 목표와 내용

0~2세 표준보육과정은 기본생활, 신체운동, 사회관계, 의사소통, 자연탐구, 예술경험 등 6개 영역으로 되어 있다. 안전교육과 직접 관련되는 영역은 기본생활 영역

이다(보건복지부 고시 제2013-8호).

기본생활 영역의 목표에는 〈표 1-10〉과 같이 0~2세아 공통으로 안전이 포함되어 있으며, 하위목표에도 각각 '안전한 생활'과 '안전한 생활습관의 기초'를 경험한다는 내용이 포함되어 있다.

표 1-10 0~2세 보육과정의 기본생활 영역 목표

영역	0~1세	2세
기본생활	건강하고 안전한 일상생활을 경험한다. 1. 건강하고 편안한 일상생활을 경험한다. 2. 안전한 생활을 경험한다.	건강하고 안전한 생활습관의 기초를 마련한다. 1. 건강한 생활습관의 기초를 경험한다. 2. 안전한 생활습관의 기초를 경험한다.

기본생활 영역의 내용 범주인 '건강하게 생활하기'와 '안전하게 생활하기' 중 '안전하게 생활하기'에 0~1세와 2세 영아를 위한 안전 관련 교육내용이 제시되어 있다. 연령별 내용은 다시 수준별 내용으로 나뉘는데 0~1세는 4수준, 2세는 2수준으로 구성되어 있다. 〈표 1-11〉, 〈표 1-12〉와 같이 영아를 위한 안전교육 내용은 놀이 안전과 교통안전, 그리고 위험한 상황을 인식하고 반응하는 것을 포함한다.

표 1-11 기본생활 영역의 0~1세아 안전교육 내용

<table>
<tr><th>내용 범주</th><th>내용</th><th>1수준</th><th>2수준</th><th>3수준</th><th>4수준</th></tr>
<tr><td rowspan="4">안전하게 생활하기</td><td rowspan="3">안전하게 지내기</td><td colspan="3">안전한 상황에서 놀이한다.</td><td>놀잇감을 안전하게 사용한다.</td></tr>
<tr><td colspan="4">안전한 장소에서 놀이한다.</td></tr>
<tr><td colspan="4">차량 승하차 시 안전 장구를 착용한다.</td></tr>
<tr><td>위험한 상황에 반응하기</td><td></td><td>위험하다는 말에 반응을 보인다.</td><td colspan="2">위험하다고 알려 주면 주의한다.</td></tr>
</table>

표 1-12 기본생활 영역의 2세아 안전교육 내용

내용 범주	내용	1수준	2수준
안전하게 생활하기	안전하게 놀이하기	놀이기구나 놀잇감을 안전하게 사용한다.	
		안전한 장소에서 놀이한다.	
	교통안전 알기	교통수단의 위험을 안다.	교통수단의 위험을 알고 조심한다.
	위험한 상황알기	위험한 상황과 위험한 것을 안다.	위험한 상황과 위험한 것을 알고 조심한다.
		위험한 상황 시 어른의 지시에 따른다.	

2) 3~5세 유아의 안전교육의 목표와 내용

유치원과 어린이집의 3~5세 유아를 위한 공통 교육과정인 '2019 누리과정'에는 구체적인 목표 중 하나로 안전 관련 목표인 '자신의 소중함을 알고, 건강하고 안전한 생활 습관을 기른다'가 포함되어 있다(교육부 고시 제2019-189호). 누리과정 영역 중 안전교육과 직접 관련된 영역은 신체운동 · 건강 영역이다. 이 영역의 목표에는 '안전한 생활습관을 기른다'가 포함되어 있다.

표 1-13 2019 누리과정의 신체운동 · 건강 영역의 목표

실내외에서 신체활동을 즐기고, 건강하고 안전한 생활을 한다. • 신체활동에 즐겁게 참여한다. • 건강한 생활습관을 기른다. • 안전한 생활습관을 기른다

2019 누리과정의 신체운동 · 건강 영역의 내용 체계는 '신체활동 즐기기', '건강하게 생활하기', '안전하게 생활하기'의 세 개의 내용 범주와 내용으로 되어 있다. 안전교육과 직접 관련되는 내용 범주인 '안전하게 생활하기'의 내용은 〈표 1-14〉와 같다.

표 1-14 2019 누리과정의 신체운동 · 건강 영역의 내용 중 안전교육 내용

내용 범주	내용
안전하게 생활하기	일상에서 안전하게 놀이하고 생활한다.
	TV, 컴퓨터, 스마트폰 등을 바르게 사용한다.
	교통안전 규칙을 지킨다.
	안전사고, 화재, 재난, 학대, 유괴 등에 대처하는 방법을 경험한다.

3~5세 유아를 위한 안전교육의 내용은 영아 안전교육에도 포함된 놀이 안전과 교통안전 외에 TV, 컴퓨터, 스마트폰과 같은 미디어 안전을 포함하고 있다. 또한 안전사고, 화재, 재난, 학대와 유괴 등의 위험 상황에 대처하는 방법을 내용으로 포함하고 있다.

2장

유아교육기관의 실내 안전

1. 안전한 환경 조성
2. 안전관리 및 안전교육

대부분의 유아가 유치원과 어린이집에 다니고, 어린이집을 이용하는 3세 미만의 영아도 증가하고 있다. 유아들이 기관에 머무는 시간 또한 종일반 운영의 확대로 인해 증가하고 있다. 따라서 유아의 안전에 대한 유아교육기관의 책임은 막중하다.

유아교육기관에서 유아의 안전에 영향을 미치는 요인은 다양하고 광범위하다. 실내는 건물의 구조로부터 각종 시설, 설비, 채광, 유해물질 등이 유아의 안전에 영향을 미친다.

유아교육기관의 안전사고는 대부분 실내에서 발생한다. 실내는 유아들이 가장 많은 시간을 보내는 공간이기 때문이다. 어린이집 · 유치원 안전공제회에 접수된 사고장소별 현황은 유아들의 생활공간인 교실과 보육실에서 발생한 사고가 각각 전체 사고의 52.4%, 65.1%를 차지한다[학교안전공제중앙회(2019. 5. 19., 2018년 사고발생통계. http://www.ssif.or.kr)], 따라서 안전한 실내 환경을 구성하고, 실내 안전사고의 위험 요인을 인식하여 철저한 점검 및 관리 그리고 안전교육을 통해 안전사고를 예방하도록 하여야 한다.

1. 안전한 환경 조성

1) 유아교육기관의 입지

유아교육기관의 입지 조건은 안전에 영향을 미치는 일차적인 조건이다. 유치원은 절대정화구역인 50m 이내에는 유흥주점, 음식점, 가스충전소, 페인트판매점 등 화재 발생 위험시설이 없어야 하며, 방음, 환기, 채광, 배수 등이 적절하고 통학에 지장이 없는 곳에 위치하여야 한다. 어린이집도 「영유아보육법」을 비롯한 관련 규정에서 유사한 내용을 제시하여 안전하고 쾌적한 입지를 갖추도록 하고 있다. 인접한 건물과 최소한 2m 이상 떨어져 있어 인근 건물의 화재 시 화재의 확대나 연기 유입의 위험이 없도록 해야 한다. 유치원과 어린이집 모두 주택건설기준 등에 관한 규정에 따라 위험시설로부터 수평거리로 50m 이상 떨어진 곳에 위치해야 한다.[1)]

지상층에는 도로, 인도 등 외부 공간과 직면하는 형태로 설치된 창문이 없어야 한다. 창문이 있으면 외부인의 침입, 유해물 투척 등 안전사고가 발생할 수 있으며, 소음문제도 발생할 수 있다. 창문이 있다면 유해물 투척과 외부 침입을 효과적으로 차단할 수 있는 방지 시설을 하도록 한다(교육부, 2015b).

표 2-1 유아교육기관의 입지조건에 관한 대표적인 규정

유치원	어린이집
• 고등학교 이하 각급 학교 설립 · 운영 규정 제6조 (교지) −각급 학교의 교지는 교사용 대지와 체육장의 면적을 합한 용지로서 교사의 안전 · 방음 · 환기 · 채광 · 소방 · 배수 및 학생의 통학에 지장이 없는 곳에 위치하여야 함	• 「영유아교육법 시행규칙」 별표 1(법 제9조 관련) −보육수요 · 보건 · 위생 · 급수 · 안전 · 교통 · 환경 및 교통편의 등을 충분히 고려하여 쾌적한 환경을 갖춘 부지를 선정하여야 함

기관 건물의 최소한 한 면 이상은 위급 시 소방차의 원활한 진입이 가능하도록 4m 이상의 폭을 갖는 도로와 접해 있거나 이러한 도로와 10m 이하로 떨어져 있어야 한다.

1) 유치원과 어린이집은 다음 시설로부터 수평거리 50미터 이상 떨어진 곳에 배치하여야 한다(「주택건설기준 등에 관한 규정」 제9조의1)
1. 다음 중 하나에 해당하는 공장
가. 「대기환경보전법」 제2조 제9호에 따른 특정대기유해물질을 배출하는 공장
나. 「대기환경보전법」 제2조 제11호에 따른 대기오염물질배출시설이 설치되어 있는 공장
다. 「대기환경보전법 시행령」 별표 1의3에 따른 제4종사업장 및 제5종사업장 규모에 해당하는 공장으로서 국토교통부장관이 고시한 업종의 공장
라. 「소음 · 진동관리법」 제2조 제3호에 따른 소음배출시설이 설치되어 있는 공장
2. 「건축법 시행령」 별표 1에 따른 위험물 저장 및 처리 시설
주유소(기계식 세차설비를 포함) 및 석유 판매소, 액화석유가스 충전소 · 판매소 · 저장소, 위험물 제조소 · 저장소 · 취급소, 액화가스 취급소 · 판매소, 유독물 보관 · 저장 · 판매시설, 고압가스 충전소 · 판매소 · 저장소, 도료류 판매소, 도시가스 제조시설, 화약류 저장소
3. 그 밖에 사업계획승인권자가 주거환경에 특히 위해하다고 인정하는 시설

건물 주변 및 기관 내에 설치된 가로등, 전봇대 등은 감전을 예방하기 위해 유아들의 손이 닿는 높이인 약 1.2m까지 전기가 통하지 않는 고무, 플라스틱 등의 절연재로 보호하는 안전조치가 되어 있어야 한다. 기관 건물 위나 건물 입구 부분을 지나가는 고압전선이 없어야 한다.

2) 건물

유아교육기관의 건물의 층은 단층이 이상적이다. 실내와 실외 간의 이동이 안전하고 편리하게 이루어질 수 있기 때문이다. 부득이하게 2층 이상의 건물이라면 유아들이 사용하는 공간은 1층에 두고 그 외의 공간을 위층에 두는 것이 바람직하다.[2)]

건물의 크기는 유치원의 경우, 학생수에 기초하여 40명 이하는 '(정원×5)'m^2, 41명 이상은 '80+(정원×3)'m^2로 되어 있다(「고등학교 이하 각급 학교 설립 · 운영 규정」 제3조 제3항 관련 별표 1). 따라서 180명 정원인 유치원의 경우, 건물 면적은 '80+(180×3)'m^2, 즉 600m^2가 된다. 어린이집은 영유아 1명당 4.29m^2 이상으로 한다.

건물의 실내는 유치원은 교실 및 대근육 활동실, 교사실 및 사무실, 자료실, 조리실, 식당, 기타 부속실로 대별된다. 어린이집은 보육실, 조리실, 목욕실, 화장실, 교사실(보육정원 21명 이상), 거실, 공동놀이실 등을 갖추록 되어 있다. 이러한 시설들은 유아와 교사의 동선과 활동을 고려하여 마련한다.

3) 현관

건물의 주출입구인 현관은 등하원 시에 여러 유아가 동시에 사용하게 되므로 충분한 공간을 확보해야 한다. 아울러 외부인 출입으로 인한 잠재적 위험도 예방할 수 있어야 한다. 안전사고 예방을 위해 갖추어야 할 조건은 다음과 같다.

2) 건물 전체를 하나의 어린이집으로 사용하는 등 일정 조건을 충족하면 5층 이하까지 보육실을 배치할 수 있다(「영유아보육법 시행규칙」 별표 1).

- 현관의 크기는 최소한 열 명 정도의 유아들이 한번에 사용할 수 있어야 한다. 공간이 충분하지 않다면 등하원, 실내외 이동, 기타 동시에 이용할 경우 출입 시간을 조절하도록 한다.
- 현관문은 유아와 성인이 모두 사용할 수 있도록 너무 무겁지 않아야 한다.
- 현관문은 드나드는 사람들이 부딪치지 않도록 서로를 볼 수 있게 문의 2/3 이상을 투명하게 하는 것이 바람직하다. 유리문을 설치할 경우 강화유리로 한다.
- 현관문은 앞뒤로 움직이는 것보다는 한 방향으로 여닫는 문이 안전하며, 실외를 향해 열리도록 하는 것이 공간 활용과 위급 상황이 발생했을 때 대피하기가 쉽다.
- 현관문에는 안전장치를 설치한다.
  - 문 사이의 틈새에 손이나 발이 끼지 않도록 안전장치를 한다.
  - 문이 서서히 닫히도록 속도조절장치를 설치하여 문에 끼거나 부딪히는 사고를 예방한다.
- 현관 바닥은 문턱을 두지 않으며, 건물 내부와 외부의 바닥 높이가 차이가 없도록 한다. 차이가 날 경우는 계단보다는 경사로를 설치하도록 한다.
  - 유아들이 이용하지 않을 때에는 외부인의 침입을 막기 위해 문을 잠근다.
  - 현관 또는 출입구에는 보안 장치와 인터폰 등을 설치하여 외부인의 출입을 제한한다.
  - 현관문의 개폐는 실내에서도 조절할 수 있도록 한다.
  - 출입하는 사람을 확인하고, 외부인의 침입을 막기 위하여 방범카메라, 센서, 인터폰 등의 방범 설비를 한다.

[그림 2-1] 외부로 통하는 출입문 개폐 관리

4) 건물 내 출입문

건물 내 출입문들은 현관문과 마찬가지로 사고를 예방하기 위해 다음과 같은 조치를 하도록 한다(「학교안전사고 예방 및 보상에 관한 법률 시행령」 별표 1, 학교시설안전관리기준).

- 유아용 공간에는 드나드는 유아들이 서로를 볼 수 있도록 고정된 창이나 시각패널을 설치한다.
- 교실 문의 유효 폭은 90cm 이상으로 한다.
- 여닫이문보다 미닫이문으로 설치하는 것이 바람직하다. 여닫이문일 경우, 열리는 쪽으로 충분한 공간이 확보되어 있어야 한다.
- 출입문이 급속히 닫히는 것을 방지하기 위한 속도조절장치(도어체크)나 경첩 등을 설치한다.
- 문에는 유아의 손이나 발이 끼지 않도록 끼임 방지장치나 완충장치를 설치한다.
- 유아가 사용하는 모든 문에는 문이 완전히 닫히는 것을 방지하는 방지대를 설치한다.
- 기관 내에 설치된 문에는 문턱이 없어야 유아들이 턱에 걸려 넘어질 염려가 없다.
- 실외로 통하는 출입문의 경우 문 안팎의 바닥 높이의 차이가 크다면 경사로를 설치하도록 한다.
- 실외로 통하는 출입문은 가능하면 바깥쪽으로 열리도록 해야 비상시에 실내에서 용이하게 밖으로 나올 수 있다.

손 끼임 방지장치 시각패널 속도조절장치(도어체크)

[그림 2-2] 건물 내 출입문에 설치한 사고예방을 위한 조치

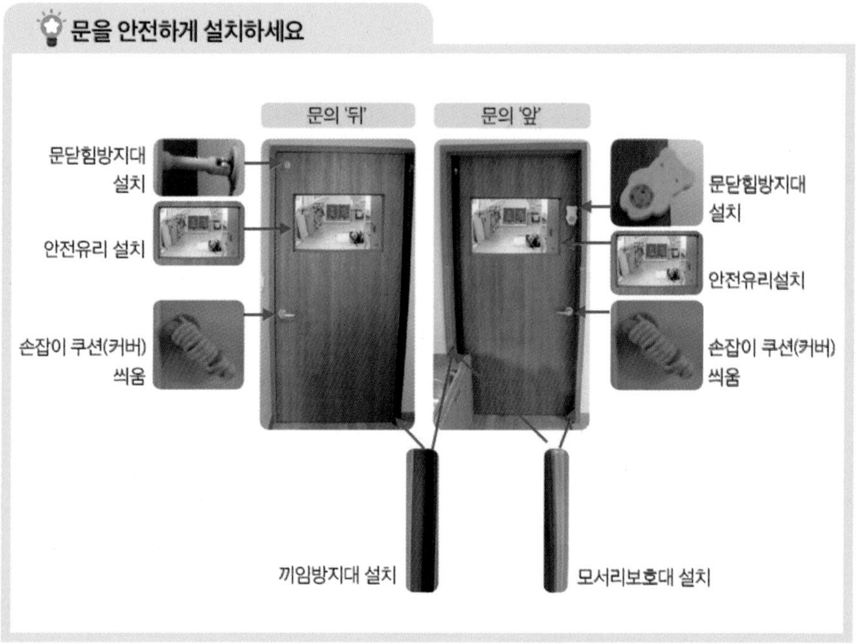

[그림 2-3] 안전한 문 설치를 위해 고려할 점

출처: 어린이집안전공제회(2019a), p. 27.

5) 교실

교실은 유아들의 주된 활동공간으로서 일과 중 가장 오래 머무는 공간이다. 따라서 유아의 발달 수준을 고려하여 안전하게 조성되고 관리되어야 한다.

(1) 크기

교실의 이상적인 크기로는 유아 1인당 약 4~5m^{2}가 제시되고 있으며, 유아의 연령에 상관없이 유아 1인당 최소한 3.2m^{2}가 필요한 것으로 제시된다(Decker & Decker, 2005; Marotz, Cross, & Rush, 2005). 수면과 놀이가 같은 공간에서 이루어질 경우, 놀이를 위해서 최소한 1인당 약 2.3m^2, 수면을 위해서도 약 2m^{2}가 필요하다. 침구 사이에는 최소한 90cm의 통로가 환기와 감염 예방을 위해 필요하다(Aronson, 2012).

우리나라는 유치원의 교실 크기는 '교사(校舍)'에 포함되어 제시되고 있다. '교사'는 교실, 도서실 등 교수학습 활동에 직간접적으로 필요한 시설물을 의미한다(「고등학교 이하 각급 학교 설립 · 운영규정」 제3조 제1항). 교실로 사용되는 총면적은 학생정원에 2.2m^2를 곱한 면적 이상이어야 한다.[3]

어린이집의 교실(보육실)의 크기는 2.64m^2 이상의 공간을 확보하도록 하되, 전체 정원 및 면적 산정 시에는 보육실, 거실, 공동놀이실을 포함하여 산정한다. 장애아 전문어린이집의 보육실은 교실, 거실, 포복실, 유희실, 치료교실, 집단활동실을 포함하여 장애아 1명당 6.6m^2 이상을 확보해야 하고, 비장애아를 함께 보육하는 경우에는 비장애아 1명당 2.64m^2 이상이어야 한다(「영유아보육법 시행규칙」 별표 1).

규정에서 제시하는 크기는 최저기준이므로 가능한 한 기준 이상의 공간을 확보하는 것이 바람직하다.

(2) 배치

교실은 1층에, 그리고 남쪽이나 동쪽에 배치하는 것이 바람직하다. 1층에 모두 배치하는 것이 어려우면 어린 연령의 유아 학급을 우선 배치한다. 어린이집은 건축법령상의 층수와 관계없이 해당 층 4면의 80% 이상이 지상에 노출되어 있고, 해당 층 주 출입구의 하단이 지표면부터 1미터 이내인 층을 1층으로 간주한다. 교실은 1층에 설치하도록 되어 있으나 몇 가지 예외 규정 중 하나에 해당하는 경우는 예외[4]로 하고 있다(「영유아보육법 시행규칙」 별표 1).

---

3) 180명 정원인 유치원이라면 교실로 사용되는 공간의 총면적은 396m^2(180명×2.2m^2) 이상이 되어야 한다.

4) ① 해당 층 4면의 100분의 50 이상 100분의 80 미만이 지상에 노출되고, 해당 층 주 출입구의 하단이 지표면부터 1미터 이내이며, 지방보육정책위원회의 심의를 거쳐 채광 · 환기 · 습도 · 침수 등 영유아의 건강과 안전에 문제가 없는 것으로 확인된 해당 층에 어린이집을 설치하는 경우
② 건물 전체를 하나의 어린이집으로 사용하면서 1층 이상 5층 이하에 보육실을 설치하는 경우. 다만 영아를 위한 보육실은 1층에 우선적으로 배치하여야 함.
③ 건물의 1층 이상 5층 이하에 직장어린이집을 설치하는 경우
④ 300세대 이상의 아파트단지 전체가 「건축법 시행령」에 따른 필로티나 그 밖에 이와 비슷한 구조인 경우에 그 위층에 어린이집을 설치하는 경우
⑤ 산업단지에 있는 건물의 1층 이상 5층 이하에 어린이집을 설치하는 경우
⑥ 산업단지 내 지식산업센터 건물의 1층 이상 5층 이하에 어린이집을 설치하는 경우
⑦ 공동주택의 주민공동시설 건물의 1층 이상 2층 이하에 국공립어린이집을 설치하는 경우
⑧ 1층에 어린이집을 설치할 수 없는 불가피한 사유가 있다고 시장 · 군수 · 구청장이 인정하는 경우로서 법령에 따른 공공업무시설 건물의 1층 이상 5층 이하에 국공립어린이집을 설치하는 경우

2층 이상에 위치한 교실에는 추락방지를 위해 중간문을 설치하거나 창문에 보호 안전망을 갖추어야 한다. 교실에는 안전을 위해 적어도 두 개의 출구가 있어야 하는데 그중 하나는 실외로 직접 통해 있어야 한다. 화재안전을 위해 열 또는 연기 감지기, 그리고 기관 규모에 따라 스프링클러를 설치하도록 한다. 특히 방과 후 과정과 연장프로그램을 하는 곳은 이러한 시설이 필수적이다.

(3) 교실 내 가구 및 비품

교실의 가구 및 비품에는 유아용 가구(책상, 의자, 교구장, 사물함 등)와 대근육 놀이기구, 교사가 사용하는 비품을 포함한다. 교사용 비품은 수납장과 사물함 등의 가구와 교사가 관리하는 컴퓨터, 카세트, 선풍기, 가습기, 공기청정기, 냉온방기, (전자)피아노, 약품, 휴지통, 청소기 등이 있다. 기관에 따라 일부 가구 및 비품은 교실 외에 두기도 한다.

유아용 가구의 크기와 모양은 유아의 신체 발달에 적합한 것으로 구비한다. 교구장의 경우 만 0, 1세는 1~2단, 만 2세는 3단 이하, 만 3~5세는 4단 이하가 적절하다(어린이집안전공제회, 2019a). 가구의 모서리는 표면이 둥글고 매끄럽게 처리된 것이어야 한다. 모서리가 직각인 경우 모서리보호대를 설치한다.

- 불안정한 가구는 벽이나 바닥에 고정한다. 유아들이 기어오를 수 있으므로 의자와 다른 가구들은 창문과 선반에서 떨어진 자리에 놓는다.
- 거울은 깨지지 않도록 안전거울이나 투명 시트지를 부착하여 사용한다.
- 영아용 교구장과 사물함은 바퀴가 없는 것이 적절하며, 더 큰 유아들이 사용하는 가구는 이동이나 배치의 변화를 쉽게 하도록 바퀴가 달린 것이 바람직하다.
- 교실의 모든 가구와 설비의 주변에는 통행을 위한 충분한 공간을 확보한다.
- 실내에 설치된 오름대, 미끄럼틀 등 대근육 놀이기구의 바닥에는 유해물질을 함유하지 않은 충격 흡수 바닥재를 설치한다. 구르기 활동용 매트를 충격 흡수용 바닥재로 사용하는 것은 부적절하다(Aronson, 2012).
- 침구장이 교실 내에 있다면 유아가 열지 못하도록 잠금장치를 한다.
- 선풍기는 벽걸이용으로 설치한다.

- 교사가 사용하는 물품은 잠금장치가 된 별도의 공간이나 유아의 손이 닿지 않는 곳에 보관한다.

6) 화장실 및 목욕실

(1) 화장실

① 위치와 문

- 유아용 화장실은 실내와 실외에서 바로 연결되는 것이 바람직하다. 장애 유아를 위해서는 장애에 맞추어 특별히 마련된 화장실 설비가 필요하다.
- 화장실 벽은 밝은 색으로 한다. 더러운 것이 쉽게 눈에 띄어 신속하게 청소를 할 수 있기 때문이다.
- 유아용 화장실의 입구에는 문이 없어야 필요할 때 바로 도움을 줄 수 있다.
- 화장실 문은 안과 밖에서 다 열 수 있게 되어 있어야 유아가 안에 갇히는 것을 막을 수 있다.

[그림 2-4] 문이 없는 화장실 입구

[그림 2-5] 화장실 바닥에 설치된 미끄럼 방지 매트

- 화장실 문의 높이는 교사가 유아를 볼 수 있고 유아가 불안해하지 않을 정도의 높이가 적당하다.
- 화장실 바닥표면은 물에 젖어도 미끄러지지 않도록 미끄럼 방지 타일 또는 방지대 등을 설치한다(교육부, 2015b; 「영유아보육법 시행규칙」 별표 1).
- 화장실 바닥은 배수가 잘되도록 하수구를 향해 경사가 이루어진 구조로 되어 있으며, 항상 건조한 상태를 유지하여야 한다.
- 환기를 위해 열 수 있는 창과 배기 팬 또는 기계적 환기장치와 공기 정화기도 필요하다.

② 설비

적절한 화장실의 설비 또한 안전에 중요하다. 유아의 크기에 맞는 변기와 세면대, 수건걸이는 유아들이 스스로 안전하게 자신을 돌볼 수 있게 한다.

- 변기

변기는 유아 8~10명당 적어도 한 개씩이 필요하다. 변기의 높이는 바닥에서 25~28cm 정도가 적당하고 소변기의 높이도 30cm 이하가 적절하다(교육부, 2015b).

화장지는 유아가 변기에 앉아 있는 상태에서 쉽게 사용할 수 있는 위치에 있어야 한다.

가정어린이집은 성인용 변기에 디딤판과 탈부착식 유아용 변기를 설치하고 이동식 유아용 변기를 갖춘 경우, 유아용 변기를 설치하지 않을 수 있다(「영유아보육법 시행규칙」 별표 1). 이동식 변기나 아기용 변기 의자를 사용할 경우, 사용 후 매번 깨끗이 닦고 소독을 한 후 잘 말려야 한다.

유아용 화장실을 따로 설치하기 어려운 경우, 유아가 세면대와 변기 사용을 쉽게 하도록 발판이 필요하다. 발판은 견고하고 쉽게 소독할 수 있어야 한다. 그러나 유아가 균형을 잃으면 변기에 빠질 수 있으므로 변기의 뚜껑을 항상 덮어 놓아야 하며 유아 혼자서 화장실에 가지 않도록 한다.

• 세면대

세면대는 화장실 사용 후, 간식과 식사 전, 기타 필요할 때마다 수시로 이용하는 설비이다. 따라서 사용하기 편리하며 쉽게 이용할 수 있는 위치에, 유아의 신체를 고려하여 설치하여야 한다. 영아가 있는 기관은 기저귀 가는 곳이 씻는 시설과 함께 있어야 한다.

세면대의 높이는 유아의 경우 바닥에서 55~60cm가 적당하다(교육부, 2015b). 수도꼭지를 돌리지 않고 작동되는 세면대는 손을 씻고 난 후에 깨끗한 손이 감염되는 것을 막아 주며 물의 낭비를 줄여 준다. 레버를 움직여 작동하는 것도 손가락 대신 손목을 사용할 수 있으므로 바람직하다.

세정장치와 수도꼭지 등은 냉온수의 온도를 조정 및 고정할 수 있어야 한다(「영유아보육법 시행규칙」 별표 1). 온수의 온도는 40℃ 이하를 유지하도록 조절장치를 하여 화상을 예방하도록 한다.

• 수건걸이와 비누거치대

수건걸이와 비누거치대는 유아가 사용하기 편리한 위치와 높이로 설치되어 있어야 한다. 헝겊 수건보다는 종이 수건을 사용하는 것이 위생적이고 전염성 질환의 확산을 예방한다. 헝겊 수건을 사용한다면 개인용 수건을 사용하는 것이 바람직하다.

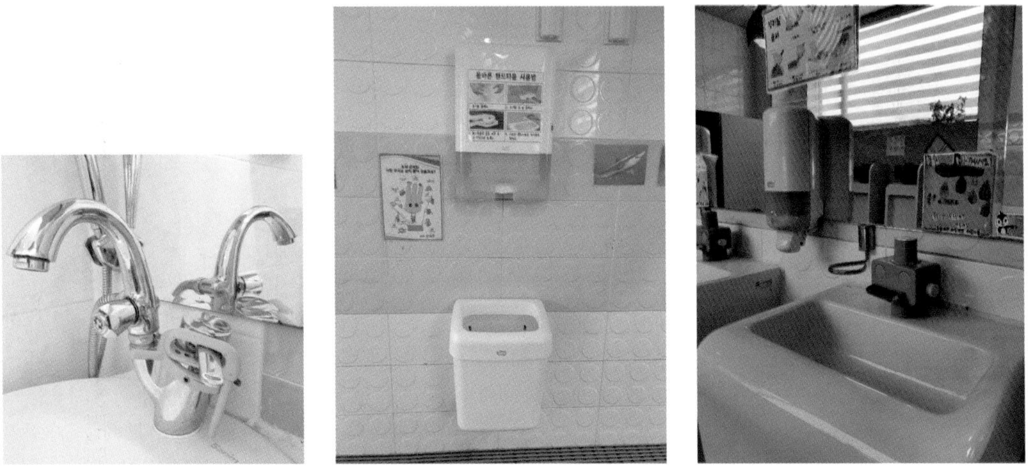

온수조절장치 종이수건 비누거치대

[그림 2-6] 화장실 안전 설비의 예

(2) 목욕실

목욕실에 대해서는 어린이집만 관련 규정이 제시되어 있다. 목욕실은 교실과 인접한 공간에 설치한다. 난방을 해야 하고, 바닥에 미끄럼 방지 장치가 있어야 하며, 샤워 설비, 세면 설비 및 냉온수 공급을 위한 설비를 갖추어야 한다. 수도꼭지는 온수 사용 시 화상을 입지 않도록 온도를 조정 및 고정할 수 있어야 한다(「영유아보육법 시행규칙」 별표 1). 샤워기의 위치는 영유아의 손이 닿지 않는 높이에 설치하도록 한다.

7) 조리실

조리실은 무엇보다 청결과 안전이 우선시되는 곳이다. 음식을 준비, 보관하는 과정에서 위생 문제가 발생할 수 있으며 날카로운 기구와 뜨거운 기구로 인한 화재 위험 요인이 많다.

조리실의 안전을 위해 관련 규정[5]을 확인하고 반영하여야 한다.

- 조리실은 1층 이상에 설치하는 것을 원칙으로 한다. 위치는 서북향이 바람직하며 채광과 환기, 통풍, 배수가 원활히 이루어져야 한다.
- 조리실은 유아의 활동공간과 분리되어야 한다.[6] 유아의 출입을 차단할 수 있는 문이나 안전문 등의 안전장치를 설치한다.
- 벽, 바닥, 천장은 모두 내화성, 내수성, 내구성이 있는 재질로 설비한다.
- 출입구와 창문에는 해충 및 쥐를 막을 수 있는 방충망 등의 설비를 갖추어야 한다.

5) 유치원은 「유아교육법 시행규칙」의 별표 1. 급식 시설 설비기준(개정, 2010. 6. 8.), 「식품위생법 시행규칙」의 별표 25. 집단급식소의 시설기준 등, 어린이집은 「영유아보육법 시행규칙」 별표 1(개정 2019. 6. 12.) 어린이집 설치기준

6) 공공기관이나 사회복지관 안에 설치된 어린이집의 경우에는 같은 건물에 있는 조리실을 함께 사용할 수 있으며, 유치원과 같은 건물에 설치된 어린이집은 유치원의 조리실을 함께 사용할 수 있다. 사업주가 설치한 직장어린이집이 설치된 건물에 집단급식소를 운영하는 경우에는 조리실을 별도로 설치하지 아니할 수 있다. 이 경우 영유아를 위한 음식의 조리공간은 벽이나 층 등으로 분리되거나 칸막이 · 커튼 등으로 구획되어 있어야 한다(「영유아보육법 시행규칙」 별표 1).

- 증기와 불쾌한 냄새 등을 빨리 배출할 수 있도록 환기시설을 설치하여야 한다.
- 손 세척시설이나 손 소독시설을 설치하여 손에 의한 오염을 막아야 한다. 100명 이상에게 급식을 제공하는 경우에는 두 시설을 모두 설치하여야 한다.
- 온도 및 습도 관리를 위하여 적정 용량의 급배기(給排氣) 시설 또는 냉·난방 시설 등 적절한 시설을 갖추거나 적절한 조치를 하여야 한다.
- 조명은 220럭스(lx) 이상의 밝기가 되도록 한다.
- 조리, 배식 등의 작업을 위생적으로 하기 위하여 식품 세척시설, 조리시설, 식기구 세척시설, 식기구 보관장, 덮개가 있는 폐기물 용기 등을 갖추어야 한다. 식품과 접촉하는 부분은 내수성 및 내부식성(耐腐蝕性) 재질로 하여 씻기 쉽고 소독·살균이 가능하도록 하여야 한다.
- 작업과정에서 교차오염(交叉汚染)이 발생하지 않도록 한다. 100명 이상에게 급식을 제공하는 경우 벽과 문을 설치하여 전처리실(前處理室), 조리실 및 식기구 세척실로 구획한다.
- 조리 작업을 하는 곳에 두는 쓰레기통은 뚜껑이 있는 페달식으로 하여 파리와 같은 해충의 접근을 막아야 한다.
- 가스레인지를 설치할 때는 중간 밸브와 가스 누설 자동 차단 장치를 설치한다. 과열방지장치가 있는 가스레인지는 조리기구 표면의 온도를 감지하여 일정온도(260℃) 이상이 되면 가스를 자동으로 차단하여 과열에 의한 화재사고를 예방할 수 있다.
- 조리실 내에는 화염이나 열을 감지하여 자동적으로 소화약제를 방사하는 고정된 소화장치인 자동 확산 소화기와 이동식 주방용 K급 소화기, 가스누설 경보기 등 소방 설비를 하여야 한다.

• 식품보관실

유치원에는 조리실과 분리된 식품보관실을 설치하도록 되어 있다(「유아교육법 시행규칙」 별표 1). 식품보관실은 환기와 방습(防濕)이 잘 되어 식품과 식재료를 위생적으로 보관하기에 적합한 곳에 두되, 해충이나 쥐의 침입을 막을 수 있는 방충망 등 적절한 설비를 갖추어야 한다. 식품보관실도 조리실과 마찬가지로 환기시설이나 환기창 등 통풍을 위한 적절한 시설을 갖추거나 적절한 조치를 하여야 한다.

8) 바닥 및 복도

(1) 바닥

- 모든 바닥재는 독성이 없고 방염성이 있어야 한다.
- 바닥재는 튼튼하고 청소가 쉽고 미끄럽지 않은 것이어야 한다. 미끄러질 우려가 있는 곳에는 고무 매트나 카펫을 깔거나 미끄럼 방지용 스티커를 부착한다.
- 어린이집의 보육실은 바닥난방시설을 갖추어야 한다.
- 유치원은 바닥난방시설 설치에 대한 규정은 없으나 앉아서 놀이나 활동을 많이 하게 되는 유아의 특성상 바닥난방을 하는 것이 바람직하다.
- 소음이나 활동영역의 분리를 위해 교실과 기타 유아들이 사용하는 공간에 부분 카펫을 사용할 경우, 카펫은 촘촘하게 짜이고, 더러움이 잘 타지 않고, 세탁이 용이하며, 방염처리가 되어 있어야 한다.

(2) 복도

복도는 활동공간이자 이동을 위한 통로이고, 위급 상황 시 피난 경로가 된다. 따라서 안전을 위해 충분한 너비와 채광이 확보되어야 한다.

- 복도의 너비는 90cm 이상으로 원활한 통행이 가능하여야 하며 조명 또는 창문이 설치되어 채광을 확보하여야 한다.
- 복도 바닥에서 1.3m 높이까지는 벽체 파손 시에도 거울, 창문 등과 같이 쉽게 파손되어 상해를 입힐 수 있는 재료가 아닌 것으로 되어 있어야 한다.
- 복도 내에는 20m마다 복도 통로 유도등을 바닥에서 1m 이하 높이로 설치한다.
- 유도등은 항상 전원이 연결되어 있어서 항시 점등과 충전이 가능해야 한다.
- 꺾임공간 등으로 복도에서 비상출입구가 보이지 않을 때에는 방향 지시 유도등을 천장에 추가로 설치한다(어린이집안전공제회, 2019a).

9) 계단 및 난간

(1) 계단

2층 이상으로 된 건물의 각 층 연결은 경사로를 이용하는 것이 안전하다. 그러나 경사로를 설치하려면 많은 공간이 필요하므로 대개 계단을 설치하게 된다. 계단에서의 안전한 이동을 위해서는 단의 높이와 너비, 경사, 바닥재 등이 적절해야 한다.

- 계단의 높이와 단의 너비는 유아들의 신체 크기와 능력에 맞추어야 한다. 계단의 단의 높이는 16cm 이하, 단의 너비는 26cm 이상, 계단 너비는 150cm 이상으로 하는 것이 유아의 안정적인 보행과 넘어지는 사고를 예방하는 데 적절하다(교육부, 2015b). 어린이집의 경우 실외피난계단의 유효폭은 0.9m 이상으로 하도록 규정하고 있다(「영유아보육법 시행규칙」 별표 1).
- 계단 내의 충돌을 방지하기 위하여 가능하면 왼쪽 회전 계단 형태로 한다(「학교안전사고 예방 및 보상에 관한 법률 시행령」 별표 1).
- 계단의 경사도는 유아의 신체 크기와 능력을 고려하여 완만하게 설치한다. 계단을 내려올 때 난간 등을 잡지 않아도 넘어지려는 느낌 없이 안정된 자세로 내려오려면 30~35° 정도의 경사도가 적당하다(교육부, 2015b).
- 계단의 바닥재는 미끄럽지 않고, 충격을 흡수할 수 있는 재질을 사용한다.
- 계단의 끝선을 명확히 구분할 수 있도록 다른 색으로 한다.
- 계단의 끝부분에는 미끄럼 방지대를 설치한다. 청동제나 철제 미끄럼 방지대는 설치하지 않는다(교육부, 2015b).
- 계단에서의 안전을 위해 충분한 조명 또는 창문이 설치되어 있어야 한다. 최소한 110럭스 이상의 조도가 확보되어야 하는데 복도와 계단 구역 간에 조도의 차이가 크게 발생하지 않도록 유의한다.

(2) 난간

높이 1m를 초과하는 계단과 시설물, 단에는 추락이나 구르는 것을 방지하기 위해 난간을 설치해야 한다. 난간의 크기와 난간 살의 간격 등은 유아의 신체 크기를 반영하여 안전하게 설치되어야 한다.

- 계단 난간은 계단 양쪽에 설치하는 것이 바람직하다. 계단의 한쪽에만 설치할 경우, 계단을 내려갈 때 추락하는 것이 더 위험하므로 내려가는 쪽에 설치하도록 한다.
- 계단 난간의 높이는 계단으로부터 85cm 이상이 되도록 한다.
- 계단 난간의 난간 살은 난간이 수직재인 경우에는 디딤판 한 단에 2개 이상으로 하고, 수평재인 경우 15cm 이하로 한다.
- 난간의 흔들림이 5mm 이내가 되도록 한다.
- 계단 손잡이는 벽으로부터 5cm 이상 떨어져 설치한다.
- 난간의 손잡이는 유아들이 잡기 쉬운 위치에 적절한 크기로 설치되어야 한다.
- 난간 손잡이의 높이는 84~86cm, 손잡이의 직경은 3.5cm 내외로 한다. 난간살의 간격은 머리가 끼거나 유아들이 빠져나가지 못하도록 10cm 이내로 한다(교육부, 2015b).

10) 창문

창문은 채광과 환기에 필요할 뿐만 아니라 심리적으로 안정감을 주고, 주변 경관과 실외에서 이루어지는 활동을 바라볼 수 있게 해 준다.

- 창문의 면적은 바닥 면적의 15~20% 이상이 되어야 한다. 안 되면 적어도 바닥 면적의 10%에 해당하는 면적이 창문이어야 한다. 이 중 일부는 환기를 위해서 열 수 있어야 한다.
- 창문의 높이는 바닥으로부터 50~70cm 정도가 적절하다.
- 유아가 닿거나 올라갈 수 있는 위치에 있는 창문이 열리는 창문이라면, 유아의 머리가 끼지 않을 정도로만 열리게(약 15cm 이하) 장치를 해 놓는다. 벌레나 쥐가 드나들지 못하도록 망을 설치하도록 한다.
- 창문의 유리는 바닥에서 약 80cm 정도까지는 안전유리인 강화유리나 플라스

틱 유리로 설치한다.

- 창문의 틀 두께는 벽체의 두께와 같거나 더 얇게 한다.
- 커다란 창문일 경우, 창문임을 인식할 수 있도록 그림이나 스티커를 붙여 놓는다.
- 창문에 설치된 블라인드 줄은 유아들의 손이 닿지 않는 위치에 둔다.
- 열려 있는 창문이 갑자기 닫히는 것을 방지하는 방지대를 설치한다.

창문 안전 난간 설치 방충망 설치

[그림 2-7] 창문의 안전장치

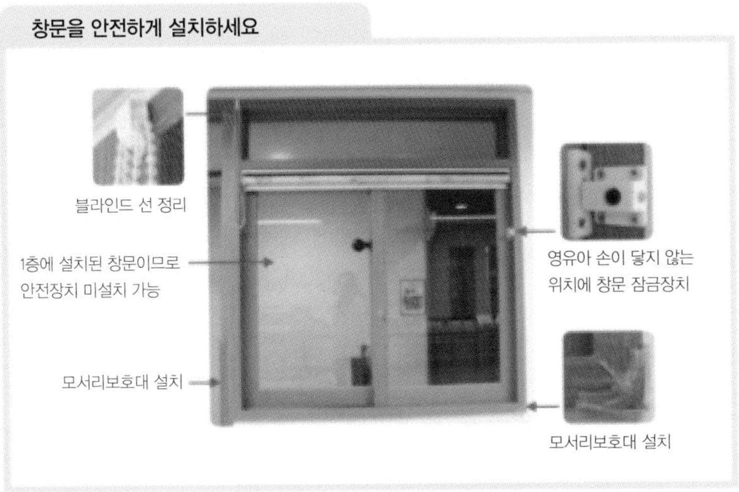

[그림 2-8] 창문 설치 시 유의점

출처: 어린이집안전공제회(2019a), p. 29.

11) 전기시설 및 용품

전선을 타고 흐르는 전류는 화재 및 인명 사고를 유발한다. 신체는 전도체로서 전류가 신체를 통과하게 되면, 치명적인 쇼크를 일으키거나 심한 화상, 심지어 사망에까지 이르게 된다. 따라서 전기시설 및 용품의 선택과 사용 시 안전지침을 철저히 지켜야 한다.

- 전기용품은 「전기용품 및 생활용품 안전관리법」에 의해 인증받은 제품을 사용한다.
- 접지극이 있는 콘센트를 사용하여 누전에 의한 감전사고를 예방한다.
- 콘센트는 안전용 콘센트를 사용하거나 안전덮개로 덮도록 한다. 특히 물기가 있는 장소인 화장실, 조리실 등에는 덮개용 콘센트 또는 누적 차단기가 부착된 콘센트를 사용하도록 한다.
- 전기용품과 벽면에 설치된 콘센트의 거리가 짧으면 발열 · 과열에 의한 화재 위험이 있으므로 충분한 거리를 유지하도록 한다.
- 전깃줄은 유아들의 손이 닿지 않는 곳에 고정한다. 줄을 유아의 손이 닿지 않도록 벽과 가구 뒤를 따라 놓는다. 바닥에 전깃줄이 늘어지게 되어 유아들의 발이 걸려 넘어질 수도 있고, 어린 유아들이 줄을 씹을 수 있기 때문이다. 전선 정리용 쫄대 및 전선 보관함을 사용해서 정리한다. 전깃줄을 장판이나 카펫 밑으로 지나가게 하면 선이 닳아도 이를 알 수가 없어 화재의 위험이 있다.
- 전기 용량이 30~50A 이상인 기기에 전력을 공급하는 콘센트는 전용회로로 구성한다(「학교안전사고 예방 및 보상에 관한 법률 시행령」 별표 1, 학교시설안전관리기준).
- 분전반 내부에는 차단기, 전선이 충전부와 연결되어 있어 감전 우려가 있으니 영유아가 접촉할 수 없도록 하고 전면에 전기위험 표시판을 부착한다.
- 영유아의 머리 높이에 분전반 손잡이가 위치하고 있어 돌출될 경우 사고 위험이 있다. 따라서 임의 조작에 의해 돌출되지 않도록 적절한 안전장치를 한다.

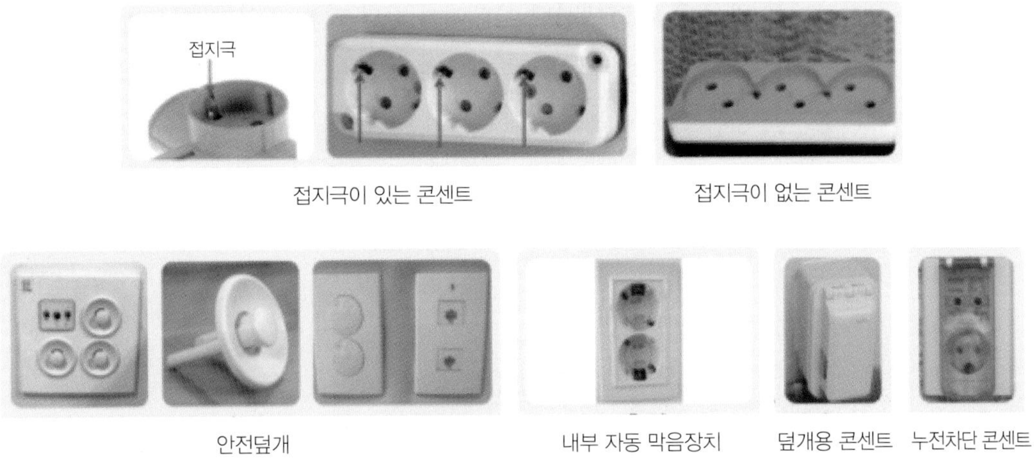

[그림 2-9] 전기 안전 용품

출처: 어린이집안전공제회(2019a), p. 43.

12) 조명 및 소음

햇빛이 잘 들고 밝은 교실은 안전한 활동과 건강에 중요하다. 자연광이 가장 바람직하기는 하지만 인공조명의 적절한 배치도 필요하다.

(1) 조명

- 교실의 조도(인공조명)는 책상면을 기준으로 300럭스 이상이어야 하며 최대조도와 최소조도의 비율이 3 대 1을 넘지 않아야 한다(「학교보건법 시행규칙」 별표 2).
- 비상등은 항상 켜져 있어야 한다.
- 복도와 계단에 조명 상태가 부적절하면 위험하다. 계단은 최소 110럭스 이상의 조도가 확보되어야 하고 복도와 계단 구역 간에 조도의 차이가 크지 않도록 해야 한다(교육부, 2015b).
- 조명을 쉽게 켜고 끌 수 있도록 계단의 양 끝에 두 개의 스위치가 있어야 한다.

(2) 소음

소음은 유아교육기관에서 어린이에게 스트레스를 주는 가장 중요한 요인 중 하나이다.

- 학교건물 내 소음은 55데시벨 이하여야 한다고 되어 있다(「학교보건법 시행규칙」 별표 4). 그러나 영유아의 경우에는 일과의 80% 이상을 35~40데시벨을 넘지 않도록 하는 것이 바람직하다(Aronson, 2012).
- 소음을 줄이기 위해 방음이 되는 타일, 벽 또는 칸막이, 카펫, 기타 방음벽 등을 활용한다. 이때 사용되는 자재들은 안전한 재질로서 세척이 가능한 것으로 한다.

13) 실내 공기

건물과 실내 시설, 설비, 페인트 등에서 나오는 알데히드, 일산화탄소, 라돈, 납, 기타 다양한 실내 화학물질은 피로, 피부염, 두통, 눈의 염증, 호흡곤란, 메스꺼움을 유발하며, 안전과 건강에 매우 위협이 된다. 안전을 위한 첫 번째 조치로 건축자재를 비롯해 유해물질이 없는 시설, 비품 등을 구비하는 것이 중요하다.

현재 유치원의 공기 질 관리는 「학교보건법」에 의해 이루어진다. 신축 학교의 경우 「실내공기질 관리법」에 따른 오염물질 방출 건축자재(제11조 제1항)를 사용하지 않으며, 교사 안에서의 원활한 환기를 위하여 환기시설을 설치하도록 되어 있다. 책상·의자 및 상판 등 비품은 '한국산업표준인증'을 받은 제품을 사용하도록 되어 있다. 개교 후 10년 이상이 되면 시설 전반에 걸쳐 미세먼지 및 부유세균을 중점 관리하도록 하고 있다. 기존 시설을 개수하거나 보수하게 되면 신축과 마찬가지로 오염물질 방출 건축자재를 사용하지 않도록 하고 있다. 급식시설은 미세먼지, 이산화탄소, 폼알데하이드, 총부유세균 및 낙하세균이 유지기준에 적합하도록 중점적으로 관리하도록 하고 있다.

어린이집은 「실내공기질 관리법」의 적용을 받는 다중이용시설로서 실내공기질 유지기준은 환경부령을 따른다. 어린이, 노인, 임산부 등 오염물질에 노출될 경우 건강피해 우려가 큰 취약계층이 주로 이용하는 다중이용시설은 더욱 엄격한 공기질 유지기준을 정하여야 한다(「실내공기질 관리법」 제5조). 시·도는 지역 환경의 특수성을 고려하여 필요하다고 인정하는 때에는 조례로 법 규정에 의한 공기질 유지기준보다 엄격하게 당해 시·도에 적용할 공기질 유지기준을 정할 수 있다.

표 2-2 유치원의 공기 질 등의 유지 기준(「학교보건법 시행규칙」 별표 4의2)(개정 2019. 10. 24.)

오염물질 항목	기준(이하)	적용 시설	비고
미세먼지	35㎍/m³	교사 및 급식시설	직경 2.5㎛ 이하 먼지
	75㎍/m³	교사 및 급식시설	직경 10㎛ 이하 먼지
	150㎍/m³	체육관 및 강당	직경 10㎛ 이하 먼지
이산화탄소	1,000ppm	교사 및 급식시설	기계 환기장치를 이용하여 주된 환기를 하는 경우 1,500ppm 이하
폼알데하이드	80㎍/m³	교사, 건축 후 3년이 지나지 않은 기숙사, 급식시설	건축에는 증축 및 개축 포함
총부유세균	800CFU/m³	교사 및 급식시설	
낙하세균	10CFU/실	보건실 및 급식시설	
일산화탄소	10ppm	개별 난방 교실 및 도로변 교실	직접 연소 방식의 난방 교실
이산화질소	0.05ppm	개별 난방 교실 및 도로변 교실	직접 연소 방식의 난방 교실
라돈	148Bq/m³	건축 후 3년이 지나지 않은 기숙사, 1층 및 지하 교사	건축에는 증축 및 개축 포함
총 휘발성 유기화합물	400㎍/m³	건축한 때부터 3년이 경과되지 아니한 학교	건축에는 증축 및 개축 포함
석면	0.01개/cc	「석면안전관리법」의 규정에 의한 석면건축물에 해당하는 학교	
오존	0.06ppm	교무실 및 행정실	적용 시설 내에 오존을 발생시키는 사무기기(복사기 등)가 있는 경우로 한정
진드기	100마리/㎡	보건실	

표 2-3 어린이집이 포함된 다중이용시설 실내공기질 유지기준 지역 조례 예

오염물질 / 지역 조례 규정	미세먼지 (PM-10) (㎍/m³)	초미세먼지 (PM-2.5) (㎍/m³)	이산화탄소 (ppm)	폼알데하이드 (㎍/m³)	총부유세균 (CFU/m³)	일산화탄소 (ppm)
대전(2019. 6. 28. 제정)	75 이하	35 이하	1,000 이하	80 이하	800 이하	9 이하
경기도(2019. 7. 16. 일부개정)	75 이하	35 이하	900 이하	70 이하	800 이하	5 이하
충청남도(2015. 9. 30. 일부개정)	90 이하		800 이하	70 이하	800 이하	5 이하

2. 안전관리 및 안전교육

1) 실내 안전관리

실내 공간별로 유의해서 관리해야 할 사항은 다음과 같다.[7]

(1) 현관 및 출입구

- 외부인이 방문할 때마다 벨 또는 인터폰으로 신원을 확인한 후 출입시킨다.
- 유아가 드나들 때는 성인이 동반하고, 현관문에 유아의 몸이나 발이 끼이지 않는지 주시한다.
- 현관 주변에 핀, 돌멩이 등 위험 요소가 있는지 확인하고, 발견 즉시 치운다.
- 눈이나 비가 오는 날, 바닥에 물이 고여 있는 경우 수시로 물을 제거한다.
- 현관이 혼잡하지 않도록 유아가 동시에 몰려서 드나들지 않도록 한다.

(2) 바닥 및 벽

- 삼킬 만한 이물질, 전선과 줄 등 발에 걸려 넘어지게 할 수 있는 물건이나 놀잇감, 그리고 발을 다치게 할 수 있는 유리조각, 바늘, 철사, 파편 등이 있는지 수시로 점검하고 발견 즉시 제거한다.
- 벽에 떨어질 염려가 있는 액자 등이 없는지 수시로 점검하고, 단단하게 고정한다.
- 벽에 압핀이나 압정 대신 사무용 집게클립, 파일바인더 등을 사용한다.
- 벽에 금이 간 곳, 페인트가 벗겨진 곳, 곰팡이가 없는지 확인한다.
- 비나 눈이 오면 벽이나 바닥에 물이 흐르지 않는지 확인한다.

(3) 교실 및 가구

- 유아만 두고 교실을 비우지 않는다.

---

7) 이하 내용은 어린이집안전공제회(2019a)와 교육부(2015b)를 주로 참고함.

- 유아를 돌보며 행정업무를 하지 않는다.
- 가구에 모서리보호대, 안전잠금장치를 설치한다.
- 가구의 표면에 가시, 썩은 부분, 튀어나온 금속(못) 등은 없는지 확인한다.
- 성인만 조작해야 하는 가전제품(TV, VTR, 가습기 등)은 조작 버튼을 가리거나 안전덮개로 덮어 둔다.
- 약품은 유아의 손이 닿지 않도록 수납장 안에 보관하고 잠금장치를 한다.
- 가지고 온 약품은 유아의 사물함이나 수납장에 보관하지 않고 별도로 보관(냉장, 상온 구분)한다.
- 쓰레기통 뚜껑은 항상 닫아 두고, 자주 비워 주며, 위험한 물건(목공용 본드, 못 등)을 버리지 않는다.
- 교구장 아래쪽에 무거운 교구와 자료를 보관하고, 위쪽일수록 가벼운 것을 보관한다.
- 영아에게는 너무 무거운 블록은 제공하지 않는다(던지거나 깨지는 사고 방지).
- 블록은 유아가 쉽게 꺼내고 정리할 수 있는 높이에 보관한다.
- 블록은 끝이 날카롭거나 조작하기 빡빡하지 않은 것으로 선택한다.
- 파손되거나 망가진 놀잇감은 바로 치운다.
- 전화기, 드라이어 등의 놀잇감은 무선으로 된 것을 사용한다.
- 역할놀이 영역의 화장품 용기는 내용물을 비우고 깨끗이 세척하여 제공한다.
- 유아가 사용하는 헤드폰이나 이어폰 전선줄은 보이지 않게 처리하거나 짧게 정리한다.
- 연필은 끝이 뾰족하지 않게 제공하고 보관 시 끝이 뾰족한 쪽을 아래로 향하게 한다.
- 미술자료는 피부에 닿거나 삼켜도 해롭지 않은 것으로 사용한다.
- 재활용품, 자연물 등을 사용할 때는 깨끗하게 씻고 안전하게 처리한 후 사용한다.
- 가위는 끝이 무디며 가볍고 안전한 것으로 선택한다.
- 요리 활동에 사용하는 칼은 끝이 무딘 플라스틱 칼을 사용한다.
- 화분은 깨지지 않는 재질의 화분을 사용한다.
- 피아노 밑부분, 건반과 뚜껑 사이에 푹신한 천이나 부직포를 부착하고, 피아노

를 사용할 때를 제외하고 항상 뚜껑을 닫아 놓고 잠금장치를 한다. 뚜껑이 열리는 피아노 의자의 경우도 마찬가지로 잠금장치를 한다.

(4) 화장실

- 놀이 도중 혼자 화장실에 갈 때는 가기 전에 교사에게 알리도록 한다. 다녀온 후에는 잘 다녀왔는지, 손은 잘 씻었는지, 옷은 바르게 입었는지 등을 확인한다.
- 배변처리가 필요한 유아가 변기에 앉아서 교사를 오래 기다리지 않도록 한다.
- 화장실에는 세제나 소독제를 유아의 손이 닿는 곳에 두지 않으며, 두발용품과 헤어드라이어와 같은 전기기구도 두지 않도록 유의한다.
- 화장실 바닥과 벽은 매일 청소하고 규칙적으로 소독한다. 따라서 바닥에 사용되는 재질은 잦은 청소와 소독에 적절한 것이어야 한다.
- 화장실은 항상 건조한 상태로 유지한다.

(5) 조리실

- 유아를 데리고 조리실로 들어가지 않는다.
- 영아와 걸음마기 유아들은 어떠한 형태의 음식을 준비할 때에도 접근하지 못하게 한다. 유아는 어른의 감독하에 들어오도록 한다. 날카로운 물건은 유아의 손이 닿지 않게 보관해야 하고 유아의 손이 닿을 수 있는 높이의 찬장, 서랍은 줄로 묶거나 잠금장치 제품을 이용한다.
- 가스레인지의 사용을 막는 안전캡을 이용하여 위험을 예방한다.
- 뜨거운 음식은 조리실에서 미리 식혀서 배식할 수 있도록 준비한다.
- 음식을 준비하는 곳의 표면은 하루에도 여러 번 소독해야 한다. 표면이 갈라진 곳이 있으면 음식이 사이에 끼어 세균이 자라게 되므로 반드시 보수하여야 한다.
- 행주는 세균 번식의 온상지이므로 사용하지 않도록 한다.
- 세제와 소독제는 음식물과 떨어지고 유아들의 손이 닿지 않도록 보관에 유의한다.
- 조리기구와 위험한 부엌용품은 유아의 손이 닿지 않는 곳에 둔다.
- 조리대에 용기를 올려놓을 때 손잡이는 조리대의 뒤쪽을 향하게 돌려놓는다.

- 쓰레기통은 뚜껑이 있는 것으로 준비하며, 음식을 준비하고 저장하는 장소, 조리대 및 전열기에서 멀리 떨어진 곳에 둔다.
- 식품과 소모품은 별도로 구분된 장소에서 보관하되, 부득이하게 함께 보관할 경우 서로 섞이지 않도록 분리하여 보관하여야 한다(「유아교육법 시행규칙」 별표 1).

(6) 전기시설 및 전기용품

- 모든 전선은 짧게 정리하여 사용한다.
- 하나의 콘센트에 너무 많은 플러그를 꽂지 않는다.
- 사용하지 않는 콘센트는 안전덮개로 덮어 둔다.
- 사용하지 않는 전기기구의 플러그는 뽑아서 유아의 손에 닿지 않게 두도록 한다.
- 전선 및 콘센트 외관을 수시로 확인한다. 쌓인 먼지는 진공청소기 또는 마른 수건으로 닦아 준다.
- 전기기구에 발열 · 외형변형 · 소음 · 냄새 발생 시 전문가에게 점검 후 조치하도록 한다.
- 분전반 내 · 외부에 불필요한 물건이 적재 또는 방치되어 있으면 즉시 치우도록 한다.
- 누전차단기가 정상적으로 작동하는지 월 1회 이상 점검한다.

  방법: 배선용 차단기를 모두 내려 사용하고 있는 모든 전기를 차단

  누전차단기의 우측 또는 하단에 있는 시험용 단추(TEST 버튼)를 누름

  이때 자동으로 차단되지 않거나 타는 냄새가 나면 누전차단기를 교체함
- 전기시설은 유아교육기관 외의 전문기관에 의한 정기점검도 받도록 한다(1개월에 1회).

(7) 공기질

주어진 조건에서 공기의 질을 관리하기 위한 기본적인 방법은 환기이다. 실내 공기의 질은 환기를 자주 하는 것만으로도 개선할 수 있다. 환기는 공기 오염을 줄일 뿐 아니라 공기 중의 병원균을 내보내는 효과도 있다.

환기 외에 실내 공기 오염을 줄이기 위해 다음을 실천한다.

- 실내를 청결하게 유지한다.
- 살충제, 세제, 표백제 기타 화학제품의 사용을 줄인다.
- 놀잇감, 가구, 미술재료, 페인트, 섬유, 카펫 등에 해로운 성분이 있는지 확인한다.
- 건물에 부속된 차고에 자동차의 시동을 건 채로 두지 않는다. 건물의 내부로 통하는 문을 열기 전에 차의 엔진을 끄고 외부로 향한 차고의 문을 잠시 열어 둔다.
- 실외 놀이터와 인접한 곳에 차량을 주차하게 되어 있는 경우 차에 시동을 오래 켜 두지 않는다. 차량은 배기가스가 실외 놀이터 쪽으로 향하지 않도록 주차한다.
- 가습기, 에어컨과 공기 정화기 필터를 규칙적으로 청소하고 점검한다.
- 습도를 적절하게 유지한다. 비교습도는 30퍼센트 이상 80퍼센트 이하가 적절하다(「학교보건법 시행규칙」 제3조 제1항 제1호 관련 별표 2).

연면적 430m^2 이상의 국공립 및 법인·직장·민간어린이집의 의무 사항 (「실내공기질 관리법」)

- 실내공기질 유지기준 준수
- 실내공기질 관리에 관한 교육 이수
- 실내공기질 측정 및 결과 기록 · 보존
- 실내공기질 개선명령에 따른 이행
- 실내공기질 관리에 관한 보고 또는 자료 제출

2) 안전점검표를 활용한 관리

안전한 환경을 유지하기 위해 철저한 점검이 필요하다. 안전점검표를 활용하면 체계적 점검에 도움이 된다. 교실과 실내 전반은 매일 점검하고, 매월 좀 더 체계적이고 상세한 점검을 하도록 한다(부록 '안전점검표' 참조).

노후 건축물 정기점검(어린이집)

사용승인일로부터 10년이 넘은 어린이집은 건축법에 의거, 시군구에서 실시하는 정기점검을 2년에 한 번 받아야 함. 단, 연면적 3,000m^2 이하의 건축물은 제외됨

표 2-4 유아교육기관의 실내 전반에 대한 일일안전점검표

(점검 상태: 양호/이행 ○, 적절치 않음 ×)

구분	점검 사항	월 일~ 월 일					비고
		월	화	수	목	금	
일반사항	안전관리를 위한 명문화된 지침이 눈에 띄는 곳에 비치되어 있는가?						
	적절한 환기를 하고 있는가?						
	안전장치(안전덮개, 모서리보호대, 손끼임 방지장치 등)는 잘 부착되어 있는가?						
실내환경	문과 창문 등의 추락 위험은 없는가?						
	창문 주변에는 딛고 올라설 만한 물건이 비치되어 있는가?						
	바닥에는 다칠 수 있거나 미끄러운 곳이 없는가?						
	계단과 통로에 불필요한 시설물이나 피난에 방해가 되는 적치물이 없는가?						
	파손된 용품이나 시설물은 없는가?						
비품 및 놀잇감	날카로운 물건(칼, 송곳, 가위 등)은 잠금장치가 있는 곳에 보관하고 있는가?						
	모든 비품은 날카롭거나 부서진 곳은 없는가?						
	모든 놀잇감에는 날카로운 부분이나 모서리, 가시, 갈라진 곳, 삼킬 우려가 있는 작은 부속품이 없는가?						
	부품이 빠지거나 작은 볼트 등이 빠진 것은 없는가?						
	비품 및 놀잇감은 유아가 꺼내고 수납하기 알맞은 높이에 있으며 크거나 무거운 비품 및 놀잇감은 교구장 아래에 위치해 있는가?						

가구	책상, 정리장 등 가구들은 바닥과 벽에 안전하게 배치되어 있는가?						
	가구의 볼트, 너트, 못 등이 튼튼하게 고정되어 있는가?						
현관 및 계단	방문한 사람의 신원을 확인한 후 출입시키고 있는가?						
	바닥은 미끄럽지 않고 미끄럼 방지장치가 파손된 곳은 없는가?						
	계단에 부착된 게시물은 잘 고정되어 있는가?						
	계단에 부착된 논슬립은 잘 고정되어 있는가?						
화장실	바닥이 항상 건조한 상태로 유지되고 있으며 미끄럽지 않은가?						
	락스, 세제 및 변기를 청소하는 솔 등은 유아의 손이 닿지 않는 곳에 관리하고 있는가?						
화재예방 시설	소화기는 눈에 띄는 곳에 설치되고 잘 작동되고 있는가?						
	감지기는 잘 작동하고 있는가?						
	사용하지 않는 콘센트에는 안전덮개가 설치되어 있는가?						
	가스레인지의 중간밸브, 가스누설자동차단기는 잘 작동하고 있는가?						
	피난유도등이나 유도표지등이 잘 부착되어 있고 작동하고 있는가?						
	전선이 늘어져 있지 않는가?						

출처: 교육부(2015b), pp. 103-105; 보건복지부(2019b), p. 316의 서식 중 실내 부분을 발췌하여 재구성함.

3) 안전을 고려한 활동 계획

유아의 안전을 위해 교사는 활동이 유아의 연령에 적절한지, 위험 요인은 무엇인지, 안전한 활동이 되기 위해 필요한 사항은 무엇인지 평가해 보아야 한다.

활동에 따라 특별한 주의를 더 필요로 하는 것들이 있다. 예를 들어, 가위나 바늘같이 날카로운 물건을 사용하는 활동, 망치나 못과 같은 목공 도구를 사용하는 활동, 전기기구를 사용하는 활동은 세심한 준비와 주의가 필요하다.

위험한 자료를 사용하는 활동은 다른 활동영역과 분리된 곳에서 하도록 한다. 한 활동에 동시에 참여하는 유아의 수도 제한할 필요가 있다.

전기기구들은 사용 전에 아주 세심하게 점검하여야 한다. 플러그가 빠져 있지는 않은지, 코드가 벗겨져 있지 않은지 등을 잘 살펴야 한다. 유아들이 걸려 넘어질 수 있으므로 연장 코드는 사용하지 않도록 한다.

미술 재료와 활동의 선정에도 안전이 고려되어야 한다. 작은 곡식, 이쑤시개, 작은 구슬 등은 적절치 않다. 이러한 것들은 귀나 코에 넣거나 삼킬 수 있기 때문이다. 또한 물감과 풀의 적절한 보관도 중요하다. 깨지지 않는 용기에 재료들을 넣도록 한다.

4) 주의 깊게 지켜보기

실내에서는 실외활동을 할 때보다 안전에 대해 느슨한 태도를 지니기 쉽다. 이는 실내에서는 사고가 덜 일어난다고 생각하기 때문이다. 그러나 실내에서도 철저하게 안전에 유의하여야 한다. 사고는 대부분의 활동에서 일어날 수 있다. 특히 영아와 걸음마기 유아의 경우에는 성인의 철저하고 세심한 감독이 필요하다.

다음과 같은 사항에 초점을 둔 관찰이 실내 안전관리에 도움이 된다(조경자, 이현숙, 2010). 이러한 질문과 점검은 실외 환경에도 적용된다.

① 반복되는 문제가 무엇인가?
② 반복되는 규칙이 무엇인가?
③ 무목적적인 활동이 일어나는 영역은?
④ 거의 사용되지 않는 영역은?
⑤ 유아들이 몰리는 영역이나 시설물은?
⑥ 감독할 수 없거나 안전하지 않아서 제한되는 영역이 있는가?
⑦ 유아의 놀이가 방해되는 영역이 있는가?
⑧ 유아들이 서로의 놀이를 방해하지 않고 움직일 수 있는 통로가 있는가?
⑨ 자료가 부족하거나 설비가 부족하여 활동이 제한되는가?
⑩ 보다 관리를 요하는 영역이 있는가?
⑪ 이동식 시설과 자료를 위한 적절한 보관소가 있는가?
⑫ 사고가 가장 흔히 일어나는 영역이 있는가?

폐쇄회로 텔레비전(Closed Circuit Television: CCTV)

어린이집의 CCTV 설치는 2015년 의무화되었다. 어린이집을 설치·운영하는 자는 영유아의 안전과 어린이집의 보안을 위하여「개인정보 보호법」및 관련 법령에 따른 CCTV(폐쇄회로 텔레비전)를 설치·관리하여야 한다. CCTV를 설치하지 않으려는 경우에는 보호자 전원으로부터 받은 미설치 동의서를 첨부하여 특별자치도지사·시장·군수·구청장에게 신고하여야 한다. 설치기준은 다음과 같다(「영유아보육법 시행규칙」별표 1. 어린이집의 설치기준).

- 각 보육실, 공동놀이실, 놀이터(인근놀이터는 제외) 및 식당, 강당에 1대 이상씩 설치하되, 사각지대의 발생을 최소화할 수 있도록 설치함
- 모니터를 통하여 그 영상을 구현할 수 있으며, 영상정보를 녹화·저장할 수 있는 기능을 갖추어야 함
- 일정한 방향을 지속적으로 촬영할 수 있도록 설치해야 하며 임의로 조작이 가능하거나 녹음기능이 있도록 설치해서는 안 됨
- 화면 속 인물의 행동 등이 식별될 수 있도록 고해상도 HD(High Definition)급 이상의 성능(보건복지부장관이 정하여 고시하는 해상도 이상)을 보유하여야 함
- 영상정보를 60일 이상 저장할 수 있는 용량을 갖춰야 함
- 설치목적, 설치장소, 촬영범위 및 시간, 관리책임자의 성명 및 연락처 등을 포함한 안내판을 출입구 등 잘 보이는 곳에 설치하여야 함

유치원의 CCTV 설치는 의무화되지는 않았다. '유치원 내 영상정보처리기기 설치, 운영 가이드라인'에 따라 CCTV를 설치하거나 추가 설치를 할 경우 학부모와 교직원으로부터 사전에 의견을 수렴하여야 한다. 또한 유치원의 비공개 공간(필요시 공개 공간 포함)은「개인정보보호법」에 따라 해당 정보를 수집 및 이용하려면 정보주체(학부모, 교직원 등)의 권리로서 동의를 받아야 한다. 해당 규정에 따라 CCTV를 설치할 경우 유치원장은 '영상정보처리기기 운영관리 방침'을 마련하여 운영 관리하여야 하며 책임자 및 담당자를 지정하여야 한다.

5) 안전한 실내 놀이 및 활동을 위한 안전교육

안전한 환경에서도 부주의로 인해 또는 시설 및 놀잇감을 잘못 사용해서 사고가 일어날 수 있다. 교사는 놀이나 활동에 따를 수 있는 안전 문제를 인식하고 교육 활동을 통해 안전규칙을 인식시키고 지키도록 지도한다.

규칙이 너무 많거나 복잡하거나 일관성이 없으면 유아가 지키지 못할 것이다. 규칙은 간단하고 긍정적인 진술로 되어 있어야 한다. 규칙을 만들 때, 유아들이 적극적으로 참여하면 유아들의 자율성과 자발적인 규칙 준수를 조장할 수 있다. 유아들이 규칙의 필요성과 이유를 이해하는 것이 규칙을 내면화하고 지키기 위해 무엇보다 중요하다. 실내 주요 공간에서의 안전규칙 및 교육내용은 다음과 같다.

(1) 현관 및 출입구

- 문을 열고 닫을 때 조심한다.
- 혼자 건물 밖으로 나가지 않는다.
- 차례를 기다려 신발을 갈아 신는다.

(2) 복도 및 계단

- 오른쪽으로 다닌다.
- 앞 친구와 간격을 유지한다.
- 친구에게 빨리 걷도록 재촉하지 않는다.
- 주머니에 손을 넣지 않고 걷는다.
- 뛰거나 장난치지 않고 바르게 걷는다.
- 혼자 돌아다니지 않는다.
- 한 칸씩 계단을 오르고 내린다.

(3) 문 및 창문

- 매달리지 않는다.
- 세게 닫지 않는다.

- 친구가 문을 열 때 방해하지 않는다.
- 커튼이나 블라인드 뒤에서 장난치지 않는다.
- 문틈 사이에 손가락과 발가락을 넣지 않는다.

(4) 책상 및 의자

- 올라가거나 세게 흔들지 않는다.
- 의자에 앉을 때 엉덩이를 의자 깊숙이 넣어 앉는다.
- 의자에 앉아 끄덕거리는 등 장난을 하지 않는다.
- 의자를 옮길 때는 두 손으로 들어 옮긴다.

(5) 놀잇감 및 자료

- 놀잇감을 바르게 사용한다. 사람이나 바닥에 던지거나 밟지 않는다.
- 놀잇감을 입에 넣거나 먹지 않는다.

  역할 놀잇감인 모형 음식을 입에 넣거나 맛보지 않고 먹는 흉내만 내도록 한다.

  색종이, 점토, 연필, 크레용, 붓, 접착제, 풀을 입에 대거나 맛보지 않는다.

  과학 영역에 제시된 자료를 먹지 않는다.
- 놀잇감이나 도구를 안전하게 사용한다.

  확대경은 물체를 향해서 본다.

  확대경으로 해를 바라보면 위험하므로 하지 않는다.

  가위를 줄 때에는 가윗날을 합쳐서 손잡이가 상대방을 향하게 해서 준다.

  가위를 들고 이동할 때는 걸어서 간다.

  가위로 머리카락, 옷을 자르지 않는다.

  고무 밴드는 사람을 향해서 당기지 않는다.

  구슬 꿰기 끈 등 긴 끈이나 실을 가지고 돌아다니거나 목에 감지 않는다.
- 실내에서 기르는 곤충이나 식물을 함부로 만지지 않는다.
- 고장 나거나 깨진 놀잇감을 발견하면 교사에게 알린다.
- 작은 놀잇감이나 물건(구슬 등)은 입, 코, 귀에 넣지 않는다.
- 놀잇감이나 악기로 위험한 놀이를 하지 않는다.

- 놀잇감이나 자료를 사용한 후에는 제자리에 정리한다.

(6) 전선 및 콘센트

- 전선, 콘센트를 만지거나 잡아당기지 않는다.
- 젓가락, 쇠막대 등을 콘센트에 꽂지 않는다.

6) 안전교육 활동의 실제

- 활동명: 전기감전을 조심해요[8]
- 학습목표: 콘센트 구멍에 물건을 넣으면 위험하다는 것을 안다.
  콘센트 주변에서 조심히 행동한다.
- 관련생활주제: 생활도구

지도 자료	-교실에 있는 콘센트, 안전덮개 사진 및 그림 자료	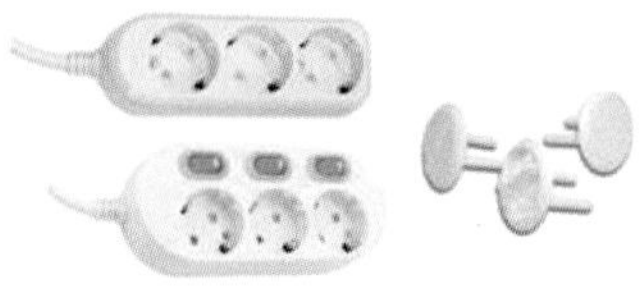

- 교수 · 학습활동

도입	1 우리 주변에서 사용되는 전기에 대해 이야기 나눈다. -우리 반에서 전기가 있어야 사용할 수 있는 물건은 무엇일까? -전기는 어떻게 우리 교실까지 왔을까? -전기가 필요할 때 전기를 사용할 수 있게 연결해 주는 도구는 무엇일까?
전개	1 교실을 함께 둘러보고, 콘센트를 찾아본다. -(콘센트 사진 제시) 이것은 무엇일까? -콘센트는 왜 필요할까? -콘센트는 왜 안전덮개로 덮여 있을까? 2 콘센트를 안전하게 사용하는 방법에 대해 이야기 나눈다. -콘센트 구멍에 물건을 넣으면 왜 위험할까? -콘센트를 안전하게 사용하려면 어떤 약속을 지켜야 할까?
마무리	1 콘센트의 안전한 사용을 위해 약속을 정리한다. -콘센트를 안전하게 사용하기 위해서 어떤 약속이 필요했었니? -교실에 있는 콘센트에 '조심해요!' 마크를 붙여 보자.

- 지도상의 유의점

-유아가 쉽게 이해할 수 있도록 교실 콘센트의 실물 자료를 보면서 이야기 나눈다.

8) 출처: 교육부, 경상남도교육청, 학교안전공제중앙회(2016), p. 33.

3장

유아교육기관의 실외 안전

1. 안전한 환경 조성
2. 안전관리 및 안전교육

영유아 안전관리와 교육

실외 공간은 유아들에게 활발한 신체 활동과 놀이, 그리고 탐색 경험을 제공하는 흥미로운 환경이다. 그러나 놀이시설에서의 추락이나 시설물에 부딪히기, 그리고 유아 간 충돌과 같은 안전사고의 위험도 높은 곳이다. 따라서 실외 놀이터는 유아가 자유롭게 탐색하고 이동할 수 있도록 안전하게 조성되고 관리되어야 한다.

1. 안전한 환경 조성

1) 실외 놀이터의 입지

실외 놀이터의 위치는 유아교육기관 건물 앞에, 배수가 잘되는 곳이어야 한다. 유아들이 뛰어들 수 있는 여지가 있으므로 도로와 안전하게 분리되어 있어야 한다. 실외 공간은 유아들의 수를 고려하여 충분히 확보하도록 한다. 유아 1인당 시설물을 포함해서 약 6.7~9m^2가 이상적으로 제시되고 있다(Decker & Decker, 2005; Marotz et al., 2005). 영아는 1인당 최소한 3m^2, 걸음마기 유아는 4.6m^2가 필요하다(Marotz et al., 2005). 우리나라 유치원의 실외 놀이터 기준 면적은 유아 수 40명 이하일 경우 160m^2, 41명 이상이면 (120+정원)m^2이다(「고등학교 이하 각급 학교 설립 · 운영 규정」 별표 2). 어린이집은 보육 정원 50명 이상인 어린이집(12개월 미만의 영아만을 보육하는 어린이집은 제외)에 한하여 옥외 놀이터 설치를 규정하고 있는데, 크기는 영유아 1인당 3.5m^2 이상이어야 한다. 옥외 놀이터 설치가 불가능한 경우 옥내 놀이터[1)]를

1) 어린이집 옥내 놀이터(「영유아보육법 시행규칙」 별표 1. 개정 2019. 6. 12.)
- 놀이터로 사용하는 공간 및 놀이터 주변에는 소음, 분진, 폭발, 화재 등의 위험시설을 설치하거나 방치할 수 없음.
- 건물 내부를 엘리베이터로 이동하지 않는 경우, 보육실로부터 5층 이내로 설치함. 엘리베이터가 작동하고, 비상재해대비시설을 설치한 건물은 층수제한 없이 놀이터 설치가 가능함.

설치하거나 인근의 놀이터를 활용할 수 있다.

실외 놀이터와 외부를 구분 짓기 위한 담장은 높이가 최소한 120cm여야 한다. 담장이 마당을 둘러싸야 유아들이 안전하게 놀이할 수 있고 교사들이 감독을 용이하게 할 수 있다. 문은 잠글 수 있어야 하고, 울타리나 담은 아래로 동물이 드나들지 못하도록 설치한다.

2) 실외 놀이시설물의 설치

실외 놀이시설물은 공간의 크기, 유아의 연령과 발달 수준, 시설물이 제공할 수 있는 경험의 다양성, 안전하고 양질의 재료인지를 고려하여 선정하고 설치한다. 놀이시설물의 선정과 설치는 「영유아보육법」, 「어린이놀이시설 안전관리법」, 「안전인증대상 어린이제품의 안전기준」 부속서 2, 「환경보건법」 등 관련 법을 따라 이루어져야 한다.

- 시설물 설치 시 안전검사기관[2]으로부터 설치검사를 받아야 한다.
- 설치 후 2년에 1회 이상 정기시설검사를 받아야 한다. 설치검사의 유효기간은 합격통보를 받은 다음으로부터 2년간이다.
- 설치검사 및 정기시설검사에 합격된 어린이놀이시설에 대해서는 설치검사 및 정기시설검사에 합격했음을 나타내는 표시를 하여야 한다.

- 옥내 놀이터까지 계단으로 이동하는 경우, 아동용 손잡이 레일을 영유아가 잡거나 짚고 올라가서 넘어갈 수 없는 구조로 설치하고 기타 안전에 필요한 장비를 설치함.
- (옥상 놀이터) 어린이집으로 사용하는 건물의 최상층에 놀이터를 설치하는 경우 영유아의 안전을 위하여 보호난간 및 기타 안전에 필요한 장비를 설치하여야 함. 보호난간은 최소 1.5m 이상의 높이로 설치하되, 바닥면 최하단으로부터 1.2m까지는 콘크리트 · 조적(벽돌 등) 또는 강화유리 등으로 설치하고 기타 사항은 옥내 중간 놀이터 설치기준을 적용함.

2) 안전검사기관이란 어린이 놀이시설의 안전성을 확보하기 위하여 설치검사, 정기시설검사 또는 안전진단을 행하는 기관으로 행정안전부 장관이 지정한다(「어린이놀이시설 안전관리법」 제4조). 안전검사기관에 대한 정보는 '행정안전부 어린이놀이시설 안전관리 시스템'에서 제공하고 있다(http://www.cpf.go.kr/front/sub04/sub0404.do). 2019년 9월 기준으로 안전검사기관은 한국건설생활환경시험연구원, 한국기계전기전자시험연구원, 대한산업안전협회 등 13개 기관이 있다.

- 설치검사를 받은 후 30일 이내에 보험에 가입해야 한다. 보험의 종류는 어린이 놀이시설 사고배상 책임보험 또는 사고배상 책임보험과 같은 내용이 포함되어 있어야 하며, 사망 사고의 경우 최고 8천만 원까지 지급하는 보험에 가입해야 한다.

(1) 높이와 간격

시설물은 굳게 고정되어야 하며 높이가 1.8m를 넘지 말아야 한다. 오르내리거나 좌우로 움직이는 등의 기능을 하는 시설물 주변은 유아들이 내려오게 되는 공간을 충분히 넓게 해야 안전하다. 이를 위해 시설물 간의 간격은 최소한 2.4m가 적절한 것으로 제시된다.

(2) 바닥

정글짐, 그네, 미끄럼틀과 같은 대근육 활동 시설은 다른 시설물들과 떨어져 위치해야 하며 바닥의 안전에 특히 유의한다. 실외에서 일어나는 안전사고의 대부분이 낙상에 의한 것이기 때문이다. 시설물의 아래나 주변의 표면이 딱딱하면 성인이 감독하고 있다 해도 위험하다.

따라서 시설물 바닥에는 200g에 해당하는 충격 흡수재를 설치하도록 한다. 놀이기구와 시설 밑의 바닥은 30~40cm 정도의 깊이를 부드럽고, 편안하며 탄성 있는 톱밥이나 모래와 같은 소재로 덮는다. 모래 밑의 바닥에 굵은 자갈을 깔면 물이 고이는 것을 방지할 수 있다. 충격을 흡수할 수 있는 자료를 깔아 주었더라도 정기적으로 자료를 보충해 주고 표면을 부드럽고 평평하게 해 주기 위해 갈퀴 등을 이용해 갈아 주어야 한다. 모래는 벌레를 끌어들이며, 자꾸 단단해진다.

2. 안전관리 및 안전교육

1) 실외놀이 공간의 위험 요소 인식

안전한 나무와 꽃을 심어 안전하면서도 아름다운 환경을 조성하고 놀이터 안과 주변의 독성 식물과 물질들을 제거한다. 놀이터 시설물과 바닥의 안전성 여부를 매일 점검하고, 담장이나 울타리 주변에 맨홀, 웅덩이, 적재물 기타 위험 요소도 매일 확인하고 관리한다.

어린이집에는 원칙적으로 전염성이 있는 동물(닭, 오리 등)을 두어서는 안 된다. 동물을 두는 때에는 미리 부모에게 그 사실을 알리고, 동물로부터 영유아가 알레르기 및 질병, 상해를 입지 않도록 정기적으로 수의사를 통해 면역조치 등을 받아야 하며, 동물 · 곤충 또는 배설물 등을 접촉한 경우에는 접촉 부위를 씻어야 한다(「영유아보육법 시행규칙」 별표 3).

다음은 미국의 Consumer Product Safety Commission가 안전을 위협하는 실외 놀이터의 사고 요인으로 제시한 것으로서(Aronson, 2012) 안전점검 시 고려하도록 한다.

- 위험한 시설물
- 날카로운 가장자리
- 그네의 안장이 무겁거나 날카로운 것
- 원형 발판 또는 아동의 무릎 높이보다 넓은 간격의 발판
- 단단히 고정되지 않은 시설물
- 시설물 아래의 바닥이 딱딱한 것
- 시설물이 바닥 면적에 비해 높이가 높은 것
- 유아들의 신체 크기와 능력에 맞지 않은 시설물
- 정글짐 바 사이의 간격이 사용자들이 쉽게 닿을 수 있는 거리를 넘어서는 것 (35cm 이하)
- 유아가 손으로 굳게 잡을 수 있는 굵기를 넘어서는 것(2.5cm 이하)
- 햇볕을 정면으로 받아 지나치게 뜨거운 금속 시설물
- 망가진 시설물
- 돌출물 또는 장애물
- 성인의 눈이 미치지 않는 숨겨지거나 후미진 영역
- 독성 물질과 독성 식물

표 3-1 신체에 해를 끼치는 식물의 예

식물명	위해
디펜바키아	옥살산칼슘이라는 독이 있어서 잎을 먹을 경우 혀가 마비되고, 입과 목이 붓고, 말을 못하고 기도를 막아 질식사할 위험이 있음
아이비	스치는 것만으로도 알레르기를 일으키고, 먹을 경우 호흡곤란, 혼수상태까지 일으킬 수 있음
협죽도	나무껍질, 뿌리, 씨앗에 강한 독성을 가지고 있음. 먹을 경우 설사, 구토, 현기증, 복통, 식은땀 등 증상이 일어나고 심할 경우 심장마비를 일으킬 수 있음
철쭉	독성이 강해서 벌이 오지 않을 정도임. 먹었을 경우 입안이 따끔거리고 침분비 증가, 구토, 설사, 두통, 근육에 힘이 빠지고 시력이 흐릿해짐
디기탈리스	디키토심 성분이 있어서 먹을 경우 급성중독증상, 시력착란, 중추신경마비 등을 일으켜 사망까지 할 수 있음
수국	독성이 있어 먹을 경우, 가려움, 구토, 몸이 허약해지고 땀이 남. 심할 경우 혼수상태에 빠지거나 경련, 혈액순환장애를 유발함

출처: 어린이집안전공제회(2019a), pp. 96-98에서 발췌.

- 쓰레기
- 벌레집, 과일나무, 쓰레기통, 기타 곤충을 끌어들이는 것들
- 유리 파편, 돌 등
- 햇빛으로부터 유아를 보호해 줄 수 있는 그늘의 부족
- 동물의 침입과 유아들이 성인의 감독을 벗어나는 것을 방지하기 위한 울타리가 없는 것
- 부적절한 감독

2) 실외 안전점검과 안전진단

매일, 수시점검 외에 정기적으로 적어도 한 달에 한 번 이상 체계적인 점검을 하도록 한다. 점검 목록표(부록 II, III 참조)를 이용하면 체계적으로 점검을 하는 데 도움이 된다. 같은 점검 목록표를 사용해도 사람에 따라 다른 위험요소를 발견할 수 있으므로 교직원들이 서로 교대하여 또는 부모를 참여시켜 점검하는 것도 바람직하다.

(1) 실외 전반에 대한 안전점검

- 놀이시설과 그 주변을 사용하기 전에 매일 점검한다. 놀이시설에 날카로운 가장자리, 거친 표면, 느슨해지거나 깨진 부분 등이 있는지 살펴보고 즉각 개선 · 수리한다.
- 유리, 쓰레기, 발에 걸리는 돌멩이가 없도록 해야 한다.
- 모래놀이를 위해 모래놀이 도구 정리함을 제공하여 유아 스스로 정리하도록 지도하되, 깨진 모래놀이 도구가 있는지 수시로 점검하고 교체한다. 모래는 수시로 체로 쳐서 위험물질을 골라내고 사용하지 않을 때는 뚜껑이나 덮개로 덮어 두도록 한다.
- 자전거를 비롯한 탈것들은 바퀴의 상태와 연결 부위, 원활하게 기능하는지 등을 확인한다.
- 실외에 독성이 있는 식물이 자라고 있는지 점검하여 없앤다. 이때 독성이 있는 약은 사용하지 않는다.
- 신체 자극, 호흡곤란, 중독 등으로 신체에 해를 끼치거나 가시가 있는 식물(옻나무, 담쟁이덩굴, 철쭉, 등나무, 장미, 탱자나무 등)은 키우지 않는다.
- 기관에서 동물을 키울 경우(어린이집안전공제회, 2019a)
  - 유아의 알레르기, 질병, 상해 등을 예방하기 위해 전염병 예방접종을 하고 정기적으로 검진을 받게 한다.
  - 동물의 배설물은 유아의 손이 닿지 않도록 바로 치우고 정기적으로 사육장을 소독한다.
- 동물(개, 고양이 등)이 주변에 있을 경우 유아가 함부로 만지거나 접근하지 않도록 하고, 동물보호센터에 신고한다.

표 3-2 유아교육기관의 실외 전반에 대한 일일안전점검표

(점검 상태: 양호/이행 ○, 적절치 않음 ×)

점검 사항	월 일~ 월 일					비고
	월	화	수	목	금	
어린이집(유치원) 보호벽 및 주변의 관리 상태는 양호한가?						
실외놀이 공간 주변의 돌, 유리조각, 요철, 녹이 슨 부분, 벗겨진 페인트, 돌출된 모서리가 방치되어 있지는 않은가?						
놀이터 바닥은 망가지거나 파진 곳, 오물, 방치된 물웅덩이가 없는가?						
실외 놀이시설물은 바닥에 안전하게 고정되어 있는가?						
놀이시설물은 녹슬거나 금이 가거나 페인트칠이 벗겨진 곳이 없는가?						
놀이기구가 연결된 부분에 볼트나 나사가 풀려져 있는 곳은 없는가?						
놀이기구의 베어링은 윤활유 주입이 잘 되고 있는가?						
실외 놀이시설물(놀이기구, 울타리, 의자, 표지판)은 파손되거나 고장 난 곳은 없는가?						
독성 식물이 자라고 있는지 확인하였는가?						

출처: 교육부(2015b), p. 104; 보건복지부(2019b), p. 316의 서식 중 실외 부분을 발췌하여 보완, 재구성함.

(2) 어린이놀이시설의 안전점검과 안전진단

유아교육기관은 어린이놀이시설의 기능 및 안전성 유지를 위하여 법령에 따른 주기·방법 및 절차 등에 따라 안전점검을 실시하여야 한다. 유아교육기관이 직접 서면계약에 의한 대리인을 지정하여 안전점검을 하게 할 수 있다(「어린이놀이시설 안전관리법」 제15조).

실외 안전점검 시 놀이시설은 「어린이놀이시설안전관리법 시행령」의 점검항목과 방법(제11조 제2항 관련 별표 6) 및 서식(제17조 관련, 별지 제16호 서식)을 활용하여 점검하고(어린이놀이시설별 세부 안전점검 항목은 부록 Ⅳ 참조) 결과를 기록한다. 결과 보관 기관은 3년이다. 안전점검 결과, 위해를 가할 우려가 있다고 판단되면 이용을 금지하고 1개월 이내에 안전검사기관에 안전진단 검사를 의뢰한다.

어린이놀이시설 안전점검 항목 및 방법
(「어린이놀이시설안전관리법 시행령」 제11조 제2항 관련 별표 6)

1. 안전점검의 항목
   가. 어린이놀이시설의 연결 상태
   나. 어린이놀이시설의 노후(老朽) 정도
   다. 어린이놀이시설의 변형 상태
   라. 어린이놀이시설의 청결 상태
   마. 어린이놀이시설의 안전수칙 등의 표시 상태
   바. 부대시설의 파손 상태 및 위험물질의 존재 여부
2. 안전점검의 방법
   어린이놀이시설의 관리주체는 제1호의 점검항목에 대하여 다음 각 목의 기준에 따라 구분하여 안전점검을 한 후, 그 결과를 안전점검 실시대장에 기록하여야 한다.
   가. 양호: 어린이놀이시설의 이용자에게 위해(危害) 위험을 발생시킬 요소가 없는 경우
   나. 요주의: 어린이놀이시설의 이용자에게 위해 위험을 발생시킬 요소는 발견할 수 없으나, 어린이놀이기구와 그 부분품의 제조업체가 정한 사용연한이 지난 경우
   다. 요수리: 어린이놀이시설의 이용자에게 위해 위험을 발생시킬 요소가 되는 틈, 헐거움, 날카로움 등이 생길 가능성이 있거나, 어린이놀이시설이 더럽거나 안전 관련 표시가 훼손된 경우
   라. 이용금지: 어린이놀이시설의 이용자에게 위해 위험을 발생시킬 수 있는 틈, 헐거움, 날카로움 등이 있거나 위해가 발생한 경우
3. 행정안전부장관은 제1호와 제2호에 따른 안전점검의 항목 및 방법에 관하여 필요한 세부적인 사항을 정하여 고시할 수 있다.

▶놀이시설 안전점검 실시대장(「어린이놀이시설 안전관리법 시행규칙」 제17조 관련 별지 제16호 서식

점검일	점검 결과				특이사항	점검자(인)
	양호	요주의	요수리	이용금지		

표 3-3 어린이놀이시설 안전점검표(예시)

(점검 상태: 양호/이행 ○, 적절치 않음 ×)

구분	내용	점검 결과				비고
		양호	요주의	요수리	이용 금지	
부대 시설	울타리, 의자, 가로등의 고장 또는 파손					
	식수대, 쓰레기 처리대의 파손 및 청결					
	놀이터 표지판의 파손 및 내용물이 지워짐					
놀이터 공통 사항	모든 놀이기구 및 시설의 낙후, 휘어짐					
	움직임이 많은 영역에 밧줄이나 전선의 늘어짐					
	전기, 고압선, 유독물질, 유리조각, 돌부리 등의 위험물질 존재					
	유실 모래의 보충					
	고무바닥재의 파손					
	놀이터의 배수, 쓰레기 및 입구 주차상태					
	기둥의 고정 및 조임 장치의 조임 상태					
	기구 및 베어링의 윤활					
	기구 및 시설의 도장상태					
조합 놀이대	미끄럼틀보호벽(난간)의 파손					
	미끄럼틀 계단의 파손					
	미끄럼틀 활주판의 요철 및 파손					
	착지판의 흙 및 물의 존재					
	신체부위가 낄 수 있는 틈새의 존재					
	금속부분의 녹슴, 목재 부분의 부식					
	페인트 칠이 벗겨짐					
	돌출부가 거칠거나 금이 감					
	볼트나 너트 등의 풀림					
오르는 기구	그물망(체인, 타이어) 사이의 연결부위 고정성					
	손잡이(파이프, 체인 등)의 파손(갈라짐, 휘어짐, 엉킴, 벗겨짐)					
	지지대가 느슨해져 있지 않음					
	하강지역의 모래 높이 및 양의 적정성					
	신체부위(손, 발, 머리)가 낄 수 있는 틈새					
	금속부분의 녹슴, 목재 부분의 부식					
	페인트 칠이 벗겨짐					
	돌출부가 거칠거나 금이 감					
	볼트나 너트 등의 풀림					

출처: 호서대학교부속유치원.

유아교육기관이 어린이놀이시설 관리주체로서 준수해야 할 관리 의무를 정리하면 〈표 3-4〉와 같다.

표 3-4 어린이놀이시설 관리주체의 관리 의무(「어린이놀이시설 안전관리법」)

구분	내용
정기시설검사	설치검사를 받은 시설에 대하여 2년에 1회 이상 안전검사기관이 수행
합격 표시	설치검사 및 정시시설검사에 합격했음을 표시
불합격 시설 이용금지	• 설치검사를 받지 않았거나, 불합격된 시설 이용금지 • 정기시설검사를 받지 않았거나, 불합격된 시설 이용금지
안전점검	월 1회 이상 자체 안전점검 실시
안전진단 신청	안전점검 결과, 위해 우려가 있는 시설은 이용을 금지하고 1개월 이내에 안전검사기관에 안전진단 신청
시설의 이용금지 · 폐쇄 · 철거 통보	어린이 놀이시설을 이용금지 · 폐쇄 · 철거 시 출입금지 조치 후 관리감독기관에 통보
점검 결과 기록, 보관	안전점검 및 안전진단 결과 기록 보관
안전관리자 교육	안전관리자 변경 및 시설물 인도 후 3개월 이내에 안전관리자에게 안전교육을 받도록 함. 재교육은 2년에 1회 이상 받도록 함
보험 가입	시설 인도 후 30일 이내에 사망 시 8천만 원까지 보상받을 수 있는 보험
중대사고 발생보고	중대한 사고가 발생할 경우 관할 관리감독기관에 통보
자료제출 및 보고	관리감독기관 요청 시 어린이 놀이시설의 설치 · 관리 등에 관한 자료제출 및 보고
시설개선보완 명령 수용	• 불합격시설에 대한 이행여부 점검결과 시설개선이 이뤄지지 않았을 경우 보완 명령 수용 • 관리감독기관 지도 · 감독 시 안전이 미흡한 시설에 대한 보완명령 수용
안전요원 배치	물놀이형 놀이시설에서 물을 활용하는 기간 동안 안전요원 배치

(3) 놀이시설에서의 중대사고[3]발생 시 대처

어린이놀이시설로 인해 중대한 사고가 발생한 때에는 관련 규정(「어린이놀이시설 안전관리법」 제22조)에 따라 즉시 사용중지 등 필요한 조치를 취하고 '어린이놀이시설 사고보고서'를 작성하여 유치원은 해당 교육지원청에, 어린이집은 시 · 군 · 구청에 다음 사항을 보고해야 한다(행정안전부, 2018a).

- 사고일시, 사고시설 현황, 사고 경위
- 사고자 인적 사항
- 관리주체의 조치 사항(피해자 응급조치 및 병원이송, 놀이시설 이용금지[4] 등)

표 3-5 중대사고의 종류 및 종류별 중대사고의 적용 기준(「어린이놀이시설 안전관리법 시행령」 제14조)

중대사고의 종류	적용 기준
• 사망 • 3명 이상 동시 부상 • 사고 발생일로부터 7일 이내 48시간 이상의 입원치료 필요 • 골절상 • 출혈이 심한 경우 • 신경 · 근육 또는 힘줄 손상 • 2도 이상 화상 • 부상면적이 신체표면의 5% 이상 • 내장이 손상된 경우	• 사망, 48시간 이상 입원, 신경 · 근육 또는 힘줄 손상, 2도 이상 화상, 신체표면 5% 이상 부상: 진단서 및 관계서류 등에 따라 처리 • 골절상 및 내장 손상: 모든 골절상(치아골절 포함) 및 내장손상 • 3명 이상 동시 부상: 시행령 별표 7 '2. 부상의 경우'에 해당하는 부상 • 출혈이 심한 경우: 수혈 또는 입원이 필요한 출혈

(4) 놀이시설 안전관리자 지정 및 안전교육

놀이시설을 설치한 후에는 놀이시설 안전관리에 관련된 업무를 담당하는 안전

3) 중대사고란 놀이시설 내 놀이기구(바닥재 포함)를 이용하는 중 발생한 사고 중 「어린이놀이시설 안전관리법 시행령」 제14조 제1항 각호에 해당하는 경우이며, 피해자를 어린이로 한정하지 않는다(놀이기구 이용으로 인해 성인이 사고를 당한 경우도 포함). 단, 시설과 무관한 사고(폭행, 자전거와의 추돌, 힐리스를 타던 중 넘어진 경우 등)는 해당되지 않는다.

4) 사고 발생 시 일단 놀이시설 이용을 금지하고, 관리감독기관에 의해 시설하자로 인한 사고가 아님을 확인한 후 이용금지를 해제한다.

관리자를 지정하고 안전관리자 지정일로부터 15일 이내에 관리감독기관[5]에 안전관리자 지정 사실을 통보해야 한다(행정안전부, 2018a). 안전관리자는 안전관리지원기관[6]의 안전교육을 받아야 한다. 교육주기는 2년에 1회 이상, 1회당 4시간 이상이다. 교육시점은 놀이시설을 인도받은 경우, 인도받은 날부터 3개월, 안전관리자가 변경된 경우는 변경된 날부터 3개월, 안전관리자의 안전교육 유효기간이 만료되는 경우, 유효기간 만료일 전 3개월이다. 안전교육의 내용은 다음과 같다(「어린이놀이시설 안전관리법 시행규칙」 제20조).

- 어린이놀이시설 안전관리에 관한 지식 및 법령
- 어린이놀이시설 안전관리 실무
- 그 밖에 어린이놀이시설의 안전관리를 위하여 필요한 사항

3) 주의 깊게 지켜보기

실외놀이는 유아교육과정의 중요 부분으로서 아주 가치 있는 학습 기회를 제공한다. 그러나 사고의 위험이 가장 많은 활동이기도 하다.

교사는 유아들이 놀이하기 전에 놀이기구의 바닥에 날카로운 돌이나 막대기 등 유아들이 걸려 넘어질 수 있는 물건들이 있는지 점검한다. 감독 또한 소홀해서는 안 된다. 시설과 주변 환경이 아무리 안전하다 하더라도 성인의 감독은 꼭 필요하다.

정글짐, 미끄럼틀, 그네와 같이 위험요소가 많은 시설물은 계획적이고 치밀한 감독을 요한다. 세심한 감독을 위해 서면으로 계획표를 작성하도록 한다. 예를 들어, 위험요소가 많은 영역에는 더 많은 성인을 배치해야 하며, 여러 학급의 유아가 동시

---

5) 유치원은 교육청, 어린이집은 시 · 군 · 구청에 통보해야 한다.
 –통보방법: 행정안전부의 어린이 놀이시설 안전관리시스템(www.cpf.go.kr)에 등록 후 관리감독기관에 유선으로 승인 요청(행정안전부, 2018a)

6) 안전관리지원기관은 시 · 도지사 및 교육감이 어린이놀이시설에 대한 효율적인 안전관리를 위하여 지정, 고시한다(「어린이놀이시설 안전관리법」 제18조). 안전관리지원기관의 명단은 어린이 놀이시설 안전관리시스템(www.cpf.go.kr)에서 확인할 수 있다.

에 놀이할 경우 교사들이 어떤 영역을 맡아 감독할지 협의하여 정한다.

교사는 유아가 시설을 이용하고 있을 때는 언제나 가까이에서 지켜보면서 유아가 위험한 놀이 행동을 하는지 살피고, 자신의 행동이 자신과 친구를 다치게 할 수도 있다는 것을 유아가 이해할 수 있도록 설명해 주어야 한다. 놀이시설에 유아들이 한꺼번에 몰리면 안전에 위험이 될 수 있으므로 인원을 제한한다. 실외놀이 전에 유아의 옷차림(모자끈, 운동화끈, 머리끈 등 포함)을 살핀다. 유아가 바닥 재질이 미끄러운 신이나 샌들을 신고 있는 경우, 시설물 이용을 제한한다. 긴 옷이나 치마 또는 두꺼운 옷을 입고 놀이하는 유아는 특히 주의해서 지켜본다. 위험한 행동을 할 때는 바로 중지시키고, 이탈행동이 빈번하거나 산만한 유아, 높이가 있는 놀이기구에서 노는 유아는 교사가 더 주의하여 살핀다.

실외놀이 종료 시간을 사전에 예고하여 서두르지 않고 차분히 정리할 수 있도록 한다. 보다 창의적이고 즐거우며 안전한 놀이를 위해 주기적으로 놀이터 및 놀이를 평가하고 개선하도록 한다.

4) 안전한 실외놀이 및 활동을 위한 안전교육

실외 안전규칙의 교육과 더불어 유아들과 함께 쉽게 실천할 수 있는 행동 규칙을 만든다. 규칙이 너무 많거나 너무 복잡하거나 일관성 없이 부과되면 유아들은 지키지 않을 것이다.

유아가 안전규칙을 학습하고 지키기 위해서는 규칙은 간단하고 되도록 긍정적 표현을 사용한 것이어야 하고, 반복되는 연습과 성인의 강화를 필요로 한다.

「어린이놀이시설의 시설기준 및 기술기준」 제4부에서 어린이놀이시설 표지판 설치 시 사용자의 연령 범위를 명시하여 안전을 도모하도록 권고하고 있다(행정안전부, 2018a). 실외놀이시설물에는 검사합격증과 사용수칙이 적힌 표시판을 부착하는 것이 좋다. 놀이시설물 사용수칙은 놀이시설 표지판 또는 어린이놀이기구 등 잘 보이는 곳에 부착한다. 픽토그램을 활용하여 어린이들의 이해를 도와 어린이들이 안전한 놀이규칙을 지키도록 한다.

놀이 규칙은 가능한 한 유아들과 함께 만든다. 규칙은 일관되고 변치 않아야 한다. 실외 시설물 이용 규칙을 유아들이 익힌 다음 시설물을 이용하도록 한다. 학기 초에는 위험도가 낮은 시설이나 설비부터 사용하기 시작하여 점진적으로 기구의 사용을 늘려 간다.

표 3-6 실외놀이 규칙의 예

구분	놀이규칙
그네	• 한번에 한 사람만 탄다. • 앉아서 탄다. • 양손으로 잡고 탄다. • 그네가 완전히 멈춘 다음 내리고 탄다. • 그네에서 내리면 가장자리 쪽으로 나온다. • 움직이는 그네에서는 멀리 떨어져 있어야 한다. • 그네 타는 곳 주변을 다닐 때는 안전울타리 밖으로 멀리 돌아서 다닌다. • 빈 그네를 흔들거나 줄을 꼬지 말아야 한다. • 그네에서 떨어지면 고개를 들지 않는다. • 성인만 그네를 밀어 준다. • 젖어 있을 때는 사용하지 않는다.
미끄럼틀	• 계단으로 올라간다. • 앉아서 내려온다. • 거꾸로 올라가지 않는다. • 앞 사람이 다 내려간 뒤 내려간다. • 내려온 다음에는 얼른 일어나 자리를 뜬다. • 젖어 있을 때는 사용하지 않는다.
오름대	• 두 손으로 잡는다. • 다른 사람을 밀거나 당기지 않는다. • 뛰어내릴 경우 반드시 아래에 다른 사람이나 물건이 있는지 살핀다. • 젖에 있을 때는 사용하지 않는다.
시소	• 서로 마주 보고 앉는다. • 양손으로 손잡이를 쥔다. • 그만 하고 싶을 때는 상대에게 알리고 상대의 발이 땅에 닿을 때까지 기다린 다음 일어난다.
평균대	• 줄을 서서 사용한다. • 한 방향으로만 간다. • 위에서 장난치지 않는다.

타는 놀잇감	• 정해진 장소에서만 탄다. • 바른 자세로 탄다. • 헬멧을 쓰고 탄다. • 한 사람씩 탄다. • 굽은 길에서는 천천히 탄다. • 손과 발을 바퀴 살에 놓지 않도록 한다.
모래밭	• 사람에게 모래를 뿌리지 않는다. • 눈을 비비지 않는다.
흙	• 먹거나 입에 대지 않는다. • 사람에게 뿌리지 않는다. • 흙 묻은 손으로 눈을 비비지 않는다.
식물	• 함부로 먹지 않는다. • 함부로 만지지 않는다.

[그림 3-1] 기구별 주의 사항 픽토그램의 예

출처: 행정안전부(2018a), p. 105.

5) 안전교육 활동의 실제

- 활동명: 미끄럼틀을 안전하게 타요[7]
- 학습목표: 미끄럼틀을 탈 때 지켜야 할 약속을 안다.
  미끄럼틀을 안전하게 탄다.
- 관련생활주제: 유치원과 친구, 건강과 안전

지도 자료	-미끄럼틀을 타고 있는 사진 자료 -놀이터 안전 동영상 https://www.youtube.com/watch?v=c7MY5hkyB7A(6분 57초)	

- 교수・학습활동

도입	1 생활 속 경험을 이야기 나눈다. -(유아가 미끄럼틀을 타고 있는 사진 제시) 친구들은 어떻게 미끄럼틀을 타고 있니? -미끄럼틀을 타다 다친 적이 있니?
전개	1 놀이터 안전 동영상을 시청한다. -미끄럼틀을 안전하게 타기 위해서 지켜야 할 약속이 무엇인지 생각하면서 보자. 2 미끄럼틀을 안전하게 타기 위한 약속을 이야기 나눈다. -미끄럼틀을 안전하게 타려면 어떻게 해야 할까? • 계단으로 올라가고 미끄럼판을 타고 내려온다. • 앞의 친구가 내려간 것을 확인하고, 미끄럼판을 내려간다. • 미끄럼틀의 맨 위에서 장난을 하지 않는다.
마무리	1 미끄럼틀을 안전하게 타기 위해 조심할 점을 이야기 나눈다. -미끄럼틀을 안전하게 타기 위해서 어떤 약속이 필요했었니? -미끄럼틀 안전 약속에 대한 그림 자료를 어디에 붙여 두면 좋을까?

7) 출처: 교육부, 경상남도교육청, 학교안전공제중앙회(2016), p. 57.

- 지도상의 유의점

-유치원에 설치되어 있는 미끄럼틀의 사진 및 그림 자료를 활용하여 지도한다.

-유아들이 함께 정한 미끄럼틀 안전 약속을 생각하면서 놀이터에 나가서 놀이 해 본다.

-미끄럼틀 외 실외놀이기구 이용 시 안전에 대해서도 알아본다.

4장

식품안전

1. 식품 섭취와 관련된 사고
2. 어린이 식품안전을 위한 제도적 노력
3. 급식안전
4. 식품안전교육

유아기의 영양 섭취는 이 시기의 건강과 성장뿐 아니라 평생 건강의 기초로서 중요하다. 유아교육기관에 다니는 유아가 증가하고 이들이 기관에서 지내는 시간도 늘어남에 따라 유아에게 영양이 풍부한 음식을 균형 있게 제공하고 바른 식습관을 형성하도록 하는 것이 유아교육기관의 주요 책임이 되었다. 유아는 소화 기능과 면역력이 약하기 때문에 식중독 발생을 비롯한 식품안전사고에 취약하다. 식품 및 조리과정으로 인한 안전사고는 성장기 유아에게 치명적일 수도 있다. 따라서 유아교육기관에서는 식품의 적절한 선정과 관리, 식품을 다루는 사람의 건강과 위생, 조리시설 · 설비의 위생, 조리과정과 배식과정의 위생 등을 통해 식품안전을 도모해야 한다. 유아도 안전한 식생활을 위한 기초적 지식과 태도를 함양하기 위한 안전교육을 필요로 한다.

1. 식품 섭취와 관련된 사고

건강과 성장을 위해 섭취하는 식품이 때로 건강을 해치거나 치명적인 손상을 야기할수 있는 사고의 원인이 된다. 식품안전사고란 '식품, 식품첨가물, 기구 또는 용기 · 포장에 존재하는 위험요소가 장염이나 알레르기 증상, 호흡곤란 기타 문제를 일으켜 인체에 건강을 해치거나 해칠 우려가 있는 것'(김재영, 2016, p. 13)을 의미한다.

유아기의 식품안전은 일반인의 식품안전보다 중요하다. 성인에게는 아무런 해를 미치지 않은 식품이라도 어린 유아에게는 위험할 수 있으며, 식품안전사고로 인한 손상은 유아의 현재와 미래의 건강에 영향을 미칠 수 있기 때문이다.

1) 식중독

(1) 정의와 증상

'식중독이란 식품의 섭취로 인하여 인체에 유해한 미생물 또는 유독 물질에 의하여 발생하였거나 발생한 것으로 판단되는 감염성 또는 독소형 질환'(「식품위생법」 제2조 제14항)을 의미한다. 두 명 이상의 사람이 동일한 식품을 섭취한 것과 관련되어 유사한 식중독 양상을 나타내는 것은 '집단식중독'이다(WHO, 2008: 교육부, 2017에서 재인용).

식중독의 일반적 증상은 구토, 설사, 복통, 발열 등이며 원인 물질에 따라 잠복기와 증상의 정도가 다르다. 식중독은 일반적으로 사람 간에는 감염성이 없으나 노로바이러스와 같이 사람 간에 감염성이 있는 것도 있다.

(2) 식중독의 원인

식중독은 각종 유독물질을 섭취해서 발생하게 된다. 유독물질을 섭취하게 되는 것은 다음과 같은 경로를 통해서이다(식품의약품안전처, 2016).

- 식품을 충분한 온도와 시간으로 조리하지 않음
- 조리 후 음식물을 부적절한 온도에서 장시간 보관
- 오염된 기구와 용기 및 불결한 조리기구의 관리 및 사용
- 개인의 비위생적인 습관, 손 씻기 소홀, 식품 취급 부주의
- 비위생적이거나 안전하지 못한 식품원료의 사용

식중독을 일으키는 것은 미생물이나 유독물질이다. 유독물질은 자연에 존재하는 것도 있고 각종 식품의 재배나 제조 및 포장 과정에서 유입될 수 있는 화학적인 독도 있다. 따라서 식중독을 원인에 따라 미생물 식중독, 자연독 식중독, 화학적 식중독으로 구분할 수 있다.

식중독 유형별 원인균 및 물질은 〈표 4-1〉과 같다.

표 4-1 식중독 유형별 원인균 및 물질

<table>
<tr><th>분류</th><th>종류</th><th colspan="2">원인균 및 물질</th></tr>
<tr><td rowspan="4">미생물 식중독 (30종)</td><td rowspan="2">세균성</td><td>감염형</td><td>살모넬라, 장염비브리오, 콜레라, 비브리오 불니피쿠스, 리스테리아 모노사이토제네스, 병원성 대장균, 바실러스세레우스, 쉬겔라, 여시니아 엔테로콜리티카, 캠필로박터제주니, 캠필로박터 콜리</td></tr>
<tr><td>독소형</td><td>황색포도상구균, 클로스트리디움 퍼프린젠스, 클로스트리디움 보툴리눔</td></tr>
<tr><td>바이러스성</td><td>–</td><td>노로, 로타, 아스트로, 장관아데노, A형간염, E형간염, 사포 바이러스</td></tr>
<tr><td>원충성</td><td>–</td><td>이질아메바, 람블편모충, 작은와포자충, 원포자충, 쿠도아</td></tr>
<tr><td colspan="2" rowspan="3">자연독 식중독</td><td>동물성 독</td><td>복어독, 시가테라독 등</td></tr>
<tr><td>식물성 독</td><td>감자독, 원추리, 여로 등</td></tr>
<tr><td>곰팡이</td><td>황변미독, 맥각독, 아플라톡신 등</td></tr>
<tr><td colspan="2" rowspan="4">화학적 식중독</td><td>오용 및 잔류된 유해물질</td><td>식품첨가물, 잔류농약, 유해성 금속화합물</td></tr>
<tr><td>제조 · 가공 · 저장 중 생성된 유해물질</td><td>지질의 산화생성물, 니트로아민 등</td></tr>
<tr><td>기타 물질</td><td>메탄올 등</td></tr>
<tr><td>조리기구 · 포장에 의함</td><td>녹청(구리), 납, 비소 등</td></tr>
</table>

출처: 식품안전정보포털 식품안전나라(n.d.). http://www.foodsafetykorea.go.kr

(3) 식중독 발생 실태(식품의약품안전처, 2019)

우리나라는 매년 노로바이러스, 병원성 대장균, 살모넬라, 장염비브리오, 캠필로박터제주니, 황색포도상구균 외 다양한 식중독이 발생하고 있다. 집단급식소에서 특히 많은 식중독 환자가 발생하고 있다.

어린이집과 유치원에서도 매년 식중독이 발생하고 있다. 2016년부터 2018년까지 3년간 발생건수는 10~15건인데 환자 수는 174명에서 303명에 이르고 있다. 원인균으로는 노로바이러스가 가장 많았으며, 병원성 대장균, 살모넬라, 캠필로박터제주니, 바실러스세레우스 등이 원인이었다.

식중독 발생 양상은 계절적 요인의 영향을 받는다. 일교차가 큰 봄 · 가을에는 조리된 식품의 적정 보관 온도를 지키지 않아 식중독이 많이 발생한다. 여름은 기온상승으로 인하여 식중독 발생이 급증할 수 있다. 겨울은 추운 날씨로 손 씻기 등 개인위생관리가 소홀해져 식중독이 많이 발생한다. 특히 노로바이러스는 겨울철 식중독의 주 원인으로서 실내에서 주로 활동해 사람 간 2차 감염의 발생 위험이 증가한다.

표 4-2 어린이집과 유치원 식중독 발생건수와 환자 수(2016~2018년)

	2016	2017	2018
발생 수(건)	13	10	15
환자 수(명)	276	174	303

출처: 식품의약품안전처(2019), p. 8.

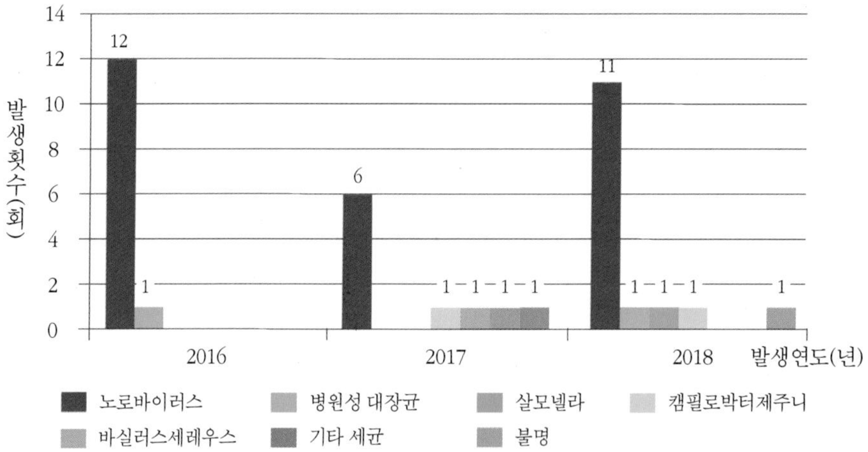

[그림 4-1] 어린이집, 유치원 식중독 발생 수와 원인(2016~2018년)

출처: 식품의약품안전처(2019), p. 7.

(4) 식중독 예방 수칙

세계보건기구(WHO)에 의하면 음식으로 인한 질병의 상당 부분이 음식물 취급과 관련된 불과 몇 요인들과 관련된 것이다. 가장 보편적인 요인은 다음과 같다(https://www.paho.org/disasters).

- 보관: 섭취하기 여러 시간 전에 미리 음식을 준비하고 병원성 박테리아의 성장 및 독소 형성이 촉진되는 온도에서 보관하는 것
- 익히기: 병원균을 줄이거나 제거하기에 충분하게 익히거나 재가열을 하지 않는 것
- 교차 오염
- 음식을 취급하는 사람의 개인 위생 문제

식품안전처에서는 식중독 예방을 위해 지켜야 할 수칙을 여섯 개로 요약해서 제시하고 있다(식품안전정보포털 식품안전나라. https://www.foodsafetykorea.go.kr). 처음 세 가지는 이른바 '식중독 예방 3요령'으로서 특히 강조되고 있다.

- 손 씻기: 흐르는 물에 비누로 30초 이상 씻는다.
- 익혀 먹기: 음식은 익혀 먹는다. 육류의 중심온도는 75℃, 어패류는 85℃에 1분 이상 가열하여 익힌다.
- 끓여 먹기: 물은 끓여 먹는다.
- 소독 및 세척하기
- 보관 온도 지키기: 조리 후 60℃ 이상 또는 바로 식혀 5℃ 이하로 보관한다. 이 사이의 온도에서 식중독을 일으키는 균의 성장 가능성이 높아진다.
- 구분 사용하기: 조리기구는 채소용, 육류용, 어류용을 구분하여 사용한다.

[그림 4-2] 식중독 예방 3대 요령

출처: 식품안전정보포털 식품안전나라(2018. 6. 25.). https://www.foodsafetykorea.go.kr

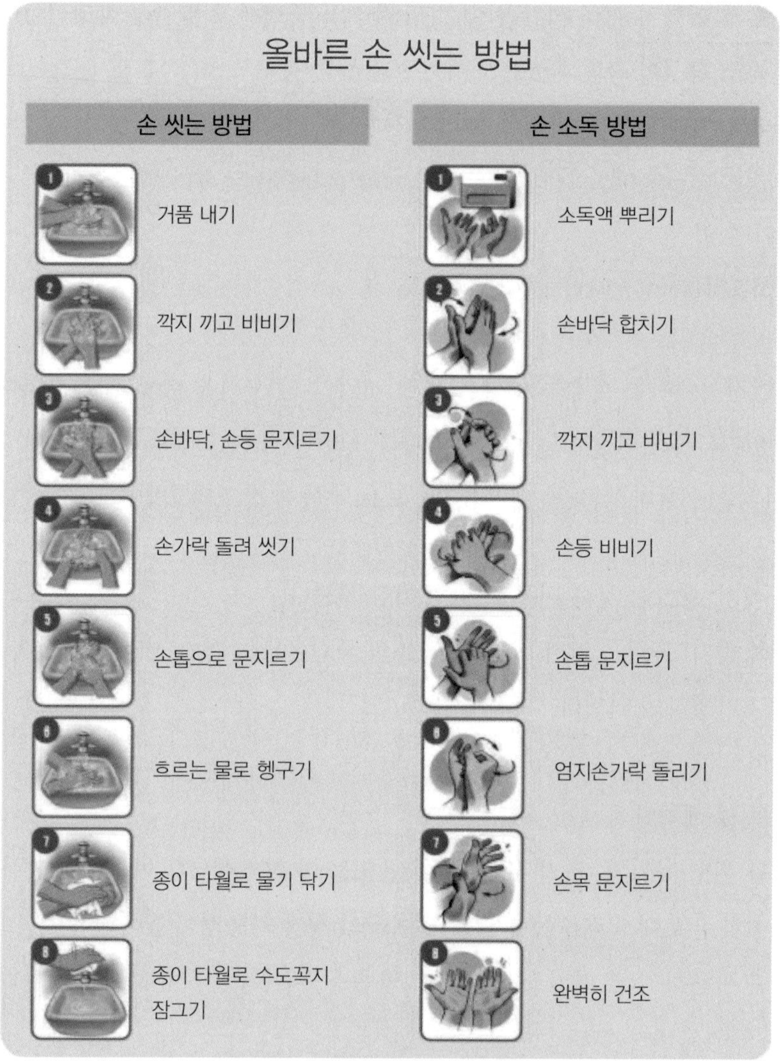

[그림 4-3] 올바른 손 씻는 방법

출처: 식품의약품안전청(2009), p. 10.

(5) 식중독 발생 시 대처

어린이집과 유치원에서 2명 이상의 식중독 의심환자가 발생했음을 인지하면 다음과 같이 대처한다(「식품위생법」 제86조, 「식품위생법 시행령」 제59조, 「식품위생법 시행규칙」 제93조; 교육부, 2017; 어린이집안전공제회, 2019d).

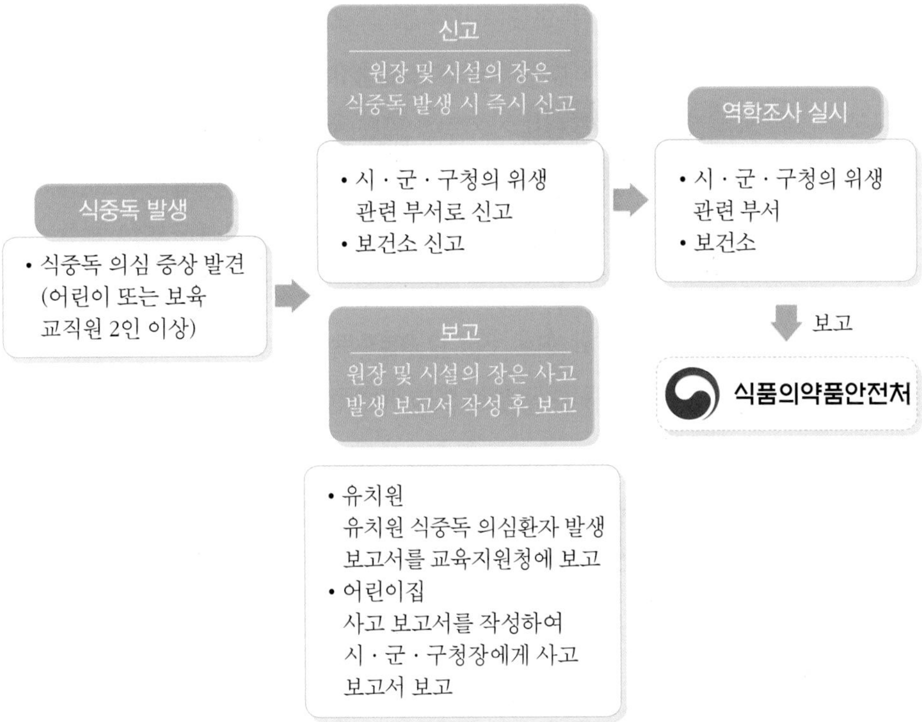

[그림 4-4] 유치원과 어린이집의 식중독 발생 보고체계

출처: 식품의약품안전처(2019), p. 91.

- 급식을 중단하고 급식현장을 그대로 보존한다. 보존식과 식재료를 임의로 폐기하거나 현장을 소독 등으로 훼손하지 않는다.
- 즉시 관할 시 · 군 · 구청 담당부서, 관할보건소에 신고하고 교육지원청(유치원)에 보고한다.
- 보건소에 신고할 때에는 전화 또는 보건소 홈페이지 '건강신문고' 또는 '식중독 신고'란을 통해 신고한다.
- 보건소의 역학 조사에 적극 협조한다.
- 역학 조사 후 시설과 기구를 살균, 소독한다.

(6) 보존식

- 집단급식소에서 식중독 사고가 발생했을 때 원인 규명을 위해 간식을 포함한

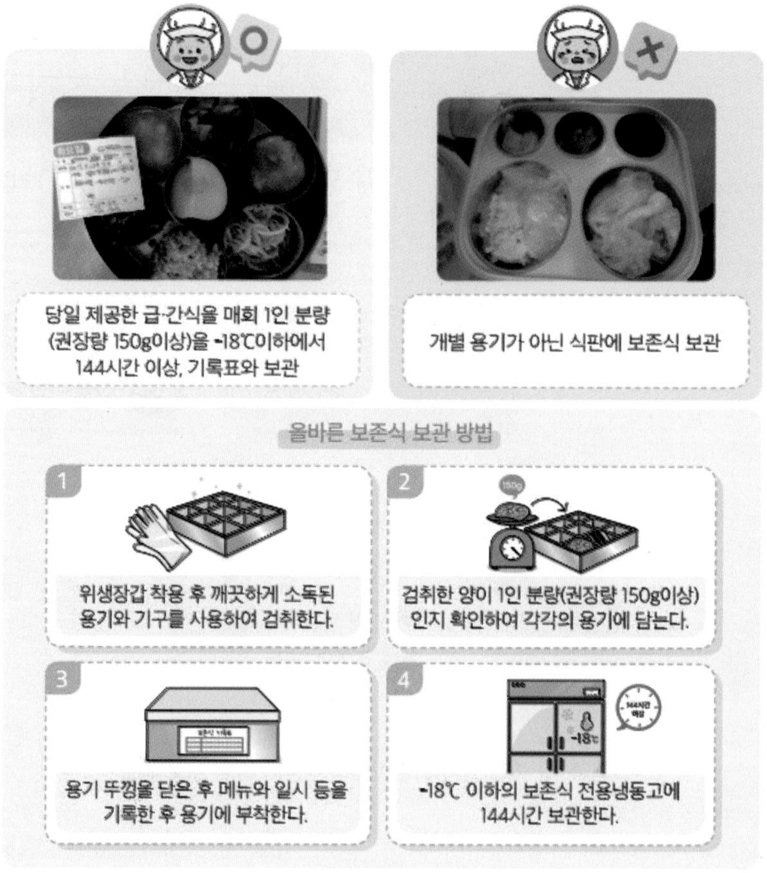

[그림 4-5] 올바른 보존식 보관 방법

출처: 식품의약품안전처(2019), p. 53.

급식에서 조리, 제공된 모든 음식의 1인분 분량(150g 이상)을 영하 18℃ 이하로 6일 이상 보관해야 한다(「식품위생법」 제88조).[1]

- 소독된 스테인리스 재질의 뚜껑이 있는 전용 용기(또는 1회용 멸균백사용 가능)에 음식 종류별로 보관하며, 보존식 기록표를 보존식 용기에 부착하여 냉동고에 보관한다.

1) 「식품위생법」 제86조(식중독에 관한 조사 보고), 「식품위생법」 제88조(집단급식소)에 따라 집단급식소에서 조리 · 제공한 식품의 매회 1인분 분량을 −18℃ 이하로 144시간 이상 보관해야 하며, 식중독 환자나 식중독으로 의심되는 증세를 보이는 자를 발견한 집단급식소의 설치운영자는 식중독발생을 보건소에 신고해야 한다.

2) 식품 알레르기[2)]

(1) 식품 알레르기의 정의와 증상

① 정의

식품 알레르기란 일반적으로 무해한 식품을 특정인이 섭취하였을 때 해당 식품에 대해 과도한 면역 반응이 일어나는 것이다. 영아와 유아는 소화기관과 면역체계가 아직 미숙하므로 식품에 대한 알레르기가 더 나타날 수 있다.

알레르기의 원인은 명확히 밝혀지지는 않았으나 유전적 요인과 환경적 요인이 작용하는 것으로 추측되고 있다. 환경과 식습관의 변화 등으로 식품 알레르기가 증가하고 있다.

② 식품 알레르기 주요 증상

알레르기 증상은 피부, 호흡기, 순환기 등 다양한 기관을 통해 나타난다. 가려움에서부터 재채기, 콧물, 부종, 저혈압, 불규칙한 심장박동, 설사, 구토, 복통, 발진, 호흡 곤란 등 다양하다. 반응은 섭취 후 바로 나타날 수도 있고 늦게 나타날 수도 있다. 증상은 유아의 연령 및 섭취한 음식의 종류와 양에 따라 미약할 수도 있고 심각할 수도 있다. 극소량을 먹더라도 심할 경우 의식불명, 사망에까지 이르는 알레르기도 있다.

아나필락시스(anaphylaxis)

아나필락시스란 원인 물질(알레르겐)에 노출된 후 짧은 시간 동안에 여러 기관에서 발생하는 급격한 전신반응이다. 원인 식품을 섭취한 후에 입과 피부, 위장, 호흡기 계통, 심장과 혈관 계통 등 몸의 여러 조직과 기관이 한번에 영향을 받게 되어 나타나는 것이다. 갑작스럽고 격렬하게 기도가 닫히면서 급성 호흡곤란, 청색증, 혈압

2) 이 부분은 교육부(2017)의 내용을 주로 참고함.

저하, 실신 등이 나타나는 아주 심한 경우도 있으며 이를 알레르기 쇼크라고 한다. 원인에 노출된 후 대개는 30분 이내에 급성으로 나타난다.

아나필락시스의 원인은 음식뿐 아니라 벌에 쏘이거나 개미에 물리는 등 곤충독이 있으며, 항생제, 소염진통제, 조영제와 같은 약물, 운동, 혈액투석, 그리고 원인을 알 수 없는 경우 등 다양하다. 식품의 경우 모든 식품이 아나필락시스를 일으킬 수 있으나 밀, 메밀, 땅콩, 갑각류 등이 주요 요인이 된다.

출처: 교육부(2017); 서울대학교병원 N 의학정보. http://www.snuh.org

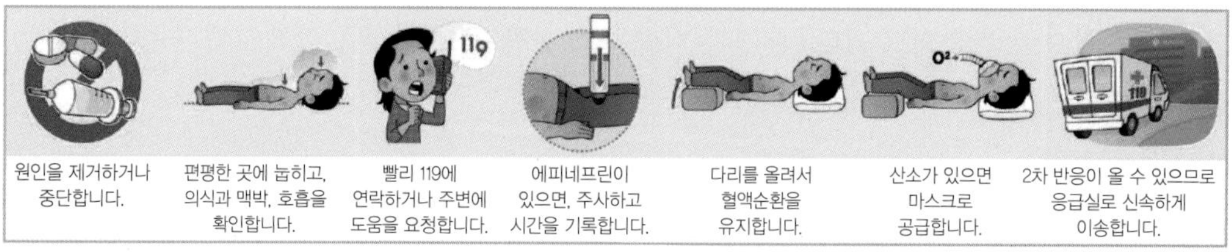

* 휴대용 에피네프린 주사와 119 연락은 동시에 진행한다.

[그림 4-6] 아나필락시스 대처요령

출처: 질병관리본부(2018. 5. 9.). http://www.cdc.go.kr

③ 식품 알레르기 유발 식품

알레르기의 원인이 되는 식품은 호두, 땅콩, 피칸 등의 견과류, 계란, 쌀을 제외한 밀이나 콩과 같은 곡류, 생선, 조개 등이다. 유아는 초콜릿, 육류와 닭고기에도 알레르기가 있을 수 있다. 식품의약품안전처에서는 한국인에게 알레르기를 유발할 수 있는 물질로서 「식품 등의 표시 · 광고에 관한 법률 시행규칙」 별표 2에 다음의 식품을 지정하여 관리하고 있다.

알레르기 유발물질

알류(가금류에 한함) · 우유 · 메밀 · 땅콩, 대두, 밀, 고등어, 게, 새우, 돼지고기, 복숭아, 토마토, 아황산포함식품(최종제품에 이산화황이 10mg/kg 이상 함유), 호두, 닭고기, 쇠고기, 오징어, 조개류(굴, 전복, 홍합 포함), 잣

어린이 기호식품을 조리 · 판매하는 식품에 알레르기를 유발할 수 있는 성분 · 원료가 포함된 경우 해당 원재료명을 식품의약품안전처장이 정하는 표시기준에 따라 표시하여야 한다(「어린이 식생활안전관리 특별법」 제11조의2).

(2) 식품 알레르기에 대한 대처와 관리

① 가정

- 알레르기를 지닌 유아의 부모는 우선 진단을 통해 원인 물질(알레르겐)이 무엇인지 파악해야 한다. 치료와 더불어 피해야 할 식품과 대체식품, 문제가 발생했을 때의 대처방법에 대한 처방을 받도록 한다.
- 유아가 다니는 어린이집이나 유치원에 알레르기 정보를 알려 급 · 간식 제공 시 배려하도록 한다.
- 유아의 팔찌나 목걸이 등에 알레르기를 표시하여 알레르기 식품 섭취를 예방하고, 위급 시 적절한 도움을 받도록 한다.
- 아나필락시스가 있었던 유아는 전문의의 처방을 받아 아나필락시스 증상 발생 시 사용 가능한 에피네프린(Epinephrine) 자가주사기를 휴대하여 응급 시 사용할 것이 권유된다.

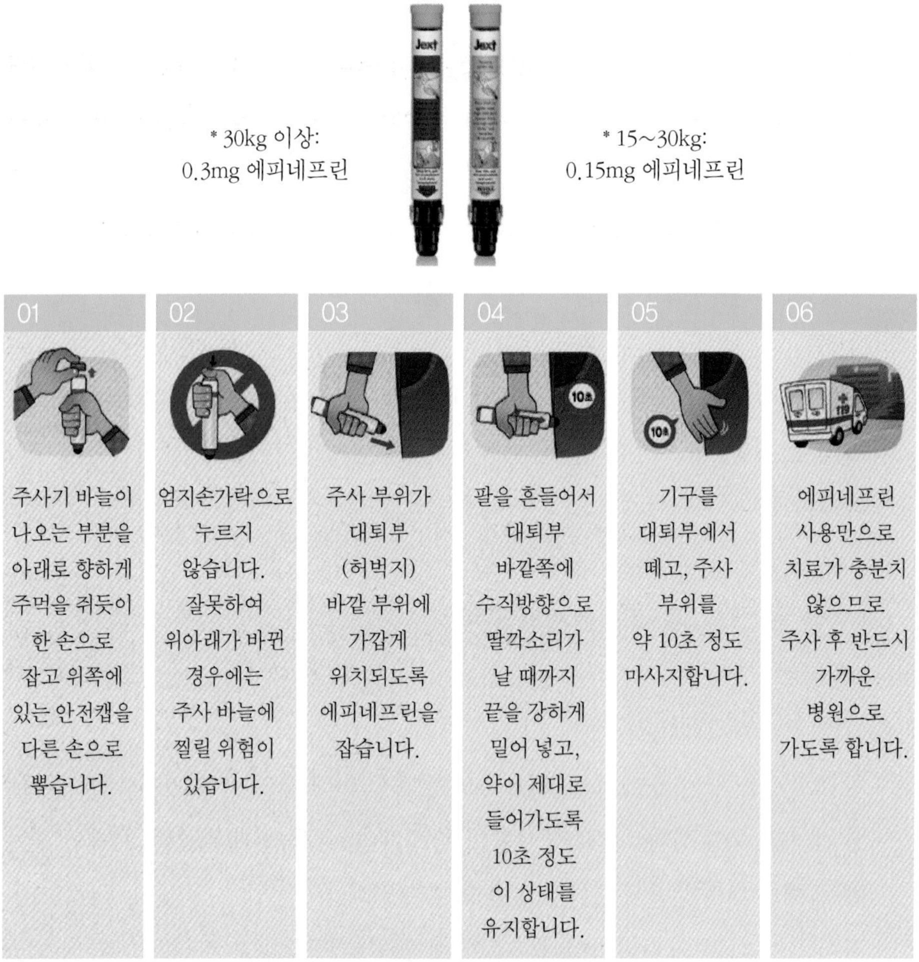

[그림 4-7] 에피네프린 사용법

출처: 질병관리본부(2018. 5. 9.). http://www.cdc.go.kr

② 유아교육기관

- 알레르기를 예방하는 최선의 방법은 유발 식품을 피하는 것이다. 유아교육기관에서는 식품 제공에 유의하여야 한다. 특정 식품에 알레르기 반응이 있는 유아에게는 대체식품을 제공하도록 한다.
- 유아의 식품 알레르기에 대한 정보는 기관의 모든 성인이 알고 있어야만 피해야 할 식품을 먹지 않도록 유의할 수 있다. 조리실과 교실의 눈에 잘 띄는 곳에 유아의 이름과 알레르기를 일으키는 음식 및 식품 재료를 게시해 놓는다.

표 4-3 제한식품에 따른 피해야 할 식품과 대체식품의 예

제한식품	피해야 할 식품	대체식품
우유	치즈, 아이스크림, 요구르트, 크림수프, 버터, 푸딩, 커스터드	두유
계란	계란이 든 국수 및 제과, 마요네즈	계란이 들어 있지 않은 제과류
밀	튀김, 밀가루가 든 과자, 파스타, 핫도그 소시지	쌀빵, 떡, 옥수수, 보리쌀, 오트밀시리얼, 당면
대두	간장, 참치 통조림, 대두가 포함된 시리얼, 두유, 마가린	견과류, 우유, 코코넛
옥수수	옥수수빵, 팝콘, 팬케이크 시럽, 사탕, 베이킹 파우더	설탕, 메이플 시럽, 꿀, 베이킹 소다

출처: 교육부(2016a), p. 36.

- 기관에서 대체식품 준비와 제공이 여의치 않을 경우, 가정에서 음식을 가져오도록 할 수도 있다.
  - 알레르기를 지닌 유아가 자기들과 다른 음식을 먹는 것에 대해 학급의 유아들이 이해하고 수용할 수 있도록 지도한다.
  - 유아에게 알레르기 반응이 나타날 때 대처할 수 있는 방법에 대한 정보 및 실행에 대한 위임(예, 에피네프린 주사기 사용을 교사에게 위임하기) 여부를 협의한다.

3) 음식 섭취로 인한 질식사고

음식의 종류와 크기에 따라 유아의 질식사고가 발생하기 쉬우므로 제공 시 세심한 주의가 필요하다(식품안전정보포털. www.foodnara.go.kr; Aronson, 2012).

- 특히 4세 미만의 유아에게는 질식 위험이 있는 음식을 제공하지 않는다.
  핫도그, 포도, 사탕, 땅콩, 견과류, 떡, 팝콘, 마시멜로, 한입 크기보다 큰 고기 등
- 유아의 연령에 맞게 먹기 쉬운 크기의 음식을 제공한다. 영아들에게는 6mm 이하, 걸음마기 유아에게는 약 1.2cm 이하의 크기가 적절하다.
- 음식은 앉아서 먹어야 질식의 위험이 줄어든다. 걷거나 눕거나 놀이하면서 먹지 않도록 한다. 움직이는 차 안에서도 먹지 않도록 한다.

- 유아가 먹는 동안 성인은 음식의 양과 크기, 먹는 자세 등이 적절한지 살핀다.
- 음식물을 던져 입으로 받아먹는 장난을 하지 않도록 지도한다.

질식사고가 발생하여 3~6분 정도 기도가 막히면 뇌손상이 생길 수 있고, 심하면 사망에 이르기도 한다. 응급상황에 대비하여 교사는 응급조치법을 익혀 두어야 한다. 질식사고가 발생하였을 때에는 가까운 곳에 있는 사람에게 119 신고를 부탁하고 즉시 하임리히법을 사용하여 걸린 음식물을 뱉어 내도록 한다('11장 3. 응급처치-2) 상황에 따른 응급처치 방법' 참조).

2. 어린이 식품안전을 위한 제도적 노력

1) 「어린이 식생활안전관리 특별법」에 기초한 노력

우리나라는 어린이의 식생활 안전관리를 위해 2008년 「어린이 식생활안전관리 특별법」(약칭 「어린이식생활법」)을 제정하였다.[3] 이 법의 주요 내용은 어린이 식품안전보호구역 지정 관리, 어린이 기호식품 관리, 어린이 기호식품의 영양성분 표시와 알레르기 유발식품 표시, 어린이급식관리지원센터, 식생활안전관리체계 구축 등이다.

(1) 어린이 식품안전보호구역의 지정과 관리

안전하고 위생적인 식품판매 환경의 조성으로 어린이를 보호하기 위하여 학교와 해당 학교의 경계선으로부터 직선거리 200m 범위 안의 구역을 어린이 식품안전보호구역(Green Food Zone)으로 지정 · 관리할 수 있다(「어린이 식생활안전관리 특별법」 제5조). 군 단위에서는 학교 10개당 2명 이상, 시 및 구 단위에서는 학교 20개당 2명 이상의 어린이기호식품 전담관리원을 지정할 수 있다. 전담관리원은 어린이 식품

3) 이 법에서 '어린이'란 「초 · 중등교육법」에 따른 학교 또는 「아동복지법」에 따른 아동에 해당되는 자(제2조)를 의미한다. 법 제5장(어린이급식관리지원센터)에서는 어린이집과 유치원을 명시하고 있다.

안전보호구역을 찾아 조리, 판매업소의 위생상태를 점검한다. 전담관리원의 업무 범위는 다음과 같다(「어린이 식생활안전관리 특별법 시행규칙」 제5조).

- 조리 · 판매업소의 식품위생에 관한 지도 및 계몽
- 어린이 식품안전보호구역에서 학교 및 어린이 기호식품 우수판매업소의 고열량 · 저영양 식품 판매 여부 등 확인 점검
- 어린이 식품안전보호구역에서 위해식품 및 정서저해식품의 판매 여부 등 확인 점검
- 어린이 식품안전보호구역에서 조리 · 판매 및 유통 중인 식품에 대한 수거 · 검사 지원
- 그 밖에 어린이의 식품안전 및 영양 등에 관한 교육 · 홍보

(2) 어린이 기호식품 관리

식품의약품안전처는 어린이가 자주 먹는 식품을 어린이 기호식품으로 지정하여 관리하고 있다. 기호식품 관리는 알레르기 유발 식품 표시제와 기호식품에 포함된 유해 성분 표시제, 어린이 기호식품 품질인증제도, 정서저해식품 등의 판매 금지, 광고의 제한 · 금지 등의 제도를 통해 이루어진다.

표 4-4 기호식품의 범위(「어린이 식생활안전관리 특별법 시행령」 별표 1)

가공식품	조리식품
• 과자류 중 과자, 캔디류, 빙과류 • 빵류 • 초코릿류 • 유가공품 중 가공유류, 발효유, 아이스크림류 • 어육가공품 중 어육소시지 • 면류(용기면만 해당) 중 유탕면류 및 국수 • 음료류 중 과 · 채주스, 과 · 채음료, 탄산음료, 유산균음료, 혼합음료 • 즉석 섭취 식품 중 김밥, 햄버거, 샌드위치	• 제과 · 제빵류 • 아이스크림류 • 햄버거, 피자 • 어린이식품안전보호구역에서 조리하여 판매하는 라면, 떡볶이, 꼬치류, 어묵, 튀김류, 만두류, 핫도그

* 가공식품: 「식품위생법」과 「축산물관리법」에 따라 기준 및 규격이 고시된 식품
조리식품: 「식품위생법 시행령」에 따라 식품 접객의 영업소에서 조리하여 판매하는 식품

① 알레르기 유발식품 표시제

알레르기 유발식품 표시 대상은 제과 · 제빵류, 아이스크림류, 햄버거, 피자, 그 밖에 알레르기 유발 식품 표시를 하려는 조리 · 판매 식품 등이다(「어린이 기호식품 등의 알레르기 유발 식품 표시기준 및 방법」 식품의약품안전처고시 제2019-99호).

② 유해성분 표시제

어린이 기호식품에 들어 있는 영양성분 중 건강에 해로운 당류, 지방, 포화지방, 나트륨 성분의 함량이 많고 적음에 따라 적색 · 황색 · 녹색의 색상으로 표시하도록 되어 있다. 고카페인 함유 식품도 색상으로 표시하도록 하고 있다.

표 4-5 영양성분 함량에 따른 등급별 색상 기준(1회 섭취 참고량당 기준)

구분	등급	색상	당류	지방	포화지방	나트륨
간식용	낮음	녹색	3g 미만	3g 미만	1.5g 미만	120mg 미만
	보통	황색	3g 이상, 17g 이하	3g 이상, 9g 이하	1.5g 이상, 4g 이하	120mg 이상, 300mg 이하
	높음	적색	17g 초과	9g 초과	4g 초과	300mg 초과
식사 대용	낮음	녹색	3g 미만	3g 미만	1.5g 미만	120mg 미만
	보통	황색	3g 이상, 17g 이하	3g 이상, 12g 이하	1.5g 이상, 4g 이하	120mg 이상, 600mg 이하
	높음	적색	17g 초과	12g 초과	4g 초과	600mg 초과

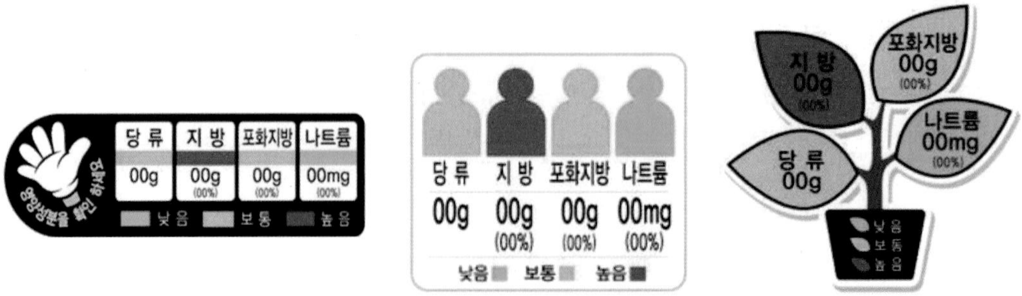

[그림 4-8] 표시의 예: 손바닥 도안 및 문구는 생략 가능

출처: 「어린이 기호식품 등의 영양성분과 고카페인 함유 식품 표시기준 및 방법에 관한 규정」 별표 2

③ 어린이 기호식품 품질인증제도

어린이 기호식품 품질인증제도는 안전하고 영양을 고루 갖춘 어린이 기호식품의 제조·가공·유통판매를 권장하기 위하여 안전·영양·식품첨가물 사용기준에 적합한 어린이 기호식품에 대해 품질을 인증해 주는 제도이다. 품질인증을 받은 식품은 식품안전관리인증 업체에서 생산한 당류, 포화지방, 열량이 적은 단백질, 식이섬유, 비타민, 무기질 등의 영양성분을 강화한 식용타르색소, 합성보존료를 사용하지 않은 식품이다. 어린이 기호식품 품질 인증에 대한 정보는 식품안전나라('어린이 청소년 식생활 안전관리' 메뉴), 식품의약품안전처('어린이 식생활안전관리위원회' 메뉴), 고열량저영양식품알림e서비스('품질인증식품조회' 메뉴) 사이트에서 확인할 수 있다.

[그림 4-9] 식품안전관리 인증 마크, 어린이 기호식품 품질인증 마크

④ 정서저해식품 등의 판매 금지

식품의약품안전처장은 다음과 같이 사행심을 조장하거나 성적인 호기심을 유발하는 등 어린이의 건전한 정서를 해할 우려가 있는 식품이나 그러한 도안이나 문구가 들어 있는 식품에 대하여 판매나 판매 목적의 제조·가공·수입·조리·저장·운반 및 진열을 금지할 수 있다(「어린이식생활법」 제9조).

정서저해식품의 예는 다음과 같다(「정서저해식품 등의 판매 등 금지에 관한 규정」 제2조).

- 돈·화투·담배 모양의 도안을 용기·포장에 사용하여 만든 식품
- 특정 주류업체의 상표 또는 제품명과 동일하거나 유사한 것을 사용하여 술병의 모양으로 만들거나 이러한 도안을 용기·포장에 사용하여 만든 식품
- 남녀의 애정행위 모양으로 만들거나 이러한 도안을 용기·포장에 사용하여 성

적 호기심을 유발하는 식품

- 다음 각 목에 해당하는 모양으로 혐오감을 유발하는 식품
  - –사람의 형태(골격 모양 포함)
  - –사람의 머리, 팔, 다리 등의 특정부위 모양(이 부위를 나타내는 골격 모양 포함)

⑤ 광고의 제한·금지 등

어린이 기호식품 중 고열량 · 저영양 식품 및 고카페인 함유 식품을 제조 · 가공 · 수입 · 유통 · 판매하는 자는 방송, 라디오 및 인터넷을 이용하여 식품이 아닌 장난감이나 그 밖에 어린이의 구매를 부추길 수 있는 물건을 무료로 제공한다는 내용이 담긴 광고를 하지 못하도록 되어 있다. 식약처장은 어린이 기호식품을 제조 · 가공 · 수입 · 유통 · 판매하는 자가 텔레비전방송을 이용하여 고열량 · 저영양 식품과 고카페인 함유 식품을 광고하는 경우 그 광고시간의 일부를 제한하거나 광고를 금지하게 할 수 있다(「어린이식생활법」 제10조).

(3) 어린이급식관리지원센터

어린이급식관리지원센터는 어린이집, 유치원, 학교, 지역아동센터 등 1회 급식 인원 100인 이하의 어린이에게 단체급식을 제공하는 집단급식소를 대상으로 체계적이고 철저한 위생관리 및 영양관리를 지원하기 위하여 설립되었다. 식품의약품안전처장은 어린이급식관리지원센터가 집단급식소에 대하여 다음 사항에 관한 지원을 원활하게 수행하는지를 확인하기 위하여 지도 · 점검을 실시할 수 있으며, 필요한 경우에는 어린이급식관리지원센터에 등록한 급식소를 방문하여 어린이급식관리지원센터의 지원 내역 등을 확인할 수 있다.

- 식재료 관리, 식단구성, 조리 · 배식 등 급식관리
- 시설 및 조리종사자의 위생 · 안전관리
- 위생, 영양 및 안전에 관한 지도 · 관리 및 교육

(4) 어린이 식생활 안전지수

식품의약품안전처장은 어린이 식생활의 안전과 영양수준을 객관적으로 확인 · 평가하기 위하여 식생활 안전지수를 3년마다 조사하고 그 결과를 공표하도록 되어 있다. 조사 항목은 안전, 영양, 인지 · 실천 분야로 구성되어 있다. 식생활활안전지수를 이용하여 자치단체(시 · 군 · 구)별로 식생활안전 · 영양수준을 조사하여 다음해 3월에 결과를 공포한다.

어린이 식생활 안전지수는 2014년 100점 만점에 67.54점에서 2017년 73.27점으로 높아졌다. 상승요인에는 학교 주변 어린이 기호식품에 대한 안전관리 강화, 어린이급식관리지원센터의 확대 운영 등이 있다(식품의약품안전처, 2018).

어린이 식생활 안전지수 조사 항목

1. 안전: 식생활안전관리 지원 수준, 기호식품의 안전관리 수준, 단체급식의 안전관리 수준, 그 밖에 식품의약품안전처장이 정하는 어린이 식생활 안전에 관한 중요한 사항
2. 영양: 결식 및 비만 관리 수준, 기호식품의 영양관리 수준, 단체급식의 영양관리 수준, 그 밖에 식품의약품안전처장이 정하는 어린이 식생활 영양에 관한 중요한 사항
3. 인지 · 실천: 안전 및 영양 제도 인지 수준, 안전관리 인지 · 실천 수준, 영양 관리 인지 · 실천 수준, 그 밖에 식품의약품안전처장이 정하는 식생활 영양 관리 인지 · 실천에 관한 중요한 사항

2) 학교 급식 식품안전관리인증(HACCP) 시스템

해썹(Hazard Analysis and Critical Control Point: HACCP)은 '식품안전관리인증기준'으로서, 위해 방지를 위한 사전 예방적 식품안전 관리체계를 의미한다. 식품의 원재료부터 제조, 가공, 보존, 유통, 조리 단계 등 최종 소비자가 섭취하기 전까지의 각 단계별로 발생할 우려가 있는 위해요소를 규명하고, 이를 중점적으로 관리하기 위

한 중요 관리점을 결정하여, 체계적이고 효율적인 관리로 식품의 안전성을 확보하기 위한 과학적인 위생관리체계이다(한국식품안전관리인증원. https://www.haccp.or.kr). HACCP 시스템은 1960년대 미국에서 우주비행사용 식품 개발을 위한 시스템으로 도입한 이래로 이제 세계적으로 식품안전을 관리하는 최선의 위생관리기법으로 적용되고 있다.

우리나라 학교급식에서 HACCP 시스템 도입은 2000년 시범 적용을 거쳐 2001년부터 조리실이 설치된 급식학교에 점진적으로 적용이 확대되었다. 학교 HACCP 시스템의 주 내용은 식단 작성, 식재료 검수, 보관, 식재료 세척 및 소독, 조리작업, 조리 후 배식준비 작업, 종사자 개인위생, 식기구 세척 및 소독 등이다. 급식작업 공정의 흐름과 각 공정별 위해요소를 분석하고, 이에 따른 중요 관리점 및 통제방법을 결정하며, 이러한 일련의 작업 확인을 위한 점검표를 개발한 것으로 각 학교는 급식시설 여건에 맞게 일부 변형하여 적용할 수 있다.

3) 학교 식중독 조기경보 시스템

학교 식중독 조기경보 시스템은 학교에서 식중독 의심환자가 발생했을 때 동일 식재료를 사용하는 모든 학교에 경보를 발령하여 의심 식재료를 제외시켜 식중독 확산을 조기 차단할 수 있도록 하는 관리 시스템이다. 더불어 이 시스템에서는 각급 학교에 식재료 업체 선정 지원을 위한 업체 인허가, 행정처분 이력 조회, HACCP 지정업소 등 우수업체 정보를 제공한다. 학교 식중독 조기 경보시스템은 2008년부터 운영하고 있으며 2015년부터는 어린이집, 유치원, 기업 등 학교 외 집단급식소로 확대되었다. 그러나 아직 유치원과 어린이집은 시스템이 연동되지 않고 있다.[4]

4) 2016년부터 2018년까지 조기 경보가 전파되지 않은 경우가 절반 이상이었는데 면역력이 약해 식중독 전파 우려가 높은 유치원과 어린이집의 미전파 건수가 가장 많았다. 그 이유는 주로 '시스템 미연동' 때문이었다(연합뉴스, 2019. 10. 7.).

3. 급식안전

WHO가 제시하는 식품안전을 위한 10가지 기본원칙

1. 안전을 위한 처리가 된 식품 선택

과일과 채소 등 많은 식품은 그대로 섭취하는 것이 가장 좋다. 그러나 생우유처럼 살균처리를 하지 않으면 안전하지 않은 식품도 있다. 그대로 섭취하는 채소와 야채 등의 식품은 철저하게 씻어 먹어야 한다.

2. 완전히 익히기

가금류, 고기, 계란, 그리고 살균되지 않은 우유는 질병의 원인이 되는 물질에 오염되어 있을 수 있어 완전히 익혀야 병균을 없앨 수 있다. 식품의 모든 부분의 온도는 적어도 70℃에 도달해야 한다. 냉동육, 어류, 가금류는 조리 전에 완전히 해동해야 한다.

3. 조리된 음식은 즉시 먹기

조리된 음식이 상온으로 식으면 미생물이 증식하기 시작한다. 시간이 길어질수록 위험은 더 커진다.

4. 조리된 음식을 적절하게 보관하기

조리된 음식의 보관은 60℃ 이상 또는 10℃ 이하로 보관한다. 영아용 음식은 되도록 보관하지 않도록 한다. 냉장고에 따뜻한 음식을 많이 넣으면 음식이 적정온도로 신속하게 속까지 식지 않는다. 음식의 중심이 오랫동안 10℃ 이상이면 미생물이 빠르게 증식한다.

5. 조리된 음식을 데울 때 충분히 데우기

보관 중에 발생했을 수 있는 미생물을 없애기 위해 식품의 모든 부분이 적어도 70℃가 되도록 가열해야 한다.

6. 날음식과 조리된 음식이 닿지 않도록 하기

조리된 음식이 조리가 되지 않은 식품과 접촉하면 교차 오염이 일어날 수 있다. 교차 오염은 조리되지 않은 식품과 조리된 음식과의 접촉처럼 직접적으로 발생할 수도 있고, 조리되지 않은 식품 처리에 사용된 도마나 칼을 조리된 음식에 사용할 때에도 일어날 수 있다.

7. 자주 손 씻기

음식을 준비하기 전에는 손을 깨끗이 씻는다. 조리되지 않은 생선, 육류나 가금류 등을 만졌다면 다른 식재료나 음식을 준비하기 전에 다시 손을 씻는다.

8. 조리실 표면의 청결

음식은 쉽게 오염되기 때문에, 음식 준비에 사용되는 설비와 기구의 모든 표면은 깨끗하게 유지되어야 한다. 음식물 찌꺼기, 부스러기 또는 얼룩은 세균 저장소이다. 접시와 식기류가 닿는 옷은 자주 갈아입는다. 바닥 청소용 옷을 조리복과 구분하여 입고 자주 세탁한다.

9. 곤충, 설치류, 기타 동물로부터 식품 보호

동물들에게는 질병을 일으키는 병원성 미생물이 있다. 따라서 밀폐된 용기에 식품을 보관하도록 한다.

10. 안전한 물의 사용

수질에 조금이라도 문제가 있다면, 끓인 물을 사용한다. 영아를 위한 음식은 특히 주의가 필요하다.

출처: WHO "Golden Rules" for Safe Food Preparation. PHE 홈페이지. https://www.paho.org/disasters/

1) 식품 선택과 보관 및 조리

식품안전을 위해 신선하고 안전한 식품을 선택하여야 한다. 식품의약품안전처로부터 HACCP에서 식품안전관리인증을 받은 것, 어린이 기호식품 품질인증을 받은 것을 선택한다. 특히 단백질 식품인 우유 및 유제품, 달걀, 육류, 가금류, 생선류 등의 식품은 부패되기 쉽고 식중독을 유발할 수 있으므로 신선도가 매우 중요하며 보관에도 특별한 주의를 요한다.

식재료 및 식품은 되도록 신선한 상태에서 당일 바로 소비하도록 한다. 부득이 보관해야 할 경우 적절한 온도에서 보관하고 안전한 기간 중에 조리한다. 식품 보관 시 유의할 점은 다음과 같다(교육부, 2017; 식품의약품안전처, 2016).

- 식품과 비식품은 구분하여 보관한다.
- 상온에서 보관하는 식재료는 식품보관실에 보관한다. 식품보관 선반은 바닥으로부터 30cm 이상 공간을 두어 청소를 용이하게 한다.
- 온도계를 냉장고에서 가장 따뜻한 부분에 놓아 두고 적절한 온도가 유지되는지 점검한다.
- 냉장실의 온도는 5℃ 이하여야 하며 냉동실은 영하 18℃ 이하여야 한다.
- 보관 식품의 양은 냉장 및 냉동고 용량의 70% 이하가 되게 함으로써 적정온도가 유지되도록 한다.
- 대용량 제품을 나누어 보관하거나 개봉한 캔 제품, 소스류를 옮겨 담을 때는 소독한 용기에 옮겨 담고, 제품명, 개봉 날짜, 유통기한, 원산지, 제조업체 등을 표시하여 보관한다.
- 먼저 들여온 식재료를 먼저 사용한다. 선입선출이 용이한 위치에 식재료를 보관한다.
- 해당 식품의 보관방법에 맞게 보관하도록 한다.
  - 냉장식품: 10℃ 이하(신선편의식품, 육류 5℃ 이하)
  - 냉동식품: −18℃ 이하(녹은 흔적이 없이 냉동 상태 유지)
  - 채소류: 15~25℃의 상온(전처리 식재료는 10℃ 이하)
  - 생선 및 육류: 5℃ 이하

2) 급식 관련 종사자의 건강 및 위생

(1) 관련 종사자

어린이집과 유치원에는 조리사, 조리원, 영양사 등의 종사자가 있어야 한다.

집단급식소(1회 급식인원 50인 이상)로 신고된 어린이집과 유치원에는 조리사를 두도록 규정되어 있다(「식품위생법」 제51조, 제52조).

조리원은 영유아 40명 이상 80명 이하이면 1명을 두며, 영유아가 80명을 초과할 때마다 1명씩 증원한다(「영유아보육법 시행규칙」 별표 2).

어린이집과 유치원 모두 유아가 100명 이상이면 영양사 1인을 배치한다. 기관 단

표 4-6 조리사와 영양사의 직무

조리사의 직무(「식품위생법」 제51조 제2항)	영양사의 직무(「식품위생법 시행규칙」 제79조)
• 식단에 따른 조리업무(전처리부터 조리, 배식 등의 전 과정) • 구매 식품의 검수(檢受) 지원 • 급식설비 및 기구의 위생 안전 실무 • 그 밖의 조리 실무	• 식단 작성, 검식(檢食) 및 배식 관리 • 구매 식품의 검수(檢受) 및 관리 • 급식 시설의 위생적 관리 • 집단급식소의 운영일지 작성 • 종업원에 대한 영양 지도 및 식품위생교육

독으로 영양사를 둘 수 없는 경우 동일 시 · 군 · 구의 5개 이내 어린이집이 공동으로 영양사를 둘 수 있다. 어린이집 원장이 영양사 자격이 있는 경우에는 겸직이 가능하다(「영유아보육법 시행규칙」 제10조 별표 2). 유치원도 관할구역에 있는 5개 이내의 유치원이 공동으로 영양사를 둘 수 있다(「유아교육법 시행규칙」 제3조).

(2) 건강진단

조리종사자에 대해서는 채용 시, 채용 후 정기적인 건강진단을 하여야 한다.

• 채용 시 건강진단

일반 채용 신체검사와 건강진단을 통하여 개인의 건강 상태를 확인하도록 한다.

• 정기적 건강진단(연 1회) 및 건강진단서 보관

어린이집의 경우 정기검진 검사 항목은 장티푸스, 전염성 피부질환, 폐결핵이다. 건강진단 결과 제1군 전염병, 피부병 및 기타 화농성 질환, 제3군 전염병 중 결핵(비전염성인 경우 제외)인 경우 조리에 종사하지 못한다. 정기검진 외에도 전염병이 유행하거나 필요시 건강진단을 하여야 한다.[5]

유치원은 「학교급식법」 규정에 의거 식품 취급 및 조리작업자는 6개월에 1회 건

5) 어린이집은 조리종사자뿐 아니라 모든 교직원이 1년에 1회 건강진단을 필수로 해야 한다. 어린이집의 보육실습생과 1개월 이상 지속적으로 근무하거나 함께 거주하는 자, 특별활동 강사, 노인 일자리 파견자에 대해서도 건강검진 관련 서류를 구비하여야 하며, 이 경우 보건소의 전염성 질환(폐결핵, 장티푸스, 전염성 피부질환)에 대한 건강진단결과서(구 보건증)로 대신할 수 있다(보건복지부, 한국보육진흥원, 2018).

강진단을 실시하고, 그 기록을 2년간 보관하도록 하고 있다. 다만, 폐결핵 검사는 연 1회 실시할 수 있다(「결핵예방법」 제11조).

잠복결핵검진은 어린이집과 유치원 모두 기관에 소속된 기간(다른 기관 · 학교 등으로 그 소속을 변경하여 근무한 기간을 포함) 중 1회 실시하여야 한다(「결핵예방법 시행규칙」 제4조).

• 일일 건강 점검

매일 작업 시작 전에 조리종사원의 건강 상태를 확인하여 발열, 복통, 구토, 설사 등의 식중독 의심증상이 있거나 손이나 얼굴에 화농성 상처나 종기, 전염성 피부질환이 있는 경우, 전염성 질병에 걸렸을 때에는 조리를 하지 않도록 한다. 본인뿐 아니라 가족 중에 법정전염병 보균자가 있거나 발병한 경우에는 완쾌될 때까지 조리작업에 참여하지 않도록 해야 한다(교육부, 2016b).

(3) 위생

음식 준비와 배식에 관련된 사람들은 특히 위생에 유의하여야 한다. 진한 화장과 장신구 착용을 하지 않으며 머리는 매일 감고, 긴 머리는 묶도록 한다.

• 복장

조리 시 작업 복장 규정[6]을 준수해야 한다. 위생복과 위생모, 앞치마 착용이 필수이다. 앞치마와 장갑 등은 전처리, 조리, 청소 등 용도에 따라 색을 구분하여 사용하

6) • 「식품위생법」 제3조(식품 등의 취급), 「식품위생법 시행규칙」 제2조(식품 등의 위생적인 취급에 관한 기준) 별표 1: 식품 등의 제조 · 가공 · 조리 또는 포장에 직접 종사하는 사람은 위생모를 착용하는 등 개인위생관리를 철저히 하여야 한다.
• 「영유아보육법 시행규칙」 제23조(어린이집의 운영기준) 및 제34조(급식관리) 별표 8: 조리원 등 음식물의 조리에 직접 종사하는 보육교직원은 위생복 · 앞치마 · 위생모를 착용하는 등 개인위생관리를 철저히 하여야 한다.
• 「영유아보육법 시행규칙」 제38조 제1항(어린이집에 대한 행정처분 등) 별표 9: 조리에 직접 봉사하는 조리원, 보육교직원이 위생복 · 앞치마 · 위생모를 착용하지 않은 경우 1차 위반은 운영정지 15일, 2차 위반은 운영정지 1개월, 3차 위반은 운영정지 3개월이다.

도록 한다. 조리실 내에서는 신발은 굽이 낮고 앞이 막혔으며 방수 처리와 미끄럼 방지 처리가 된 전용 위생화만 매일 세척하여 신도록 한다. 조리종사자뿐 아니라 방문객 전용복장을 비치하여 조리실에 들어올 때 착용하도록 한다(식품의약품안전처, 2019).

- 하지 말아야 할 행동

조리 중 껌 씹기, 싱크대에서 손 씻기, 면장갑만 착용하고 조리하기, 음식이나 식품 재료 앞에서 기침이나 재채기하기, 조리 중 옷으로 땀 닦기, 식기의 식품 접촉면을 손으로 만지기, 손가락으로 음식 맛보기, 수저 하나로 여러 음식을 맛보기, 사용한 식기구를 재사용하기, 한 음식의 조리에 사용한 장갑을 다른 음식을 조리하는 데에도 사용하기, 조리 중이거나 조리된 식품을 맨손으로 만지는 행동, 설거지나 식품 재료를 만진 후 손을 소독하지 않고 조리하는 행위 등은 식품의 안전에 위협이 될 수 있다.

- 손 씻기

손에는 육안으로는 보이지 않지만 많은 세균이 있어서 식품을 다루는 과정에서 교차오염[7]이 발생할 수 있다. 따라서 철저한 손 씻기가 중요하다. 식품을 만지기 전후, 다른 음식 종류를 다루는 사이, 화장실을 다녀온 후, 기침이나 재채기 또는 코를 닦은 후, 전화를 받고 난 후, 귀나 입, 코 등 신체 부위를 만졌을 때 등 수시로 손을 씻어야 한다.

7) 교차오염은 오염되지 않은 식재료나 음식이 오염된 식재료, 기구, 종사자와의 접촉으로 인해 미생물이 혼입되는 것으로 식중독 발생의 주요 원인이 된다.

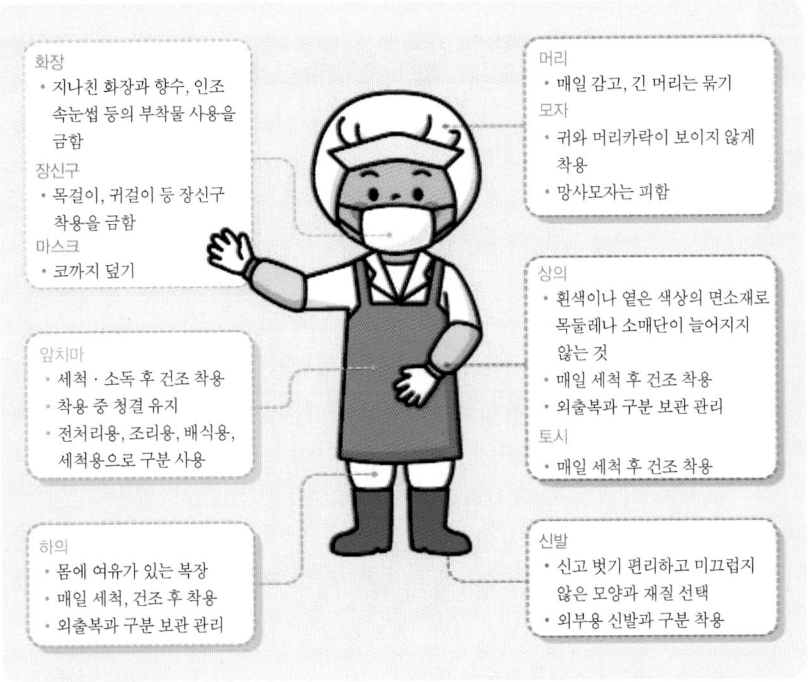

[그림 4-10] 조리종사자의 위생 복장

출처: 식품의약품안전처(2019), p. 27.

3) 조리와 배식 위생

급 · 간식의 준비가 위생적으로 이루어지기 위해서는 관련 법을 따라 조리실 환경이 안전하고 위생적이어야 한다. 안전한 물리적 환경이 마련되었더라도 식기와 조리기구의 청결과 소독, 교차오염을 방지하기 위한 안전수칙 준수 등을 비롯한 위생관리가 이루어질 필요가 있다.

(1) 조리실 위생관리

• 조리도구

–도마나 칼의 균이 다른 식재료에 쉽게 옮겨져 교차오염이 발생할 수 있으므로 육류용, 어류용, 채소용, 완제품용, 가공식품용 등 용도별로 구비하여 사용하

표 4-7 주기별 청소계획

시기	청소구역	
일별	• 전처리실, 조리실 및 식당 • 벽 및 바닥 • 냉장 · 냉동고의 내 · 외부(손잡이 등) • 배수구 및 트랜치, 찌꺼기 거름망 • 식재료 보관실 및 화장실 등	
주별 지정일(1회 이상)	• 배기후드, 닥트 • 조명 · 환기설비	
월별 지정일(1회 이상)	• 보일러 및 가스 • 유리창 청소 및 방충망 • 식재료보관실	
연간	• 개학 및 방학 대비 대청소 • 기기 스케일 제거(약품 사용) • 위생 관련 시설 · 기기 점검 및 보수 • 외부 배수구 청소	• 연 1회 이상(방학 중) • 연 4회(2, 7, 8, 12월) • 연 2회(방학 중) • 연 2회(방학 중)

출처: 교육부, 한국교육개발원(2017), p. 73.

여야 한다(「식품위생법 시행규칙」 제2조, 「영유아보육법 시행규칙」 제34조).[8]

- 행주도 조리용, 청소용, 배식용으로 구분하여 사용함으로써 교차오염을 방지해야 한다.
- 조리도구의 재질은 나무, 고무, 플라스틱, 알루미늄 재질로 된 것은 피한다. 사용 후에는 공기에 노출되지 않게 소독고에 넣어 관리한다.
- 조리도구를 사용한 다음에는 소독액이나 끓는 물로 소독한다. 식기류는 직접 세척하거나 자동 세척기로 세척한다. 손으로 세척할 경우, 뜨거운 물로 닦고 헹구는 것도 뜨거운 물로 한다. 식기류는 행주로 닦지 말고 그대로 건조시킨다.

---

8) • 「식품위생법 시행규칙」 제2조(식품 등의 위생적인 취급에 관한 기준) 별표 1: 식품 등의 제조 · 가공 · 조리에 직접 사용되는 기계 · 기구 및 음식기는 사용 후에 세척 · 살균하는 등 항상 청결하게 유지 · 관리하여야 하며, 어류 · 육류 · 채소류를 취급하는 칼 · 도마는 각각 구분하여 사용하여야 한다.
• 「영유아보육법 시행규칙」 제34조(급식관리) 별표 8: 원장 등은 식기, 도마, 칼, 행주, 그 밖에 주방용구를 정기적으로 세척 · 살균 및 소독하는 등 항상 청결하게 유지 · 관리하여야 하며, 어류 · 육류 · 채소류를 취급하는 칼 · 도마는 각각 구분하여 사용하여야 한다.

• 조리실 점검 및 위생 계획

-조리실의 위생은 안전한 급식을 하기 위한 필수적 요소이다. 집단 급식소로 신고된 어린이집과 유치원은 연 1회의 정기점검을 시 · 군 · 구청으로부터 받도록 되어 있다. 외부기관으로부터의 점검 외에도 기관의 자체 점검표를 통하여 매일 안전한 급식을 위해 노력하도록 한다.

-조리실은 계획을 세워 체계적으로 위생을 관리하여야 한다. 조리실의 기구뿐 아니라 바닥, 벽, 창 등 모든 것에 대한 청결 계획이 수립되어야 한다. 음식을 다루는 데 직접 사용되는 설비들은 특히 세심한 주의를 요한다.

• 방충 및 방서 관리

-조리실 및 식품보관실의 창문과 출입구, 환기 시설 등에 해충 및 쥐를 막을 수 있는 장치(방충망, 포충등, 에어커튼 등)를 설치한다.

-방역을 주기적으로 실시하고, 방역일지와 소독필증을 보관한다.9)

4~9월: 2개월 1회 이상, 10~3월: 3개월 1회 이상

-작업 중 출입문 및 창을 개방하지 않는다.

-조리실에 배수구 청소가 덜 되어 음식 찌꺼기가 끼어 있거나, 벽이나 바닥의 깨진 틈이 있다면 설치류나 해충, 세균이 서식할 가능성이 높아진다. 청소와 소독을 통하여 청결하게 유지하는 것이 식중독 예방의 기초가 된다.

• 급수시설

-조리실에는 수돗물 또는 먹는 물의 수질 기준에 적합한 지하수 등을 공급할 수 있는 시설을 갖추어야 한다. 사용하는 물에 따른 관리기준을 적용하여 관리하여야 한다[「식품위생법 시행규칙」 별표 25(집단급식소의 시설기준)].

9) 「감염병의 예방 및 관리에 관한 법률 시행령」에서는 소독을 실시하여야 하는 시설의 종류와 횟수를 제시하고 있다. 시설의 종류는 「식품위생법」에 따른 집단급식소(한번에 100명 이상에게 계속적으로 식사를 공급하는 경우만 해당함)와 유아 50명 이상 규모의 어린이집과 유치원 등이 포함된다. 이들 시설은 위생, 해충의 방제를 위해 「감염병 예방 및 관리에 관한 법률 시행 규칙」 별표 7에 따라 하절기(4~9월)에는 2개월마다 1회 이상, 동절기(10~3월)에는 3개월마다 1회 이상 허가받은 방역업체에 의뢰하여 급식시설 소독을 실시하여야 한다.

–사용하는 물에 따른 관리기준

정수기 사용 시 필터대장 부착, 청결관리, 청소주기 확인

지하수 사용 시 성적서 비치(일부 항목은 1회/1년, 모든항목은 1회/2년)

• 폐기물 관리

–폐기물을 위생적으로 관리하여 세균과 해충 서식을 차단한다.

–스테인리스 재질의 덮개가 있는 음식물 전용 쓰레기통을 사용한다.

–폐기물 오수가 새지 않도록 파손된 부분이 없는지 확인하고, 폐기물이 장시간 방치되지 않도록 관리하며, 폐기물 반출 시기와 장소를 정한다.

(2) 배식 위생

• 배식대 및 배식기구는 세척 및 소독하여 건조된 것을 사용한다.
• 배식 과정에서 사용되는 기구들이 위생적으로 관리되고 있는지 정기적으로 점검하고 청결을 유지한다. 조리 후 바로 배식을 하는 것이 바람직하나 부득이한 경우에는 적정 온도에서 보관 후 배식한다. 차가운 음식은 5℃ 이하, 따뜻한 음식은 60℃ 이상, 냉동 음식은 −18℃ 이하에서 보관 후 배식한다.
• 온도 관리를 하지 않는 경우 조리 후 2시간 이내에 배식을 마쳐야 한다.
• 음식은 깨끗한 용기에 담아 뚜껑을 덮어서 보관하고 이동한다.
• 배식 담당자는 배식 직전 반드시 손 세척 및 소독을 하고, 위생모, 위생복, 장갑, 마스크를 사용한다.
• 배식 전 손을 깨끗이 씻는다.
• 위생장갑을 착용하더라도 반드시 도구(집게)로 배식한다.
• 음식별로 배식 도구를 구분해서 사용한다.
• 배식하던 용기에 새로운 음식을 혼합해서 담지 않는다.
• 배식 중에 남아 있는 음식과 바로 조리한 음식은 섞지 않는다.

[그림 4-11] 배식 시 유의사항

출처: 식품의약품안전처(2019), p. 55.

(3) 식당 및 먹는 장소의 위생

먹는 곳 또한 특별한 주의를 요한다. 위생을 유지하기 위해 식사 전, 식사 후, 간식 전, 간식 후에 테이블을 깨끗이 닦고 소독한다.

4. 식품안전교육

1) 식품안전교육의 필요성 및 내용

식품안전교육은 식품 섭취와 관련하여 안전을 위협할 수 있는 요인을 알고, 안전사고를 예방하고 대처할 수 있는 능력과 태도를 기르기 위해 필요하다.

식품안전교육은 「아동복지법」의 '안전교육기준', 3~5세 누리과정과 표준보육과정 등에는 명시되어 있지 않다. 교육부의 '학교안전교육실시기준 등에 관한 고시'에서는 '생활안전교육' 영역에 유치원 단계의 내용으로 '몸에 좋은 음식, 나쁜 음식 알기'가 포함되어 있다. 이를 위한 교사용 지도서에서는 '식품 선택 및 보관 방법'과 '식품 첨가물의 이해'를 내용으로 제시하고 있으며 활동으로는 '몸에 좋은 음식과 나쁜 음식', '식중독 예방법', '식품 첨가물의 유해성'을 포함하고 있다(교육부, 경상남도교육청, 학교안전공제중앙회, 2016). 2012년에 발간된 교육과학기술부의 '유아재난대비 · 생활안전교육프로그램'에서도 식품안전교육의 내용으로 '몸에 필요한 식품, 해로운 식품 알기', '식중독 예방과 위험 알기'를 포함하고 있다.

상기한 내용과 이 장의 내용을 반영하여 유아 식품안전교육의 내용을 구체적으로 기술하면 다음과 같다.

- 몸에 좋은 음식 알고 섭취하기: 과일, 채소, 견과류, 잡곡, 생선, 계란, 우유, 두유
- 몸에 해로운 음식을 알고 섭취를 자제하기: 단 음식(설탕), 짠 음식, 기름에 튀긴 것, 몸에 좋지 않은 첨가물이 들어간 가공식품(소시지, 햄, 탄산음료)
- 알레르기의 원인과 예방 및 대처방법을 알고 실천하기
  - 좋은 식품이라도 어떤 사람에게는 위험할 수 있다.
  - 알레르기를 피하는 방법은 알레르기를 일으키는 식품을 먹지 않는 것이다.
- 식중독의 원인과 예방 방법을 알고 실천하기
  - 음식은 잘못 먹으면 우리 몸을 아프게 할 수 있다.
  - 상한 음식과 유통기한이 지난 음식이 우리 몸을 아프게 할 수 있다.

-식중독은 예방할 수 있다(손 씻기, 익혀 먹기, 끓여 먹기).

- 음식을 안전하게 먹는 방법을 알고 실천하기

-음식은 바르게 앉아서 먹는다. 걷거나 누워서 음식을 먹으면 목에 걸릴 수 있다.

-차 안에서 음식을 먹으면 차가 급정거할 때 목에 걸릴 수 있으므로 먹지 않는다.

-고형식은 잘 씹어서 천천히 먹는다.

-과자나 음식을 던져서 입으로 받아먹으면 목에 걸릴 수 있으므로 하지 않는다.

2) 식품안전교육 활동의 실제

- 활동명: 식중독 예방법을 알아보아요[10]
- 학습목표: 식중독을 예방하는 방법을 안다.
  식중독을 예방하기 위해 손을 깨끗이 씻는다.
- 관련생활주제: 건강과 안전, 여름

지도 자료	-식중독 예방 동영상 http://www.mfds.go.kr/index.do?mid=702&seq=319&cmd=v(3분 33초)	

- 교수 · 학습활동

도입	1 생활 속 경험을 이야기 나눈다. -음식을 먹고 나서 배가 아팠던 경험이 있니?
전개	1 식중독에 대해 이야기 나눈다. -식중독이란 무슨 뜻일까? 2 식중독 예방 동영상을 본다. -동영상을 보면서 식중독을 예방하려면 어떻게 해야 하는지 알아보자. -식중독을 예방하려면 어떻게 해야 할까? • 손은 비누로 깨끗하게 씻는다. • 음식에서 상한 냄새가 나면 먹지 않는다. • 식중독에 걸리지 않도록 익힌 음식을 먹는다.
마무리	1 식중독을 예방하려면 조심해야 할 점을 정리한다. -식중독을 예방하려면 어떤 것을 조심해야 한다고 이야기 나누었니?

- 지도상의 유의점

-올바른 손 씻기 포스터를 보며 단계별로 손 씻는 연습을 해 본다.

-안내장을 통해 가정과 연계하여 식중독 예방 교육을 실시한다.

10) 출처: 교육부, 경상남도교육청, 학교안전공제중앙회(2016), p. 44.

5장

교통안전

1. 어린이 교통사고 실태와 예방 대책
2. 교통안전을 위한 어린이 보호장치
3. 유아교육기관의 통학차량 운행
4. 교통안전교육

영유아 안전관리와 교육

유아는 교통약자로서 교통사고의 위험에 노출될 가능성이 크다. 교통사고는 실로 어린이 안전사고의 상당 부분을 차지한다. 어린이 교통사고에는 불안전한 도로, 안전을 최우선으로 삼지 않는 교통정책 등의 제도적 요인과 피곤 · 졸음과 같은 신체 상태에서의 운전, 판단 실수나 부주의, 과속과 신호 위반 등 인적 요인이 크게 영향을 미친다. 유아의 발달적 특성 또한 교통사고의 위험을 높이는 주요 요인이다. 유아는 상황 판단이 미숙하고, 호기심이 많아서 위험을 인식하지 못하며, 위험을 인식하였다 하더라도 위험에 대처하는 능력이 부족하므로 자신을 보호하기 어렵다.

교통사고 예방을 위해서는 유아의 안전을 최우선으로 하는 교통정책의 실천과 환경 개선이 선행되어야 한다. 제도적 노력과 더불어 자신을 안전하게 지키고, 안전을 최우선으로 삼는 보행자와 교통 이용자가 되도록 하기 위한 교통안전교육을 유아기부터 할 필요가 있다.

1. 어린이 교통사고 실태와 예방 대책

1) 어린이 교통사고 실태

우리나라의 어린이 교통사고율은 지속적으로 감소하여 왔다. 2009년에서 2018년까지 10년간 교통사고는 연평균 사고 건수, 사망자 수, 부상자 수 모두 감소 추세를 보이고 있다. 이는 교육기관 주변의 속도를 제한하는 스쿨존 정책, 통학버스 안전정책, 교통안전교육의 강화 등이 영향을 미친 것으로 분석된다.

그러나 여전히 어린이 안전사고에서 교통사고가 차지하는 비율은 매우 높다. 2014~2016년까지 3년간 1~14세 어린이 사망사고의 1순위는 교통사고였다. 0세아도 사망사고 원인의 2순위가 교통사고이다. 동일 기간 교통사고 사망 중 거의 절반 가까이(43.7%)는 보행자 사고이다[통계청(2018. 5. 3.). http://kostat.go.kr)]. 어린

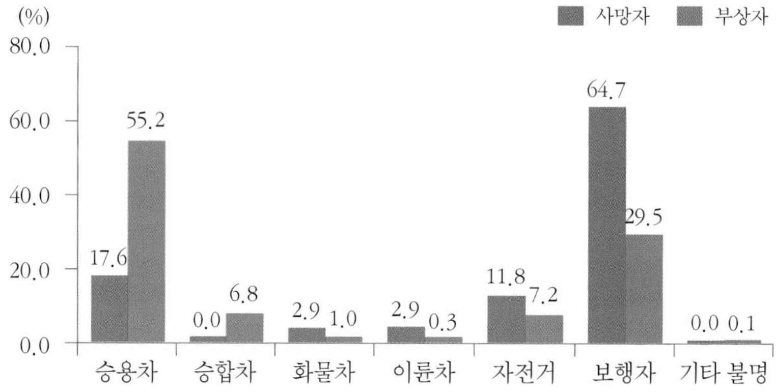

[그림 5-1] 어린이 교통사고 승차차종별 사상자 구성비

출처: 도로교통공단(2019)을 기초로 작성함.

이교통사고를 승차 차종별로 보면 보행자 사고 다음으로 승용차와 자전거 순으로 사망자 수가 많다. 부상자 수는 승용차, 보행자, 자전거 순으로 많다. 어린이 교통사고의 과반수 이상(64.7%)은 보행자 사고이다(도로교통공단, 2019). 이러한 추세는 어린이보호구역 내에서 발생한 교통사고에서도 마찬가지로 나타난다. 2014년에서 2018년까지 어린이보호구역 사고에서 어린이 사망자는 전부 보행자였고 어린이 부상자도 대부분(83.4%) 보행자였다(도로교통공단, 2019).

2) 유아기 어린이 발달특성과 교통사고

앞서도 언급했듯이 어린이 교통사고의 과반수 이상이 보행 중에 발생한다. 보행자 사고의 원인은 주로 횡단보도가 아닌 곳에서의 횡단, 횡단보도 횡단, 노상에서의 놀이, 차도 보행 등이다. 특히 횡단 시 도로에 뛰어들기, 신호 무시, 대각선 횡단, 차의 바로 앞뒤 횡단 등이 사고를 유발한다.

교통사고 중 특히 보행자 사고는 유아가 지닌 불완전한 교통안전 관련 지식 외에 유아의 발달특성과 관련이 깊다. 성인들은 유아의 이러한 특성을 이해하고 항상 유아의 안전에 유념해야 한다. 교통안전교육 또한 유아의 이러한 특성에 대한 이해를 바탕으로 이루어져야 한다.

교통사고 발생에 영향을 미치는 유아의 발달특성을 살펴보면 다음과 같다(도로교통공단 2015a; 이기숙 외, 2014).

① 유아는 보거나 듣는 능력이 미숙하다. 유아는 키가 작으므로 주 · 정차되어 있는 차의 주변 상황을 정확히 파악하기 어렵다. 시야에도 한계가 있어 옆에서 오는 차를 어른보다 훨씬 늦게 보고, 판단도 신속히 하지 못한다. 유아가 차를 보았다 할지라도 운전자가 유아를 발견하지 못하는 수도 있다. 이 경우에도 유아는 자기중심적 사고로 인해 자기가 차를 보았으므로 운전자도 자기를 보았다고 믿을 수 있다. 또 소리가 들려오는 방향을 정확히 파악하지 못한다.

② 유아는 동시에 여러 가지를 고려하기 어렵다. 전조작기 유아의 특징인 중심화 경향으로 인해 상황이나 사물의 한 측면에만 집중할 수 있다. 공놀이 중에 공이 굴러가면 그것을 잡으려고 위험한 길로 뛰어들 수 있다. 유아는 당장의 관심사에 집중하므로 안전을 동시에 고려하기 어려운 것이다.

③ 차와 자신과의 거리와 차의 속도를 추정하는 것은 유아에게 가능하지 않다. 신호등이 있는 혼잡한 도로에서 유아들이 사고를 당하는 경우는 많지 않다. 유아들이 이러한 도로를 혼자 건너는 기회는 별로 없다. 오히려 신호등이 없는 도로, 이면도로 또는 골목길에서의 교통사고가 많다. 이러한 곳에서 유아들이 놀거나 길을 건널 때 다가오는 차의 속도를 정확하게 감지하기 어렵다.

④ 유아는 감정에 좌우되기 쉽다. 기분이 들뜨거나 나쁠 때 부주의하게 행동할 수 있다.

⑤ 유아는 개념을 오해하거나 단순하게 이해한다. 유아는 손을 들기만 하면 차가 언제, 어디서나 정지할 것으로 믿는 경우가 많다. 또 보행자 신호등에 녹색불이 들어오면 자동차의 상황을 살펴보지도 않고 급히 건너가다 사고를 당하기도 한다.

⑥ 유아는 구석진 곳을 좋아한다. 유아는 후미진 곳, 감추어진 곳에서 놀기를 좋아한다. 그리하여 세워진 차의 옆이나 뒤에서 놀다가 교통사고를 당하기도 한다.

⑦ 유아는 성인의 행동을 모방한다. 유아가 교통규칙을 지키지 않는 부모나 성인을 따라 위험한 행동을 할 수 있다(도로교통공단, 2015a).

3) 어린이 교통사고 예방을 위한 법적 제도적 대처

(1) 어린이 보호구역

교통사고의 위험으로부터 어린이를 보호하기 위하여 초등학교 등[1]의 신청으로 지방자치단체가 해당 시설의 주변 도로 가운데 일정 구간을 어린이 보호구역(School Zone)으로 지정 · 관리하고 있다(「도로교통법」 제12조).[2]

[그림 5-2] 어린이 보호구역 표지

출처: 스마트 서울경찰 Blog(2018. 4. 3.). https://smartsmpa.tistory.com

1) '초등학교 등'이란 용어는 유치원, 초등학교, 특수학교, 어린이집, 학원. 외국인학교 또는 대안학교, 외국교육기관 중 유치원 · 초등학교 교과과정이 있는 학교를 의미한다(「어린이 · 노인 및 장애인 보호구역의 지정 및 관리에 관한 규칙」 행정안전부령 제3호 2017. 7. 26).

2) 「도로교통법」 제12조(어린이 보호구역의 지정 및 관리) ① 시장 등은 교통사고의 위험으로부터 어린이를 보호하기 위하여 필요하다고 인정하는 경우에는 다음 각 호의 어느 하나에 해당하는 시설의 주변도로 가운데 일정 구간을 어린이 보호구역으로 지정하여 자동차등과 노면전차의 통행속도를 시속 30킬로미터 이내로 제한할 수 있다. 〈개정 2013. 3. 23., 2014. 1. 28., 2014. 11. 19., 2015. 7. 24., 2017. 7. 26., 2018. 3. 27.〉

1. 유치원, 초등학교 또는 특수학교
2. 행정안전부령으로 정하는 어린이집
3. 행정안전부령으로 정하는 학원
4. 외국인학교 또는 대안학교, 외국교육기관 중 유치원 · 초등학교 교과과정이 있는 학교

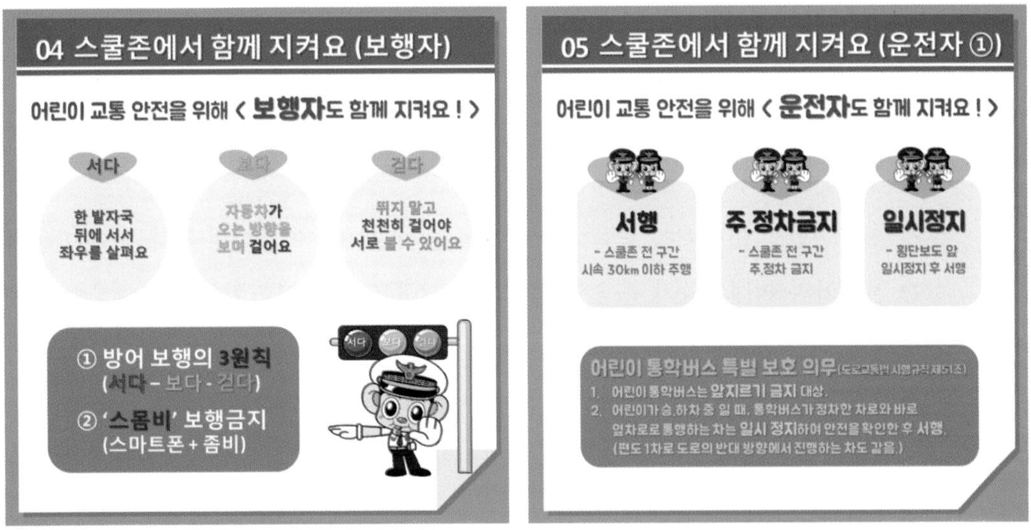

[그림 5-3] 어린이 교통안전을 위한 보행자와 운전자 유의사항

출처: 폴인러브(2018. 4. 23.). https://polinlove.tistory.com

어린이 보호구역에서는 구간별, 시간대별로 차량의 정차나 주차 금지, 차량의 통행금지나 제한, 이면도로를 일방통행로로 지정 운행할 수 있다. 운행속도는 시속 30km 이내로 제한된다. 운전자는 어린이 보호구역에서는 안전조치를 준수하고 어린이의 안전에 유의하면서 운행하여야 한다(「도로교통법 시행규칙」 제9조).

어린이보호구역으로 지정되면 지방경찰청장이나 경찰서장은 해당 시설의 주 출입문과 가장 가까운 거리에 있는 간선도로의 횡단보도에 신호기를 우선 설치 · 관리하여야 한다.

보행 신호등의 녹색 신호 시간은 어린이, 노인 또는 장애인의 평균 보행속도를 기준으로 하여 설정하여야 한다. 어린이 보호구역임을 나타내는 안전표지도 설치하여야 한다(「어린이 · 노인 및 장애인 보호구역의 지정 및 관리에 관한 규칙」 제6조, 행정안전부령 제3호 2017. 7. 26.).

(2) 어린이통학버스 안전정책

어린이통학버스 안전정책은 주로 「도로교통법」, 「도로교통법 시행령」, 「도로교통법 시행규칙」 등의 법령을 통해 이루어지고 있다. 이들 법령은 어린이 통학버스의 요건, 어린이 통학버스의 특별보호, 어린이 통학버스 운전자 및 운영자 등의 의무, 어린이통학버스 운영자 등에 대한 안전교육 등을 담고 있다.

① 어린이통학버스 요건

13세 미만인 어린이를 교육대상으로 하는 시설에서 어린이의 통학 등에 이용되는 자동차와 여객자동차 운송사업의 한정 면허를 받아 어린이를 여객대상으로 운행되는 운송사업용 자동차를 의미한다. 어린이통학버스 이용 시설에는 유치원, 어린이집, 초등학교 및 특수학교, 학원, 체육시설이 포함된다(「도로교통법」 제2조).

어린이 통학버스로 사용할 수 있는 자동차가 갖추어야 할 설비 등 조건은 다음과 같다.

- 차종: 어린이 기준으로 승차정원 9인승 이상의 자동차
- 소유주: 통학버스 이용 기관, 또는 기관과 운송계약을 맺은 전세버스운송사업자
- 보험가입: 교통사고로 인한 피해를 전액 보상할 수 있는 자동차보험 또는 공제조합 가입
- 구조 및 부착물
  - 보호 표지: 앞면 창유리 우측 상단(운전자 기준)과 뒷면 창유리 중앙하단의 보기 쉬운 곳에 행정안전부령(「도로교통법 시행규칙」 별표 14)이 정하는 어린이 보호 표지를 부착함. 영유아를 태우지 않은 경우에는 뗄 수 있어야 함
- 차체의 색: 황색으로 도색해야 함
- 좌석 안전띠: 어린이 신체구조에 적합하게 조절되는 것
- 발판 높이: 승강구 제1단의 발판 높이는 30cm 이하, 제2단 이상의 발판 높이는 20cm 이하. 견고하게 설치된 구조의 보조 발판 사용 가능

[그림 5-4] 어린이 보호 표지

[그림 5-5] 어린이 보호 표지 및 부착 방법

출처: 어린이집안전공제회(2019c), p. 38.

- 표시등: 적색 표시등(외측), 황색 또는 호박색 표시등(내측). 통학버스의 앞과 뒤에 2개의 적색 표시등과 황색(또는 호박색) 표시등을 설치하되, 차량 중심선에서 좌우 대칭이 되도록 바깥쪽에는 적색, 안쪽에는 황색 표시등을 설치함. 도로에 정지하거나 출발할 때는 황색 표시등, 정지할 때에는 적색 표시등이 점멸되도록 함
- 정지 표시: 어린이가 승하차 중임을 알리는 표시
- 어린이 하차 확인 장치: 차량 맨 뒤에 설치함. 운전자가 통학버스의 시동을 끄

[그림 5-6] 어린이통학버스 정지표시

출처: 어린이집안전공제회(2019c), p. 20.

[그림 5-7] 어린이 통학버스 하차 확인 장치

출처: 대한민국정책브리핑(2019. 4. 18.). http://korea.kr

면 자동으로 경광등이 작동하는데, 하차 확인 후 하차 확인 스위치를 눌러야 경광등이 꺼짐. 3분이 지나도 하차 확인 스위치를 누르지 않으면 경고음이 울려 운전자가 하차를 확인토록 유도함

② 어린이통학버스 안전 운행을 위한 운전자와 운영자의 의무

• 운전자의 의무

어린이통학버스 운전자는 승차한 모든 어린이가 좌석 안전띠를 매도록 한 후에 출발하여야 하며, 내릴 땐 보도나 길 가장자리 구역 등 자동차로부터 안전한 장소에 도착한 것을 확인한 후에 출발하여야 한다. 어린이통학버스 운행을 마친 후 어린이나 영유아가 모두 하차하였는지를 확인하여야 한다. 이때 어린이의 하차를 확인할 수 있는 '어린이 하차확인 장치'를 작동하여야 한다(「도로교통법」 제53조).

• 운영자의 의무

어린이통학버스 운영자는 어린이통학버스에 어린이나 영유아를 태울 땐 보호자를 함께 태우고 운행하도록 해야 한다. 보호자는 유치원과 초등학교 및 특수학교의 경우는 교직원, 어린이집은 보육교직원, 학원은 강사, 체육시설은 종사자, 기타 운영자가 지명한 사람이 될 수 있다. 동승한 보호자는 어린이나 영유아가 승하차할 때에는 차에서 내려서 어린이나 영유아가 안전하게 승하차하는 것을 확인한다. 운행 중에는 어린이나 영유아가 좌석 안전띠를 매고 앉아 있도록 하는 등 어린이 보호에 필요한 조치를 하여야 한다.

어린이통학버스의 특별 보호(「도로교통법」 제51조)

① 어린이통학버스가 도로에 정차하여 어린이나 영유아가 타고 내리는 중임을 표시하는 점멸등 등의 장치를 작동 중일 때에는 어린이통학버스가 정차한 차로와 그 차로의 바로 옆 차로로 통행하는 차의 운전자는 어린이통학버스에 이르기 전에 일시 정지하여 안전을 확인한 후 서행하여야 함

② ①의 경우, 중앙선이 설치되지 아니한 도로와 편도 1차로인 도로에서는 반대 방향에서 진행하는 차의 운전자도 어린이통학버스에 이르기 전에 일시 정지하여 안전을 확인한 후 서행하여야 함

③ 모든 차의 운전자는 어린이나 영유아를 태우고 있다는 표시를 한 상태로 도로를 통행하는 어린이통학버스를 앞지르지 못함

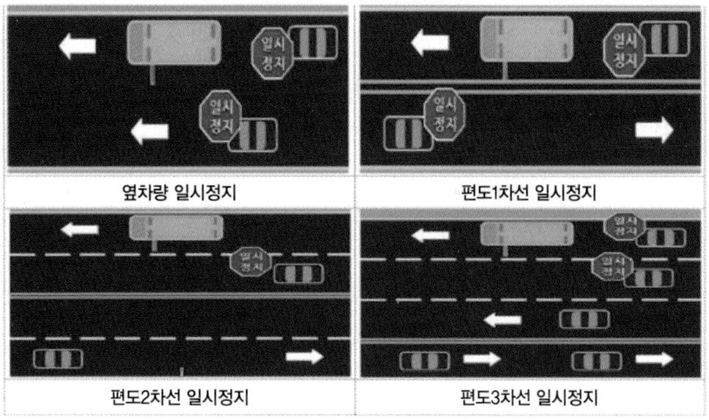

[그림 5-8] 일시정지 예시

그림 출처: 국토교통부(2014. 2. 20.). www.molit.go.kr

(3) 교통안전교육 의무화

법령을 통해 어린이통학버스 운전자와 운영자의 안전교육을 의무화하고 유아 대상의 교통안전교육도 일정 시간 하도록 규정하고 있다.

① 어린이통학버스 운전자와 운영자 및 차량에 동승하는 보호자의 교통안전교육, 도로교통법에 의한 정기교육

어린이통학버스 운전자와 운영자는 어린이통학버스의 안전운행 등에 관한 교육을 받아야 한다. 어린이통학버스 안전교육은 통학버스 운영 시행 전에 실시하는 신규안전교육과 2년마다 실시하는 정기교육이 있다. 교육시간은 3시간 이상이며, 교육내용은 교통안전을 위한 어린이 행동특성, 어린이통학버스의 운영 등과 관련된 법령, 어린이통학버스의 주요 사고 사례 분석, 그 밖에 운전 및 승차 · 하차 중 어린이 보호를 위하여 필요한 사항 등을 포함한다(「도로교통법 시행령」 제31조의2).

통학버스 동승자도 통학버스 동승보호자교육을 받아야 한다. 어린이집 통학버스 동승자는 동승보호자교육을 의무적으로 받아야 한다(「영유아보육법 시행규칙」 별표 8). 유치원 통학버스 동승자의 경우 의무교육이 아닌 임의교육이다. 동승보호자교육은 사이버교육으로 이수 가능하다.

② 영유아 대상의 교통안전교육

「아동복지법」(제31조 아동의 안전에 대한 교육)과 「학교안전교육 실시 기준 등에 관한 고시」에 유아부터 고등학생에 이르기까지의 교통안전교육의 내용과 교육시간 기준 및 방법을 제시하고 있다.

2. 교통안전을 위한 어린이 보호장치

1) 보호장치 이용의 중요성

승차 중 사고가 났을 때 보호장치의 장착 및 사용 여부와 정확한 사용 여부가 안

전에 매우 중요하다. 차량이 급정거하거나 충돌 및 추돌 시 승차자가 받는 힘의 강도는 엄청나다. 시속 50km로 달리던 차량이 갑자기 서거나 충돌하면 사람은 400kg의 힘으로 좌석에서 튕겨 나가게 된다. 성인도 이러한 힘을 버텨 낼 수 없다. 차가 충돌하자마자 0.5초 후에 사람이 충돌하게 된다고 한다. 차 안에 있는 사람은 고정된 물체에 몸이 닿기까지 계속해서 앞으로 진행하는 동작을 하게 된다. 그리하여 차량 유리나 다른 구조물에 부딪히게 된다. 이때 힘을 안전하게 분산시키는 안전장치가 없으면 치명상을 입게 된다.

안전띠와 안전의자는 차가 충돌했을 때 신체에 미치는 충격을 완화하며, 차내 구조물에 부딪치는 것을 방지한다. 안전의자나 부스터시트를 착용하지 않은 경우 상해를 입을 가능성이 25배가 된다(Leonard, 2006: Robertson, 2010에서 재인용). 안전띠나 안전의자를 사용하지 않으면 자신도 위험할 뿐만 아니라 안전띠를 착용한 다른 사람에게도 상해를 입힐 수 있다. 따라서 차내의 모든 사람이 안전띠나 안전의자를 착용해야 한다. 일부 부모들은 어린 유아나 영아를 무릎에 앉히는 경우가 있는데 이는 매우 위험하다. 어릴 때부터 차량 탑승 시 보호장치를 습관화하도록 하여야 한다.

유아가 자전거나 킥보드 등을 타다 넘어지거나 다른 물체에 부딪칠 때 안전모는 머리가 받는 충격을 완화해 준다. 번거로워하거나 불편해하더라도 어릴 때부터 착용 습관을 들이는 것이 중요하다.

2) 어린이 보호장치의 종류 및 사용법

교통안전 관련 어린이 보호장치의 종류로는 차량 승차 시 사용하는 안전의자와 안전띠 등의 자동차용 어린이 보호장치[3]와 자전거나 킥보드를 탈 때 필요한 안전모와 부수 장비를 들 수 있다.

3) 자동차용 어린이보호장치란 어린이를 앉히거나 뉘어서 구속 또는 위치를 고정하기 위하여 자동차의 좌석 위에 부착하여 사용하며 차량의 충돌 또는 예기치 못한 감속 발생 시 어린이의 신체 움직임을 제한하여 부상 위험을 줄이기 위한 장치를 말한다. 여기서 어린이란 몸무게 36kg 이하의 신생아, 젖먹이 유아 및 어린 학생 등을 말한다[국가기술표준원(2017. 3. 2.). www.kats.go.kr].

(1) 안전의자(카시트)

안전의자는 안전띠로 의자를 고정시키고 유아는 안전의자에 달린 띠를 착용하게 되어 있다. 유아를 완전하게 보호하기 위해서는 사용하기에도 편리하고 편안함을 주는 안전의자를 설치하도록 해야 한다. 일단 차량 사고가 있었다면 사용하던 안전의자는 다시 사용하지 말고 새로운 것으로 바꾸어야 한다.

안전의자를 선택할 때에는 유아를 의자에 앉혀 보아야 하므로 유아를 함께 데려가도록 한다. 안전의자는 유아의 연령 및 몸무게에 따라 고려하며 높낮이의 조절 장치, 머리 보호장치, 허리 충격 완화장치, 의자를 앞뒤로 돌릴 수 있는지의 여부, 보호대를 앞뒤로 이동할 수 있는지의 여부 등을 살펴보도록 한다.

유아들은 안전의자에 앉아서 오랫동안 차를 타게 되면 쉽게 잠이 든다. 이때 베개를 사용하여 편하게 해 줄 수 있다. 머리가 한쪽으로 쏠리는 것을 방지하기 위해 머리와 어깨 주변에 담요를 말아 지지해 줄 수도 있다. 오래 차를 타는 경우 자주 정차하여 몸을 움직이도록 해 준다.

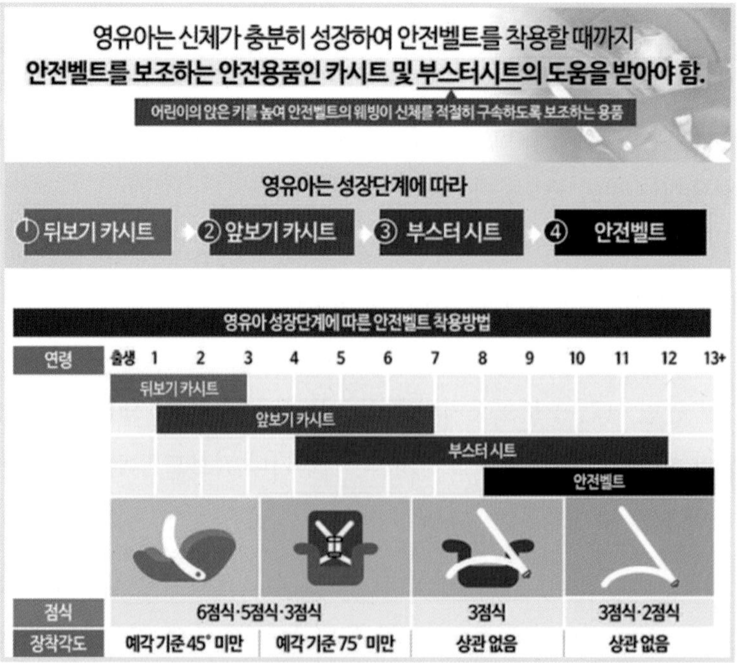

[그림 5-9] 성장단계별 카시트 및 부스터시트

출처: 행복드림 열린소비자포털(2018. 10. 16.). www.consumer.go.kr

유아의 성장에 따라 착용해야 하는 안전의자의 형태는 달라진다. 나라마다 유아의 안전의자 및 안전띠에 대한 규정이 조금씩 차이가 있는데 대개 연령, 몸무게 또는 키를 고려하여 정하고 있다.

① 몸무게 9kg 이하 영아: 영아용 안전의자

차량의 후방을 향하여 영아를 앉히도록 설치된 영아용 안전의자를 사용하도록 한다([그림 5-10] 참조). 영아를 차 후면을 향해 앉히도록 한다. 영아를 차 후면을 바라보게 앉히면 차가 정지했을 때 영아가 받는 힘을 분산시킬 수 있다. 끈은 영아의 어깨를 걸쳐 다리 사이에 잘 맞게 고정되어야 한다. 의자와 영아의 몸은 밀착되어야 한다.

② 몸무게 9~18kg까지의 영아나 걸음마기 유아: 걸음마기 유아용 안전의자

몸무게 9~18kg까지의 유아와 혼자서 앉아 있을 수 있는 유아에게는 걸음마기 유아용 안전의자를 사용하도록 한다. 등받이 각도가 90도가 되고 앞을 보도록 장착한다. 어깨끈 연결부는 유아의 어깨 쪽에 있어야 하며 등받이 높이는 유아의 귀 정도까지 와야 한다. 모든 고정 끈은 손가락 하나가 들어갈 정도의 여유만 두고 고정한다. 2세 이하의 걸음마기 유아에게는 계속해서 후방을 향한 안전의자를 사용할 것을 권고하기도 한다(Aronson, 2012).

안전의자의 경우 안전띠가 의자에 적절하게 설치되었는지, 안전의자가 기울거나 너무 많이 움직이지 않는지를 세심하게 살핀다. 또 안전의자의 끈을 너무 느슨하게 매어 놓으면 의자에서 몸이 빠져나올 수 있다. 안전의자의 끈이나 보호대로 유아의 어깨와 엉덩이를 단단하게 고정시켜 준다.

③ 몸무게 18kg 이상의 유아: 유아용 안전의자(부스터시트: booster seat)

부스터시트는 안전띠로 고정하는 유아용 안전의자이다. 걸음마기 유아용 안전의자에 앉기에는 몸집이 크고 안전띠를 매기에는 작은 유아에게 사용한다. 안전띠는 유아의 작은 키로 인해 어깨와 골반을 지나야 하는 안전띠가 목과 복부를 지나게 되어 사고 시 장파열 등의 손상을 유발할 수 있어 오히려 위험할 수 있기 때문이

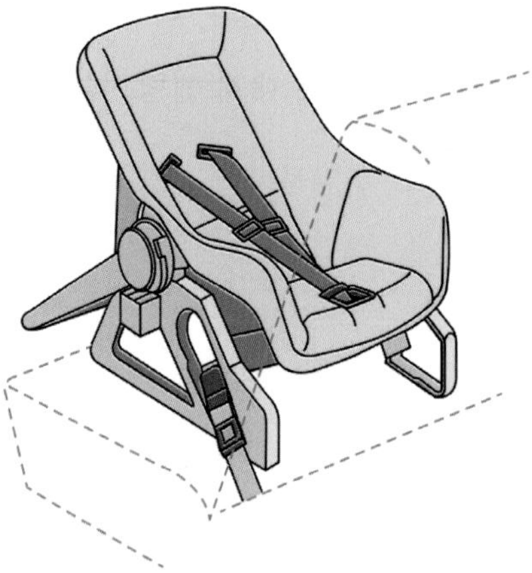

[그림 5-10] 영아용 안전의자(뒷면 향함)

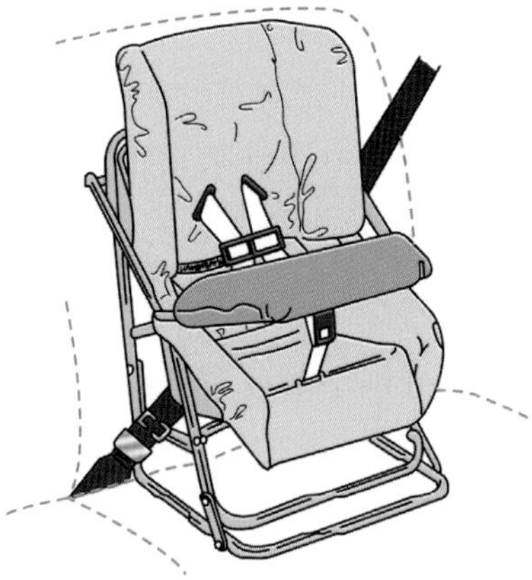

[그림 5-11] 걸음마기 유아용 안전의자(앞면 향함)

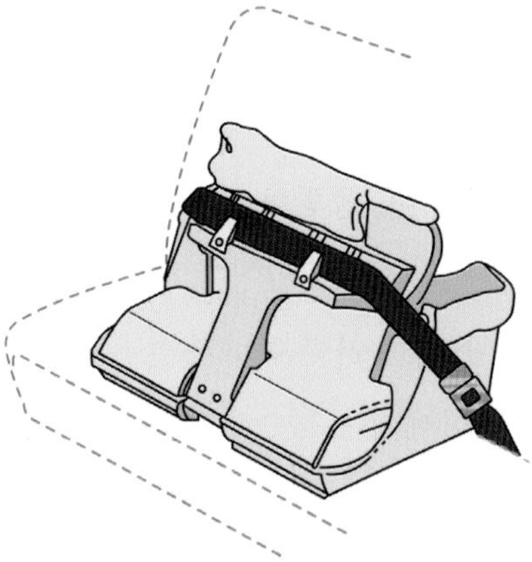

[그림 5-12] 유아용 안전의자(부스터시트)

출처: Aronson (1991)을 재인용한 조경자, 이현숙(2010), p. 251의 그림을 채색함.

다. 유아용 안전의자는 공간을 차지하고 비교적 다양한 크기의 유아에게 사용할 수 있다.

(2) 안전띠

유아에게는 유아용 안전띠가 적절하다. 안전띠는 꼬이지 않게 하고, 허리띠는 골반에, 어깨띠는 어깨 중앙에 위치하게 한다. 사고 발생 시 안전띠가 신체에 가하는 압력은 몸무게의 20~50배에 달하는데 골반에 착용해야 이러한 하중을 견딜 수 있다. 배 위에 걸쳐 매면 사고 발생 시 장이 파열될 수도 있다. 버클은 '찰칵' 소리가 나게 잠그고, 띠와 가슴 사이에 주먹 하나가 들어갈 수 있도록 맨다.

일반 안전띠는 적어도 키가 135cm(나라마다 기준 다름), 몸무게가 36kg(우리나라) 이상인 유아나 학령기 어린이가 사용할 수 있다. 착용 시 끈이 얼굴이나 목을 거치지 않도록 한다. 성인용 안전띠는 의자 끝에서 무릎을 구부린 채로 자동차 의자 깊숙이 등을 펴고 앉을 수 있을 때 사용할 수 있다.

(3) 안전모(헬멧)

① 적절한 안전모의 선택

- 안전모는 머리에 맞으면서 이마 주변을 편안하게 감싸 주는 것이어야 한다.
- 반드시 유아가 써 본 다음 선택해야 한다.
- 유아가 성장하면 안전모를 교체한다.
- 충격을 입은 안전모는 바로 교체한다.
- 색은 눈에 잘 띄는 밝은 색이어야 한다.

② 착용법: '241 법칙'에 따라 착용한다.

- 안전모의 앞부분이 눈썹 부분과 나란하게 해서 쓴다.
  안전모와 눈썹 사이 간격은 손가락 두 개 정도로 조절한다(2).
- 안전모가 머리에 고정되도록 끈을 조인다: 귀 아래에서 손가락으로 V자 모양을 만들어 손가락과 안전모의 손가락과 안전모의 끈이 포개지도록 한다(4).
- 턱과 안전모 끈 간격은 손가락 한 개 정도로 조절한다(1).
- 안전모와 함께 무릎보호대, 팔목보호대, 그리고 필요시 장갑을 착용한다.

올바른 안전모 착용법

■ 나에게 맞는 안전모를 골라요

- 자신의 머리 크기에 맞는 안전모를 골라요.
- 안전모를 썼을 때 왼쪽, 오른쪽, 위, 아래로 잘 보여야 하고, 귀를 가려서는 안 돼요.
- 충격이 있는 경우에도 쉽게 벗겨지지 않고 충격을 흡수할 수 있어야 해요.
- 너무 무거워서는 안 돼요.

■ 안전모를 올바르게 써요

안전모는 운전자의 생명을 가장 직접적으로 보호해 주는 장비로,
자전거 이용 시 머리 크기에 맞는 안전모를 올바르게 착용해야 해요.

안전모와 눈썹 사이 간격 손가락 두 개 | 손가락으로 V자 모양을 만들어 귀가 드러나게 | 턱과 안전모 끈 간격은 손가락 한 개

[그림 5-13] 올바른 안전모 착용법

출처: 스포츠안전재단(2017), p. 38.

3. 유아교육기관의 통학차량 운행

많은 유치원과 어린이집에서는 통학차량을 이용하여 유아가 등하원을 하고 현장학습 및 견학 활동을 한다. 어린이통학차량을 보유한 곳도 있으나 상당수 기관은 전세버스운송사업자와 운송 계약을 체결하여 통학차량('어린이통학버스')을 운영한다.

안전을 위한 어린이통학버스의 요건과 설비기준은 법으로 규정되어 있다. 그러나 안전한 통학을 위해서는 법령 준수는 물론 운전자와 운영자 및 통학차량에 탑승하는 보호자의 노력이 필요하다. 어린이통학버스의 과실로 어린이 사상자가 발생

한 사고[4]는 2014년에서 2016년까지 50건 이하였으나 2017년에는 103건, 2018년에는 84건(도로교통공단, 2019)이다.

어린이통학버스 사고가 차량 사고이기보다는 주로 어린이들이 차를 기다리거나 차에서 내린 다음에 일어나기 때문에 통학차량을 이용하는 곳을 보다 안전하게 만드는 데에도 노력을 기울이고 통학버스의 기사 선정과 교육 그리고 버스를 이용하는 유아의 안전교육에도 노력을 기울일 필요가 있다.

1) 통학차량 운행 시 고려 사항

- 운전자는 「아동청소년 성보호에 관한 법률」에 의거 범죄 사실이 없고 안전운행 수칙을 준수하는 책임감 있는 사람이어야 한다.
- 차량과 운전자, 유아, 차량에 탑승하는 교직원은 보험에 가입되어 있어야 한다.
- 유아들의 승차 시간을 최소화하도록 운행 코스를 편성한다.
- 차량은 냉난방 장치와 적절한 안전장치를 구비하고 있어야 한다.
- 전세버스 차량은 운행 가능 연식의 최대 기준[5]을 넘지 않은 것이어야 한다.
- 유아의 건강 상태와 위급 시 연락처를 차내에 비치한다.
- 응급장비(소화기, 비상용 망치)와 구급약품 등을 비치하여 위급 시에 쉽게 사용할 수 있어야 한다.
- 차량의 청결과 안전상태를 매일 점검한다. 운행 전에 다시 안전을 점검한다. 이 때에는 주요 기관의 작동과 위험한 물질이나 물건이 차 안에 있는지 확인한다.
- 안전사고 등 비상사태에 대비한다. 차량의 갑작스러운 고장, 유아의 문제, 악천후, 운전자나 동승 성인의 부득이한 상황으로 인한 부재 등에 대한 대책을 수립하고 실천하도록 한다.

4) 어린이 통학버스 사상자는 어린이 통학버스가 일으킨 사고에서 발생한 모든 어린이 사상자로 통학버스 탑승 어린이, 상대 차량 탑승 어린이, 보행 어린이 모든 어린이 사상자가 포함된다.

5) 전세버스 사업용 자동차의 차령은 9년(「여객자동차 운수사업법」 제84조 및 동법 시행규칙 103조의2)이나 최대 2년까지(최대 11년) 연장 가능하다. 이 경우 차량운행기간 동안 교통안전공단의 정기검사(차령 5년 이하는 1년마다, 차령 5년 이상인 경우에는 6개월마다)를 받아 합격한 경우에만 운행하도록 규정하고 있다(「여객자동차 운수사업법 시행령」 제3조 제2호).

비상사태에 대비한 대책

① 교직원, 운전기사, 유아가 응급 사태 시 해야 할 일 알아 두기
- 차에서 대피하는 방법
- 유아가 아프거나 상처를 입었을 때의 조치 방법
- 유아에게 상황을 설명하고 안심시키기
- 경찰 등 외부 지원을 요청할 상황 파악하기
- 악천후에 해야 할 일

② 기관에 있는 교직원들이 해야 할 일 알아 두기
- 부모에게 연락하기
- 다른 수송 대안 마련하기
- 교체 탑승할 교직원 배치하기

③ 부모들에게 기관의 응급 시 대처 방식에 대해 안내하고 필요한 정보를 받아 두기
- 응급 시 연락처
- 유아가 다쳤거나 아플 경우 대처방법
- 보호자와 연락이 닿지 않을 경우 대리자
- 응급치료를 받기 원하는 병원이나 의사

④ 유아들과 비상시를 대비한 대피 훈련하기

2) 안전한 통학버스 운행 규칙

- 통학버스 이용 시 위험한 상황의 발생 가능성, 대처방법 등을 평소에 지도한다.
- 유치원의 경우 통학버스 동승자와 운전자는 매월 1회 학교안전책임관 주관으로 안전교육을 시행한다.[6]
- 안전한 장소에서만 유아를 태우고 내리게 한다. 하차 시에는 반드시 기관에 통

6) 교육부는 '교육분야 안전 종합대책(2014. 11.)'의 후속조치로 '학교안전사고 예방 기본계획(2015. 12.)을 3년마다 수립하고 있다. 기본계획에 의거하여 유치원에서는 안전책임관을 지정하도록 하였는데, 안전책임관은 원감이상의 교원이어야 한다. 경남도교육청은 학교 안전사고 예방을 위해 학교안전책임관을 교감에서 교장으로 변경하였다(2019. 4. 1.).

보된 보호자가 있는 경우에만 유아를 내려 준다.

- 승하차 시에는 한 줄로 안전하게 타고 내리도록 한다.
- 승하차 전 유아의 옷 끈이나 신발끈 등이 풀어져 있는지 확인한다.
- 운행 전에 유아에게 팔이나 머리를 차창 밖으로 내밀지 않기, 안전띠를 풀지 않기 등 안전을 위한 행동 규칙을 상기시킨다.
- 성인과 유아 모두 반드시 안전장치를 착용한다. 하나의 안전띠를 두 사람이 공유하지 않도록 한다.
- 유아의 안전띠 착용을 돕고 확인 후에 운전자에게 출발하도록 알린다.
- 하차 시에는 안전을 확인한 후 차 문을 연다. 오토바이, 자전거가 오지 않는지 뒤쪽을 살피고, 완전히 정차한 후 차 문을 개방한다.
- 하차 시에는 지도교사가 먼저 내려 유아를 안전하게 하차시키고 보호자에게 인계한다.
- 하차 시 뛰어내리지 않도록 하고, 통학 지도교사의 도움을 받아 내리게 한다.
- 하차 후 출발 전에는 하차한 유아의 옷자락이 문에 걸렸는지 확인하고, 버스 주위를 확인 후 출발한다. 하차한 유아가 버스 앞으로 길을 건너는 등 사각지대에 있을 수 있고, 옷이나 가방이 문이 끼일 수도 있다.
- 창문을 열어야 하는 경우 약간만 연다. 운전석만 제외하고 창문 작동 장치를 잠근다.
- 운전석의 창문을 약간 열고 주행하여 밖의 소리를 잘 들을 수 있도록 한다.
- 급정거를 하지 않도록 앞차와의 안전거리를 유지하면서 운행한다.
- 운전자는 후진을 최소화하고 위험한 회전이나 과속, 끼어들기를 하지 않는 등 안전운행을 한다.
- 차량 탑승이 즐거운 경험이 되도록 한다. 운행 중 창 밖 풍경 등 유아들이 볼 만한 흥미 있는 것들을 이야기해 준다. 적절한 행동에 관해 칭찬해 주고 즐거운 대화에 참여시킨다.
- 어떤 경우에도 차 안에 유아를 혼자 두지 않도록 한다. 문제가 생겨서 도움을 청해야 할 필요가 있으면 지나가는 사람이나 경찰이 도움을 줄 수 있을 때까지 머물러야 한다.

통학차량과 관련된 사고 유형

- 승차 시
  버스를 타려고 길을 건너올 때 발생하는 사고
  보도에서 차를 타려고 차도로 뛰어들 때 발생하는 사고
  승차 중 출발로 넘어지는 사고
  문을 닫지 않은 채 출발하다가 어린이가 문 밖으로 떨어진 사고

- 차량 안
  급제동으로 인한 사고
  창문 밖으로 손이나 머리 등을 내밀어서 발생하는 사고

- 하차 시
  버스에서 내리다 발판에서 넘어지는 사고
  내린 후 뒤따라오던 차량과 사고
  사각지대에 있는 어린이를 발견하지 못하여 일어나는 사고
  차 문에 옷이나 가방이 끼인 사고
  버스 앞으로 도로를 횡단하다 일어난 사고

출처: 도로교통공단(2015b), pp. 10-19.

4. 교통안전교육

1) 국가 고시 교육과정과 법령에 따른 교통안전교육

교통안전교육의 중요성과 더불어 교통안전교육의 근거로는 교육과정과 법령을 들 수 있다. 0~2세 보육과정과 3~5세 유아를 위한 누리과정에는 신체운동 · 건강 영역의 교통안전교육 관련 목표로 '안전한 생활습관을 기른다'가 제시되어 있다. 교통안전 관련 내용으로는 내용 범주 '안전하게 생활하기'에 '교통안전규칙을 지킨다'가 있다.

표 5-1 0~2세 표준보육과정과 누리과정의 교통안전교육 내용

연령	내용 범주	내용	세부 내용	
0~1세	안전하게 생활하기	안전하게 지내기	차량 승하차 시 안전 장구를 착용한다.	
2세		교통안전 알기	교통수단의 위험을 안다(1수준).	교통수단의 위험을 알고 조심한다(2수준).
3~5세		교통안전 규칙을 지킨다.*		

* 누리과정에는 '내용'만 제시되고 '세부 내용'은 없음.

교통안전교육과 관련된 법령으로는 우선 국가 등의 역할을 규정한 교통안전법[7]을 들 수 있다. 교통안전교육의 구체적 내용과 시간, 방법을 명시한 것으로는 「학교안전교육 실시 기준 등에 관한 고시」와 「아동복지법」이 있다. 두 법규에 제시된 교통안전교육 관련 내용은 신호등의 의미 알기 등을 포함한 교통안전규칙, 보행자 안전, 승차안전 등으로 대별된다.

표 5-2 법령에 의한 교통안전교육

구분	학교안전교육 실시 기준 등에 관한 고시	아동복지법 제31조 (아동의 안전에 대한 교육)
실시주기 (총 시간)	학기당 3회 이상(연간 10시간*)	2개월에 1회 이상(연간 10시간 이상)
교육방법	1. 표지판 및 신호등의 의미 등 교통안전 규칙 알고 지키기 2. 안전한 도로 횡단법 알기 3. 어른과 손잡고 걷기 4. 교통수단(자전거, 통학버스 등) 안전하게 이용하기	1. 차도, 보도 및 신호등의 의미 알기 2. 안전한 도로 횡단법 3. 안전한 통학버스 이용법 4. 날씨와 보행안전 5. 어른과 손잡고 걷기

* 유치원의 실시 시간의 단위는 교육과정 고시에 따른 단위활동을 의미함.

7) 「교통안전법」 제23조(교통안전지식의 보급) 중 관련 내용
① 국가 등은 교통안전에 관한 지식을 보급하고 교통안전에 관한 의식을 제고하기 위하여 학교 그 밖의 교육기관을 통하여 교통안전교육의 진흥과 교통안전에 관한 홍보활동의 충실을 기하는 등 필요한 시책을 강구하여야 한다. ③ 국가 등은 어린이 교통안전의 체험을 위한 교육시설을 설치할 수 있다. ④ 국가 등은 어린이 교통안전의 체험을 위한 교육시설 설치를 지원하기 위하여 예산의 범위에서 재정적 지원을 할 수 있다.

2) 교통안전교육의 목표 및 내용

어린이 교통사고를 예방하기 위해 교통 규칙을 준수하고, 안전한 도로 및 놀이 환경을 제공하는 사회의 역할 및 책임이 중요하다. 또한 어려서부터 교통안전교육을 통해 자신과 타인을 보호할 수 있는 방법을 익히고 생활화하는 것이 중요하다. 이를 위한 교통안전교육의 목표는 다음과 같다.

- 교통사고의 위험성과 예방하는 방법을 안다.
- 교통수단을 안전하게 이용하는 방법을 알고 실천한다.
- 길을 안전하게 건너는 방법을 알고 실천한다.

교통안전교육의 내용에는 교통표지판의 이해, 인도 · 차도의 구분, 안전하고 바르게 걷는 방법, 집단 보행 시의 바로 걷기, 도로 횡단 방법, 교통수단의 이해와 바르고 안전한 이용 방법, 교통규칙의 이해, 날씨와 계절에 따른 유의사항 등을 포함한다. 이러한 내용들은 크게 교통규칙을 알고 지키기, 보행자 안전과 승차 안전으로 나눌 수 있다.

(1) 교통안전과 관련된 개념과 규칙을 알고 지키기

교통안전규칙은 안전한 보행과 차량 이용을 위해 필요한 것이다. 교통안전규칙에는 다양한 표지판과 신호등의 의미에 대한 이해와 실천, 차도와 보도에 대한 이해와 실천 등이 있다. 그러나 유아기 단계에서 표지판 등에 대한 지식 습득과 암기에 초점을 두는 것이 아니라 안전한 교통 생활을 위해서 필요한 규칙이 있으며, 이를 지키는 것이 중요하다는 것을 인식하는 것에 초점을 두도록 한다.

① 교통표지판

- 교통표지판은 안전을 위해 지켜야 할 약속을 알려 주기 위한 것이다.
- 교통표지판의 색은 다른 의미를 지닌다. 색은 규제, 지시, 주의를 의미한다.
- 규제표지에 있는 행동은 절대로 하면 안 된다.

- 교통표지판의 그림은 지켜야 할 내용을 알려 준다.

② 신호등

- 신호등에는 차량 및 운전자를 위한 것과 보행자를 위한 것이 있다.
- 보행자를 위한 신호등은 차도를 안전하게 건너게 해 준다.
- 신호등의 색은 다른 의미를 지닌다.
- 신호등의 모양은 가로형과 세로형이 있다.

표 5-3 교통표지판의 종류

구분	의미
 주의표지	도로상태가 위험하거나 부근에 위험물이 있는 경우, 도로 사용자가 미리 안전한 조치를 할 수 있도록 주의사항을 알려 주는 표시
 규제표지	차나 보행자가 일정한 행동을 하지 못하도록 각종 제한이나 금지 또는 규제를 알려 주는 표지
 지시표지	통행방법이나 통행구분 등 도로교통의 안전을 위하여 지시 내용을 담은 표지판
 보조표지	다른 표지와 함께 설치하여 본 표지를 부연 설명하는 표지

출처: 교통안전 캠페인-속도를 줄이면, 사람이 보입니다(2019. 2. 26.). http://savethelife.kr/

표 5-4 교통표지판의 예

표지판의 종류		표시하는 뜻	표지판의 종류		표시하는 뜻
지시표시		보행자 전용 도로임을 지시하는 것	규제표시		보행자 및 차마 등의 통행을 금지하는 것
지시표시		보행자가 횡단보도로 통행할 것을 지시하는 표지판	규제표시		자동차의 진입을 금지하는 것
지시표시		아동 또는 유아의 보호를 지시하는 것	규제표시		자동차가 일시 정지하여야 할 장소임을 표시한 것
지시표시		자전거 전용도로 또는 자전거 전용 구간임을 표시한 것	주의표시		낙석의 위험을 알리는 것
지시표시		자전거의 횡단도임을 지시한 것	주의표시		횡단보도가 있음을 알리는 것
규제표시		보행자의 보행을 금지한 것	주의표시		아동 또는 영유아의 통행로나 횡단보도가 있음 학교, 유치원 등의 통학, 통원로 및 어린이 놀이터가 부근에 있음을 알리는 것
규제표시		자전거의 통행을 금지한 것	주의표시		철길 건널목이 있음을 알리는 것

출처: 도로교통공단, www.koroad.or.kr/

③ 인도와 차도

- 사람이 다니는 길과 차가 다니는 길이 다르다.
- 사람이 다니는 길은 인도이다.

- 차도는 버스와 자동차, 오토바이, 자전거가 다니는 길이다.
- 인도와 차도가 구분되지 않는 길(골목길)도 있다.
- 사람이 차도를 건널 때는 횡단보도를 이용한다.
- 차도를 건널 때는 지켜야 할 규칙이 있다.

(2) 안전한 보행

보행 중 안전을 위해 유아들이 알고 지켜야 할 사항은 다음과 같다.

① 차들은 우리를 다치게 할 수 있다. 서 있는 차도 갑자기 움직일 수 있다. 내가 차와 운전자를 보았더라도 운전자는 나를 보지 못할 수 있다.
② 혼자서 거리에 나가지 않는다.
③ 좁은 골목길에서 넓은 길로 나아갈 땐 멈추어 서서 차가 오는지 확인한다.
④ 차도와 보도가 구분된 길에서는 차도에서 떨어져서 건물 쪽으로 걷는다. 차도와 보도가 구분되지 않는 도로에서는 길 가장자리 좌측통행을 한다. 차량과 같은 방향인 우측으로 걸으면 차를 등지게 되어 차를 보지 못할 수 있다.
⑤ 세워 둔 차 근처에서는 놀이를 하지 않는다.
⑥ 어떤 상황에서도 혼자서는 찻길이 있는 곳으로 가거나 차도를 건너지 않는다.
⑦ 보행자 신호등에 녹색불이 들어왔어도 차가 멈추지 않을 수도 있다.
⑧ 길을 건너야 할 때 안전하게 건너는 방법이 있다. 건너는 방법은 알려 주되, 절대로 혼자서 찻길로 가거나 차도를 건너지 않을 것을 강조한다.
  - 안전한 횡단 시설을 이용한다.
  - 횡단보도에서는 우측으로 건넌다.
  - 뛰지 않고 건넌다.
  - 자전거, 킥보드, 롤러블레이드를 타고 있었다면 내려서 건넌다.
  - 어른이나 연장자에게 도움을 요청하여 함께 건넌다.
  - 육교와 지하도가 있다면 이를 이용한다.
  - 어른이 없고 신호등은 있는 횡단보도를 건너갈 때
    -신호를 기다릴 때 보도 끝에서 세 걸음 물러서서 기다린다.

-정면에 있는 보행자 신호등을 본다.
-녹색 신호등이 켜졌을 때 건너간다.
-녹색 신호등에 불이 켜져도 좌우를 살펴 차가 멈춘 것을 확인한 뒤 건너간다.
-손을 들고 오른쪽으로 걸어서 건너간다.

- 어른도 없고 신호등도 없는 길을 건너갈 때
-보도 끝에서 세 걸음 물러서서 기다린다.
-차가 오는지 확인하고 손을 들어 차를 멈춘다.
-차가 멈춘 것을 확인한다. 왼쪽을 먼저 살피고 오른쪽도 살핀다.
-손을 들고 오른쪽으로 걸어서 건너간다.

안전한 도로 횡단의 5원칙

1. 멈춘다.
일단 멈추게 되면 좌우를 살펴볼 수 있는 정신적, 시간적 여유가 생긴다.

2. 좌우의 차를 살핀다.
구체적으로 볼 대상(왼쪽과 오른쪽을 보고 차가 멈춘 것을 확인)을 알려 주도록 한다. 횡단보도의 좌측이 보행자 쪽으로 차가 지나가는 방향이므로 왼쪽 방향에서 차가 오는지를 먼저 확인하도록 한다.

3. 횡단보도 오른쪽에 서서 운전자를 보며 손을 든다.
횡단보도는 오른쪽으로 간만큼 급제동 차량과의 충돌 위험성이 적으므로 항상 오른쪽으로 건너는 것이 안전하다. 손을 드는 이유는 손을 들기 위해 우선 멈춰야 되며, 멈추게 되면 주위를 살펴보고 건널 수 있는 시간적 · 정신적 여유가 생기기 때문이다. 손을 든다는 것은 운전자에게 '저를 잘 보아주세요', '제가 먼저 갈 테니 멈춰 주세요' 하는 표시로서 운전자에게 준비할 시간을 주는 것이다. 손을 들 때는 운전자를 보며 차에 가까운 쪽 손을 45° 각도로 들어야 한다. 즉, 처음에는 왼쪽 손을, 반 정도 건넌 다음에는 오른쪽 손을 들어야 한다.

4. 운전자를 본다.

운전자를 보면서 차가 멈추었는지 확인한다. 손을 들었거나 신호등에 녹색불이 들어왔어도 차가 멈추지 않을 수도 있기 때문이다.

5. 천천히 건넌다.

손을 들고 운전자나 차를 보면서 천천히 건넌다. 횡단보도를 건널 때 차를 계속 보면서 건너는 습관을 길러 주어야 한다. 운전 부주의나 미숙함, 난폭 운전, 추돌 사고 등이 발생할 수 있기 때문이다.

출처: 어린이 안전학교(n.d.). http://www.go119.org

1. 멈춘다. 2. 좌우를 본다. 3. 손을 든다. 4. 운전자를 본다. 5. 건넌다.

[그림 5-14] 도로 횡단 5원칙

출처: 교육부, 경상남도 교육청, 학교안전공제 중앙회(2016), p. 35.

(3) 안전한 승차

안전한 승차를 위해 알아야 할 핵심 개념은 차를 안전하게 타고 내리기 위한 규칙이 있다는 것과 운전자는 집중해야 하므로 운전자에게 방해되는 행동을 하면 안 된다는 것이다. 이를 통학버스를 중심으로 구체적으로 기술하면 다음과 같다. 이와 같은 내용은 가정용 승용차나 버스, 지하철 등의 대중교통 수단을 이용할 때도 마찬가지로 적용될 수 있다.

① 기다리기

- 차량이 도착하는 시각보다 적어도 5분 정도 미리 도착한다.
- 줄을 서서 차를 기다린다.
- 도로에서 좀 떨어져서 기다린다.

② 타고 내리기

- 차가 완전히 멈춘 뒤 성인의 지시에 따라 타고 내린다. 통학버스의 탑승교사는 운전자의 신호에 따라 유아의 승하차를 돕는다.
- 여러 명이 타고 내릴 땐 앞사람을 밀지 않고 차례대로 천천히 타고 내린다.
- 옷자락이나 신발 끈이 끼이지 않도록 하고, 가방이 문이나 손잡이에 걸리지 않도록 조심한다.

③ 차 안에서

- 의자 등받이에 등을 밀착시켜 앉는다.
- 안전의자에 앉거나 안전띠를 바르게 맨다.
- 차창 밖으로 머리, 얼굴, 손을 내밀거나 물건을 창 밖으로 던지지 않는다.
- 차 안에서는 운전에 방해가 되지 않도록 큰 소리로 떠들지 않는다.
- 차 안에서는 일어서거나 돌아다니지 않는다.
- 차내의 운전석을 포함한 기구나 장치를 함부로 만지거나 조작하지 않는다.

④ 하차 후

- 통학버스에서 내린 후 신속하게 안전한 인도 위로 올라선다.
- 통학버스 주변을 뛰어다니거나 버스를 타고 있는 친구와 장난치지 않는다.
- 통학버스 근처에 물건을 떨어뜨렸다면 직접 줍지 말고 어른의 도움을 요청한다.
- 통학버스에서 내린 후 바로 차의 앞이나 뒤로 건너지 않는다.

표 5-5 차량 종류별 안전교육의 내용

차량	안전교육의 내용
승용차	• 유아가 먼저 타고 나중에 내린다. • 유아 혼자 문을 열고 먼저 내리지 않는다. • 어떤 경우에도 차에 혼자 있지 않는다. • 안전띠를 매거나 안전의자에 앉는다. • 차 안의 모든 사람은 안전띠를 매거나 안전의자를 사용해야 한다. • 운전을 방해할 수 있는 행동(큰 소리로 떠들기, 발로 앞 좌석을 차기)을 하지 않는다. • 창문 밖으로 팔이나 얼굴, 머리를 내밀지 않는다. • 내릴 땐 오토바이나 자전거가 오는지 확인한 후 내린다.
버스	• 버스가 완전히 멈추는 것을 확인한 뒤에 탄다. • 버스 의자의 손잡이나 어른의 손을 잡고 빈 좌석에 앉는다. • 좌석이 없으면 버스 의자의 손잡이를 잡는다. • 안전띠가 있는 버스는 안전띠를 맨다. • 차 안에서 돌아다니지 않는다. • 내릴 때는 버스가 완전히 멈추어 설 때까지 일어서지 않는다. • 내릴 때 버스 문이 열리면 어른이 먼저 내린 후 내린다. • 먼저 내릴 때는 오토바이나 자전거가 오는지 확인 후 내린다.
지하철 · 기차	• 계단을 이용할 때 뛰지 않는다. • 어른과 함께 타고 내린다. • 에스컬레이터에서는 노란 선 안쪽에 서고 어른이나 손잡이를 잡고 있는다. • 안전선 안에서 차를 기다린다. • 타고 내릴 때 열차와 승강장 사이를 확인하고 조심한다. • 사람이 먼저 내린 다음에 탄다. • 차량과 차량 사이에 서 있거나 건너다니지 않는다.

(4) 자전거 안전

자전거는 즐거움을 주는 놀이기구이자 차량이다. 따라서 자전거 안전교육은 미래의 운전자 교육이기도 하다. 안전규칙을 지키지 않으면 유아 자신과 타인을 위험하게 할 수 있다는 것을 인식시키도록 한다. 자전거를 탈 때는 자동차와 마찬가지로 보호장치를 착용하고 안전한 장소에서 안전규칙을 지키면서 타도록 한다.

자전거 안전교육에 포함될 내용은 다음과 같다. 자전거 안전교육의 내용은 유아들의 사용이 늘고 있는 킥보드에도 적용할 수 있다.

- 자전거는 연령과 능력에 적합한 것이어야 한다.
- 자전거는 운동장, 놀이터와 같이 안전한 곳에서만 탄다.
- 자전거 타기에 적절한 복장을 한다. 몸에 맞고 움직이기 편한 옷과 운동화를 착용한다. 옷은 밝은 색으로 짧은 바지보다는 긴 바지가 안전하다.
- 보호장치를 착용한다. 안전모, 팔과 무릎 보호대, 자전거용 장갑을 착용한다.
- 두 손으로 손잡이를 잡고 탄다. 손에 물건이나 놀잇감을 들고 타지 않는다.
- 서로 부딪치지 않도록 한 방향으로만 탄다.
- 횡단보도에서는 자전거에서 내려서 자전거를 끌고 건넌다.

3) 교통안전교육의 접근 방법

교통안전교육은 성인의 모범, 실생활에서의 연습과 실천 그리고 유아교육기관에서 이루어지는 교육과정에 의해 실행된다.

(1) 성인의 모범

교통안전교육은 무엇보다 성인의 모범이 중요하다. 보행 중 안전규칙의 준수, 안전띠 착용, 교통 규칙의 준수를 통해 유아가 생활 속에서 교통안전을 위한 지식과 기술, 태도를 형성하도록 한다. 급하다고 무단횡단을 하거나 운전 중 신호위반, 끼어들기, 과속, 불법주차하기, 다른 운전자나 보행자에게 욕하기 등이 유아가 보는 데서 흔히 행해지곤 한다. 이러한 행동은 지양하고 성인이 모범을 보임으로써 유아가 생활 속에서 안전한 태도와 습관을 형성하도록 한다.

(2) 교통안전규칙의 필요성과 규칙 이해하기

안전규칙의 필요성과 이유를 이해할 때 실천 가능성이 높아지고, 규칙을 준수하려는 태도가 강화될 수 있다.

(3) 연습하기

안전하고 바르게 행동하는 반복 연습과 실천을 통해 안전한 행동을 습관화하는 것이 중요하다. 예를 들어, 실생활에서 교통신호에 따라 길을 건너는 것을 반복 연습을 함으로써 안전한 행동이 습관화될 수 있도록 한다.

(4) 일상생활을 통한 교육과 계획된 교육의 병행

유아들의 자연스러운 생활경험과 연계하여 교통안전교육을 하는 것도 효과적이지만 주요한 내용이 빠질 가능성도 있다. 따라서 계획된 교육과정을 통해 체계적인 교통안전교육을 실시할 필요도 있다. 신학기에 처음 어린이통학버스를 이용하게 되므로 의도적이고 계획적인 교육이 이루어질 수 있고, 학기 중에 '안전', '교통기관' 등의 생활 주제를 통해서도 이루어질 수 있다. 기관이 위치한 지역과 상황에 따라 더욱 강화된 교통안전교육이 필요할 수도 있다. 교수학습과정은 이야기 나누기, 역할 놀이, 동화, 노래 등의 다양한 활동을 통해 이루어지도록 한다.

(5) 가정과의 연계

가정에서도 교통안전교육이 이루어질 수 있도록 부모들에게 필요한 정보나 도움을 제공한다. 운전과 보행 시 안전규칙을 안내하고 일상에서 반복 실행할 수 있도록 한다. 무엇보다 교통안전규칙을 준수하는 성인 역할의 중요성을 인식시킨다.

4) 교통안전교육의 실제

- 활동명: 교통안전 표지판의 의미를 알 수 있어요[8]
- 학습목표: 교통안전 표지판의 종류와 의미를 알고 지킬 수 있다.
- 관련생활주제: 건강과 안전, 교통기관, 유치원과 친구

지도 자료	• 유치원 주변에 있는 교통안전 표지판의 사진 자료 • 다양한 교통안전 표지판 그림 자료	 

- 교수 · 학습활동

도입	1 유치원 주변 도로에 있는 교통안전 표지판 사진을 보며 이야기를 나눈다. -우리 유치원 주변 도로에는 어떤 교통안전 표지판들이 있는지 사진을 보며 이야기를 나누어 보자. -이 표지판은 어디에서 볼 수 있을까? -이 표지판이 있는 곳에서는 어떻게 해야 할까? 2 유치원 주변 도로로 직접 나아가 도로에 있는 교통안전 표지판들을 조사해 본다.
전개	1 유치원 도로 주변에 있는 교통안전 표지판에 대해 조사해 온 것을 보며 이야기를 나눈다. -유치원 주변 도로에 있는 교통안전 표지판들을 지시표지, 규제표지, 주의표지로 나누어 보자. 2 유치원 주변 도로에서 볼 수 있는 교통안전 표지판들의 의미를 이야기 나누어 본다. -이 표지판이 있는 곳에서는 어떻게 행동해야 할까? 3 유치원 주변 도로에 교통안전 표지판 붙이기 놀이를 한다. 4 안전한 생활을 위하여 교통안전 표지판을 지키는 약속에 대해 이야기한다.

8] 출처: 교육부, 경상남도교육청, 학교안전공제중앙회(2016), p. 108.

마무리	1 우리 유치원 주변에 있는 교통안전 표지판을 알아 두고 잘 지키도록 이야기 나눈다. -교통안전 표지판의 의미를 이해하고 약속을 지키도록 한다.

• 지도상의 유의점

-누리과정 교사용 지도서 교통기관의 '교통안전규칙 알아보기', 건강과 안전의 '교통안전 생활화하기'와 연계하여 지도한다.

-지난 시간의 여러 가지 교통안전 표지판 알아보기와 연계하여 체험학습으로 지도한다.

-체험학습 시 유아들의 안전에 유의하여 지도한다.

6장

재난안전

1. 화재안전
2. 자연 재난안전
3. 대기오염으로부터의 안전

「재난 및 안전관리 기본법」에서는 재난을 '국민의 생명·신체·재산과 국가에 피해를 주거나 줄 수 있는 것'(제3조 제1항)으로 정의한다. 또한 재난의 유형을 자연 재난, 사회 재난, 해외 재난으로 구분하고 있다.

표 6-1 재난의 유형(「재난 및 안전관리 기본법」)

유형	정의
자연 재난 (기본법 제3조 제1항의 가)	태풍, 홍수, 호우(豪雨), 강풍, 풍랑, 해일(海溢), 대설, 한파, 낙뢰, 가뭄, 폭염, 지진, 황사(黃砂), 조류(藻類) 대발생, 조수(潮水), 화산활동, 소행성·유성체 등 자연우주물체의 추락·충돌, 그 밖에 이에 준하는 자연현상으로 인하여 발생하는 재해
사회 재난 (기본법 제3조 제1항의 나)	• 화재·붕괴·폭발·교통사고(항공사고 및 해상사고를 포함)·화생방사고·환경오염사고 등으로 인하여 발생하는 대통령령으로 정하는 규모 이상의 피해와 국가기반체계(에너지, 통신, 교통 등)의 마비 •「감염병의 예방 및 관리에 관한 법률」에 따른 감염병 또는「가축전염병예방법」에 따른 가축전염병의 확산 •「미세먼지 저감 및 관리에 관한 특별법」에 따른 미세먼지 등으로 인한 피해
해외 재난 (기본법 제3조 제2항)	대한민국의 영역 밖에서 대한민국 국민의 생명·신체 및 재산에 피해를 주거나 줄 수 있는 재난으로서 정부차원에서 대처할 필요가 있는 재난

출처: 국가법령정보센터. http://www.law.go.kr/

이러한 재난에 대해 국가 중앙행정기관 및 지방자치단체, 공공기관, 공공단체 등은 재난의 예방·대비·대응 및 복구를 위하여 재난관리를 하여야 함을 법으로 명시하고 있다(「재난 및 안전관리 기본법」 제3조 제3항). 즉, 재난관리는 예방단계, 대비단계, 대응단계, 복구단계의 4단계로 단계별 활동을 하여 관리한다. 이 장에서는 재난 중에서 화재와 자연 재난, 오존과 미세먼지를 중심으로 한 대기오염을 살펴보겠다.

1. 화재안전

화재는 어린이 사고 중 사망에 이르기까지 하는 사고 유형 중 하나이다. 화재로 인한 화상은 신체적 손상을 초래하며 심리적으로도 큰 영향을 받는다. 따라서 소방 시설 및 설비의 설치와 점검뿐만 아니라 화상사고 및 화재를 예방하는 생활습관, 화재 시 대피하는 방법을 어려서부터 교육함으로써 화재로부터 자신은 물론 타인을 보호할 수 있도록 하여야 한다.

1) 화재의 종류와 진화

불은 세 가지 요소, 즉 산소, 열, 연료에 의해 발생한다(Miller, Telljohann, & Symons, 1996). 불길과 열은 산소 없이도 발생할 수 있는데 염소와 나트륨 화합물의 경우에 그러하다. 그러나 산소가 산화제로 작용하는 경우에만 화재라고 부른다. 불을 끄기 위해서는 세 요소 중 하나를 제거해야 한다.

(1) 화재의 종류

화재의 종류는 타는 종류에 따라 A급, B급, C급, D급, K급의 다섯 가지로 분류되는데, 각 종류에 따라 끄는 방법이 달라진다. 우리나라의 '소화기구 및 자동소화장치의 화재안전기준'(제3조)에서는 화재유형을 A급, B급, C급, K급 등 네 가지로 구분하고 있다.

표 6-2 화재 유형

화재의 유형	특징
일반화재 (A급 화재)	나무, 섬유, 종이, 고무, 플라스틱류와 같은 일반 가연물이 타고 나서 재가 남는 화재를 말한다. 〈소화기의 적응 화재별 표시는 'A'로 표시〉
유류화재 (B급 화재)	인화성 액체, 가연성 액체, 석유 그리스, 타르, 오일, 유성도료, 솔벤트, 래커, 알코올 및 인화성 가스와 같은 유류가 타고 나서 재가 남지 않는 화재를 말한다. 이런 유형의 화재는 산소를 차단하여 끈다. 물은 사용하지 말아야 한다. 이 유형의 화재에 물을 부으면, 불이 붙은 인화성 액체가 튀게 되어 불이 더 번지기 때문이다. 〈소화기의 적응 화재별 표시는 'B'로 표시〉

전기화재 (C급 화재)	전류가 흐르고 있는 전기기기, 배선과 관련된 화재를 말한다. 물은 전기를 전달하므로 물을 사용해서 불을 끄면 안 되며 반드시 소화기를 사용한다. 〈소화기의 적응 화재별 표시는 'C'로 표시〉
금속화재 (D급 화재)	D급 화재는 가연성이 있는 금속이 타는 것으로서 주로 공장에서 일어난다.
주방화재 (K급 화재)	주방에서 동식물유를 취급하는 조리기구에서 일어나는 화재이다. 〈소화기의 적응 화재별 표시는 'K'로 표시〉

출처: 소화기구 및 자동소화장치의 화재안전기준(NFSC 101). 소방청고시 제2018-14호. http://www.law.go.kr; Miller et al. (1996).

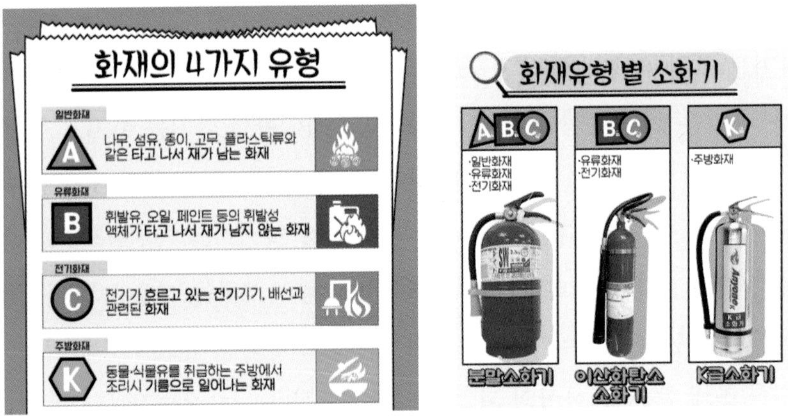

[그림 6-1] 화재 유형과 소화기 사용: 소방청의 교육홍보 자료

출처: 소방청 블로그. https://blog.naver.com/safeppy/221816550758

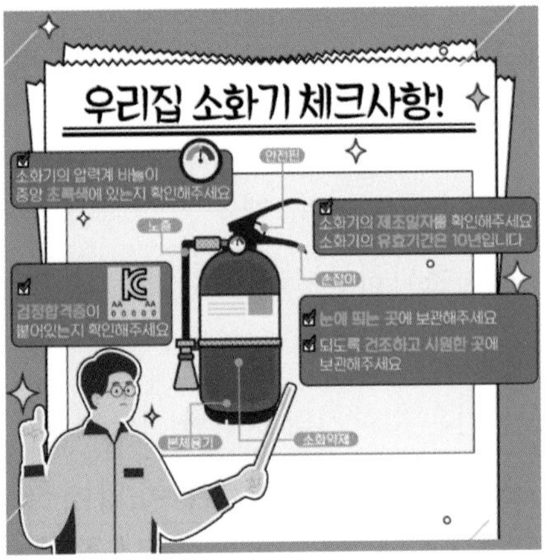

[그림 6-2] 소화기 점검: 소방청의 교육홍보 자료

출처: 소방청 블로그. https://blog.naver.com/safeppy/221816550758

(2) 화재의 진화

불을 끄는 데에는 물, 담요, 모래 등이 비상시에 쓰일 수 있으나 이것들로는 모든 종류의 불을 끌 수는 없으며 또 큰불에는 효과적이지 못하다. 기름이나 전기로 인한 화재나 불길이 큰 경우 반드시 소화기를 사용하도록 한다.

따라서 가정이나 교육기관에서는 소화기를 마련하여 눈에 잘 띄면서 습기가 없고 그늘진 곳에 비치하여야 한다. 소화기는 교실과 부속실, 조리실 외에도 접근이 용이한 주요 장소, 곧 복도와 계단, 그리고 각 층마다 최소한 2개 이상을 설치해야 한다. 또한 유아교육기관에서는 투척용 소화기를 마련하여 유아가 쉽게 꺼내고 사용할 수 있는 위치에 두어야 한다.

소화기는 화재 유형에 따라 A급, B급, C급, ABC급, K급으로 그 종류가 구분되어 있다. 각각은 화재 유형에 따라 사용되는데 ABC형 소화기는 A, B, C형 화재 모두를 소화할 수 있는 다목적 소화기이다. K급 소화기는 A급, B급, K급 화재에 모두 사용 가능한 소화기이다. K급은 사용 시 유막을 형성시켜 가연물의 온도를 낮추고 산소 공급을 차단해 소화하는 원리로 주방에서 발생하는 식용유 화재를 신속하게 진압할 수 있는 소화기이다. 식용유 화재는 물로 소화를 시도할 경우 기름이 사방으로 튀어 화재 확산 및 화상의 위험이 있다. 또 식용유는 끓는점보다 발화점이 낮기 때문에 불꽃을 제거하더라도 기름 안쪽의 온도를 낮출 수 없어 재발화의 위험이 있기 때문에 K급 소화기를 사용하여 진화해야 한다[한국안전신문(19. 2. 15.). http://www.119news.net/news/]. 유치원, 어린이집의 주방에는 K급 소화기가 비치되어 있어야 한다. 즉, K급 소화기를 설치해야 하는 시설은 '소화기구 및 자동소화장치의 화재안전기준'에 따르면 음식점, 다중이용업소, 호텔, 기숙사, 노유자시설, 의료시설, 업무시설, 교육연구시설 등의 주방이다. 개수는 면적이 $25m^2$ 미만에는 1대, $25m^2$ 이상에는 K급 소화기 1대와 초과하는 $25m^2$마다 분말소화기를 추가로 설치하도록 하고 있다.

유아교육기관의 모든 성인은 소화기의 정확한 사용법을 알고 있어야 한다. 즉, 소화기의 안전핀을 뽑고, 바람을 등지고, 호스를 불이 있는 곳으로 향하게 한 다음, 손잡이를 힘껏 움켜쥐고 뿌려야 한다. 정기적으로 소화기 사용법을 연습하도록 한다. 소화기는 정기적으로 점검하여 필요한 경우 재충전을 한다.

표 6-3 소방시설 설치기준

구분	설치기준	주요기능
소화기	• 연면적 $33m^2$ 이상 건축물의 전 층 • 소형소화기의 경우 보행거리 20m, 대형소화기의 경우 보행거리 30m 이내가 되도록 전 층에 설치	소화약제를 분출하여 화재 진화
간이 스프링클러 설비	• 연면적 $300m^2$ 이상~$600m^2$ 미만인 노유자 시설 • $300m^2$ 미만이면서 창살이 설치된 노유자 시설(화재 시 창살이 자동으로 개방되는 경우 설치 제외)	화재 발생 시 열을 감지한 간이스프링클러 헤드에서 자동으로 소화용수를 분출하여 화재 진화
스프링클러 설비	• 연면적 $600m^2$ 이상 건축물의 전 층	화재 발생 시 열을 감지한 스프링클러 헤드에서 자동으로 소화용수를 분출하여 화재 진화
옥내 소화전 설비	• 연면적 $1,500m^2$ 이상의 노유자 시설이거나 4층 이상인 층 중 바닥 면적이 $300m^2$ 이상인 전 층	펌프에 의한 방식으로 소화용수를 분출하여 화재 진화

출처: 인천강화소방서 안전문화운동;「소화기구 및 자동소화장치의 화재안전기준(NFSC 101)」[소방청고시 제2018-14호] 제4조 제4항;「화재예방, 소방시설 설치 · 유지 및 안전관리에 관한 법률 시행령」[대통령령 제30029호, 2019. 8. 6., 일부개정] 별표 5

① 소화기 사용법

출처: 소방청 블로그, https://blog.naver.com/safeppy

② 소화기 보관 방법

	직사광선을 피한다.		습기가 적고 건조한 곳에 둔다.
	소화기는 눈에 잘 띄고 영유아 보행 시 충돌하지 않을 곳에 배치한다.		소화기 표지판을 부착하여 위급상황 시 누구나 위치를 찾을 수 있게 한다.

출처: 인천강화소방서 안전문화운동–소화기관리방법.

③ 관리 방법

	• 제조일자, 제조 회사명, 연락처 등이 표기되어 있는지, 국가검정 스티커가 붙어 있는지 확인한다.
	• 외관상으로 녹이 슬거나 파손된 부분은 없는지 살펴본다. • 약제가 굳지는 않았는지, 거꾸로 흔들어서 미세한 분말이 움직이는 느낌이 있는지 확인한다.
	• 지시 압력계 바늘이 녹색 범위를 가리키고 있는지 확인한다.
	• 소화기와 소화기 점검표를 함께 비치하여 정기적으로 점검 및 관리한다.

출처: 인천강화소방서 안전문화운동–소화기관리방법.

2) 화재 예방[1]

가정에서는 건축 자재를 비롯해 가구, 의류, 침구류 등의 방염성 물질로 만들어져 있는 것을 사용하는 것이 중요하다. 또한 가정에서도 계단의 꼭대기, 침실 문 밖, 지하실 등에 연기 감지기를 설치하고 매달 1회 정도 정기적으로 점검하여 제대로 작동하고 있는지 확인하도록 한다. 다목적 소화기가 가정에 적어도 하나는 있어야 한다. 가스레인지의 중간 밸브 역시 유아의 손이 닿지 않는 곳에 있어야 하며 사용하지 않을 때는 반드시 잠근다.

유아교육기관은 화재 발생 시 확산 방지를 위한 성분 및 시설 설치가 의무화되어 있다. 예를 들어, 커튼, 카펫, 벽지 등 실내 장식물에 대해서는 소방방재청장이 실시하는 방염성능검사를 거친 방염처리제품의 사용이 의무화되어 있다(「화재예방, 소방시설 설치 · 유지 및 안전관리에 관한 법률」 제12조). 유아교육기관에서는 화재 예방을 위해 전기시설, 난방시설, 가스 차단기, 소화기, 연기 감지기 등을 정기적으로 점검하고 작동 여부를 확인하도록 한다.

또한 화재나 재난과 같은 응급사태에 대비한 정보들을 확보, 관리한다. 이 정보들은 돌발 사태나 견학 시에 교직원 중 한 사람이 책임지고 지니고 있어야 한다. 부모들에게 적어도 한 학기에 한 번씩 정기적으로 긴급 연락망과 같은 전화번호 등의 변경 여부를 확인한다.

매일 유아의 출결 상황을 파악하고 있어야 한다. 유아의 명단과 출결 상황 기록, 응급 시 연락처에 대한 정보는 대피가 빠짐없이 이루어졌는지 확인하는 데 필요하다. 전화기 옆에 응급 시 연락할 전화번호 목록을 붙여 놓으면 필요시 유용하게 사용할 수 있다.

화재는 전기나 불의 잘못된 사용, 유아들의 불장난으로 인한 경우가 많으므로 가정과 유아교육기관에서 유아들에게 화재를 예방할 수 있는 방법을 교육하도록 한다.

1) 이 절의 내용은 조경자, 이현숙(2010), p. 242를 수정함.

3) 화재 사고의 원인별 특성과 예방

(1) 불티 및 불장난

작업 과정에서 생기는 불티들, 어린이들의 호기심에서 비롯되는 불장난은 화재 사고의 원인이 되기도 한다.

불티로 인한 화재는 주로 용접 부주의로 불티가 가연물에 떨어지거나 모닥불, 소각장 등의 불티가 바람에 날리는 등의 원인으로 발생한다. 그러므로 예방을 위해 용접작업이나 쓰레기를 소각할 때는 소화기나 소화수 등을 비치한 후 작업에 임한다. 용접작업을 할 때는 근처에 연소위험이 있는 위험/가연물을 제거한 후 작업한다. 모닥불 등의 처리는 충분히 소화하고 재연소의 발화 위험을 없애기 위해서 땅속에 완전히 묻도록 한다.

불장난으로 일어나는 화재는 라이터, 난롯불, 전기다리미, 촛불놀이, 폭죽놀이 등에 의해 발화된다. 6세에서 13세 미만의 어린이가 불장난을 가장 많이 하고, 부모가 외출 중인 토요일 오후나 일요일, 공휴일 등 학교 수업이 없는 날에 많이 발생하고 있다. 예방을 위해 발화 요인이 되는 도구들은 어린이의 손이 닿지 않는 곳에 보관하고 어린이들에게 불에 대한 올바른 인식을 갖도록 교육하여야 한다. 폭죽놀이 등 불 놀이를 하지 않도록 지도하고 외출 시에는 모든 화기의 안전점검을 한다(소방청 국가 화재 정보센터. https://www.nfds.go.kr/).

(2) 전기화재

전기화재의 원인은 전선의 합선 또는 단락, 누전, 과전류에 의한 발화와 기타 원인에 의한 발화로 그 원인을 찾을 수 있다. 각 요인별로 화재가 일어나는 이유는 다음과 같다(출처: 소방청 국가 화재 정보센터. https://www.nfds.go.kr).

- 전선의 합선 또는 단락에 의한 발화: 전선이나 전기기구의 절연체가 파괴되거나 두 가닥의 전선이 어떤 원인에 의해 서로 접촉하면서 순간적으로 큰 전류와 많은 열을 발생하는 현상
- 누전에 의한 발화: 전선이나 전기기구 등이 낡아 절연불량 등의 원인으로 전류

가 건물 내의 금속체를 통하여 흐르게 되어 이로 인한 저항열에 의해서 발열을 일으키는 현상

- 전류(과부하)에 의한 발화: 전선의 허용 전류를 초과한 전류를 과전류라 함. 에어컨, 전기다리미, 전자레인지, 동력 등을 동시에 사용할 시 적정용량을 초과하여 불이 붙는 현상
- 기타 원인에 의한 발화: 규격미달의 전선 또는 전기기계기구 등의 과열, 배선 및 전기기계기구 등의 절연불량 상태, 또는 정전기로부터의 불꽃

이러한 전기화재의 예방을 위해 다음의 사항들을 점검한다.

1. 합선 예방	2. 누전 예방
• 퓨즈나 과전류 차단기는 반드시 정격 용량 제품을 사용 • 용량에 적합한 규격 전선을 사용하고, 낡았거나 손상된 전선은 교체 • 스위치, 분전함 등의 내부를 정기적으로 점검 • 가구의 뒤, 안 등을 지나는 보이지 않는 곳의 전선도 수시로 점검 • 배선은 가능하면 보호관을 사용하고 열이나 외부 충격 등에 노출되지 않도록 함 • 못이나 스테이플러로 전선을 고정하지 않음 • 바닥이나 문틀을 통과하는 전선은 손상되지 않도록 보호조치	• 건물이나 대용량 전기 기구는 회로를 분류해 누전차단기를 설치 • 배선의 피복 손상 여부를 수시로 확인 • 전선이 금속체나 젖은 구조물에 직접 접촉되지 않도록 함 **3. 스파크 예방** • 전기 기기는 사용 후 반드시 플러그를 뽑아 놓음 • 정전 때는 플러그를 뽑거나 스위치를 끄기 • 배전반의 먼지와 금속가루 등 분진을 제거 • 밀가루, 톱밥, 섬유 먼지 등 가연성 분진이 많이 발생하는 장소는 수시로 청소 • 분전함 등 전기 시설 부근에는 가구나 위험물 등 가연물은 두지 않도록 함
4. 과부하(과전류) 예방	**5. 과열**
• 한 콘센트에 여러 개 플러그를 꽂는 문어발식 사용을 금함 • 전기 용량 및 전압에 적합한 규격 전선을 사용 • 오랫동안 안 쓰는 가전제품 플러그를 뽑아 놓기	• 사용한 전기 기구는 반드시 플러그를 뽑고 외출 • 전기장판 등 발열체를 장시간 켜는 것은 위험 • 전열기의 자동 온도조절기 고장 여부를 수시로 확인 • 백열전구는 열이 잘 발산될 수 있도록 하고 가연물을 가까이 두지 않음 • 전선과 전선, 단자와 전선 등 접속 부위는 단단히 조여 놓도록 함

출처: 소방청 국가 화재 정보센터. https://www.nfds.go.kr/

(3) 가스화재

가스의 종류와 특성은 다음과 같다.

- 액화석유가스(Liquefied Petroleum Gas: LPG): 프로판과 부탄이 주성분으로 공기보다 1.5~2배 정도 무거워 가스가 누설되면 낮은 곳에 체류하게 된다. 따라서 LP가스가 실내에 누출되었을 때 창문을 열어도 누출된 가스는 밖으로 배출되지 않고 바닥에 깔려 있게 된다. 그러므로 위쪽 창문을 여는 것으로는 가스 배출이 되지 않는다. 현관문을 열고 빗자루나 방석으로 가스를 쓸어내야 한다. 이러한 특성으로 지하실에서 LP가스를 사용하면 위험하다.

  가정이나 영업소에서 사용하는 LPG는 누설을 쉽게 감지할 수 있도록 하기 위해 마늘 썩는 냄새가 나는 부취제가 섞여 있다.
- 액화천연가스(Liquefied Natural Gas: LNG): 메탄이 주성분으로 공기보다 0.65배 가벼워 누설되면 높은 곳에서부터 체류하게 된다. 천연가스를 압축하여 액화시킨 상태의 가스로, 정제과정을 거쳐 순수 메탄의 성분이 높고 수분의 함량이 없는 청정연료이다. LNG는 공해물질이 거의 없고 열량이 높아 대단히 우수한 연료이며 주로 도시가스로 사용된다.

  LNG는 LPG보다 폭발할 위험은 적다. 그러나 기화하면서 부피가 6배로 늘어나 산소농도를 저하시키므로 질식할 우려가 있다. LNG의 누설은 메탄이 기화하면서 수분 응축으로 인해 안개가 생기기 쉽기 때문에 육안으로 쉽게 식별된다. 위쪽 통풍구 창문을 모두 열어 환기시켜 주어야 한다.

이러한 가스화재의 예방을 위해서는 안전한 가스 기구를 사용하고 평소 다음의 사항을 점검한다.

- 비누나 세제로 거품을 내어 배관, 호스 등의 연결 부분을 수리로 점검
- 가스레인지는 항상 깨끗이 청소해 버너의 불구멍이 막히지 않도록 함
- 취침 전, 외출 전에는 반드시 점화 코크와 중간 밸브가 잠겨 있는지 확인
- 어린이가 사용하지 못하도록 주의를 줌

한국가스안전공사 검사 합격 마크　　KS 인증 마크

[그림 6-3] 안전한 가스 기구 선택: 안전검사 합격 또는 인증 마크 확인

사용 단계별로 가스를 안전하게 사용하는 방법은 다음과 같다(소방청 국가 화재 정보센터. https://www.nfds.go.kr/).

① 가스 안전-사용 전

- 가스가 누출되지는 않았는지 냄새로 확인한다.
- LPG는 바닥으로부터, 도시가스(LNG)는 천장으로부터 냄새를 맡아 본다.
- 불쾌한 냄새가 나면 가스가 새고 있는 것이다.
- 가스 기구를 사용할 때는 창문을 열어 실내를 충분히 환기시키도록 한다.
- 가스레인지 주위에는 가연성 물질(빨래, 스프레이통 등)을 두지 않는다.

② 가스 안전-사용 중

- 가스 불을 켤 때에는 불이 붙었는지 꼭 확인한다.
- 파란 불꽃이 되도록 공기 조절기를 조절한다.
- 불완전 연소 시에는 유독성 가스와 일산화탄소가 나오고 연료 소비량도 많아진다.
- 불을 사용하는 동안은 가능하면 자리를 뜨지 않고 국물이 넘치거나 바람으로 불이 꺼지지 않는지 수시로 확인한다.
- 불이 꺼지면 자동으로 가스가 차단되는 제품을 사용하고, 자동 차단 장치를 자주 확인한다.

③ 가스 안전-사용 후

- 코크와 중간 밸브를 꼭 잠근다.

- 장기간 외출할 때에는 용기 밸브도 잠그는 것이 안전하다.
- 가스레인지는 자주 이동하지 말고 고정해서 사용한다.

4) 화재 시 대피[2)]

유아들에게는 화재가 발생했을 때 대피하는 방법을 가르쳐야 한다. 먼저, 유아들의 가정에 초점을 맞추고 시작하는 것이 바람직하다. 화재신고를 할 수 있는 번호를 알려 주고 신고할 때 말할 내용을 알려 준다. 주소, 건물 상태, 자신이 안에 갇혀 있는 경우 자기가 있는 곳이 신고할 때 말해야 하는 내용이다.

모든 가정에서는 화재 시 대피 방법을 미리 계획해 두어야 한다. 적어도 두 개의 대피로를 계획해 두어야 첫 번째 대피로를 통해 대피하는 것이 불가능할 때 도움이 된다(Miller et al., 1996, p. 189). 비상구 표시를 쉽게 볼 수 있도록 모든 방에 붙인다. 화재 장소에 따라 바꿀 수 있는 대피 통로를 표시해 붙여 둔다. 대피로와 비상구 주변은 언제라도 대피가 신속하고 원활하게 이루어지도록 물건을 쌓아 두거나 막아 두지 않는다.

단층집인 경우 가장 가까이 있는 문이나 창문으로 빠져나가는 것이 좋다. 2층에서는 대피용 사다리를 사용한다. 상품화된 대피용 줄사다리를 사용할 수도 있고 줄이나 침대 시트를 묶어 사다리를 만들어 사용할 수도 있다. 유아들에게는 가구 밑이나 안으로 숨거나 위층에서 뛰어내리는 것이 위험하다는 것을 알려 준다. 또 화재가 나면 반드시 불길이 없는 곳으로 빨리 나와야 한다는 것을 알려 준다. 대피 후 어디서 모일지 장소를 미리 정해 놓는다(Miller et al., 1996, p. 189).

화재 시 연기가 있으면 바닥에 엎드려 고개를 들고 있어야 한다. 연기는 위로 올라가기 때문에 바닥 근처에 산소가 더 많다. 바닥에서 30~60cm 정도 높이에 맑은 공기가 있으므로 팔과 무릎으로 기어서 문으로 가서 문을 만져 보아 불이 가까이 있는지 확인한다. 뜨겁다면 다른 출구를 이용해야 한다. 뜨겁지 않다면 천천히 문을 열고 연기가 있는지 살펴본다. 연기가 없다면 건물 밖으로 빨리 빠져나오도록 한다

2) 이 절의 내용은 조경자, 이현숙(2010), pp. 243-245의 내용을 수정함.

(Miller et al., 1996, p. 190). 대피하지 못하고 방 안에 갇힌 경우 불길이나 연기가 들어오지 못하게 문을 닫고 틈새를 이불이나 젖은 옷으로 막은 후, 창문을 통해 사람이 있음을 알린다.

유아들은 옷에 불이 붙었을 때 사망이나 상해를 입기 쉽다. 어린이의 옷을 방염천으로 만들면 이러한 사고를 줄일 수 있다. 옷에 불이 붙은 경우를 대비하여 대처기술을 가르쳐야 한다. 옷에 불이 붙었을 때는 당황하여 껑충껑충 뛰거나 서 있으면 안 된다는 것을 강조한다. 움직이면 더 많은 산소가 공급되어 불길이 더 빠른 속도로 번지게 된다.

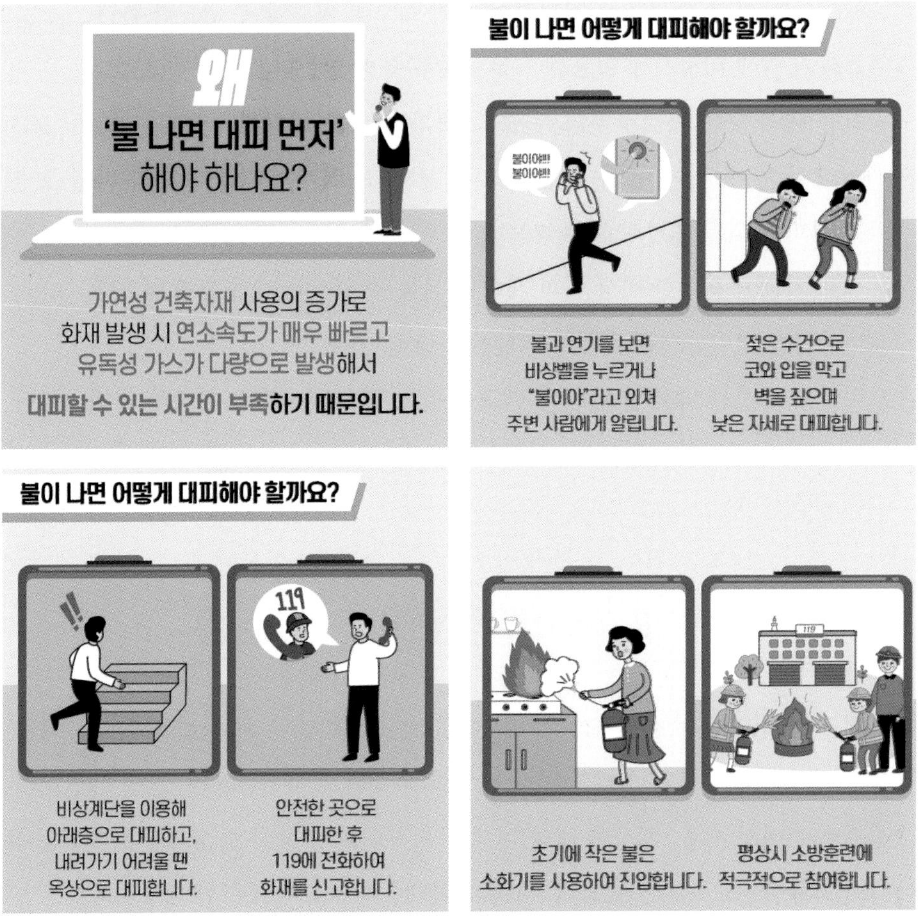

[그림 6-4] 화재 발생 시 대피 방법: 소방청 교육홍보 자료

출처: 소방청 블로그. https://blog.naver.com/safeppy/221667996905

옷에 불이 붙으면 바닥에 누워서 불이 꺼질 때까지 굴러야 한다. 이때 주변에 사람이 있다면 담요나 코트, 기타 무거운 물질로 유아의 몸을 덮어 불길을 잡아 주도록 한다. 유아들에게 옷에 불이 붙으면 '멈춰 선다', '바닥에 눕는다', '몸을 굴린다'라는 세 원칙을 알려 주고 연습시킨다(Miller et al., 1996, p. 190). 멈춰 설 때 가슴 앞에서 양팔을 교차시켜 손으로 반대쪽 어깨를 잡으면 불길을 잡는 데 효과적이다.

유아교육기관에서는 화재나 기타 재난에 대비하여 철저한 시설관리와 대피 훈련 및 교육을 실시하도록 한다. 아울러 재난을 대비하여 다음의 지침을 따르도록 한다.

- 긴급연락처, 전화번호 등은 정기적으로 확인한다.
- 매일 유아의 출결 상황을 점검하여 대피 여부를 확인할 수 있도록 한다.
- 전화기 옆에 비상시에 필요한 전화번호를 붙여 놓는다.
- 건물 내의 모든 곳으로부터 두 곳의 대피 통로를 계획해 놓는다. 비상구 표시를 모든 방에, 쉽게 볼 수 있는 자리에 붙인다. 화재의 장소에 따라 바뀔 수 있는 대피 통로를 표시해 붙여 놓는다.
- 관련 기관에 적절한 비상 대피 계획을 세울 수 있도록 도움을 요청한다.
- 비상시를 대비하여 교직원의 역할을 분담해 둔다.
- 비상시 교사는 침착함을 잃지 말고 유아들을 안심시키고 침착하게 대처한다. 이를 위해 교직원들은 먼저 화재에 대한 대처 지식의 습득 및 대피 훈련을 충분히 하여야 한다.

5) 화재안전교육 및 유아교육기관에서의 대피 훈련

화재는 삶의 터전을 소실시키고 사람에게 치유가 어려운 큰 상해를 입힐 수 있는 무서운 재난이자 사람들의 생활습관, 행동의 부주의가 주된 요인이 되는 재난이다. 그러므로 주변의 사물, 대상에 대한 이해가 시작되고 행동이 형성되기 시작하는 유아기의 화재안전교육은 중요하다. 다음은 화재안전교육에 포함할 내용이다.

- 불의 특성 이해를 위한 교육: 불의 이로움, 위험성에 대한 올바른 인식

- 화재의 원인, 화상의 원인이 될 수 있는 것들에 대한 이해를 돕는 교육
- 화재 예방 방법: 일상생활에서 화재를 발생시키지 않도록 하는 안전한 행동의 습관화
- 화재 관련 기구, 기관에 대한 이해와 사용 방법(소방서, 소방관의 역할, 소화기구의 기능과 사용방법 등)
- 화재 발생 시 대처교육: 대피방법과 경로에 대한 교육
- 옷에 불이 붙었을 때의 대처방법
- 비상시 119에 도움을 요청하는 방법: 장난으로 119에 전화하는 것의 문제점 포함

119 전화 신고 외에 위급한 상황에서 신고자가 문자, 앱, 영상 통화 등 다양한 방법으로 신고할 수 있다.

[그림 6–5] 119 다매체 신고 서비스

출처: 정부24(2018. 11. 21.). https://www.gov.kr

119에 신고하는 방법

1. 수화기를 들고 119를 누른다(공중전화에서는 긴급통화 버튼과 119를 누름).
2. '불이 났어요'라고 알린다(재난 유형을 알림).
3. 불이 난 위치 정보를 정확히 이야기한다(예: ○○동 ○○아파트 몇 호 주방).
4. 불이 난 상황 및 사고 유형(건물화재, 전기화재 등)을 간략히 이야기한다 (예: 무엇이 타고 있는지, 어디서 타는지: 우리 집 주방 가스레인지에서 불길이……).
5. 신고하는 사람의 이름을 이야기한다.
6. 소방서에서 알았다고 할 때까지 먼저 전화를 끊지 않는다.

출처: 서울특별시 소방재난본부. 재난안전 119 신고요령 안내가이드. https://fire.seoul.go.kr; 경상북도 소방본부. http://gb119.go.kr; 손순복 외(2018), p. 213.

유아교육기관에서의 대피 훈련은 다음의 목적으로 이루어진다.

- 화재나 재난 발생 시 해야 할 일을 알려 준다.
- 실제로 화재가 났을 때 효율적으로 대피하도록 함으로써 유아와 성인을 보호한다.
- 안전에 대한 의식을 높인다.

화재 대피와 관련하여 유아교육기관이 고려할 사항은 다음과 같다(조경자, 이현숙, 2010; Aronson, 2012).

- 대피 훈련은 적어도 한 달에 한 번은 실시하도록 한다.
- 관련 기관에 적절한 비상 대피 계획을 세우는 데 도움을 요청한다.
- 역할을 분담해 둔다. 유아를 대피시키는 역할, 실내에 남은 유아가 있는지 확인하는 역할, 다친 유아를 돌보는 역할 등 필요한 역할을 분담해 놓는다.
- 건물을 나와서 모일 장소를 미리 계획하고, 이를 모든 교직원과 유아가 알도록

한다.

- 건물 내의 어느 곳에서건 두 개의 대피로를 계획하고 눈에 잘 띄는 곳에 대피로를 게시한다. 대피 훈련 시 두 개의 대피로를 통한 대피를 모두 해 보도록 한다.
- 가상의 화재 발생 지점을 정하여 훈련한다.
- 유아들과 처음 대피 훈련을 실시하기 전에 성인들이 충분히 대피 방법과 절차에 대해 숙의하고 모의 화재 발생 장소에 따라 여러 차례 연습을 실시한다.
- 처음 대피 훈련을 실시하기 전에 유아들에게 대피 훈련의 이유와 방법을 설명해 준다. 처음 2~3회는 유아들에게 예고하고 대피 훈련을 실시하고 다음부터는 예고 없이 훈련이 실시될 것임을 알려 준다. 이후는 예고 없이 실시하도록 한다.
- 처음부터 전체 유아를 대상으로 훈련을 하는 것보다 학급별, 연령별로 훈련을 실시하고 단계적으로 전체 유아를 포함시킨다. 훈련이 이루어지는 시간도 변화를 주도록 한다.
- 훈련을 놀이처럼 생각하지 않도록 진지하게 하되 공포감을 갖도록 하지 않는다.
- 가능한 한 2분 이내에 모든 사람이 대피할 수 있도록 훈련한다.
- 훈련 후 훈련 일지를 기록한다. 일지에는 훈련시간, 가상 화재 장소 및 대피로, 대피에 걸린 시간(학급별, 전체), 기타 다음 훈련에 참고가 될 사항과 개선점을 기록해 놓는다.
- 대피 외의 대처방법을 유아들에게 교육한다.
  - 몸에 불이 붙었을 때: 멈춘다 → 엎드린다 → 구른다.
  - 화염이나 연기가 다가오면 반대쪽의 다른 출구로 빠져나간다.
  - 방 안에 연기가 많으면 연기보다 낮은 자세로 긴다.
- 유아의 가정에서도 대피 계획을 세워 보도록 권유하고 필요한 정보를 제공한다.
- 교직원 수가 일정 규모 이상인 유아교육기관에서는 「공공기관의 소방안전관리에 관한 규정」에 따라 연 2회 이상 소방훈련과 교육을 실시하여야 한다. 소방훈련 중 1회 이상은 소방관서와 합동으로 실시하여야 한다(「공공기관의 소방안전관리에 관한 규정」 제14조).

공공기관의 소방안전관리에 관한 규정[대통령령 제26916호, 2016. 1. 19., 타법개정]

제14조(소방훈련과 교육) ① 기관장은 해당 공공기관의 모든 인원에 대하여 연 2회 이상 소방훈련과 교육을 실시하되, 그중 1회 이상은 소방관서와 합동으로 소방훈련을 실시하여야 한다. 다만, 상시 근무하는 인원이 10명 이하이거나 제5조 제1항 각 호 외의 부분 단서에 따라 소방안전관리자를 선임하지 아니할 수 있는 공공기관의 경우에는 소방관서와 합동으로 하는 소방훈련을 실시하지 아니할 수 있다.

② 기관장은 제1항에 따라 소방훈련과 교육을 실시할 때에는 소화 · 화재통보 · 피난 등의 요령에 관한 사항을 포함하여 실시하여야 한다.

③ 기관장은 제1항에 따라 실시한 소방훈련과 교육에 대한 기록을 2년간 보관하여야 한다.

표 6-4 대피의 단계

화재를 알리기: 비상신호	• 건물 내 모든 사람에게 알린다. '불이야'라고 외친다. • 원장 또는 신고 담당 교직원은 경보벨을 울려 전체에 화재 사실을 알리고 119에 신고
대피	• 교사는 유아들을 인솔하여 대피경로에 따라 비상구 또는 대체통로를 통해 대피한다. • 구급 담당은 구급함을 챙겨 대피한다. • 각 반 담임은 학급명단, 비상연락처를 지참, 원장은 교직원 비상연락처와 명단을 지참하여 대피한다.
초기 소화 및 통풍구 막기	• 초기 진화를 담당한 교직원은 발화지점으로 가서 초기 진화한다. • 문과 창문 등의 통풍구를 막아 불과 연기가 퍼지는 속도를 늦추게 한다.
건물 밖 대피 및 인원 수, 부상자 확인	• 건물 밖 집결지에 모든 사람이 안전하게 나왔는지 확인한다. • 부상자를 확인하고 응급조치한다. • 인원 확인 결과 및 부상자 현황을 원장에게 보고한다. • 사고 시 대피 집결지는 사전에 부모에게 알린다.

출처: 조경자, 이현숙(2010), p. 247; 어린이집안전공제회(2019b), p. 29.

2. 자연 재난안전

자연 재난(Natural Disaster)은 각 지역의 특성으로 인해 비교적 규칙적으로 발생하기도 하지만 기후 변화, 지형 변화 등으로 인하여 과거에 흔히 일어나지 않던 재난이 일어나기도 한다. 우리나라의 위치와 지형, 기후 특성으로 인해 일정한 패턴으로 반복되어 일어나는 재난에 대해서는 그 피해를 예방하고 극복하는 과학적 대처가 필요하다. 새롭고 돌발적으로 다가오는 재난 현상들에 대해서도 예측과 대비 능력을 통해 피해를 최소화하고 대안을 정립해 나가는 정책과 노력이 필요하다. 다음에서는 여러 자연 재난 중에서 우리나라에서 자주 발생하거나 최근 더 문제가 되고 있는 자연 재난을 중심으로 살펴보겠다.

1) 태풍

(1) 태풍에 대한 이해

태풍(typhoon, 颱風)은 열대저기압의 한 종류이다. 열대저기압은 지구의 여러 곳에서 발생하는데, 발생 지역에 따라 부르는 명칭이 다르다. 북태평양 서부에서 발생할 경우 '태풍'이라 부른다.[3] 강풍과 저기압, 강수 등의 직접적인 피해와 해일 및 홍수 등의 간접적인 피해로 인해 자연재해 중에서 인명과 재산에 가장 큰 피해를 주는 자연재해이다(다음백과사전. https://100.daum.net/encyclopedia/).

세계기상기구(WMO)는 열대저기압 중에서 중심 부근의 최대풍속이 33$^{m}/_{s}$ 이상인 것을 태풍(TY), 25~32$^{m}/_{s}$인 것을 강한 열대폭풍(STS), 17~24$^{m}/_{s}$인 것을 열대폭풍(TS), 그리고 17$^{m}/_{s}$ 미만인 것을 열대저압부(TD)로 구분한다. 한편, 우리나라와 일본에서는 최대풍속이 17$^{m}/_{s}$이상인 열대저기압 모두를 태풍이라고 부른다(기상청. http://www.weather.go.kr/).

3) 북태평양 동부 · 북대서양 · 카리브해에서 발생할 경우 '허리케인', 벵골만 · 인도양 등에서 발생할 경우는 '사이클론'이라 한다.

표 6-5 중심 부근 최대풍속에 따른 태풍 기준(WMO)

중심 부근 최대풍속	세계기상기구(WMO)	한국/일본	
17m/s 미만(34kt 미만)	열대저압부(Tropical Depression: TD)	TD	열대저압부
17~24m/s(34~47kt)	열대폭풍(Tropical Storm: TS)	TS	태풍
25~32m/s(48~63kt)	강한 열대폭풍(Severe Tropical Storm: STS)	STS	
33m/s 이상(64kt 이상)	태풍(Typhoon: TY)	TY	

주: 1m/s ≒ 1.94kt 열대저기압 태풍의 중심부근 최대풍속별 명칭
출처: 기상청. http://www.weather.go.kr/weather/typoon/knowledge

표 6-6 태풍발생현황 통계: 30년 평균(평년: 1981~2010년)

월	1	2	3	4	5	6	7	8	9	10	11	12	합계
평년	0.3	0.1	0.3	0.6	1.0	1.7 (0.3)	3.6 (0.9)	5.8 (1.1)	4.9 (0.6)	3.6 (0.1)	2.3	1.2	25.6 (3.1)

※ ( ) 안의 수는 우리나라에 영향을 준 태풍의 개수를 나타냄(태풍발생일 기준).
출처: 기상청. http://www.weather.go.kr/weather/typoon/knowledge

태양으로부터 오는 열에너지는 지구의 날씨를 변화시키는 주된 원인으로 작용한다. 지구는 구형으로 되어 있어 저위도와 고위도 사이에는 열에너지의 불균형이 나타난다. 많은 에너지를 축적한 적도부근의 바다에서는 대류구름들이 만들어지게 된다. 때로 이러한 대류구름들이 모여 거대한 저기압 시스템으로 발달하고, 이를 태풍이라고 부른다. 태풍은 바다로부터 증발한 수증기를 공급받아 강도를 유지하면서 고위도로 이동한다. 이러한 과정을 통해 태풍은 지구 남북 간의 에너지 불균형을 해소하는 역할도 한다(기상청. http://www.weather.go.kr/).

북태평양 남서부에서 발생한 열대 폭풍과 태풍의 연평균 발생 수는 26개로, 최소 15개에서 최다 39개에 이른다. 이중 10.5%가 한국에 접근하여 영향을 주며, 연평균 3개의 태풍이 한국을 통과한다. 일반적으로 우리나라에 영향을 미치는 태풍은 7~10월 사이에 발생한다. 한국에 접근하는 태풍의 월별 분포는 7, 8월이 각각 33%, 36%로 거의 70%가 2개월에 집중되어 있다(다음백과사전. https://100.daum.net/encyclopedia/).

(2) 태풍에 대한 대처

① 태풍예보 시

핵심 행동

TV, 라디오, 스마트폰 등에서 태풍이 예보된 때에는 다음과 같이 행동한다.

- 거주 지역에 영향을 주는 시기를 미리 파악한다.
- 태풍 예보 정보를 이웃과 공유하고, 어떻게 대피할지 생각한다.
  대피 장소를 결정하고 가족 등 구성원들과 정보를 나누고 조치를 취하도록 한다.

출처: 국민재난안전포털. http://www.safekorea.go.kr/

상세 행동[4)]

1. 태풍의 진로 및 도달 시간을 파악해서 어떻게 대피할지를 생각한다.

- TV, 라디오, 인터넷, 스마트폰 등으로 기상상황을 미리 파악하여 준비
- 스마트폰 애플리케이션(안전디딤돌)을 통해 재난정보를 파악하여 주변 사람들과 공유

2. 산간·계곡, 하천, 방파제 등 위험지역에서는 주변에 있는 사람들과 함께 안전한 곳으로 이동한다.

- 산간 · 계곡, 하천, 방파제 등에서 야영이나 물놀이를 멈추고 주변에 있는 사람들에게 알려 함께 안전한 곳으로 대피
- 저지대나 상습 침수지역, 산사태 위험지역, 지하 공간이나 붕괴 우려가 있는 노후주택 · 건물 등에서는 주변에 있는 사람들에게 알리고 안전한 곳으로 이동

4) 출처: 국민재난안전포털. http://www.safekorea.go.kr/; 중앙보육정보센터(2008).

3. 주택이나 차량, 시설물 등의 보호를 위해 가족이나 지역주민과 함께 준비한다.

- 바람에 날아갈 위험이 있는 지붕, 간판 등은 미리 결박하고, 창문은 창틀에 단단하게 테이프 등으로 고정
- 하천이나 해변, 저지대에 주차된 차량은 안전한 곳으로 이동
- 가정 및 유치원, 어린이집의 하수구나 집, 건물 주변의 배수구를 미리 점검하고 막힌 곳은 뚫어 둠
- 침수가 예상되는 아파트 지하주차장, 건물 등은 모래주머니, 물막이 판 등을 이용하여 침수를 예방할 수 있도록 준비
- 시설하우스 등 농업 시설물은 버팀목이나 비닐 끈 등으로 단단히 묶고, 농경지는 배수로를 정비하여 피해를 예방
- 선박이나 어망 · 어구 등은 미리 결박하여 피해를 최소화
- 지역 주민과 함께 공사장, 축대, 옹벽 등을 미리 점검

4. 가족과 함께 비상용품을 준비하여 재난에 대비한다.

- 비상시 신속한 대피를 위해 응급용품은 미리 배낭 등에 넣어 둠
- 상수도 공급이 중단될 수 있으므로 욕실 등에 미리 물을 받아 두기
- 정전에 대비하여 비상용 랜턴, 양초, 배터리 등을 미리 준비
- 긴급 상황에 따른 정보 수신을 위해 스마트폰에 안전디딤돌 앱을 설치하고, 가까운 행정복지센터(주민센터) 등의 연락처를 확인

5. 외출은 자제하고 연세 많은 어르신 등은 수시로 안부를 확인한다.

- 약속된 일정은 취소하거나 조정하여 외출을 자제하고, 주변에 정보를 알리기
- 연세 많은 어르신, 어린이, 장애인 등은 외출을 하지 않도록 당부하고 수시로 전화 등을 통해 안부를 확인

6. 실외활동, 견학 등의 야외활동 일정을 변경한다.

7. 원아의 비상연락망 체계를 유지한다.

8. 유아 및 학부모에게 태풍 대비 행동요령을 교육, 안내한다.

② 태풍특보 시

핵심 행동

- 태풍이 시작되면 이웃과 함께 신속히 안전한 곳으로 대피한다.
- 외출을 삼간다.
- 이웃이나 가족에게 연락하여 안전 여부를 확인하고 위험 상황을 알려 준다.

출처: 국민재난안전포털. http://www.safekorea.go.kr/

상세 행동[5]

1. 나와 가족, 지인들의 안전을 위해 외출은 자제하고 정보를 지속적으로 확인하며 정보가 필요한 사람들과 공유한다.

- 내가 있는 지역의 기상정보 상황을 지속적으로 파악하고, 주변에 있는 사람들에게 알리기
- 가족, 지인, 이웃과 연락하여 안전을 확인하고 위험정보 등을 공유
- 차량은 속도를 줄여 운행하고, 하천변, 해안가 등 급류에 휩쓸릴 수 있는 지역이나 침수 위험지역에는 접근하지 말고 주변에 있는 사람들에게 알리기
- 특히 침수된 도로, 지하차도, 교량 등에서는 차량의 통행을 엄격히 금지

2. 건물, 집 안 등 실내에서의 안전수칙을 미리 알아 두고 가족 및 원아와 함께 확인한다.

- 건물의 출입문, 창문은 닫아서 파손되지 않도록 하고, 창문이나 유리문에서 되도록 떨어져 있도록 함
- 강풍으로 인해 피해를 입지 않도록 가급적 욕실과 같이 창문이 없는 방이나 집 안, 건물의 제일 안쪽으로 이동

5) 출처: 국민재난안전포털. http://www.safekorea.go.kr/; 중앙보육정보센터(2008).

• 가스 누출로 2차 피해가 발생할 수 있으므로 미리 차단하고, 감전 위험이 있는 집, 건물 안팎의 전기시설은 만지지 않도록 함
• 정전이 발생한 경우 양초를 사용하지 말고 휴대용 랜턴, 휴대전화 등을 사용

3. 위험지역은 접근하지 말고, 즉시 안전한 지역으로 주변에 있는 사람들과 함께 대피한다.

• 침수지역, 산간 · 계곡 등 위험지역에 있거나 대피 권고를 받았을 경우에는 주변에 있는 사람들과 함께 즉시 안전한 지역으로 대피
• 특히 주변에 연세가 많거나 홀로 계신 어르신, 어린이, 장애인 등 대피에 어려움이 있는 사람들은 안전하게 대피할 수 있도록 돕기
• 공사장, 전신주, 지하 공간 등 위험지역에는 접근하지 않기
• 농촌지역에서는 논둑이나 물꼬를 보러 나가지 않기
• 이동식 가옥이나 임시 시설에 거주할 경우에는 견고한 건물로 즉시 이동하고 주변에 있는 사람들에게 위험지역을 알려 주기
• 운행 중인 선박은 주변에 있는 선박이나 해경에 현재 위치를 알려 주고 태풍의 이동경로에서 최대한 멀리 대피

4. 유치원, 어린이집에서는 상황에 따라 휴원 또는 단축, 통합 운영을 고려한다.

5. 원아의 비상연락망 체계를 유지하고, 각 가정의 상황을 파악한다.

③ 태풍 이후

핵심 행동

태풍이 지나간 후에는 다음과 같이 행동한다.

• 피해 상황을 확인한다.
• 가까운 행정복지센터, 교육청 등에 피해를 신고하여 보수 · 보강을 하도록 한다.

출처: 국민재난안전포털, http://www.safekorea.go.kr/

상세 행동[6]

1. 가족, 원아 가정, 지인의 안전 여부를 확인한다.

- 안전 여부를 확인하고, 연락이 되지 않고 실종이 의심될 경우에는 가까운 경찰서에 신고

2. 태풍으로 인한 피해 여부를 주변에 있는 사람들과 함께 확인한다.

- 대피 후 집, 기관(유치원, 어린이집)으로 돌아온 경우 반드시 주택, 시설 등의 안전 여부를 확인하고 출입
- 파손된 시설물(주택, 상하수도, 축대, 도로 등)은 가까운 시 · 군 · 구청이나 행정복지센터(주민센터)에 신고
- 파손된 사유시설을 보수 또는 복구할 때에는 보수 전에 파손된 상태를 반드시 사진 찍어두기
- 침수된 도로나 교량은 파손되었을 수 있으므로 건너지 않기
- 하천 제방은 무너질 수 있으므로 가까이 가지 않기
- 고립된 지역에서는 무리하게 물을 건너지 말고, 119에 신고하거나 주변에 도움을 요청

3. 태풍으로 인한 2차 피해를 방지한다.

- 물이 빠져나가고 있을 때에는 기름이나 동물 사체 등 오염된 경우가 많으므로 물에서 멀리 떨어져 있기
- 수돗물이나 저장되었던 식수는 오염 여부를 확인한 후에 사용
- 침수된 음식이나 재료는 식중독의 위험이 있으므로 사용하지 않기
- 침수된 주택, 건물은 가스와 전기차단기가 내려가 있는지 확인하고, 한국가스안전공사(1544-4500)와 한국전기안전공사(1588-7500) 또는 전문가의 안전점검 후에 사용
- 침수 및 피해 정도에 따라 기관의 휴원 여부를 검토한 후 각 가정에 연락
- 태풍 피해로 가스가 누출될 수 있으므로 창문을 열어 충분히 환기하고, 성냥불이나 라이터는 환기 전까지 사용하지 않기

6) 국민재난안전포털. http://www.safekorea.go.kr/

• 쓰러진 농작물은 일으켜 세우고, 침수된 논과 밭을 배수할 때에는 작물에 묻은 흙, 오물 등을 씻어 내고 긴급 병해충 방제를 실시

(3) 태풍에 대한 안전교육

• 평소 기상 변화가 있을 때마다 주의 깊게 변화를 관찰, 인지하고 해당 현상에 대해 이해할 수 있는 교육활동 시간을 갖는다. 예를 들어, 맑음, 흐림, 봄비, 장마, 강풍, 호우, 천둥 번개 등
• 기상 변화에 따른 인간의 삶의 영향을 이해할 수 있도록 하는 교육활동을 적절한 시기에 시행한다.
• 태풍에 대한 대비와 대피에 대한 정보를 가정과 공유하고 유아교육기관 및 가정에서 대피훈련을 해 본다.
• 국가기관 및 교육기관에서 제공하는 우수 매체들을 활용하여 다양한 활동으로 접근한다.

2) 호우

(1) 호우에 대한 이해

호우(豪雨)는 비교적 짧은 시간에 많이 내리는 비를 말한다. 그중에서도 지역적으로 쏟아지는 비를 집중호우라고 한다. 집중호우는 시간적 · 공간적 집중성이 강한 비를 일컫는다. 호우는 대개 6~9월의 여름철에 내린다. 특정 지역에 연 강수량의 약 10%가 24시간 동안 내릴 때 그 지역의 호우라고 한다(과학문화포털 사이언스올 과학백과사전. https://www.scienceall.com/).

일반적으로 우리나라의 호우는 장마전선이나 태풍 또는 온대성 저기압, 그 밖에 국지적인 가열에 의한 상승기류와 지형성 강우에 의해 발생한다. 호우는 하천 범람, 산사태, 침수 등을 통해 인명피해와 재산피해를 발생시킬 수 있다. 태풍에 의한 호우는 대체로 8월에 집중되고, 태풍의 경로에 따라 호우지역의 지역차가 심하다. 대개 6월 중순부터 7월 하순까지의 호우는 장마전선과 연관되어 발생하는 것이다(다음백과사전 최신대기과학용어사전. https://100.daum.net/encyclopedia/; 과학문화포털 사이언스올 과학백과사전. https://www.scienceall.com/).

우리나라에서는 3시간 강우량이 60mm 이상 예상되거나 12시간 강우량이 110mm

이상 예상될 때 호우주의보, 3시간 강우량이 90mm 이상 예상되거나 12시간 강우량이 180mm 이상 예상될 때 호우경보를 발표한다(기상청. https://www.weather.go.kr/weather/).

(2) 호우에 대한 대처[7]

① 호우에 대한 사전준비

호우의 피해는 평소의 안전점검과 발생 즈음의 기상 정보에 따른 안전한 행동으로 피해를 최소화할 수 있다. 사전에 준비할 행동 지침은 다음과 같다.

- 과거에 발생했던 지역의 호우 관련 정보는 미리 확인하고 가족이나 이웃과 함께 공유한다.
  - 내가 거주하거나 생활하는 지역의 홍수, 침수(저지대), 산사태, 해일 등 재해위험 요인을 미리 확인
  - 주변의 배수로, 빗물받이는 수시로 청소를 실시하고 비탈면, 옹벽, 축대 등이 위험할 경우 정비하거나 시 · 군 · 구청에 신고
- 재난정보를 수신할 수 있도록 가족이나 이웃과 함께 준비한다.
  - 기상특보나 홍수, 산사태 등 재난 예 · 경보를 수신할 수 있도록 TV, 라디오 등을 준비하고 스마트폰에 '안전디딤돌' 앱 등을 미리 설치
- 가족이나 이웃, 원아와 함께 대피방법 등에 대한 약속을 미리 정한다.
  - 지역의 대피 장소와 안전한 이동 방법, 대피요령을 미리 숙지하고, 어린이들에게 알려 주기[국민재난안전포털(www.safekorea.go.kr), 안전디딤돌 앱 등을 활용]
  - 비상상황이 예견될 때에는 가족이나 이웃과 함께 즉시 안전한 곳으로 이동할 수 있도록 하고, 가족이 각각 이동할 때를 대비하여 다시 만날 장소를 미리 정함
  - 대피경로로 하천변, 산길, 전신주나 변압기 주변 등은 피하도록 함
- 재난이 발생할 경우를 대비하여 비상용품을 미리 준비한다.

7) 국민재난안전포털. http://www.safekorea.go.kr/

–응급약품, 손전등, 식수, 비상식량, 라디오, 휴대전화 충전기, 휴대용 버너, 담요 등 비상용품을 미리 한곳에 준비

–차량이 있는 경우에는 연료를 미리 채워 두고, 차량이 없을 경우에는 차량이 있는 가까운 이웃과 같이 이동할 수 있도록 미리 약속

• 재난에 대비한 지속적인 관심과 정비를 함께한다.

–비상용품의 유효기간을 지속적으로 확인하여 교체하고, 대피장소, 대피경로 등에 대해서는 지속적으로 관심을 가지고 정비

② 호우특보 예보 시 행동

호우 예보에 따라 거주 지역에 영향을 주는 시기를 미리 파악하고, 호우가 발생하기 전에 피해를 예방하기 위해 필요한 조치를 한다.

• 호우 예보 지역과 시간을 주변에 있는 사람들과 함께 공유한다.

–대중매체, 안전디딤돌 앱 등으로 기상상황을 미리 파악하여 주변 사람들과 함께 공유하고 대비

• 산간 · 계곡, 하천, 방파제 등 위험지역에서는 주변에 있는 사람들과 함께 안전한 곳으로 이동한다.

–야영이나 물놀이를 멈추고 안전한 곳으로 대피

–저지대나 상습 침수지역, 산사태 위험지역, 지하 공간이나 붕괴 우려가 있는 노후주택 · 건물 등에서는 안전한 곳으로 이동

• 차량이나 시설물 등의 보호를 위해 가족과 지역주민이 함께 미리 준비한다.

–하천이나 해변, 저지대에 주차된 차량은 안전한 곳으로 이동

–가정의 하수구나 집 주변의 배수구를 미리 점검하고 막힌 곳은 뚫기

–침수가 예상되는 아파트 지하주차장, 건물 등에서는 모래 주머니, 물막이 판 등을 이용하여 피해를 예방

–농경지는 배수로를 정비하여 피해를 예방

–공사장, 주변의 배수로, 빗물받이, 비탈면, 옹벽, 축대 등은 미리 점검

• 가족과 함께 비상용품을 준비하여 재난 발생에 대비한다.

–비상시 신속히 응급용품을 가지고 대피할 수 있도록 사전에 배낭 등에 모으기

–상수도 공급이 중단될 수 있으므로, 욕조 등에 미리 물을 받아 두기

–재난정보 수신을 위해 스마트폰에 안전디딤돌 앱이 설치되었는지 확인하고 가까운 행정복지센터(주민센터) 등 긴급 연락망을 확인

• 외출은 자제하고 연세 많은 어르신 등의 안부를 수시로 확인한다.

③ 호우특보 중 행동

호우가 시작되면 신속히 안전한 곳으로 대피하고, 외출을 삼가며 이웃이나 가족과의 연락을 통해 안전 여부를 확인한다. 상세 행동 지침은 다음과 같다.

• 나와 가족, 지인들의 안전을 위해 외출은 자제하고 정보를 지속적으로 청취하며 정보가 필요한 사람들과 공유한다.

–기상정보를 확인하여 내가 있는 지역의 상황을 지속적으로 파악하고, 주변에 있는 사람들에게 알리기

–외부에 있는 가족, 지인, 이웃과 연락하여 안전을 확인하고 위험정보 등을 공유

–차량은 속도를 줄여 운행

–개울가, 하천변, 해안가 등 급류에 휩쓸릴 수 있는 지역이나 침수 위험지역에는 접근하지 말고 주변에 있는 사람들에게 알려 주기

• 건물, 집 안 등 실내에서의 안전수칙을 미리 알아 두고 가족과 함께 확인한다.

–건물의 출입문, 창문은 닫아서 파손되지 않도록 하고, 창문이나 유리문에서 되도록 떨어져 있도록 함

–강풍으로 인해 피해를 입지 않도록 가급적 욕실과 같이 창문이 없는 방이나 집 안의 제일 안쪽으로 이동

–가스 누출로 2차 피해가 발생할 수 있으므로 사전에 차단하고, 감전 위험이 있는 집 안팎의 전기시설은 만지지 않도록 함

–정전이 발생한 경우 양초를 사용하지 말고 휴대용 랜턴, 휴대전화 등을 사용

• 위험지역은 접근하지 말고, 즉시 안전한 지역으로 주변에 있는 사람들과 함께 대피한다.

–침수지역, 산간 · 계곡 등 위험지역에 있거나 대피 권고를 받았을 경우에는 주변에 있는 사람들과 함께 즉시 안전한 지역으로 대피
–주변에 연세가 많거나 홀로 계신 어르신, 어린이, 장애인 등 대피에 어려움이 있는 사람들이 안전하게 대피할 수 있도록 돕기
–특히 침수된 도로, 지하차도, 교량 등은 사람과 차량의 통행을 엄격히 금지하고 주변에 있는 사람들에게 알려 진입하지 않도록 함
–공사장, 가로등, 신호등, 전신주, 지하 공간 등 위험지역에는 접근하지 않기
–농촌지역에서는 논둑이나 물꼬를 보러 나가지 않음
–이동식 가옥이나 임시 시설에 거주할 경우에는 견고한 건물로 즉시 이동하고 주변에 있는 사람들에게 위험지역을 알려 주기

④ 호우 이후 행동

호우가 지나간 후에는 이웃 등 주변의 피해 상황을 확인하고, 가까운 행정복지센터 등에 피해를 신고하여 보수 · 보강을 하도록 한다. 호우 이후의 상세 행동은 태풍 이후의 행동에 준하여 시행한다.

(3) 호우에 대한 안전교육

- 여름이 시작되며 비교적 비가 많이 내리기 시작하는 시기에 비의 특성을 이해할 수 있도록 교육
  –비의 필요성, 비가 오지 않는다면, 너무 많이 온다면 등에 대해 다양한 측면에서 생각해 볼 수 있는 활동을 진행
- 호우 예보 시 관련 정보를 바탕으로 안전을 위해 유아가 알아야 할 것, 행동할 것 등에 대해 인지하도록 교육
- 기상의 변화에 따른 대처 방안을 인식하도록 교육
- 기상의 변화가 인간의 삶에 주는 영향 등에 대해 인식할 수 있는 기회 제공
- 호우 예보, 호우시 및 상황이 종료된 후 해야 할 행동을 이해하고 실행할 수 있도록 교육

홍수 예·경보 시 대비 행동

홍수(洪水)는 비가 많이 와서 강이나 개천에 갑자기 물이 크게 불어나는 것을 말함

- 홍수 피해가 예상되는 지역의 주민은 라디오나 TV, 인터넷을 통해 기상 변화를 알아 둔다.
- 홍수 우려 때 피난 가능한 장소와 길을 사전에 숙지한다.
- 갑작스러운 홍수가 발생하면 높은 곳으로 빨리 대피한다.
- 비탈면이나 산사태가 일어날 수 있는 지역에 가까이 가지 않는다.
- 바위나 자갈 등이 흘러내리기 쉬운 비탈면 지역의 도로 통행을 삼가고, 도로를 지날 때는 주위를 잘 살핀 후 이동한다.
- 홍수 예상 시 전기차단기를 내리고 가스 밸브를 잠근다.
- 침수된 지역에서 자동차를 운전하지 않는다.
- 지정된 대피소에 도착하면 반드시 도착 사실을 알리고, 통제에 따라 행동한다.
- 침수주택은 가스 · 전기차단기가 꺼져 있는지 확인하고, 기술자의 안전조사가 끝난 후 사용한다.
- 수돗물이나 저장식수도 오염 여부를 반드시 조사 후에 사용한다.

  * 홍수 특보기준: 국토교통부 홍수통제소에서 수계별 주요지점 홍수 예 · 경보 기준 수위에 따라 발령함

출처: 국민재난안전포털. http://www.safekorea.go.kr/

3) 지진

(1) 지진에 대한 이해

지진(earthquake, 地震)은 지진파가 지면에 도달하여 지면이 갑자기 흔들리기 시작해서 한동안 진동이 계속되다가 멈추는 현상을 말한다. 지진의 발생 원인은 단층운동으로 지각암반이 서서히 변형되고 탄성 에너지가 축적되어 지진이 일어난다고 보는 탄성반발설(彈性反撥說, Elastic rebound theory)과 판과 판의 경계에서 암석들이 부딪치며 지진이 일어나는 판구조론(板構造論, Plate tectonics)으로 설명하고 있다(다음백과사전. https://100.daum.net/encyclopedia/).

우리나라는 일본, 중국 등 주변 나라에 비해 지진에 안전한 나라로 인식되었으나, 2016년 경주지진(규모 5.8) 등으로 많은 피해가 발생하였다. 더 이상 우리나라도 지진 안전지대가 아니라는 경각심을 갖고 피해를 줄일 수 있는 행동지침을 숙지하여야 한다(국민재난안전포털. http://www.safekorea.go.kr/).

(2) 지진에 대한 대처[8]

① 지진에 대비한 평소의 안전관리

집, 유아교육기관 내 안전 확보

- 탁자 아래 등 집 안에서 대피할 수 있는 안전한 대피 공간을 미리 파악해 둔다.
- 평소 위험한 위치를 확인해 두고 지진 발생 시 가까이 가지 않도록 한다. 예를 들어, 유리창이나 넘어지기 쉬운 가구 주변 등
- 깨진 유리 등에 다치지 않도록 두꺼운 실내화를 준비해 둔다.
- 화재를 일으킬 수 있는 난로나 위험물은 주의하여 관리한다.

떨어지기 쉬운 물건을 고정하기

- 가구나 가전제품이 흔들릴 때 넘어지지 않도록 고정해 둔다.
- 떨어질 수 있는 물건은 높은 곳에 두지 않도록 한다.
- 그릇장 등 가구 안의 물건들이 쏟아지지 않도록 문을 고정해 둔다.
- 창문 등의 유리 부분은 필름을 붙여 유리가 파손되지 않도록 한다.

집, 유아교육기관을 안전하게 관리하기

- 가스 및 전기를 미리 정기적으로 점검한다.
- 건물이나 담장은 수시로 점검하고, 위험한 부분은 안전하게 수리한다.
- 건물의 균열을 발견하면 전문가에게 문의하여 보수하고 보강한다.

---

8) 국민재난안전포털. http://www.safekorea.go.kr/

평상시 가족회의 및 교육을 통하여 위급한 상황에 대비

- 가스 및 전기를 차단하는 방법을 알아 둔다.
- 머물고 있는 곳 주위의 넓은 공간 등 대피할 수 있는 장소를 알아 둔다.
- 비상시 가족과 만날 곳과 연락할 방법을 정해 둔다. 유치원, 어린이집에서는 대피 경로 및 방법, 대피 장소를 교육하고 가정에도 사전 안내한다.
- 응급처치 방법을 반복적으로 훈련하여 익혀 둔다.

비상용품의 평소 준비

- 지진에 대비하여 비상용품을 준비해 두고, 보관 장소와 사용방법을 알아 둔다.
- 지진 발생 시 일어날 수 있는 화재에 대비하여 소화기를 준비해 두고, 사용방법을 알아 둔다.

② 지진 발생 시 일반적 대피 방법

튼튼한 탁자 아래에 들어가 다리를 꼭 잡고 몸을 보호한다

- 지진으로 크게 흔들리는 시간은 길어야 1~2분 정도이다. 그 시간 동안 자신의 신체를 보호하는 것이 가장 중요하다. 빠르게 튼튼한 탁자의 아래로 들어가 탁자 다리를 꼭 잡고 몸을 보호한다.
- 탁자 아래와 같이 피할 곳이 없을 때에는 방석 등으로 머리를 보호하여야 한다.

가스와 전깃불을 차단하고 문을 열어 출구를 확보한다

- 흔들림이 멈춘 후 당황하지 말고 화재에 대비하여 가스와 전깃불을 끈다.
- 문이나 창문을 열어 언제든 대피할 수 있도록 출구를 확보한다. 지진으로 건물이 틀어지면 문이 안 열릴 수 있다.
- 흔들림이 멈추면, 출구를 통해 밖으로 나가 약속된 대피장소로 이동한다.

집, 어린이집, 유치원에서 나갈 때는 신발은 꼭 신고 이동한다

- 지진이 발생하면 유리 조각이나 떨어져 있는 물체 때문에 발을 다칠 수 있으므로 발을 보호할 수 있는 신발을 신고 이동한다.

계단을 이용하여 밖으로 대피한다

• 지진이 나면 엘리베이터가 멈출 수 있으므로 타지 말고, 계단을 이용하여 건물 밖으로 대피한다. 밖으로 나갈 때에는 떨어지는 유리, 간판 등에 주의하며, 소지품으로 몸을 보호하면서 침착하게 대피한다.

건물이나 담장으로부터 떨어져 이동한다

• 건물 밖으로 나오면 담장, 유리창 등이 파손되어 다칠 수 있다. 건물과 담장에서 최대한 멀리 떨어져 가방이나 손으로 머리를 보호하면서 대피한다.

낙하물이 없는 넓은 공간으로 대피한다

• 떨어지는 물건에 주의하며 신속하게 운동장이나 공원 등 넓은 공간으로 대피한다. 이동할 때에는 차량을 이용하지 않고 걸어서 대피한다.

올바른 정보에 따라 행동한다

• 대피 장소에서는 안내에 따라 질서를 지킨다. 지진 발생 직후에는 근거 없는 소문이나 유언비어가 유포될 수 있다. 방송이나 공공기관의 안내 방송 등이 제공하는 정보에 따라 행동한다.

③ 흔들림이 멈추거나 대피 후의 행동

가족 또는 원아의 상황과 부상자를 살펴보고 즉시 구조 요청을 한다

• 흔들림이 멈추면 부상자가 없는지, 집, 건물에 위험이 없는지 확인한다.

• 부상자가 있으면 응급처치를 하고 소방서(119) 등 구조구급기관에 신고한다.

주변의 피해 상황에 따라 귀가할지 또는 건물 내로 들어갈지 여부를 결정한다

• 방송 및 공공기관이 제공하는 정보에 따라 행동하며, 귀가 여부를 판단한다.

가정이나 기관으로 돌아간 후에는 안전에 유의하여 주변을 확인한다

- 가정이나 어린이집, 유치원의 피해 상황을 확인하고, 안전이 의심된다면 전문가의 확인을 받는다.
- 옷장이나 사무실 보관함 등의 내용물이 쏟아져 내려 부상을 입을 수도 있으므로 문을 열 때 주의한다.

올바른 정보를 항상 확인하고 지진 국민행동요령에 따른다

어린이와 함께 있을 때의 행동

유모차보다는 아기 띠를 사용한다.

- 영유아의 경우 대피 시 유모차 사용이 어렵기 때문에 평소에 업는 띠를 준비해 둔다. 대피 시 아기는 띠를 이용해 안고 손을 자유롭게 해 아기와 자신의 신체를 보호한다.

신발을 신겨서 안고 대피한다.

- 지진 상황에서는 유리 파편, 건물 잔해 등으로 도로가 위험하기 때문에 걸을 수 있는 아이라도 안고 대피한다. 업을 때에는 머리를 보호하고, 안거나 업더라도 반드시 신발을 신긴다.

어린이의 손을 잡고 대피한다.

- 혼란스러운 상황 속에서 헤어지지 않도록 손을 잡고 대피한다. 어린이의 경우 행동요령을 알고 있더라도 필요한 행동을 말해 주며 함께 대처할 수 있도록 안내한다.

출처: 국민재난안전포털. http://www.safekorea.go.kr/

지진 발생 시 장소에 따른 행동

집에 있을 때

- 가구, 텔레비전 등 낙하물을 피해 탁자 아래로 들어가 탁자 다리를 꼭 잡고 머리와 몸을 보호한다.
- 주방에서는 가스를 차단하여 화재 발생에 주의한다.
- 욕실에서는 몸을 낮추고 대야, 수건, 목욕가운 등으로 머리와 몸을 보호한다.

학교에 있을 때

- 책상 아래로 들어가 몸을 웅크리고 책상다리를 꼭 잡고 몸을 보호한다.
- 흔들림이 멈추면 교사의 안내에 따라 질서를 지키면서 운동장으로 대피한다.
- 복도에서는 창문 유리가 깨질 우려가 있으므로 창문과 떨어져 이동한다.

상점에 있을 때

- 진열장에서 떨어지는 물건으로부터 몸을 보호한다.
- 계단이나 기둥 근처로 피하고, 흔들림이 멈추면 안내에 따라 밖으로 대피한다.
- 에스컬레이터를 타고 있다면, 손잡이를 잡고 앉아서 버틴 후 침착히 벗어난다.

엘리베이터를 타고 있을 때

- 지진이 발생하면 엘리베이터를 타지 말아야 한다.
- 엘리베이터를 타고 있다면 모든 층의 버튼을 눌러 가장 먼저 열리는 층에서 신속하게 내린 후, 계단을 이용하여 대피한다.
- 만약 엘리베이터 안에 갇혔을 때는 인터폰이나 휴대전화를 이용하여 구조를 요청한다.

자동차를 타고 있을 때

- 비상등을 켜고 서서히 속도를 줄여 도로 오른쪽에 차를 세우고 긴급차량을 위해 도로의 중앙 부분을 비워 둔다.
- 라디오의 정보를 잘 듣고, 대피해야 할 때에는 열쇠를 꽂거나 놓아 둔 채 문을 잠그지 않고 이동한다.

전철을 타고 있을 때

- 전철 안의 손잡이나 기둥, 선반을 꼭 잡고 넘어지지 않도록 한다.
- 전철이 멈췄다고 해서 서둘러 출구로 뛰어가는 것은 위험하므로 안내에 따라 행동한다.

산이나 바다에 있을 때

- 돌 · 바위가 굴러 내려오거나 큰 산사태가 발생할 수 있으므로, 급한 경사지를 피해 평탄한 곳으로 대피한다.
- 지진해일 특보가 발령되면 지진해일 긴급대피장소 등 신속하게 높은 곳으로 대피한다.

출처: 국민재난안전포털. http://www.safekorea.go.kr/

[그림 6-6] 지진 발생 시 장소별 행동-행정안전부 교육홍보 자료

출처: 행정안전부. www.safekorea.go.kr

(3) 지진에 대한 안전교육

지진에 대한 교육은 평소의 안전관리 교육 및 지진 발생 시 대피 교육으로 이루어질 수 있다.

- 지진에 대한 이해와 현상 인지 교육
- 지진 발생 시 안전을 위한 안전관리 교육
  - –시설물의 안전 유지
  - –정리 정돈의 생활화(사용한 물건은 항상 제자리에 놓기, 장의 서랍은 사용 후 닫기 등)
  - –물건의 배치를 안전하게 하는 방법: 무거운 물건을 장의 아래 칸에 두기, 무거운 물건이 들어 있는 장은 벽에 기대어 놓기, 벽에 걸어 두는 물건은 떨어지지 않도록 단단히 장치를 하고 추락 시 위험성이 있는 것은 가급적 벽에 걸지 않기 등
  - –바닥을 항상 통행이 원활하도록 유지(바닥에 떨어진 물건이나 버릴 것 등은 보관장소 및 쓰레기통에 넣기)

표 6-7 지진 발생 시 대피 단계

1단계 지진 발생 감지 및 알림	• 지진을 처음 감지한 사람은 지진 발생을 알리고 원장에게 알림
2단계 안전 확보	• 원아와 교사는 지금 있는 자리에게 가장 가깝고 몸을 보호할 수 있는 장소로 이동하여 신체 안전 확보 즉, 책상 밑에 들어가 다리 붙들고 엎드려 있기 • 2차 피해 예방을 위해 전기, 가스 차단 • 문, 창문 등 피난을 위한 출입구 확보
3단계 피난 장소로 이동	• 지진이 멈추면 신발을 신고 안전한 피난 경로를 따라 피난 장소로 이동(운동장, 공원 등) • 교사는 영유아 비상연락망 지참, 원장은 교직원 비상연락망 지참 • 담당교사는 구급용품을 챙겨 피난
4단계 부상자 확인 및 응급처치	• 영유아 및 교직원 중 부상자 확인 • 부상자는 응급처치를 하고 의료기관에 연락
5단계 재해정보 확인 및 보호자에 연락 후 인계	• 재난방송을 통해 지진 상황을 확인 • 보호자에게 연락하여 영유아를 안전하게 인계

출처: 보건복지부, 어린이집 안전공제회, 중앙육아종합지원센터(2019), pp. 17-18을 일부 수정.

–신발, 겉옷 등 개인 용품을 정해진 위치에 사용 후 바로 보관하기

- 지진 발생 시 신체를 보호하는 방법 및 대피 방법 교육

  –대피 훈련 참여

- 유아교육기관에서의 지진 안전교육 내용과 대피 훈련 내용 등을 가정에도 안내하여 연계되도록 한다.

3. 대기오염으로부터의 안전

대기에는 각종 오염물질이 포함되어 있다. 여기서는 「대기환경보전법」(제8조 제4항)에 따른 대기오염경보의 대상인 미세먼지(초미세먼지 포함)와 오존을 살펴보고자 한다(「대기환경보전법 시행령」 제2조 제2항).[9]

1) 미세먼지

먼지는 대기 중에 떠다니거나 흩날려 내려오는 입자상 물질(「대기환경보전법」)을 말한다. 먼지는 입자의 크기에 따라 50㎛ 이하인 총먼지(Total Suspended Particles: TSP)와 입자크기가 매우 작은 미세먼지(Particulate Matter: PM)로 구분된다. 미세먼지는 다시 지름이 10㎛보다 작은 미세먼지(PM10)와 지름이 2.5㎛보다 작은 초미세먼지(PM2.5)로 나뉜다(환경부, 2016. 4.; 에어코리아. http://www.airkorea.or.kr/).

9) 「대기환경보전법 시행령」[대통령령 제29988호, 2019. 7. 16., 일부개정] 제2조 ② 법 제8조 제4항에 따른 대기오염경보의 대상 오염물질은 「환경정책기본법」 제12조에 따라 환경기준이 설정된 오염물질 중 다음 각 호의 오염물질로 한다. 〈개정 2012. 7. 20., 2014. 2. 5., 2019. 2. 8.〉

1. 미세먼지(PM–10)
2. 초미세먼지(PM–2.5)
3. 오존(O3)

④ 경보 단계별 조치

1. 주의보 발령: 주민의 실외활동 및 자동차 사용의 자제 요청 등
2. 경보 발령: 주민의 실외활동 제한 요청, 자동차 사용의 제한 및 사업장의 연료사용량 감축 권고 등
3. 중대경보 발령: 주민의 실외활동 금지 요청, 자동차의 통행금지 및 사업장의 조업시간 단축명령 등

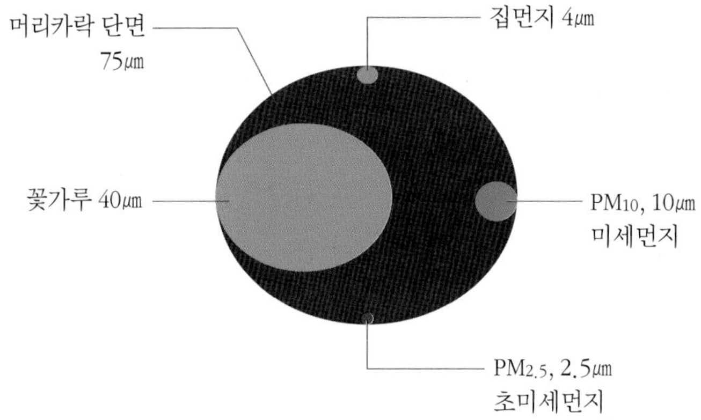

[그림 6-7] 미세먼지의 크기 비교

출처: 환경부(2019. 7. 4.). https://www.konetic.or.kr/

미세먼지는 자연적인 것 혹은 인위적인 것에서 발생한다. 자연적 먼지 발생원은 흙먼지, 바닷물에서 생기는 소금, 식물의 꽃가루 등이다. 인위적인 발생원은 보일러나 발전시설 등에서 석탄 · 석유 등 화석연료를 태울 때 생기는 매연, 자동차 배기가스, 건설현장 등에서 발생하는 날림먼지, 공장 내 분말형태의 원자재, 부자재 취급 공정에서의 가루성분, 소각장 연기 등이다(환경부, 2016. 4.; 2019. 7. 4.).

미세먼지는 발생할 때부터 고체 상태의 미세먼지로 나오는 경우(1차적 발생)와 발생원에서는 가스 상태로 나온 물질이 공기 중의 다른 물질과 화학반응을 일으켜 미세먼지가 되는 경우(2차적 발생)로 나뉜다(환경부, 2016. 4.). 인위적 배출원에서 직접 배출은 약 25%, 대기 중 화학반응으로 2차 생성되는 것이 약 75%로 추정되고 있다

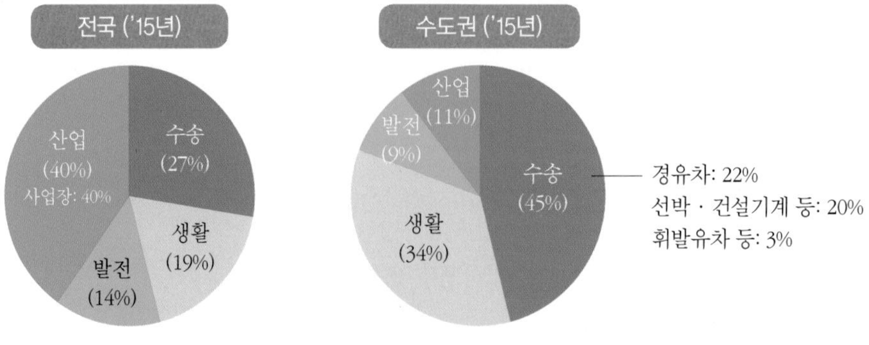

[그림 6-8] 미세먼지 농도 결정 3대 요인: 국내 요인

출처: 환경부(2019. 7. 4.). https://www.konetic.or.kr

(환경부, 2019. 7. 4.). 특히 수도권의 경우, 화학반응에 의한 2차 생성 비중이 전체 미세먼지(PM2.5) 발생량의 약 2/3를 차지할 만큼 매우 높다(환경부, 2016. 4.).

발생된 미세먼지는 공기 중에 부유 상태로 존재하면서 시정을 악화시킨다. 또한 사람의 건강, 농작물과 생태계, 산업활동에 나쁜 영향을 미친다(환경부, 2016. 4.). 대기 중의 이산화황(SO2/SO_2)이나 이산화질소(NO2), 중금속이 많이 묻어 있는 미세먼지는 농작물, 토양, 수생 생물에 피해를 줄 수 있다. 산성비를 내리게 해 토양과 물을 산성화시키고, 토양 황폐화, 생태계 피해, 산림수목과 기타 식생의 손상 등을 일으킬 수 있다. 미세먼지가 식물의 잎에 부착되면 잎의 기공을 막고 광합성 등을 저해하여 작물의 생육을 지연시킨다. 미세먼지는 반도체 등 산업에도 악영향을 미치며, 미세먼지농도에 따라 비상저감장치로 인해 산업을 위한 자동차 운행이 중단되기도 한다. 또 건축물이나 유적물 및 동상 등에 퇴적되어 부식을 일으킨다.

세계보건기구 산하 국제암연구소(International Agency for Research on Cancer: IARC)는 2013년에 미세먼지를 1군(Group 1) 발암물질로 분류했다(환경부, 2016. 4.). 미세먼지는 호흡을 통해 인체에 침입하여 기관지 및 폐에 부착된다. 이들 입자 중 1㎛ 이상의 큰 먼지는 대부분 배출되나 기관지를 통과할 수 있는 0.1~1㎛ 크기의 먼지는 호흡기관을 통해 폐 깊숙이 침투할 수 있다. 더구나 미세먼지는 비교적 장시간 대기 중에 체류하기 때문에 지속적인 노출로 인해 건강에 영향을 미친다. 미세먼지는 기

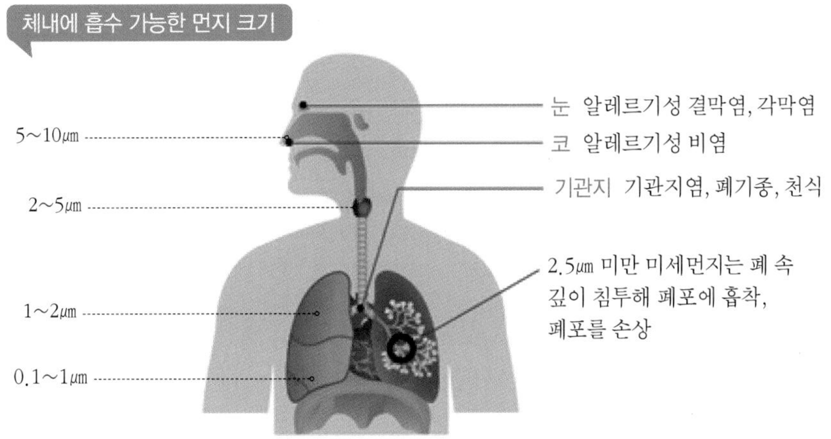

[그림 6-9] 미세먼지가 인체에 미치는 영향

출처: 환경부 수도권 대기환경청. http://www.me.go.kr/; 환경부(2019. 7. 4.). http://www.konetic.or.kr

도를 통해 체내에 들어와 폐 깊숙이 안착하여 각종 호흡기 질환을 일으킨다. 천식과 같은 호흡기계 질병을 악화시키고, 폐 기능의 저하를 초래하며 천식이나 폐질환의 유병률과 조기사망률을 증가시킨다(에어코리아. http://www.airkorea.or.kr/). 또 심혈관질환의 발생이나 악화를 초래하기도 한다. 미세먼지가 증가하거나 장기간 노출될 때 만성 폐쇄성 폐질환 입원율 혹은 사망률이 증가하고 심혈관질환으로 인한 사망률도 증가하는 것으로 보고되고 있다. 특히 폐나 심장에 질환을 갖고 있는 성인이나 어린이들의 경우 미세먼지에 의해 쉽게 영향을 받는 것으로 보고되고 있다(환경부, 2016. 4.).

피해에 대비하도록 미세먼지 농도를 사전에 예측하여 방송, 인터넷, 문자 등으로 알려 주고 있다. 또한 고농도 먼지가 발생되지 않도록 예방하기 위해 미세먼지 예보

미세먼지 예보 등급별 행동 요령

예보구간		등급			
		좋음	보통	나쁨	매우나쁨
예측농도 ($\mu g/m^3$, 1일)	미세먼지 PM10	0~30	31~80	81~150	151 이상
	초미세먼지 PM2.5	0~15	16~35	36~75	76 이상
행동요령 (미세먼지)	민감군	–	실외활동 시 특별히 행동에 제약은 없으나 몸 상태에 따라 유의하여 활동	장시간 또는 무리한 실외활동 제한. 특히 천식환자는 실외활동 시 흡입기를 더 자주 사용할 필요가 있음	가급적 실내활동만 하고 실외활동 시 의사와 상의
	일반인	–	–	장시간 또는 무리한 실외활동 제한. 특히 눈이 아프거나, 기침이나 목의 통증으로 불편한 사람은 실외활동을 피해야 함	장시간 또는 무리한 실외활동 제한. 기침이나 목의 통증 등이 있는 사람은 실외활동을 피해야 함

※ 민감군: 어린이, 노인, 천식 같은 폐질환 또는 심장질환자

출처: 에어코리아. http://www.airkorea.or.kr/

제를 시행하고 있다. 고농도 미세먼지 발생 시 국민들에게 경계하도록 알려 주고 오염수준별 국민행동요령 및 조치사항을 이행케 함으로써 피해를 줄이기 위해 경보제를 시행하고 있다. 미세먼지 예보제는 2005년 서울시에서부터 시작되었다. 우리나라는 미세먼지 '나쁨' 예보기준을 강화하여 2018년 3월 27일부터 PM2.5 51~100 ㎛/m^3에서 36~75㎛/m^3으로 변경, 운영하고 있다.

대기오염경보 단계별 대기오염물질의 농도기준은 다음과 같다(「대기환경보전법 시행규칙」[별표 7] 〈개정 2019. 2. 13.〉).

표 6-8 대기오염경보 단계별 대기오염물질, 미세먼지의 농도기준(「대기환경보전법 시행규칙」 제14조 관련)

대상물질	경보단계	발령 기준	해제 기준
미세먼지 (PM-10)	주의보	해당지역의 대기자동측정소 PM-10 시간당 평균농도가 150μg/m^3 이상으로 2시간 이상 지속인 때	주의보가 발령된 지역의 기상조건 등을 검토하여 대기자동측정소의 PM-10 시간당 평균농도가 100μg/m^3 미만인 때
	경보	해당지역의 대기자동측정소 PM-10 시간당 평균농도가 300μg/m^3 이상으로 2시간 이상 지속인 때	경보가 발령된 지역의 기상조건 등을 검토하여 대기자동측정소의 PM-10 시간당 평균농도가 150μg/m^3 미만인 때는 주의보로 전환
초미세먼지 (PM-2.5)	주의보	해당지역의 대기자동측정소 PM-2.5 시간당 평균농도가 75μg/m^3 이상으로 2시간 이상 지속인 때	주의보가 발령된 지역의 기상조건 등을 검토하여 대기자동측정소의 PM-2.5 시간당 평균농도가 35μg/m^3 미만인 때
	경보	해당지역의 대기자동측정소 PM-2.5 시간당 평균농도가 150μg/m^3 이상으로 2시간 이상 지속인 때	경보가 발령된 지역의 기상조건 등을 검토하여 대기자동측정소의 PM-2.5 시간당 평균농도가 75μg/m^3 미만인 때는 주의보로 전환

유아교육기관에서는 미세먼지, 초미세먼지의 발생에 대비하여 다음과 같은 준비를 하여야 한다(환경부, 교육부, 보건복지부, 2017).

- 보호자 비상연락망 구축 및 피해예방, 대응조치 지도
- 고농도 미세먼지 상황대비 실외수업 대체를 위한 계획 마련
- 민감군 및 고위험군 영유아 관리대책 마련

- 보건용 마스크(KF80, KF94, KF99), 상비약 비치 및 점검
- 유아교육기관 실내 미세먼지 유지기준, PM10 100㎍/m^3 준수(관련 법령: 「실내 공기질 관리법」 제3조 제1항 제10조의2 및 동법 시행령 제2조 제1항 제10호)
- 미세먼지 농도 확인 및 대응매뉴얼 이행(미세먼지 문자 알림 서비스 신청: 예보, 에어코리아 홈페이지: 주의보, 경보, 시 · 도 홈페이지)
- 호흡기 질환 등 미세먼지 민감군 및 고위험군 영유아 관리대책 이행
- 실내 공기 질 관리(물걸레 청소 등)
- 고농도 미세먼지 발생 시 대응 방안 숙지(〈표 6–9〉 참조)

표 6–9 고농도 미세먼지 발생 시 대응 방안

고농도 예보 단계	• 보호자 비상연락망, 안내문 등을 통한 예보상황 및 행동요령 공지 • 예정된 실외 수업에 대한 점검(수업 대체 여부 검토) • 미세먼지 예보상황 및 농도변화 수시 확인: 에어코리아, 우리동네 대기질 앱 활용 • 시설 담당자는 미세먼지 농도를 수시로 확인, 기관 내 상황 전파 • 영유아 대상 행동요령 교육 및 실천(외출 자제, 외출 시 마스크 쓰기, 깨끗이 씻기, 물을 자주 먹기, 과일은 깨끗이 씻어 먹기 등) • 실외활동 자제(실내활동으로 대체), 바깥공기 유입 차단(창문 닫기)
주의보 단계	• 실외활동 단축 또는 금지, 등하원 시간 조정 등 실시 • 식당 위생관리 강화: 기계, 기구류 세척 등
경보 단계	• 질환자 파악 및 특별관리(진료 등)
주의보, 경보 발령 해제	• 기관별 실내외 청소 • 도로변 외의 창문을 열어 환기 • 환자 발생 여부 파악, 휴식 또는 조기 귀가
조치결과 등 보고	• 어린이집은 경보 발령 후 7일 이내에 조치결과를 시 · 군 · 구 환경담당부서(보육 부서)에 보고 • 유치원은 경보 발령 후 7일 이내에 시 · 도 교육청에 보고 • 유아교육기관의 미세먼지 담당자 현황을 포함하여 보고 • 시 · 도 환경부서는 3, 9월에 취합 보고

출처: 환경부, 교육부, 보건복지부(2017).

황사와 미세먼지

미세한 모래먼지가 대기 중에 퍼져서 하늘을 덮었다가 서서히 떨어지는 현상 또는 떨어지는 모래흙을 황사(黃砂)라 한다. 우리나라에서 황사에 관한 가장 오래된 기록은 삼국사기이며, 174년 신라에 "흙비(雨土)가 내렸다."라고 기록되어 있다.

우리나라에 영향을 미치는 황사는 주로 중국 북부나 몽골의 사막지대와 황토고원(총 262만km^2, 한반도의 약 12배)에서 강력한 회오리 바람이 발생하는 경우 휩쓸려 올라간 미세한 흙먼지가 장거리를 이동하여 우리나라의 지상으로 내려와 발생한다. 최근 황사발원지가 동쪽으로 더 확대되고 한반도로 더 가까워지고 있어 우리나라에 더 심한 황사가 나타날 가능성이 커지고 있다.

우리나라에 영향을 주는 황사는 3~5월경에 많이 발생한다.

황사는 자연적으로 발생한 흙먼지로 자연 토양성분이 주를 이룬다. 이와 달리 미세먼지는 주로 화석연료 연소, 공장 · 자동차 배출가스 등 사람의 활동으로 발생하는 대기오염물질 등으로 구성된다.

출처: 환경부(2016). 행정간행물 등록번호 11-1480000-001435-01; 에어코리아. http://www.airkorea.or.kr/

2) 오존[10]

오존은 원래 자연적으로 생성되는데 자연적으로 생성된 오존은 반응성이 높아 불안정하여 생성 후 즉시 분해된다. 오존이 해로운 것만은 아니며 지구 대기의 보호막 역할을 한다. 즉, 전체 오존의 약 90%는 지상 10~50km 사이에 있는 성층권에 밀집되어 있다. 따라서 성층권을 오존층이라고도 부른다. 오존층에 존재하는 오존은 태양광선 중 생명체에 해로운 자외선을 95~99% 정도 흡수하여 인간과 동식물의 생명을 보호하는 방호막 역할을 한다. 오존층이 없다면 강력한 자외선이 직접 지표에 도달하여 피부암, 백내장 등을 일으키고, 면역기능을 떨어뜨려 건강에 해로운

10) '2) 오존'의 내용 중 별도로 출처를 제시하지 않은 경우는 환경부 대기보전국(2001). 오존오염의 현황과 대응방안. https://www.me.go.kr에 의한 것임.

영향을 미치게 된다. 자연생태계에도 중대한 영향을 미친다.

1970년대 이후부터 오존층의 오존함량이 계속 감소하고 있는데, 그 원인은 생활에서 사용되고 있는 프레온 가스류(CFCs)에 의해 오존층이 파괴되고 있기 때문이다. 이에 1989년 국제 사회는 오존층 파괴물질에 관한 몬트리올 의정서를 채택하여 프레온 가스 등 오존층 파괴물질 저감을 위한 공동 대응을 추진하고 있다.

문제는 지표면에서 생성되는 2차 오염물질인 오존이다. 성층권이 아닌, 지표면으로부터 10km 이내의 대류권에 존재하는 나머지 10%의 오존은 오존농도가 일정 기준 이상 높아질 경우 인체에 해롭고 농작물의 수확량 감소, 잎이 말라죽는 현상을 가져오기도 한다. 대기 중에 배출된 질소산화물(NOx)과 휘발성 유기화합물(VOCs) 등이 자외선과 광화학 반응을 일으켜 생성된 오존은 인체에 해로운 대기오염 물질이 된다.

오존을 생성하는 네 가지 요소는 NOx, VOCs, 자외선과 일정 수준 이상의 온도이다. 햇빛의 세기가 강하고 지속시간이 길 때, 전구물질의 배출량이 많고 오염물질의 확산이 저해되는 기상조건(낮은 풍속)과 지형적인 형태에서 주로 발생한다. 그러므로 햇빛이 강하고 맑은 여름철 오후 2~5시경에 많이 발생하며 특히 바람이 불지 않을 때 더욱 높게 나타난다. 전구물질인 휘발성 유기화합물은 자동차 배기가스, 화학, 정유공장과 같은 산업시설과 자연적 생성 등 다양한 배출원에서 발생한다(에어코리아. http://www.airkorea.or.kr/).

오존농도가 일정 기준 이상 높아질 경우 호흡기나 눈이 자극을 받아 기침이 나고 눈이 따끔거리거나 심할 경우 폐기능 저하를 가져온다. 오존에 반복 노출되면 가슴의 통증, 기침, 메스꺼움, 목 자극, 소화 등에 영향을 미치며, 기관지염, 심장질환, 폐기종 및 천식을 악화시키고, 폐활량을 감소시킬 수 있다. 특히 기관지 천식환자나 호흡기 질환자, 어린이, 노약자 등에게는 많은 영향을 미치므로 주의해야 한다(에어코리아. http://www.airkorea.or.kr/). 노약자나 호흡기 질환자 등은 폐기능이 노화되었거나 손상된 상태이므로 고농도 오존에 영향을 쉽게 받을 수 있다. 어린이는 성인보다 더 많은 공기를 필요로 하고 호흡기가 성장 단계에 있기 때문에 성인에 비해 공기 중의 고농도 오존의 위험에 더 취약하다. 따라서 오존에 대한 각별한 주의와 보호가 필요하다.

표 6-10 대기오염경보 단계별 대기오염물질, 오존의 농도기준(「대기환경보전법 시행규칙」 제14조 관련)

대상물질	경보단계	발령 기준	해제 기준
오존	주의보	해당 지역 대기자동측정소 오존농도가 0.12ppm 이상인 때	해당 지역 대기자동측정소의 오존농도가 0.12ppm 미만인 때
	경보	해당 지역 대기자동측정소 오존농도가 0.3ppm 이상인 때	해당 지역 대기자동측정소의 오존농도가 0.12ppm 이상 0.3ppm 미만인 때는 주의보로 전환
	중대경보	해당 지역 대기자동측정소 오존농도가 0.5ppm 이상인 때	해당 지역 대기자동측정소의 오존농도가 0.3ppm 이상 0.5ppm 미만인 때는 경보로 전환

비고: 오존농도는 1시간당 평균농도를 기준으로 하며, 해당 지역의 대기자동측정소 오존농도가 1개소라도 경보 단계별 발령 기준을 초과하면 해당 경보를 발령할 수 있다.
출처:「대기환경보전법 시행규칙」 별표 7.

우리나라는 1995년 서울지역에 오존경보제도를 처음 도입하였다. 오존경보제와 함께 오존예보제도 실시되고 있다. 이는 고농도 오존에 노출될 경우 피해를 입을 수 있는 호흡기 질환을 가지고 있는 환자나 노약자, 어린이들의 피해를 방지하고 오존 농도를 줄이는 데 있어 시민들의 자발적인 협조를 구하기 위한 것이다.

오존경보는 시 · 도지사가 〈표 6-10〉과 같이 오존농도에 따라 3단계로 발령한다.

자동차의 급격한 증가 및 산업 활동의 증가에 따라 대도시의 오존 오염도는 매년 악화되고 있다. 이에 따라 오존주의보 발령일수 및 횟수도 계속 증가하여 왔다. 주의보가 발령되면 '실외활동 및 자동차 사용의 자제', 경보 발령 시 '실외활동 제한, 자동차 사용의 제한' 등이 권고된다. 중대 경보일 때는 '실외활동 금지 요청, 자동차의 통행금지' 등이 명령된다. 특히 호흡기 환자와 노약자, 어린이는 외출을 자제해야 한다. 발령지역 내에서는 해제 시까지 자동차 운행, 스프레이 사용, 드라이클리닝, 페인트칠, 시너 사용을 억제하고, 승용차 사용을 자제하며 대중교통을 이용해야 한다.

오존 저감을 위해 평소 일반 국민이 실천할 수 있는 것은 다음과 같다(전라남도보건환경연구원. http://www.jihe.go.kr/business/ozone/).

• 에너지를 절약한다.
  – 에어컨 가동 시에는 실내온도를 너무 낮게 유지하지 말고, 쓰지 않는 전기 및 가정용품은 전원을 끈다.
  – 불필요한 전등은 반드시 끈다.
• 자가용 대신 대중교통을 이용한다.
  – 자가용을 이용하면 버스 이용 시에 비해 질소산화물은 약 1.3배, VOCs는 약 11배가, 전철 이용 시에 비해서는 질소산화물은 약 3배, VOCs는 약 650배가 배출된다.
• 자동차는 잘 정비하여 탄다. 국립환경연구원의 조사결과에 따르면 엔진오일, 에어필터, 연료필터, 점화플러그 교환 등 간단한 정비만으로도 오존원인물질을 줄일 수 있는 것으로 나타났다.
• 과적이나 연료공급장치를 조작하지 않는다. 국립환경연구원의 경유자동차에 대한 조사결과에 따르면 최대적재량보다 30% 과적하는 경우에 VOCs, 질소산화물, 매연의 배출이 증가하며, 전체 오염물질 배출량은 16.4%가 증가하는 것으로 나타났다. 자동차 사용자가 출력을 높이기 위하여 연료공급을 상향 조정하는 경우, 매연량이 증가되는 것으로 나타났다. 매연량 증가에 비하여 자동차 출력 증가율은 미비하였다.
• 불필요한 공회전을 하지 않는다. 공회전을 하게 되면 연료를 낭비하고 대기오염도 가중시킨다.
• 타이어공기압은 적정하게 유지한다. 타이어공기압을 적정하게 유지하면 연료사용량이 감소되고 오염물질 배출량을 줄일 수 있다.
• 자동차 에어컨 사용을 최소화한다. 에어컨 사용은 최대한 자제하고 사용할 때에도 가급적 사용단수를 낮추어 사용한다.
• 기름은 이른 아침이나 저녁 7시 이후에 주유하고, 탱크를 가득 채우거나 기름을 흘리지 않는다. 오존이 최고농도로 올라가는 낮 시간대를 피하여 주유하면 주유과정에서 배출되는 휘발성 유기화합물질의 양을 줄일 수 있어 오존오염도의 상승을 줄일 수 있다.
• 유성페인트, 스프레이 및 솔벤트 사용을 자제한다. 유기용제를 사용하는 유성

페인트 대신에 수성페인트 등을 사용한다. 또 헤어스프레이 등도 가급적 낮 시간대에 사용하는 일은 피한다.

- 차량 운행횟수를 최소한으로 줄인다. 가까운 거리는 걷거나 자전거를 이용하고, 볼일은 모아서 한번에 보면 운행거리를 최소화할 수 있고 시간도 절약할 수 있다.
- 환경친화적인 운전문화를 정착한다. 경제속도(60~80km/시간)로 정속 주행하고, 연료소비에 직접적으로 영향을 미치는 급출발이나 급가속 및 감속 등을 피한다.

3) 대기오염에 대한 안전교육

영유아와 함께 일상생활에서 대기환경을 안전하게 지키기 위해 할 수 있는 일, 대기오염경보 발생 시 건강을 지키기 위하여 하여야 할 행동에 대하여 교육한다. 다음과 같은 내용을 포함한다.

- 우리의 대기환경을 맑고 안전하게 지키는 것의 중요성을 인식하도록 한다.
  - 대기 질이 좋은 날 산책 등의 야외활동을 자주 하면서 맑은 공기를 마음껏 누리기
  - 대기 질이 좋은 날의 자연현상과 사람에게 미치는 영향에 민감하도록 관찰, 탐색하기: 하늘, 식물 등 자연의 빛과 움직임, 피부에 닿는 햇살의 감촉 등
  - 맑고 안전한 대기환경을 경험할 때, 즉 보고 느낄 때의 감정을 표현하기
  - 상반되는 질 나쁜 환경일 때, 그러한 환경이 자신에게 어떤 느낌, 불편함을 주고 있는지 이야기하기
  - 대기환경의 악조건 상황에서 관찰되는 모든 것을 인식하고 명명하여 보는 기회를 갖기: 예를 들어, 공기가 나빠서 바깥놀이를 하지 못하고 있다, 축구를 하고 싶다, 마스크를 쓰고 다니는 것이 불편하다, 눈이 따갑다, 실내에만 있으니 답답하다, 밖에 나갔다 왔더니 머리가 아프다 등
- 대기환경의 질이 나빠진 여러 원인을 이해한다.

- 대기환경을 좋은 여건으로 유지하기 위하여 우리가 할 수 있는 일을 알아본다.
- 대기환경 질을 향상시키는 시민의식을 함양한다.
- 우리가 할 수 있는 일을 실천한다.
  - 자원을 절약하기, 화학물질 사용을 줄이고 자연친화적인 생활을 하기
  - 에너지 절약, 이동할 때 자동차보다는 걷기 · 자전거 타기, 먼 거리는 대중교통 이용 등
- 대기환경 질에 따라 자신의 활동을 조절하는 태도를 함양한다.
  - 한낮에 실외활동을 하지 않기, 몸을 깨끗이 하기, 마스크 · 모자 등으로 몸을 보호하기 등
  - 대기오염에서 건강을 지켜 주는 음식을 섭취하기: 야채, 과일, 물 등
- 대기오염경보 단계에서 영유아가 해야 할 행동을 이해하고 실천한다.
  - 제한된 환경 속에서도 즐겁고 의미 있는 일상을 보내는 방법도 포함한다.

4) 재난안전교육의 실제

- 활동명: 숨지 마세요[11]
- 학습목표: 화재 발생 시 숨으면 위험하다는 것을 알고 밖으로 안전하게 대피할 수 있다.
- 관련생활주제: 건강과 안전, 우리동네, 겨울

지도 자료	–화재 발생 시 숨어 있는 아이들 모습 그림 자료 –'불이야! 불이야!' 동영상 http://vod1.kfsa.or.kr/etc/safekid/tot02.wmv(10분 55초)	 [출처: http://vod1.kfsa.or.kr/etc/safekid/tot02.wmv]

- 교수 · 학습활동

도입	1 불이 났을 때의 안전한 대피방법에 대하여 이야기를 나눈다. –불이 나면 어떻게 해야 할까?
전개	1 동영상을 시청한 후 화재 발생 시 신속하게 밖으로 나가야 하는 이유에 대하여 이야기를 나눈다. –불이 났을 때 신속하게 밖으로 나가야 하는 이유는 무엇일까? • 밖으로 신속히 나와야 연기도, 불길도 피하여 우리 몸을 다치지 않게 할 수 있다. • 연기가 나면 위험하다. • 불이 쉽게 번져 우리 몸에 붙을 수도 있다. • 화상은 생명에도 위험을 줄 수 있다. • 불이 나면 안에 있는 사람이 어디 있는지 소방관, 부모님 등이 찾기 어렵다. –신속하게 밖으로 나가기 위해서는 어떻게 행동해야 할까?

11) 출처: 교육부, 경상남도교육청, 학교안전공제중앙회(2016), p. 337을 일부 수정함.

	2 화재가 발생하면 하지 말아야 할 행동과 그 이유에 대하여 알아본다. –불이 났을 때 안전하게 대피하기 위하여 하지 말아야 할 행동은 무엇일까? • 아무리 무서워도 옷장에 숨으면 안 돼요. • 승강기를 타면 안 돼요. • 함부로 문을 열지 않아요. 3 화재 시 신속하게 밖으로 나가는 방법에 대해 퀴즈로 알아본다.
마무리	1 불이 나면 숨지 않고 신속하게 밖으로 나가야 하는 이유를 정리해 본다. –유아들과 상황극으로 화재 시의 안전한 행동과 위험한 행동을 꾸며 본다.

• 지도상의 유의점

–화재 대피 훈련은 유아들에게 일상적인 습관이 되도록 반복 훈련한다.

–불에 대한 안전교육이 유아들에게 너무 무서운 경험이 되지 않도록 유의한다.

–실제 화재 시 침착하게 대피할 수 있도록 친구와의 상황극이나 평소 대피 훈련으로 반복 지도한다.

7장

약물안전

영유아 안전관리와 교육

유아에게도 약물 중독 예방 및 약물 오 · 남용 예방교육이 필요하며, 아동 관련 법령에서도 이에 대한 교육내용과 방법 및 시수를 규정하고 시행하도록 하고 있다. 중독은 약물 오 · 남용으로 인한 것이다. 중독을 유발하는 대표적인 물질은 의약품, 담배를 비롯한 유해물질, 그리고 생활에서 사용하는 각종 화학물질 등이다. 질병 예방 및 치료와 건강에 도움이 되는 의약품이라도 오 · 남용하게 되면 심각한 손상을 가져올 수 있다. 우리가 일상적으로 접하는 각종 용품이나 가구, 건축자재는 일정한 양이 체내에 들어오면 신체에 손상을 입힐 수 있는 물질을 함유하고 있을 수 있다. 이러한 물질들의 유해성은 영유아에게는 더 크게 작용하며 이후의 건강에까지 영향을 미칠 수 있다. 따라서 약물의 안전한 취급과 사용법, 약물의 기능과 유해성 등을 알고 대처할 수 있는 교육이 필요하다.

1. 약물 관련 개념

1) 약물의 개념

약물은 넓게는 정신적, 신체적 변화를 가져오는 모든 물질을, 좁게는 정신적 만족과 쾌락을 위해 섭취하는 마약류와 주류, 담배와 같은 물질을 의미한다.

아동 관련 법령에서는 약물을 의약품과 중독성 물질 및 항정신성 의약품, 화학제품 등을 포괄하는 넓은 의미로 사용하고 있다. 「아동복지법」에 제시된 약물의 오 · 남용 예방교육에서는 의약품, 생활 주변의 해로운 약물과 화학제품, 가정용 화학제품, 중독성 물질 및 항정신성 의약품을 포함하고 있다(동법 시행령 제28조 제1항 관련 별표 6).

「학교안전사고 예방 및 보상에 관한 법률」에 따른 '학교안전교육 실시 기준 등에 관한 고시'에 제시된 약물 중독예방교육의 내용에 포함된 약물은 「아동복지법」과 마찬가지로 일반의약품, 해로운 약물 및 화학제품, 중독성 물질, 향정신성 물질을 포함하고 있다(교육부 고시 제2017-121호).

「청소년 보호법」에서는 19세 이하에게 유해한 약물로서 주류, 담배, 마약류, 그리고 「화학물질관리법」에 따른 환각물질을 제시하고 있다. 이 밖에 중추신경에 작용하여 습관성, 중독성, 내성 등을 유발하여 인체에 유해하게 작용할 수 있는 약물을 청소년보호위원회가 결정하고 여성가족부장관이 고시한 물질도 포함된다(제2조 제4항 가).

유해물질이 아닌 의약품과 생활용품으로서의 화학제품들은 생활에 꼭 필요한 것이다. 그러나 유익한 물질도 오용하거나 남용하면 중독사고와 건강에 손상을 가져올 수 있다. 이상의 정의를 반영하여 이 책에서는 약물안전교육에 포함되는 약물의 개념을 건강한 생활에 필요한 의약품과 유해물질, 그리고 생활용품으로서의 화학제품들을 포함하는 넓은 의미로 사용한다.

(1) 의약품

의약품은 질병을 진단 · 치료 · 경감 · 처치 또는 예방할 목적으로 사용하는 물질로서 질병 치료 및 건강 유지를 위해 필요한 것이다. 의약외품은 붕대, 거즈, 마스크, 소독제 등과 같이 질병을 치료 · 경감 · 처치 또는 예방할 목적으로 사용되는 물품 및 제제이다(「약사법」 제2조 제4항, 제7항).

의약품은 일반의약품과 전문의약품으로 나뉜다. 일반의약품은 오 · 남용 우려가 적고, 의사의 처방 없이 사용하더라도 안전성 및 유효성을 기대할 수 있고, 전문지식이 없어도 사용할 수 있으며, 인체에 미치는 부작용이 비교적 적은 의약품이다. 전문의약품은 일반의약품이 아닌 약품이다(「약사법」 제2조 제9항, 제10항).

의약품 중 11세 이하의 어린이에게 경구로 투여되는 의약품은 소아용 의약품으로 구분하여 관리된다.

의약품 관련 용어의 법적 정의

1. 의약품(「약사법」 제2조 제4항)
   - 사람이나 동물의 질병을 진단 · 치료 · 경감 · 처치 또는 예방할 목적으로 사용하는 물품 중 기구 · 기계 또는 장치가 아닌 것
   - 사람이나 동물의 구조와 기능에 약리학적(藥理學的) 영향을 줄 목적으로 사용하는 물품 중 기구 · 기계 또는 장치가 아닌 것
2. 일반의약품(「약사법」 제2조 제9항)
   - 오용 · 남용될 우려가 적고, 의사나 치과의사의 처방 없이 사용하더라도 안전성 및 유효성을 기대할 수 있는 의약품
   - 질병 치료를 위하여 의사나 치과의사의 전문지식이 없어도 사용할 수 있는 의약품
   - 의약품의 제형(劑型)과 약리작용상 인체에 미치는 부작용이 비교적 적은 의약품
3. 전문의약품은 일반의약품이 아닌 의약품(「약사법」 제2조 제10항)
4. 소아용의약품(「의약품 안전용기 · 포장 및 투약계량기에 관한 규정」 제2조)
   - 주로 만 11세 이하의 영유아 및 어린이에게 경구로 투여되는 의약품

(2) 유해약물

「청소년 보호법」에 기초하여 유해약물의 종류를 살펴보면 다음과 같다(제2조 제4항 가).

① 「주세법」 따른 주류

② 「담배사업법」에 따른 담배

③ 「마약류 관리에 관한 법률」에 따른 마약류: 마약 · 향정신성의약품 및 대마

- 마약: 양귀비, 아편, 코카 잎(엽) 및 이들에게 추출되는 화학적 합성품으로서 대통령령으로 정하는 것, 앞의 물질을 함유하는 혼합물질 또는 혼합제제
- 향정신성의약품: 인간의 중추신경계에 작용하는 것으로서 이를 오용하거나 남용할 경우 인체에 심각한 위해가 있다고 인정되는 것

- 대마: 대마초와 그 수지(樹脂), 이를 원료로 하여 제조된 모든 제품, 이들과 동일한 화학적 합성품으로서 대통령령으로 정하는 것, 앞의 물질을 함유하는 혼합물질 또는 혼합제제

④ 「화학물질관리법」에 따른 환각물질
- 톨루엔, 초산에틸 또는 메틸알코올
- 톨루엔, 초산에틸 또는 메틸알코올이 들어 있는 시너, 접착제, 풍선류 또는 도료
- 부탄가스
- 아산화질소(의료용으로 사용되는 경우는 제외)

⑤ 중추신경에 작용하여 습관성, 중독성, 내성 등을 유발하여 인체에 유해하게 작용할 수 있는 약물 등으로서 여성가족부장관이 고시한 것
- 초산에틸이 함유된 유기졸이나 겔상의 부는 풍선류

(3) 생활화학제품에 들어 있는 유해물질

생활에서 접하게 되는 화학제품은 실로 다양하다. 화학물질에는 석유, 석탄, 복어의 독과 같은 천연화학물질과 인공적으로 만들어 낸 인공화학물질이 있다. 여기서는 생활용품의 원료로서의 인공화학물질을 다룬다.

미술재료, 전지, 크림과 로션 등의 화장품, 두발 염색 및 관리 제품, 카펫, 건축 자재나 가구, 접착제(글루건, 문구용 풀, 순간접착제 등), 세정제(주방세제, 세정제, 변기세정제 및 세척제, 가정용 오븐 세제, 가구 세척제, 광택제, 기름제거제, 얼룩세척제 또는 제거제, 유리 또는 창문세척제, 자동차 세척제 등), 빙초산, 세탁제와 헹굼제, 탈취제, 표백제, 소독제, 매니큐어와 매니큐어 지우는 용액, 왁스, 페인트, 유성펜, 살충제 등의 생활용품 등이 포함된다.

이들 제품들은 가정과 유아교육기관에서 흔히 사용하는 화학제품으로서 영유아가 먹거나 흡입 또는 피부에 닿았을 때 손상을 입히거나 중독을 일으킬 수 있는 물질을 함유하고 있을 수 있다.

[그림 7-1] 화학물질의 종류

출처: 환경부 환경통계포털. http://stat.me.go.kr

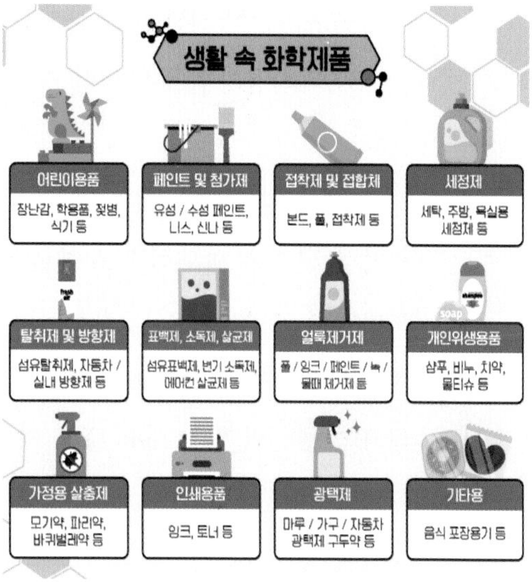

[그림 7-2] 생활 속 화학제품

2) 약물 오 · 남용 및 중독

(1) 약물 오 · 남용

① 약물 오용(misuse)

약물 오용은 합법 약물에 대한 지식이 없이 약물을 사용하는 것(대한임상건강증진학회. http://www.healthpro.or.kr), 의도적인 것은 아니지만 약물을 잘못 사용하는 것(교육과학기술부, 2012), 의학적 목적으로 사용되지만 약사나 의사의 처방을 따르지 않거나 처방된 약을 지시대로 사용하지 않는 것(어린이안전학교. http://www.go119.org) 등으로 정의된다. 약물 오용의 사례는 다음과 같다.

- 소화 불량에 항생제를 사용하는 것
- 이전 질병에 사용했던 약을 다른 질병에 사용하는 것
- 약물 사용 중 술을 마시거나 담배를 피우는 것
- 다른 사람이 처방받은 약을 사용하는 것

- 유효기간이 지난 약을 사용하는 것
- 약의 사용방법을 의사의 지시에 따르지 않는 것

② 약물 남용(abuse)

약물 남용은 의도적으로 약물을 다른 목적을 위해 사용하는 것(교육과학기술부, 2012; 채수미, 2015), 불법 약물이나 합법 약물을 의학적 지도 감독 없이 사용하는 것(대한임상건강증진학회. http://healthpro.or.kr), 사회적 또는 직업상의 기능 장애를 초래하는 물질의 병적 사용 또는 의학적 목적과는 상관없이 약물을 지속적으로 빈번히 사용하는 것(네이버 지식백과/서울대학교병원 의학정보, 서울대학교병원), 의학적 상식과 법규 및 사회적 관습으로부터 어긋나게 사용하는 것(어린이안전학교. http://www.go119.org), 보다 구체적으로는 감정, 인식, 행동에 변화를 일으키고자 약물이나 화학 물질을 반복해서 과량 사용하는 것(최화경, 2009) 등으로 정의된다. 즉, 약물 남용은 약물을 의학적 의도와는 무관한 목적으로 사용하는 것이다. 약물 남용의 예는 다음과 같다(교육과학기술부, 2012; 어린이안전학교. http://www.go119.org).

- 본드, 연료인 부탄가스 또는 감기약을 기분을 좋게 하기 위해서 사용하는 것
- 어린이가 진통제 등 약국 약이나 커피를 자주 사용하는 일
- 미성년자(청소년)가 술을 마시거나 담배를 피우는 일
- 법으로 금지된 약물을 사용하는 일
- 법으로 금지된 약물은 아니라도 사용자의 정상적인 생활에 지장을 주고 사용자 본인과 주변 사람들에게 피해를 주는 약물을 사용하는 일(예: 알코올 남용)

(2) 약물 중독

중독(中毒, poisoning)에는 약물로 인한 물질 중독과 비물질 중독이 있다. 비물질 중독은 특정한 행위가 심각한 문제를 야기함에도 지속하는 것으로 게임중독, 스마트폰중독, 도박중독 등이 대표적인 것이다. 이 장에서 다루는 약물 중독은 물질 중독에 해당한다.

물질 중독은 독으로 지칭되는 유해 물질에 의한 신체 증상인 중독(intoxication)과

알코올, 마약 등의 약물 남용에 의한 중독(addiction)을 모두 의미한다. 후자의 경우 약물 중독 대신 '약물 의존'이란 용어가 더 많이 사용되고 있다.

① 중독

독에 의한 중독(intoxication)은 의약품과 농약 등 약물에 의한 중독과 복어독, 버섯독 등 동식물에 있는 물질, 산과 알칼리 등 부식성 물질, 일산화탄소와 이산화황 등의 가스, 그리고 세균 등에 의한 중독이 있다(네이버 지식백과 서울대학교병원 의학정보). 이러한 중독은 다양한 방식으로 발생한다(Robertson, 2010, p. 118).

- 음식이나 약물의 섭취(식품으로 인한 안전문제는 '식품안전'에서 다룸)로 발생한다.
- 피부접촉: 피부에 독성 물질이 닿았을 때 발생한다.
- 흡입: 살충제나 납을 함유한 먼지를 마셨을 때 발생한다.
- 고양이나 개, 진드기 등에게 물리거나 직접 접촉함으로써 발생한다.

② 의존증으로서의 중독

의존증으로서의 중독(addiction)은 약물 사용으로 인해 통제력을 상실한 상태를 의미한다. 약물 의존이란 약물에 대한 정신적, 신체적 의존상태를 나타내는 용어이다(대한임상건강증진학회. http://healthpro.or.kr). 즉, 의존증은 심리적 의존이 있어 계속 물질을 찾는 행동을 하고, 신체적 의존이 있어 복용을 중단하지 못하며, 신체적, 정신적 건강을 해치게 되는 상태를 말한다(서울대학교병원 의학정보). 의존을 유발하는 대부분의 약물은 내성을 가지게 되며, 내성을 넘어서는 자극을 경험하기 위해 사용자들은 약물의 사용량을 점차 늘려 가게 된다.[1] 내성으로 인해 약물 사용량

1) 내성과 금단: 내성이란 약물의 반복적 사용으로 인해 의존이 점점 심해질 때 나타나는 현상으로서 동일한 용량의 약물을 복용함에도 약물의 효과가 떨어지거나, 약물에 의한 동일한 효과를 얻기 위해서는 점차 많은 양의 약물이 필요해지는 증상으로 나타난다. 금단이란 갑자기 약물의 사용을 중단하는 경우 일어나는 증상으로 아편이나 알코올과 같은 중추신경 억제제의 경우, 심박수가 증가하거나 흥분되고, 외부 자극에 대해 예민해지며, 난폭한 행동 등이 나타난다. 반면에 필로폰이나 코카인과 같은 중추신경 흥분제에 의한 경우, 무기력해지고, 우울해지며, 의욕도 저하되는 증상을 보인다(조근호, 2009, p. 106). 금단증상은 가벼운 불쾌함에서 생명의 위험까지 다양하며, 사용한 약물, 투여량 및 경로, 다른 약물과의 병용투여, 약물 사용 빈도 및 기간, 나이, 성별, 건강상태 및 사용자의 유전적 체질 등 여러 요인에 의해 좌우된다(최화경, 2009).

이 증가하고, 약물 사용을 중지하면 금단 증상이 생겨 강박적으로 사용하게 되는 것이다.

의존증은 일종의 질병으로 간주되는데, 약물의 부정적이고 위험을 알면서도 계속 사용하도록 만드는 만성적 뇌질환으로서, 예방과 치료가 가능하나 방치하면 평생 지속되는 질병이라는 것이다. 약물 남용 및 의존증으로서의 중독에는 다음의 요인이 영향을 미친다(최화경, 2009).

- 가족: 부모나 가족 중에 알코올 등 약물 중독, 범죄행위를 하는 사람이 있으면 위험성이 높아진다.
- 친구들과 학교: 사춘기에는 친구들로부터 가장 큰 영향을 받는다. 약물을 남용하는 친구는 약물 남용의 위험요소가 없는 청소년들도 약물을 찾게 할 정도로 영향력이 절대적이다.
- 조기사용: 약물 사용을 일찍 시작할수록 더 심각한 중독 상태에 이르도록 한다는 연구가 있는데 이는 약물이 두뇌의 성장기에 더욱 심각한 해악을 끼친다는 사실을 반영한다.

청소년기 흡연에 미치는 요인도 약물과 유사하다. 즉, 부모 등 가족의 흡연과 흡연에 허용적인 분위기, 또래의 권유 및 소속감과 동질감 형성 수단, 학업 스트레스, 호기심 등이 복합적으로 영향을 미친다. 흡연에는 담배회사의 마케팅 전략, 청소년의 흡연 예방과 금연 교육 등의 부재 등의 사회적 요인도 영향을 미친다(나승일, 2012).

(3) 약물 오 · 남용 및 중독의 영향

독성 물질에 의한 중독(intoxication)은 알레르기 반응으로부터 급성 중독으로 인한 생명의 위험에 이르기까지 다양한 신체적 증상을 유발한다.

약물 오 · 남용 및 의존증으로서의 중독(addiction)은 다음과 같이 장기적이며 삶 전반에 영향을 미친다(어린이안전학교. http://www.go119.org; 최화경, 2009).

- 약물 오용으로 인해 질병 및 증상이 악화될 수 있으며, 약물 부작용을 경험할 수 있다.
- 약물 남용은 중독 또는 의존을 초래할 수 있으며, 신체 손상 및 질병을 유발할 수 있다.
- 약물 남용은 정상적인 학교생활 및 직장생활을 어렵게 한다. 이로 인해 가정 파탄과 경제적 파산을 겪게 될 수 있다.
- 약물 남용은 절도, 폭행 등 범죄를 유발할 수 있다.
- 교통사고, 대인관계 문제 등 개인적, 사회적 문제를 겪을 수 있다.

2. 약물안전

여기서는 오 · 남용 및 중독되면 신체적, 정신적 손상을 가져올 수 있는 약물의 안전한 사용법과 관리(및 교육)를 다루고자 한다. 영유아기 발달특성을 고려하여 의약품, 흡연, 그리고 생활에서 접하는 화학물질 안전을 중심으로 살펴볼 것이다.

1) 의약품 안전

유아는 신체 발달 및 생리적 기능이 완전치 않아 약품 오 · 남용으로 인한 영향을 더 크게 받는다. 유아의 약품 오 · 남용을 예방하기 위해서는 성인의 의약품 관리 및 복용 시 각별한 주의가 요구된다.

(1) 안전용기 · 포장

의약품 제조 및 판매 시 오용으로 발생하는 어린이의 약물 사고를 방지하기 위하여 안전용기 · 포장을 사용하도록 하고 있다(「약사법」 제64조). 특히 만 5세 미만 어린이가 열기 어렵게 설계 · 고안된 용기나 포장을 하여야 한다(동법 제2조 제13항). 이러한 용기나 포장은 마개 위 또는 옆을 눌러서 여는 형태의 포장(push and turn cap), 뒷면 포장을 벗긴 후 앞면을 눌러서 여는 형태의 포장(peel and push), 뒷면 포장을 벗겨서 여는 형태의 포장(peel open), 일정 이상의 힘으로 강하게 눌러서 여는 형태의 포장(hard push), 특정 방향으로 찢어 개봉하는 형태의 포장(tear open) 등과 같은 특수포장으로 하도록 하고 있다(「의약품 안전용기 · 포장 및 투약계량기에 관한 규정」 제3조).

(2) 복용 및 보관

가정마다 소화제, 진통제, 감기약, 비타민, 기타 가족이 복용하는 다양한 약품을 구비하고 있다. 유치원과 어린이집에서도 주요 상비약들을 갖추고 있을 뿐 아니라 부모의 요청에 의해서 유아들에게 약을 먹이게 된다.

가정과 유아교육기관 모두 다음의 안전수칙을 지키도록 한다(권경희, 2009: 94-96; 이기숙 외, 2014; 의약품안전나라. https://nedrug.mfds.go.kr).

① 기본적인 복용 수칙

- 지시된 용량과 용법을 지켜 복용한다. 정량보다 더 많거나 적게 먹으면 내성을 초래할 수 있다.
- 복용 전에 복약지시서, 라벨이나 의약품 사용설명서를 잘 읽고 지키도록 한다.
- 의약품을 사용한 후에 이상하거나 새로운 증상이 나타나면, 의사 또는 약사와 상의한다.
- 증세가 나아졌어도 마음대로 의약품 사용을 중지하지 말고 의사와 상의한다.
- 처방받은 약을 복용할 때에는 다른 약과 함께 먹지 않는다.
- 다른 사람의 약을 증상이 비슷하다고 복용하지 말아야 한다.
- 약 복용을 잊었다고 해서 2회분을 한꺼번에 복용하지 않는다.
- 정제, 캡슐제, 가루약 등은 물과 함께 먹는다.
- 약을 사탕이라고 하거나 유아가 보는 데서 상시 복용하는 약을 복용하지 않도록 한다. 어른의 복용을 흉내 내거나 간식거리로 착각할 수 있다.

② 유아를 위한 복용 수칙

- 약을 먹이기 전에 약의 이름과 분량을 확인한다.

- 정해진 용량과 용법에 따라 약을 주고, 유아가 혼자서 약을 먹게 하지 않는다.
- 밝은 곳에서 약을 먹인다. 어둠 속에서 다른 약을 먹일 가능성이 있기 때문이다.
- 3세 이하 유아에게는 알약 형태의 의약품을 먹이지 않도록 한다. 또 의사와 약사의 처방 없이 갈거나 부수어 먹이지 않도록 한다.
- 유아의 피부는 어른에 비해 수분이 많아 약물 흡수가 잘되므로 연고 등은 얇게 펴 발라 준다.

③ 약품의 보관

- 약품은 잠금장치가 된 별도의 약장에 보관한다. 유아의 손이 닿지 않는 높이에 약장이 있어도 잠가 두어야 한다.
- 직사광선을 피하여 서늘하고 건조한 곳에 보관하되 의약품별 보관방법을 준수한다. 일반적으로 냉장고 안은 습기로 인해 의약품 보관에는 적절하지 못하다.

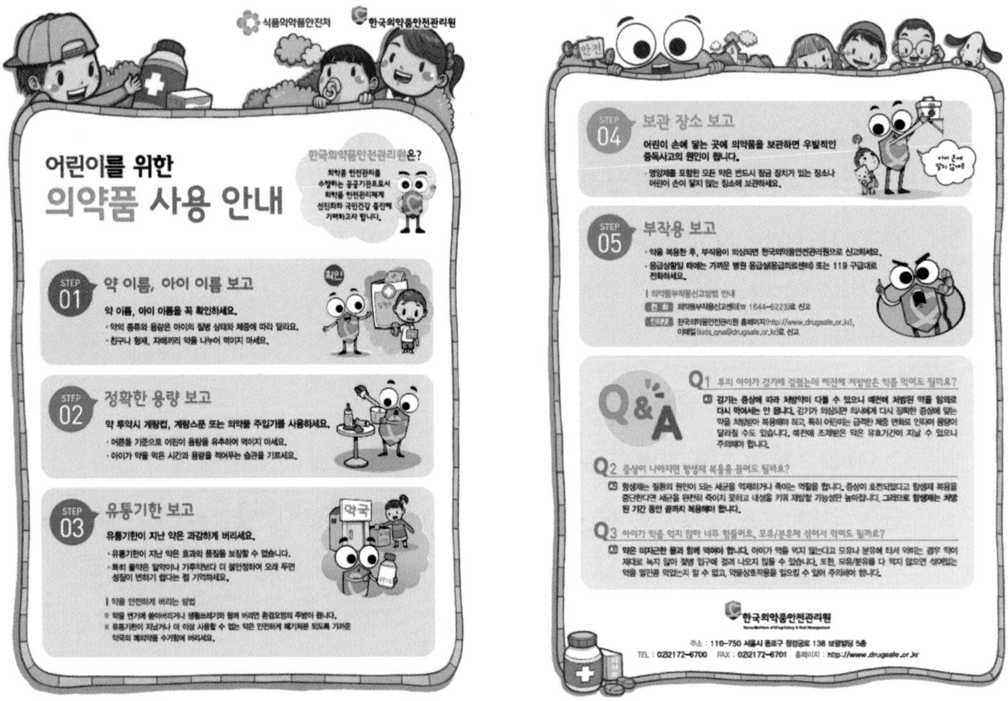

[그림 7-3] 어린이를 위한 의약품 사용 안내

출처: 한국의약품안전관리원(2013. 10. 28.). https://www.drugsafe.or.kr

그러나 냉장 보관이 필요한 의약품이 있으면 뚜껑을 잘 닫고 비닐 봉투 등에 넣어서 다른 식품과 구분하여 보관한다.
- 안전용기 포장이 되어 있더라도 어린이의 손에 닿지 않는 곳에 보관하도록 한다.
- 의약품이 담긴 원래의 용기에 보관하고 다른 용기에 옮겨 담지 않는다.
- 의약품의 명칭, 성분, 포장과 사용설명서는 의약품과 함께 보관한다.
- 물약은 개봉 후 장기간 보관하지 않는다.
- 영양제, 의약품은 반드시 의약품 보관함에 넣어 보관하고 어린이 손에 닿지 않도록 한다.
- 약품을 원래의 용기가 아닌 다른 용기에 옮겨 보관하지 않아야 한다.
- 유통기한이 지난 약은 안전하게 가까운 약국의 폐의약품 수거함에 버린다. 특히 물약은 알약, 가루약보다 더 쉽게 변질되므로 유통기한을 꼭 확인한다.

2) 흡연으로부터의 안전

담배는 「청소년 보호법」에서 규정한 유해 물질의 하나로서 유아가 생활 속에서 직접 또는 간접적으로 접할 가능성이 큰 물질이다. 전반적으로 흡연율은 감소하고 있으나 흡연 시작 연령이 낮아져서 아동기에 흡연을 시작하는 사례가 늘고 있다. 담배를 직접 피우지 않더라도 생활 속에서 간접적인 흡입을 통해 건강과 안전에 영향을 받을 수 있다.

(1) 담배의 주요 유해 성분

담배는 거의 모든 질병을 유발하는 유발 인자를 지닌 것으로 알려져 있다. 담배에 들어 있는 많은 유해성분 중 대표적인 것은 타르, 니코틴, 일산화탄소이며 다음과 같은 위해 작용을 한다(보건복지부, 국가금연지원센터, 2015).

- 니코틴: 아편과 거의 같은 수준의 강력한 중독을 일으키는 물질로서 마약으로 분류되고 있다. 말초혈관을 수축시켜 심근경색의 원인이 되기도 하며, 혈관이 막혀 괴사가 일어나는 버거씨병을 일으키기도 한다. 많은 양의 니코틴은 신경

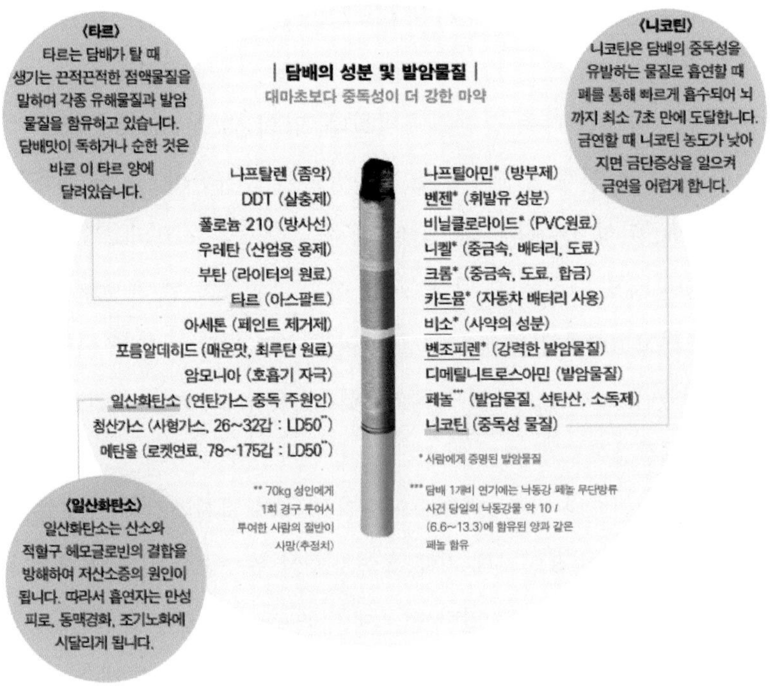

[그림 7-4] 담배의 성분

출처: 금연길라잡이(2013. 1. 24.). http://www.nosmokeguide.go.kr/

을 마비시켜 환각상태에 이르게도 하고 경련과 호흡마비로 사망에까지 이르게 한다.

- 타르: '담뱃진'이라고 하는 것으로 담배 및 담배 연기 속에 들어 있다. 타르 안에는 약 2,000여 종의 독성 물질이 있고, 그중 20종은 발암물질이다. 타르는 폐와 기관지를 상하게 하고, 일부는 혈관으로 들어가 온몸으로 퍼져 암을 유발하고, 모든 장기의 손상을 가져온다.
- 일산화탄소: 담배 연기 성분 중 가장 많은 부분을 차지하는 물질이다. 일산화탄소는 혈관으로 유입되어 혈관의 산소 운반 능력을 떨어뜨려 빈혈이나 두통, 만성피로, 노화, 심장병이나 중풍 등을 유발한다.

(2) 흡연의 폐해

흡연은 건강문제를 비롯한 다양한 문제를 일으키거나 악화시킬 수 있다(국민건강

보험공단, 2014: 보건복지부, 국가금연지원센터, 2016에서 재인용).

- 흡연은 암을 비롯한 각종 질병을 유발한다. 암의 30~40%는 담배로 인한 것이라고 한다. 이로 인해 흡연자의 조기 사망률이 증가한다. 전 세계적으로 남성 사망의 16%, 여성 사망의 7%는 담배 때문인 것으로 보고되고 있다. 흡연자는 수명이 10년 정도 단축될 수 있다. 40세 이후 금연을 하면 약 90% 생명 단축 위험이 감소되고, 60세 정도에 금연을 하여도 40% 정도 위험을 줄일 수 있다(국민건강보험공단, 2014: 보건복지부, 국가금연지원센터, 2016에서 재인용).
- 흡연은 정신건강에도 문제를 일으킨다. 흡연과 정신건강의 관계는 인과관계를 밝히기가 어려웠으나 최근 연구에 의하면 담배가 정신건강에 악영향을 미치는 것으로 밝혀졌다. 비흡연자에 비해 흡연자들이 우울증상을 가진 경우가 약 2배 정도 많다. 정신질환자들은 일반 인구에 비해 2~4배 높은 흡연율을 보이고 있는 반면 금연율은 훨씬 낮다. 흔히들 흡연이 불안이나 스트레스를 줄여 주어 정신건강에 도움이 된다고 생각하는데, 담배를 끊은 경우 우울, 불안, 스트레스가 줄어들었을 뿐 아니라 심리적인 삶의 질도 향상되는 것으로 밝혀졌다(금연길라잡이. http://www.nosmokeguide.go.kr/).
- 흡연은 사회경제적 손실도 초래한다. 흡연 관련 질병으로 인한 질병과 조기 사망으로 인한 생산성 손실은 막대하다.
- 흡연은 뇌세포의 성장을 억제하고 기억력을 감퇴시키며, 주의력 결핍 과잉행동장애 증상을 악화시킨다(WHO, 1999: 보건복지부, 국가금연지원센터, 2016에서 재인용).
- 인지기능이 저하된다. 흡연 기간과 양이 증가할수록 대뇌피질의 두께가 감소하는데 이는 인지기능 저하와 관련이 있다. 흡연은 노화로 인한 뇌의 변화를 더욱 빠르게 진행하도록 만든다.

흡연은 흡연자뿐 아니라 흡연을 하지 않는 다른 사람의 건강과 안전도 위협한다.

- 흡연에 노출된 비흡연자들도 질병과 사망의 위험이 높아진다. 유아의 40%, 남

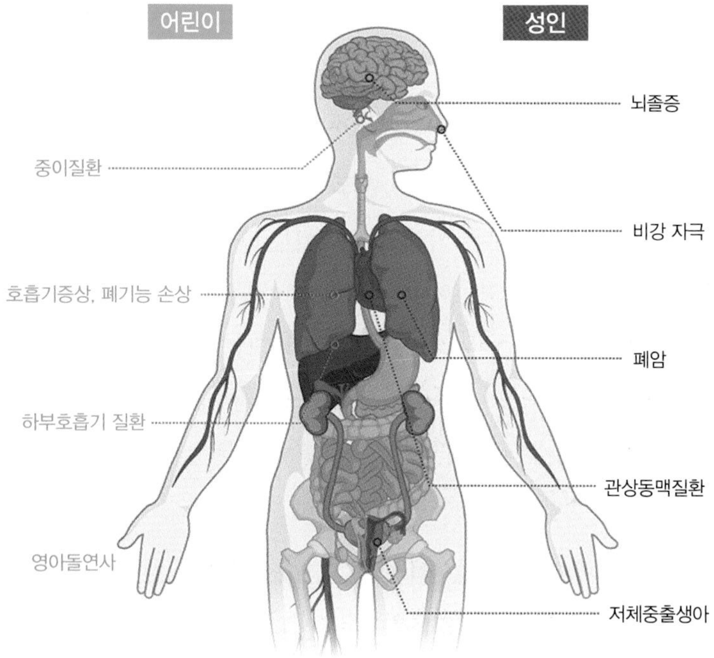

[그림 7-5] 간접흡연의 위해

출처: 금연길라잡이. http://www.nosmokeguide.go.kr

성 비흡연자의 33%, 여성 비흡연자의 35%가 간접흡연[2]에 노출되는 것으로 알려져 있다. 간접흡연으로 인한 사망자도 전체 사망인구의 1% 이상이다(보건복지부, 국가금연지원센터, 2016).

- 간접흡연은 면역력을 떨어뜨려 질병에 걸릴 위험이 높아지게 되어 성장이 저하되게 된다(김일순, 1998: 보건복지부, 국가금연지원센터, 2016에서 재인용).

2) 간접흡연은 타인이 피우는 담배 연기를 마시거나 옷과 가구, 자동차 등에 부착된 흡연물질에 노출되는 것으로 2차와 3차 흡연으로 구분된다. 2차 흡연은 남이 피우는 담배 연기에 노출되는 것으로 '강요된 흡연' 혹은 '강제적 흡연'이라고도 한다. 흡연 시 주변 공기 중의 80% 정도는 담배가 타면서 담배 끝에서 나오는 부류연(Sidestream smoke)이며, 나머지 20% 정도가 흡연자가 흡입한 뒤 내뿜는 주류연(Mainstream smoke)이다. 간접흡연자는 주류연과 부류연이 혼합된 연기, 그중에서도 발암물질과 유해 화학물질이 더 높은 농도로 포함된 부류연에 주로 노출되게 된다(금연길라잡이. http://www.nosmokeguide.go.kr/). 3차 흡연은 옷, 가구, 벽, 소파, 커튼 등에 남아 있는 오염물질, 흡연자의 주변 환경에서 담배 연기와 다른 물질이 반응해서 이루어진 2차 오염물질 등을 비흡연자가 호흡기나 피부로 흡수하는 것이다(보건복지부, 국가금연지원센터, 2015).

- 흡연에 의한 영향은 어릴수록 크게 받으며 가족 구성원 중 흡연자가 있으면 영향은 더욱 심각하다. 흡연에 노출되면 영아돌연사증후군, 어린이의 급성 호흡기 질환, 중이염, 천식 발작을 유발하며, 그 밖에 아직 증거가 충분치는 않으나 조산, 저체중아 출산, 인지 및 행동 발달 등에 영향을 미친다. 가족 중에 흡연자가 있는 유아는 그렇지 않은 가정의 유아보다 모발 속 니코틴 농도가 4배나 높다고 한다(보건복지부,국가금연지원센터, 2015).

(3) 흡연 실태

① 직접흡연 실태

우리나라 성인의 전체 흡연율은 전체적으로 감소하고 있으나, 성인 여성 흡연율은 지난 20년간 큰 변동이 없는 것으로 나타났다. 중학교 1학년부터 고등학교 3학년까지의 청소년 흡연율은 2010년의 12.1%에서 2019년 6.7%로 감소하였다. 그러나 2016년을 기준으로 하면 6.3%에서 2019년 6.7%까지 소폭 증가하였다. 남학생 흡연율은 9.6%에서 9.3%로 소폭 감소하였으나 여학생 흡연율은 2.7%에서 3.8%로 오히려 증가하였다(금연길라잡이. http://www.nosmokeguide.go.kr).

흡연을 일찍 시작할수록 질병에 걸릴 확률도 높아진다. 일단 흡연을 시작하면 중독성 때문에 금연이 어렵다. 따라서 흡연 관련 관리와 대처는 금연보다는 흡연 예방에 초점을 두어야 한다.

흡연행동의 형성 및 진행과정

- 준비 단계: 흡연이 시작되기 이전 흡연에 대한 태도와 지식을 형성하는 단계
- 시작 단계: 실제 흡연 경험을 통하여 흡연에 대한 지식과 신념을 형성하는 단계
- 정기적 흡연 단계: 흡연 빈도가 급격히 증가하고 흡연하는 상황이 다양해지는 단계
- 유지 단계: 흡연이 지속적으로 유지되는 단계

② 간접흡연 실태

전 세계적으로 어린이의 40%, 비흡연 남성의 33%, 비흡연 여성의 35%가 간접흡연에 노출되고 있는 것으로 알려져 있다. 우리나라 성인 비흡연자의 간접흡연 노출률은 해마다 감소하고 있다. 2010년과 2018년 국민건강영양조사 결과에 따르면 우리나라 비흡연자의 가정 실내 간접흡연 노출률은 남자는 5.8%에서 1.0%로, 여자는 19.8%에서 6.1%로, 남녀 모두 꾸준히 감소하였다. 또한 비흡연자의 공공장소 실내 간접흡연 노출률은 2018년 국민건강영양조사에 따르면 남자 19.1%, 여자 15.4%로, 2013년 첫 조사 이래로 남녀 모두에서 약 43.5% 대폭 감소한 것으로 나타났다(금연길라잡이. http://www.nosmokeguide.go.kr).

(4) 흡연 및 간접흡연 노출 규제 정책

정부는 간접흡연 예방정책, 금연지원사업, 금연홍보, 담배광고 제한, 담뱃값 인상 등의 포괄적인 금연정책을 실시하고 있다. 간접흡연 노출 제한 정책의 경우, 1995년 「국민건강증진법」의 제정 이후, 대형 건물, 극장, 사업장, 병원, 학교, 공연장, 체육관 및 대중교통 시설들을 금연구역으로 지정하였으며 지속해서 금연구역 지정 대상 기관 및 장소의 범위를 넓혀 왔다. 2010년부터 지방자치단체에서 간접흡연의 피

[그림 7-6] 유아교육기관의 금연구역 표시

해를 막고 지역주민의 건강증진을 위해 필요하다고 인정되는 경우 일정한 장소를 금연구역으로 지정할 수 있도록 하여 거리를 비롯한 다양한 공공장소에서 흡연을 금지하고 있다.

3) 유해 화학물질로부터의 안전

우리는 일상생활에서 생활용품을 비롯하여 주거공간을 구성하는 다양한 자재에 함유된 각종 화학물질에 노출되고 있으며, 그중엔 건강에 치명적인 손상을 입히는 물질도 상당수 있다. 다른 사고 원인보다도 독성 물질이 원인이 되는 것은 규명하기도 어렵다.

(1) 유해 화학물질의 영향

유해 화학물질이 몸으로 흡수되면 건강과 안전에 손상을 입을 수 있다. 유아는 신체 크기와 몸무게에 비해 체표 면적이 크기 때문에 소량의 물질만 흡수해도 성인보다 위험하다. 어린 유아일수록 해독능력의 발달이 덜 되어 있고, 면역체계가 성숙되지 않아서 독성 물질에 더욱 치명적 영향을 받기 쉽다.

화학제품 중의 독성 물질에 중독되면 울렁거림, 직접적 증상으로 구토, 설사, 현기증, 화상, 결막염 또는 안구손상, 호흡 곤란, 경련이나 발작, 의식 불명 등의 증상이 나타날 수 있다. 간, 신장, 폐, 골수, 소화기관, 생식기관, 신경체계와 같은 기관의 손상이 올 수 있다. 학습장애, 행동장애, 폐기종, 감염과 암 발병률의 증가가 이러한 손상과 관련이 있다고 한다. 독성 물질들은 신체 건강뿐 아니라 기억력 저하와 우울증을 유발하는 등 정신건강과 인지에도 영향을 미친다(Aronson, 2010).

또한 환경으로 배출된 화학물질은 사람과 동식물에 영향을 미치며, 물과 대기를 오염시키고, 이로 인해 다시 사람과 동식물이 영향을 받게 되는 악순환에 이르게 된다.

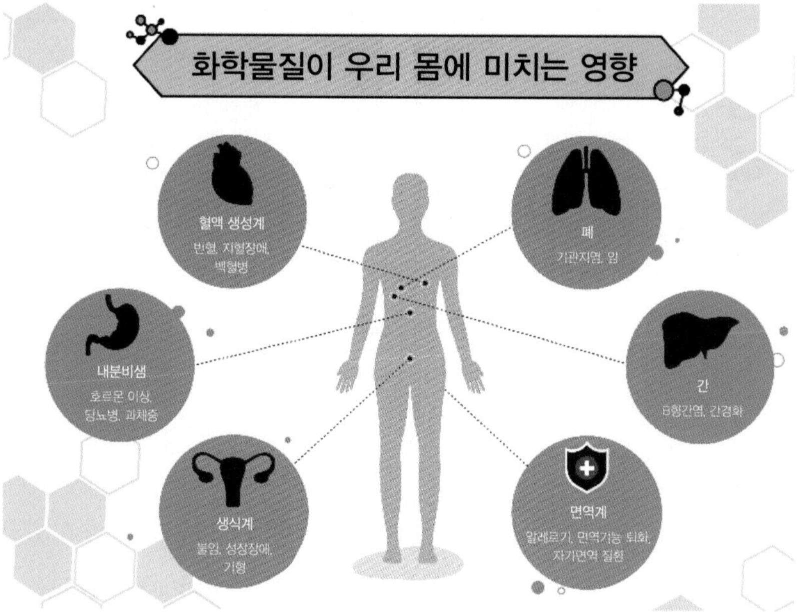

[그림 7-7] 화학물질이 우리 몸에 미치는 영향

출처: 환경부 환경통계포털(n.d.). http://stat.me.go.kr/

(2) 유해 화학물질로부터의 보호

유아는 유해 화학물질을 스스로 구분할 수 있는 능력이 없고, 호기심이 강해 마시거나 냄새를 맡는 경우가 많아 생활화학제품에 의한 중독, 소화기관 화상, 피부 손상 등 안전사고에 취약하다.

① 생활화학제품 보호포장제도

우리나라는 2003년 의약품 용기의 어린이보호포장 의무화를 시작으로 2005년에 어린이 중독사고 예방을 위해 가정용 생활화학제품 7종을 대상으로 어린이보호포장[3] 제도를 도입하였다.

---

3) 7종의 제품은 방향제, 세정제, 접착제, 얼룩제거제, 광택제, 부동액, 자동차용 워셔액 등이다. 어린이보호포장은 성인이 개봉하기는 어렵지 않지만 만 5세 미만의 어린이가 내용물을 5분 내에는 꺼내기 어렵게 설계·고안된 포장 및 용기이다. 「어린이보호포장 대상 공산품의 안전기준」에 따른 어린이보호포장의 형태는 13가지이며, 대표적으로 '연속 나선형 밀폐장치', '당김형 밀폐장치' 등이 있다(한국소비자원 안전감시국 제품안전팀, 2017).

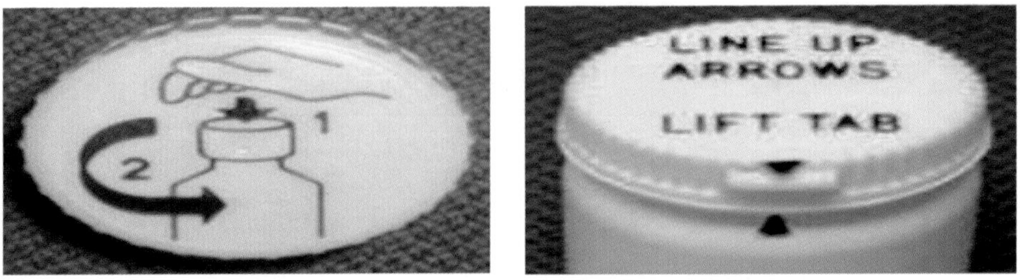

병 연속나선형 밀폐장치 당김형 밀폐장치

[그림 7-8] 어린이보호포장 표시 형태의 예

출처: 한국소비자원 안전감시국 제품안전팀(2017), p. 3.

② 유해 화학물질 관리

「화학물질관리법」에 의해 국내에 사용되는 모든 화학물질을 관리하고 있고 특히 독성이 높은 유독물질, 관찰물질, 취급제한 및 금지물질, 사고 대비 물질은 별도로 관리하고 있다.

유통되는 화학물질의 독성이나 취급 사항을 쉽게 알아볼 수 있도록 그림이나 기호로 표시하도록 하고 있다.[4]

③ 화학제품에 대한 안전수칙

생활화학제품 등으로 인한 어린이 안전사고는 매년 감소하고는 있으나 지속적으로 발생하고 있다. 예를 들어, 2015~2017년 한국소비자원에 접수된 생활화학제품 관련 만 14세 이하 어린이 안전사고 중 만 5세 미만 어린이 안전사고가 179건

4) 화학물질 관련 정보시스템
- 환경부 화학물질정보시스템(http://ncis.nier.go.kr): 화학물질 정보 검색 서비스, 관련 법령 정보
- 환경부 케미스토리(http://chemistory.go.kr): 집과 놀이터 등 어린이 주변 환경에 대한 건강정보, 환경성 질환에 대한 정보
- 식품의약품안전처 독성정보시스템(https://www.nifds.go.kr/toxinfo/): 식품, 의약품, 화장품 등에 들어 있는 독성 물질 정보
- 지식경제부 기술표준원(http://kats.go.kr): 생활용품, 어린이용품, 전기용품에 대한 제품안전정보 및 안전기준 서비스 제공
- 친환경 인증관리 정보시스템(http://www.enviagro.go.kr/portal/main/main.do), 녹색제품정보시스템(http://greenproduct.go.kr)

(89.5%)으로 대부분을 차지하고 있다(한국소비자원 안전감시국 제품안전팀, 2017). 전 연령을 대상으로 의약품과 화장품을 제외한 생활화학제품의 위해 사례 조사에서는 생활화학제품의 주사용 계층이 아닌 '10세 미만 어린이'에게 사고가 다발적으로 발생하는 것으로 나타났다. 10세 미만 어린이에게 많이 발생하는 사고 품목은 접착제였으며 다음이 살충제, 표백제, 세정제, 방향제 순이었다. 접착제는 순간접착제가가 가장 많고 다음이 글루건, 문구용 접착제 순이었다. 접착제로 인한 위해부위는 눈이 가장 많았는데 접착제를 안약으로 오인하여 점안하는 경우가 상당수였다. 살충제, 세제 등의 생활화학제품은 빨아 먹거나 삼키면서 발생하는 '중독' 사고가 가장 많았다. 이는 중독사고 예방을 위한 '어린이보호포장제도'가 시행되고 있으나, 가정 내 생활화학제품의 보관 및 관리 소홀로 인해 중독사고가 발생하는 것으로 분석되었다.

따라서 중독사고가 많이 일어나는 어린 유아가 있는 가정과 유아교육기관에서는 다음과 같이 각별한 주의가 필요하다(한국소비자원 위해정보국 위해분석팀, 2017).

용도에 맞는 제품을 필요한 만큼만 구입하되, 다음을 확인한다

- 친환경 마크, KC 마크 등
- 생활화학 제품의 성분, 사용시 주의사항, 부작용 및 응급조치 방법 등 제품 관련 정보 및 리콜 정보 등
  - –리콜 정보: 소비자위해감시시스템, 스마트컨슈머
  - –위해우려제품: 환경부 생활환경안전정보시스템
  - –공산품: 산업통상자원부 제품안전정보센터

제품에 적힌 용법·용량과 사용상 주의사항을 지켜서 사용한다

- 성분 표시가 되어 있지 않은 제품은 사용하지 않는다.
- 근처에 유아가 없을 때에만 사용한다. 사용 중 잠시 자리를 비울 때에도 치워야 한다.
- 접착제 개봉 시 얼굴을 너무 가까이 대지 않고 내용물이 분사되지 않도록 주의한다.

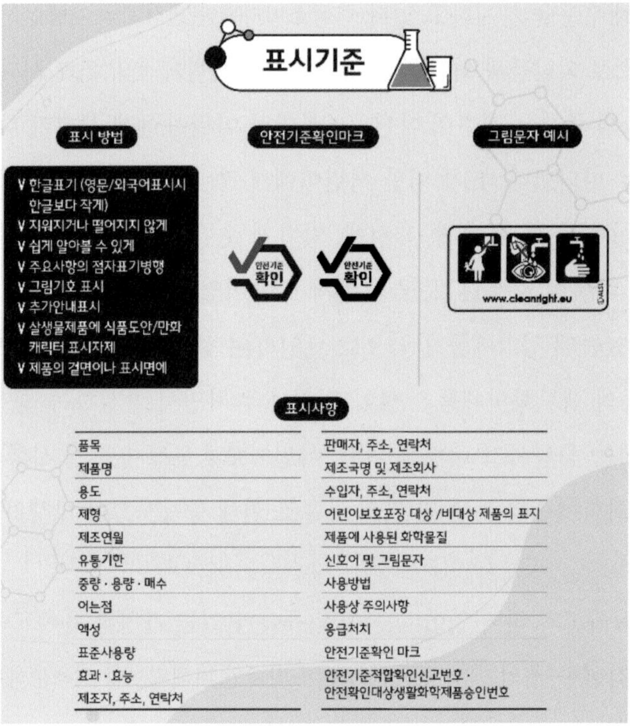

[그림 7-9] 생활화학제품의 표시기준

출처: 환경부 환경통계포털(n.d.). http://stat.me.go.kr/

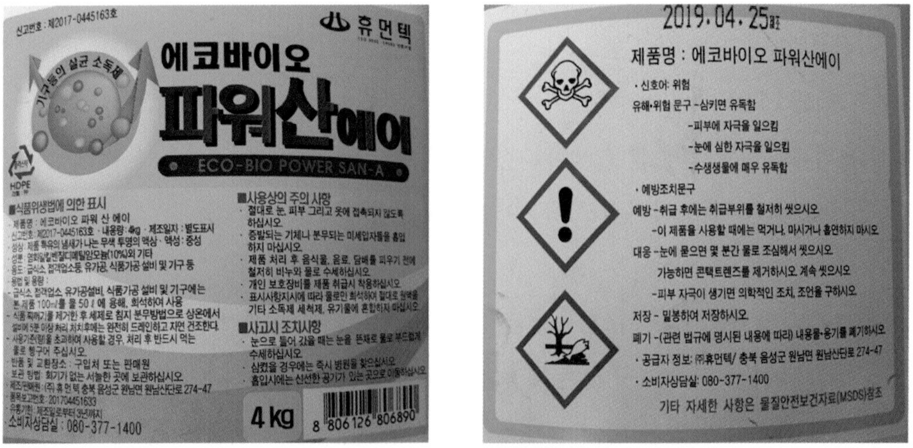

[그림 7-10] 성분 표시, 주의사항 등이 표시된 제품의 예

- 순간접착제는 비닐 장갑을 끼고 사용하며, 표백제나 세정제를 사용할 때 앞이 막힌 신발, 마스크 등을 착용한다. 사용 후에는 손을 깨끗이 씻는다.
- 밀폐된 환경에서의 사용을 자제하고 사용 후 충분히 환기한다.
- 어린이보호포장이 되어 있어도 뚜껑이 완전히 닫혀 있지 않으면 유아가 열 수 있으므로, 사용 후 완전히 닫고 제대로 닫혔는지 확인한다.

유아의 손이 닿지 않는 곳에 제품들을 제 용기에 보관한다

- 유아의 손이 닿지 않는 곳에 있더라도 보관장은 안전 잠금장치를 한다. 사용의 편리함 때문에 싱크대 밑에 세척제를 보관하는 경우가 많은데, 이곳은 유아의 손이 잘 닿고 잘 보이는 공간으로 중독 및 삼킴 사고의 발생 가능성이 높다.
- 청소용제, 세탁제 등을 비롯한 화학제품들은 원래의 용기에 담아 둔다.

유아의 놀이와 활동을 지켜보고 환경을 점검, 관리한다

- 유아가 화장실과 세탁실에서 놀이를 하지 않도록 한다.
- 유아의 놀이와 활동을 항상 지켜본다.
- 유아의 관점에서 가정 및 유아교육기관 환경을 점검한다.
- 화학물질이 빠져나갈 수 있도록 자주 환기를 한다.
- 자주 손을 씻어 손에 묻었을 수 있는 오염물질과 화학물질을 씻어 내도록 한다.

유아가 접하기 쉬운 대표적인 제품 및 물질별로 안전수칙을 살펴보면 다음과 같다(조경자, 이현숙, 2010; 이기숙 외, 2014; Aronson, 2012).

- 놀잇감 및 미술재료는 KC 안전인증 마크가 있거나 '무독성', 'AP(Approved Product: 무독성)', 'CE(Communate Europeen: 유럽연합의 통합 규격 인증 마크)' 등의 표시가 된 것을 사용한다. 점토는 분말보다는 젖은 형태의 점토를, 유성펜 대신 수성펜을, 분말로 된 물감 대신 액체로 된 것을 사용하도록 한다. 유아를 지켜보는 것도 중요하다. 유아들이 물감, 붓, 크레용, 기타 필기도구 등을 입으로 빠는지 주의해서 지켜본다.

[그림 7-11] KC, AP, CE, 사용 연령 등이 표시된 제품의 예

KC 마크는 종전의 법적 인증과 민간인증 마크를 통합하여 2011년부터 시행하고 있는 국가통합 인증 마크이다. 어린이보호보호포장표시는 KC 마크 밑에 어린이보호포장신고필증번호로 표시되어 있다.

- 세제는 액체보다 과립 형태로 된 제품을 사용하는 것이 좋다. 엎어졌을 때 액체보다 제거하기가 더 쉽기 때문이다.
- 향수, 화장품, 구강세척제 등도 유아의 손이 닿지 않는 곳에 보관한다. 유아가 섭취하거나 눈에 뿌렸다면 치료를 받도록 한다.
- 에어졸 용품은 현기증이나 구역질, 피부자극, 두통, 호흡 문제 등을 유발한다. 부득이 사용할 때에는 반드시 환기를 하도록 한다. 빈 에어졸 용기를 함부로 버리지 않도록 한다. 보관 시에도 뜨거운 곳이나 햇빛이 강하게 비치는 곳에 두지 않도록 한다.
- 살충제는 유아가 있는 공간에서는 가급적 사용하지 않도록 한다. 해충 자체보다는 해충을 없애기 위한 약품이 더 위험할 수도 있다. 해충은 여간해서는 없어지지 않고 중독의 위험만 증가시키고 해충의 내성만 기를 수 있다. 위생을 개선하고, 해충이 건물 안으로 들어오지 못하도록 막는 장치가 필요하다. 부득이하게 사용해야 한다면 사용법과 절차를 잘 따르도록 한다. 사용 시 유아는 가까이 있지 않도록 한다.
- 제초제는 발진과 알레르기 반응을 유발하므로 사용하지 않도록 한다.
- 놀잇감, 시계, 전자계산기, 자동차 키 등에 들어 있는 작은 단추 모양의 수은이나 리튬 전지를 삼켰을 때는 질식, 화상, 위 천공을 초래할 수 있으므로 매우 위험하다. 이러한 물질을 삼켰을 경우 빨리 병원으로 데려가 제거해야 한다. 전지를 갈아 넣을 때는 즉시 이전 것을 유아의 손이 닿지 않는 곳으로 치워야 한다.

- 납은 페인트, 자동차 배기가스, 수도 배관, 도자기, 식료품 캔 등 다양한 생활용품에 함유되어 있다. 납은 두통, 식욕감퇴, 피곤, 주의산만, 심지어 뇌손상까지 초래한다. 납 성분에의 노출을 피하기 위해 유의할 사항은 다음과 같다.
  - 페인트 사용 시 친환경 페인트를 사용한다.
  - 자동차 배기가스에 노출되지 않도록 유의한다. 도로와 인접한 곳 또는 주차장 근처에서 유아가 놀이하지 않도록 한다.
  - 깡통에 든 식품은 개봉 후 즉시 다른 용기에 옮겨 담는다.
  - 카펫은 면으로 만든 것이 바람직하다. 나일론, 모, 실크로 만든 것은 탈 때 독성을 띤 연기를 배출하기 때문이다. 새로 카펫을 깔거나 접착제를 이용해서 장판을 깐 경우 적어도 1주일간 또는 냄새가 사라질 때까지 건물을 사용하지 말고 환기를 잘해야 한다.

사고 발생 시 대처법

1. 생활화학제품을 삼키거나 빨아먹은 경우, 억지로 토하게 하지 않는다.
   - 억지로 구토하게 하는 경우 토사물 흡입, 식도 손상 등 합병증을 유발할 수 있다.
   - 입과 얼굴을 철저히 헹구고 병원 응급실로 간다.
   - 어린이가 삼킨 제품의 성분, 양 등을 확인하여 의사에게 알린다.
2. 제품이 눈에 들어간 경우, 눈을 비비지 말고 흐르는 물로 씻어 낸 후 병원 치료를 받는다.
3. 피부에 접착제 등이 묻었을 경우, 무리하게 제거하지 말고, 미지근한 물과 세제를 이용해 제거한다.

출처: 한국소비자원(2018. 9. 18.). http://www.kca.go.kr

3. 약물안전교육

1) 약물안전교육의 필요성 및 목표

유아의 약물 오·남용 및 중독은 유아의 호기심에서 비롯되기도 하지만, 궁극적으로는 부모나 교사의 부주의로 인해 일어나는 것이다. 2018년 통계에 의하면 0~14세 중 중독사고가 가장 많은 연령대는 걸음마기가 60.9%로 가장 많고, 다음이 학령기, 영아기, 유아기 순이다. 위해품목으로는 '의약품'이 가장 많았고 다음이 '가정용 청소 및 세탁용품', '의약외품' 순이었다(한국소비자원 위해정보국 위해예방팀, 2019). 유아가 해로운 약물이나 의약품에 쉽게 노출되며, 생활용품으로 인한 사고가 가정과 유아교육기관에 있을 때 발생한다.

따라서 유아가 제대로 관리되지 않은 약물이나 의약품에 노출되지 않도록 환경에 대한 철저한 안전관리와 더불어 약물안전교육이 필요하다(교육과학기술부, 2012). 특히 유아기 간접흡연이 일상에서 이루어지고, 직접 흡연 연령 또한 초등학교 시기로까지 낮아지고 있다. 담배의 중독성으로 인해 일단 흡연이 습관화되면 이를 중단하기가 매우 어렵다. 유아기는 습관과 태도가 형성되는 중요한 시기이며, 흡연예방과 관련된 교육적 개입에 심리적으로 덜 반항적이다. 따라서 긍정적이고 지속적인 효과를 위해 유아기부터 흡연의 해로움을 인식하게 하고 흡연에 대한 바른 태도와 실천능력을 길러 주는 예방교육이 이후의 금연교육보다는 효율적이고 필요하다.

유아기 약물안전교육은 다음을 목표로 하는 것이 바람직하다.

- 안전한 약물과 해로운 약물을 구별할 수 있다.
- 해로운 약물을 만지거나, 먹거나 마시지 않아야 함을 알고 실천한다.
- 약품을 지시대로 올바르게 복용한다.
- 약물의 기본적인 사용방법을 알고 실천한다.

2) 약물안전교육의 내용

약물안전교육과 관련된 규정을 보면 〈표 7-1〉과 같이 「아동복지법」에는 '약물 오용 · 남용 예방교육'으로 교육부 「학교안전교육 실시 기준 등에 관한 고시」에는 '약물 중독 예방 교육'이라는 명칭으로 포함되어 있다. 두 규정 모두 해로운 약물, 화학제품의 위험성, 약품의 올바른 복용법을 포함하고 있다.

앞의 규정과 선행 연구를 기초로 약물의 종류를 기초로 하여 의약품을 중심으로 한 약물 오 · 남용예방교육, 해로운 약물 중 유아가 생활에서 직간접으로 가장 많이 노출되는 흡연 예방, 그리고 화학제품에 대한 안전을 중심으로 내용을 구성하면 다음과 같다(교육과학기술부, 2012; 보건복지부, 국가금연지원센터, 2016; 이기숙 외, 2014).

표 7-1 법령에 의한 약물안전교육

구분	학교안전교육 실시 기준 등에 관한 고시	아동복지법 제31조 (아동의 안전에 대한 교육)
영역	약물 및 사이버 중독 예방 교육에 포함 (약물 중독 예방 교육)	감염병 및 약물의 오용 · 남용 예방 등 보건위생관리 교육에 포함 (약물의 오용 · 남용 예방 교육)
실시주기 (총 시간)	학기당 2회 이상(연간 10시간*) * 사이버중독 예방 교육 포함 시간임	3개월에 1회 이상(연간 10시간 이상*) * 감염병 예방 교육 포함 시간임
교육내용	• 올바른 약물 사용법 알기 • 생활 주변의 해로운 약물 · 화학제품 만지거나 먹지 않기	• 몸에 해로운 약물 위험성 알기 • 생활 주변의 해로운 약물 · 화학제품 그림으로 구별하기 • 모르면 먼저 어른에게 물어보기 • 가정용 화학제품 만지거나 먹지 않기 • 어린이 약도 함부로 많이 먹지 않기

* 유치원의 실시 시간의 단위는 교육과정 고시에 따른 단위활동을 의미함.

(1) 약물 오 · 남용예방교육

- 약의 올바른 사용법 알기: 약은 필요할 때에만 정해진 용량대로, 정해진 시간에, 횟수를 지켜서 먹어야 한다.
- 약을 함부로 먹지 않기: 친구나 낯선 사람이 주는 약은 절대로 먹지 않는다.

- 혼자서 약을 먹지 않는다.
- 약상자에 있는 약을 함부로 먹지 않는다. 바닥에 떨어져 있는 약은 먹지 않는다.
- 다른 사람이 먹던 약은 먹지 않는다.

(2) 흡연 예방 교육: 흡연 및 간접흡연의 위험성 알기

- 담배에는 몸에 해로운 물질이 많이 들어 있다.
- 담배를 피우면 암을 비롯한 각종 병을 발생하게 한다.
- 담배를 피우면 기억력과 생각하는 힘이 줄어든다.
- 담배는 어린이에게 더 나쁘다.
- 담배를 피게 되면 자꾸 피게 되어 그만 피우기가 어렵게 된다.
- 담배를 피우는 사람 옆에 있으면 직접 피우는 것과 마찬가지로 해롭다.
- 담배 연기를 피하는 여러 가지 방법이 있다(흡연하는 사람과 떨어지기, 손으로 코와 입을 가리기 등).

(3) 화학물질 안전교육

- 생활 주변의 화학제품의 해로움 알기: 생활에 필요한 제품이라도 사람이 먹거나 마시면 위험한 물질이 들어 있다.
- 화학제품을 만지거나 냄새를 맡거나 먹지 않기: 화학제품을 함부로 만지거나 냄새를 맡거나 맛보거나 마시지 않는다.

3) 지도상의 유의점[5]

- 약의 복용방법 및 효능에 대해서는 연령에 따라 수준을 달리한다.
  - 3, 4세: 부모님이나 교사가 주는 약만 먹을 수 있도록 지도한다.
  - 5세: 약 이외에 병을 예방하고 치료할 수 있는 방법을 생각해 본다.
- 약품의 사용법에 대해 설명할 때 유아가 사용법을 알더라도 항상 부모님과 교

5) 출처: 교육과학기술부(2012); 대한암협회, 이화어린이생활연구원(2009).

사가 주는 약만 먹어야 한다는 것을 인지할 수 있도록 한다.

- 담배의 유해성을 인식하도록 하되, 유아가 지나친 공포와 두려움을 갖지 않도록 한다.
- 흡연을 예방하고 간접흡연으로부터 자신을 보호할 수 있는 능력을 길러 주어야 한다.
- 간접흡연의 피해자가 되지 않게 할 뿐 아니라 성장해서도 흡연에 대한 부정적 태도를 형성하도록 한다.
- 흡연의 해악과 흡연자를 동일시 하지 않도록 한다. 흡연자는 나쁜 사람이 아니라 도와주어야 할 사람으로 인식하도록 한다.
- 가정과 협력함으로써 흡연 예방을 할 수 있도록 한다.
- 흡연으로 인한 문제가 영구적인 것이 아니라 금연을 하면 회복할 수 있음을 알게 한다.

4) 약물안전교육 활동의 실제

- 활동명: 잘 쓰면 약! 못쓰면 독![6]
- 대상연령: 3, 4, 5세
- 활동유형: 게임
- 활동목표

  –약의 유익한 점과 해로움을 안다.

  –약은 설명서에 따라 꼭 필요할 때 사용해야 함을 안다.

  –활동자료: 다양한 약품 실물
- 활동방법

1. 유아들이 자주 사용해 본 약에 대해 이야기 나눈다.

   –(실물 약품을 보며) 이것은 무엇이니?

   –약을 먹는 방법은 무엇을 보고 알 수 있었니?

   –약을 언제 먹었었니?

   –약을 먹고 난 후에 어떻게 됐니?

2. 약이 우리에게 주는 유익한 점을 알아본다.

   –약은 우리에게 어떤 도움을 줄까?

   –약을 먹고 빨리 나았던 적이 있니?

   –약이 없다면 어떻게 되었을까?

3. 실물 약품들을 보여 주며 올바른 약의 사용법에 대해 이야기 나눈다.

   –약을 언제, 얼만큼 먹어야 하는지 무엇을 보고 알 수 있을까?

4. 약을 올바르게 사용하지 않았을 때, 약이 주는 해로운 점에 대해 이야기 나눈다.

   ① 조금만 아파도 약을 먹는 경우에 대해 이야기 나눈다.

   –조금만 아파도 약을 먹으면 우리 몸은 어떻게 될까?

   –우리 몸에 있는 면역체들에 대해 들어 본 적이 있니? 면역체는 무엇일까?

   ※ 유아들에게 면역체에 대해 알려 준다. 질병이나 나쁜 세균이 몸에 침투

6) 출처: 교육과학기술부(2012), pp. 132-133.

하면 몸 안에 있는 세포들은 우리 몸을 지키기 위해 면역체를 생성한다. 따라서 조금 아픈 경우에도 약을 먹게 되면 우리 몸은 약에 의존하게 되어 면역체가 점점 약해진다.

② 유효기간이 지난 약을 먹는 경우에 대해 이야기 나눈다.

-날짜가 지난 음식을 먹으면 우리 몸은 어떻게 될까?

-날짜가 지난 약을 먹으면 어떻게 될까?

③ 약을 먹을 때, 물이 아닌 오렌지 주스나 우유와 함께 먹는 경우에 대해 이야기 나눈다.

-약이 써서 먹기 싫었던 경험이 있니?

-약을 먹을 때, 오렌지 주스나 우유와 함께 먹으면 어떻게 될까?

※ 유아들에게 올바른 약 복용법에 대해 알려 준다. 약을 오렌지 주스나 우유와 함께 먹으면 약의 효능이 낮아질 수 있다. 특정 가루약의 경우 다른 액과 섞어서 먹게 되면 약의 성질이 변할 수 있다. 따라서 약은 물과 함께 먹도록 한다.

5. 약을 먹을 때의 주의점을 생각하며 퀴즈로 마무리한다.

① 조금만 아파도 약을 먹는다. (×)

② 약에는 유효기간이 있다. (○)

③ 약은 정해진 시간에 정해진 양을 먹는다. (○)

④ 약이 쓰면 오렌지 주스나 우유와 함께 먹는다. (×)

⑤ 어른이 먹는 약을 먹어도 상관없다. (×)

⑥ 맛이 궁금하면 몰래 조금 먹어 봐도 된다. (×)

⑦ 많이 아프면 약의 양을 늘려도 된다. (×)

8장

미디어 안전

1. 미디어 안전의 필요성
2. 미디어 안전관리와 교육

영유아 안전관리와 교육

1. 미디어 안전의 필요성

미디어는 국어사전에서 매체, 매개체로 번역된다. 즉, '둘 사이에서 어떤 일을 맺어 주는 구실을 하는 것'으로 풀이된다. 정보를 축적할 수 있는 매체 또는 정보를 전송하는 역할을 하는 것을 말한다(다음백과사전). 미디어 안전은 일상생활에서 사용하고 있는 다양한 전자 미디어의 부정적 영향을 예방하기 위한 것이다(권덕수, 김애란, 김지영, 우민정, 한진원, 2018). 전자기기가 발달을 이루기 전의 사회에서 사람들은 직접적 의사소통으로 정보를 전달하고 나누었다. 그러나 산업화·도시화로 인해 사회가 복잡, 다변해지고 정보량이 증가하며 정보의 수용과 활용의 속도가 사회 및 산업의 경쟁력으로 이어짐에 따라 미디어의 발전은 사회적 필요로 더 가속화되어 왔다.

역사적으로 텔레커뮤니케이션으로 인한 전파 미디어 시대에서, 새로운 커뮤니케이션 기술 개발과 융합으로 미디어의 개발은 계속되고 있다(다음백과사전). 4차 산업혁명 시대를 맞아 국제 사회의 패러다임은 정보화 사회에서 지능 정보화로 변화하고 있다(한국정보화진흥원 정책기획팀, 2017). ICT 기술인 ICBMS(IoT, Cloud, Big Data, Mobile, Security)와 인공 지능(AI)이 결합된 지능정보기술이 획기적인 진보를 보이고 있다(한국정보화진흥원 정책기획팀, 2017). 다양한 전자기기 및 인터넷의 발달은 미디어와 사람 간의 접촉을 일상화하고 미디어 중독현상까지 사회적 문제로 대두되기에 이르렀다. 더구나 사회 환경의 변화에 따라 유아들의 놀이가 또래들과의 놀이 문화에서 미디어와의 놀이시간을 증가시키는 것도 미디어 중독의 원인 중 하나로 지목되고 있다(박은혜, 조혜선, 이성희, 황보영, 2011).

특히 성장기 어린이의 미디어 사용 시간의 증가와 미디어를 통해 걸러지지 않고 전달되는 부적절한 정보와 자료들이 어린이의 성장과 교육에 문제가 된다. 무엇보다 유아기는 직접적 경험과 상호작용을 통해 신체활동을 하며 능동적 두뇌활동을 하면서 잠재력을 최대한 개발하여야 할 시기인데 미디어에 노출되어 시간을 점유당하는 것 자체가 문제가 된다. 특히 어린이들에게 매력적인 스마트폰의 발달은 점점 언제 어디서나 미디어와 함께할 수 있는 가능성을 높이고 있다. 부모는 가치관에 따라 평소 미디어를 유아의 놀이와 교육에 활용하지 않았을 수 있다. 그러한 신념과 태도를 지닌 부모라도 분주함 등의 이유로 직접적 양육과 지도를 잠시 멈출 때 하나의 도구로 미디어를 활용하기도 하며, 이는 악순환의 연결고리가 될 수 있다. 그러므로 교사와 부모, 사회는 성장기 유아들에 대한 미디어 안전에 확고한 철학, 가치관을 가지고 일관된 실천의 의지를 강화하여야 할 때이다.

2018년 현재 우리나라 가구당 정보통신기기 보유현황은 국내 전체 가구 중 94.9%가 스마트기기('스마트폰' 94.8%, '스마트패드' 13.9%, '웨어러블기기' 7.7%)를 보유하였고, PC는 '데스크톱'이 56.3%, '노트북' 34.2%를 보유하고 있는 것으로 조사되었다(과학기술정보통신부, 한국인터넷진흥원, 2019, 국가승인 지정통계 제120005호).[1]

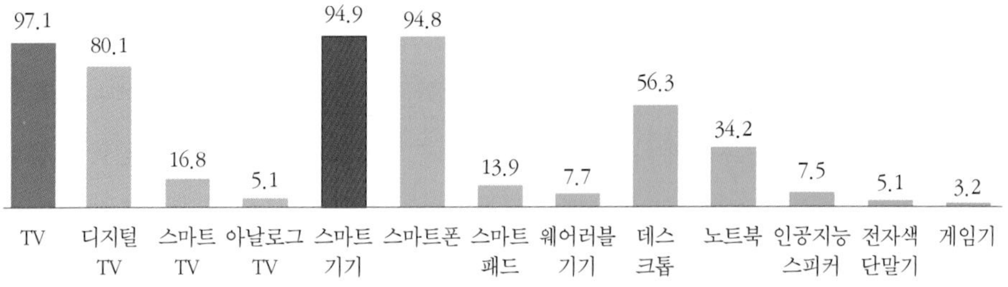

[그림 8-1] 가구당 정보통신기기 보유현황(복수응답, %) – 국내 전체 가구

개인별 보유 현황에서 만 6세 이상 인구의 91.0%가 '스마트폰'을 보유하고 있는 것으로 나타났다.

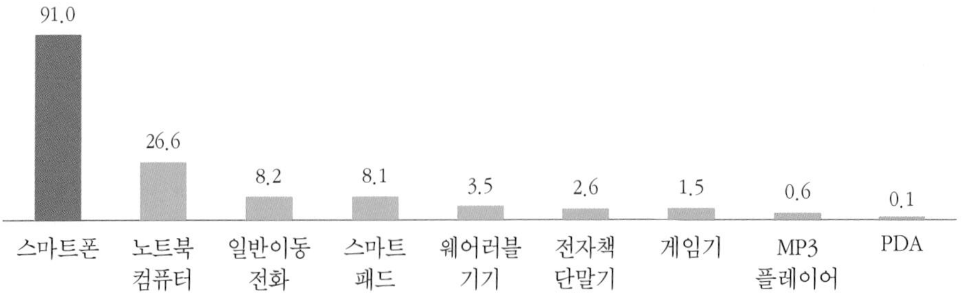

[그림 8-2] 개인 휴대형 정보통신기기 보유현황(복수응답, %) – 만 6세 이상 가구

1) 2018 현황 자료는 과학기술정보통신부, 한국인터넷진흥원(2019)에서 통계자료 및 그림을 인용함.

개인 인터넷 이용률을 조사한 결과, 만 3세 이상 중 인터넷이용자(최근 1개월 내 인터넷을 이용한 사람)의 비율은 91.5%로 지난 2000년 이후 계속 증가되고 있다. 3~9세의 인터넷 이용률은 87.8%에 이르렀다.

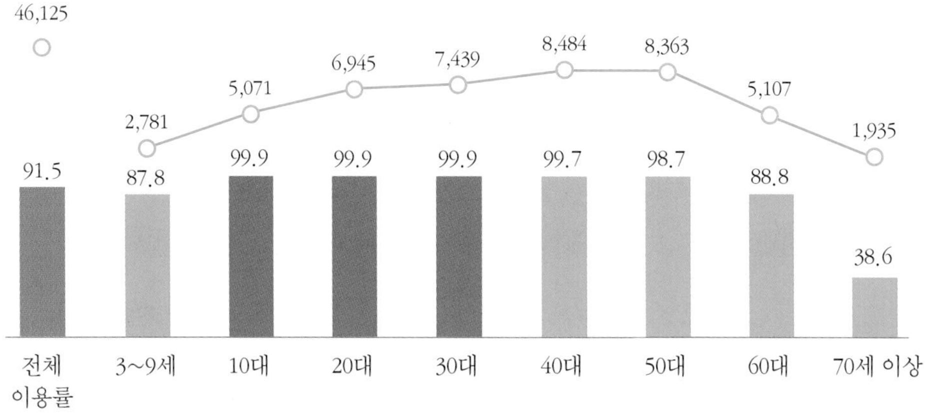

[그림 8-3] 연령별 인터넷 이용률 및 이용자 수(%, 천 명) – 만 3세 이상 인구

만 3세 이상 인구 중 모바일 인터넷이용자(이동전화, 스마트폰, 스마트패드, 웨어러블기기 등을 통해 무선인터넷을 이용한 사람)의 비율은 90.4%이며, 3~9세 어린이의 이용률도 78.1%로 나타났다. 또 스마트폰을 통한 무선인터넷 이용자 비율은 3세 이상 인구 중 89.6%였으며, 3~9세 어린이의 이용률도 73.7%로 나타났다.

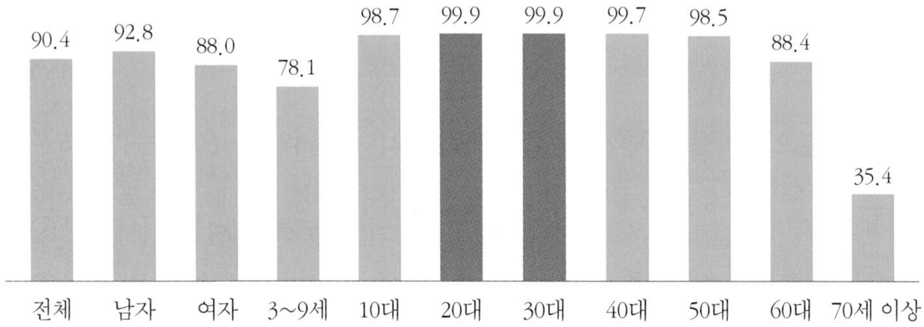

[그림 8-4] 모바일 인터넷 이용률(%) – 만 3세 이상 인구

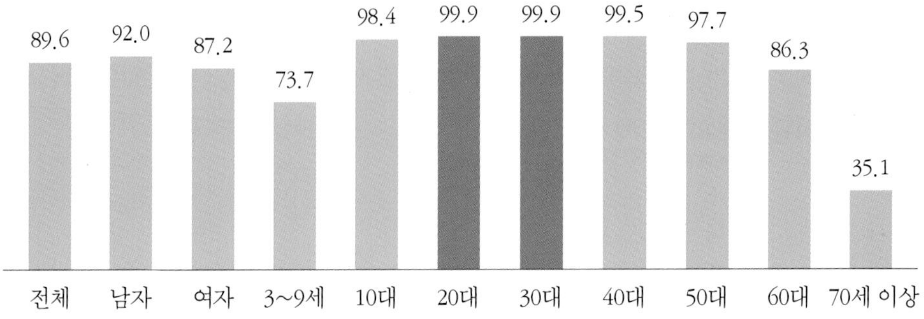

[그림 8-5] 스마트폰 이용률(%) – 만 3세 이상 인구

미디어 기기를 처음 사용한 시기를 조사한 2013년도 연구에 따르면, 평균적으로 TV는 0.75세, 컴퓨터는 2.46세, 스마트기기는 2.27세로 3세가 되기 전 영아시기에 이미 미디어를 사용하기 시작하는 것으로 나타났었다(이정림, 도남희, 오유정, 2013).

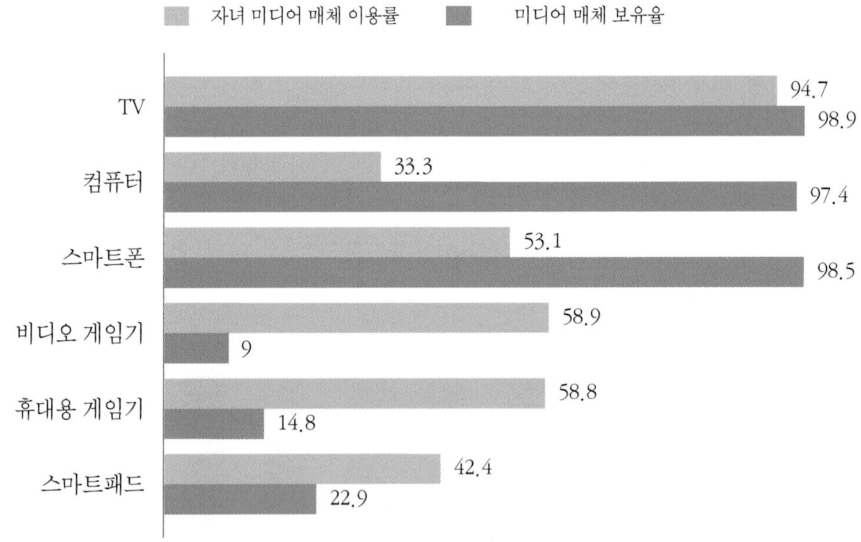

[그림 8-6] 가정 내 미디어 매체 보유율, 영유아 이용률

출처: 이정림 외(2013), p. 48; 이정림(2013), p. 9.

2018년도 전국 인터넷 이용현황조사에 따르면, 지난 10년간 3세 이상 인구의 인터넷 이용률은 10년간 15.0%p 증가하였으며 연평균 1.8%씩 증가한 것으로 나타났다. 그런데 인터넷 이용률 상승은 40, 50, 60대에서 가장 큰 폭으로 상승하였고,

3~9세 어린이들에게서도 지난 10년간의 증가폭이 5.6%로 높게 나타났다. 또 3~9세 어린이의 스마트폰 이용률은 지난 10년간 12.9% 증가하였다. 인터넷과 스마트폰 이용률 증대는 주로 고연령층과 유아동에게서 나타나고 있는 것이다.

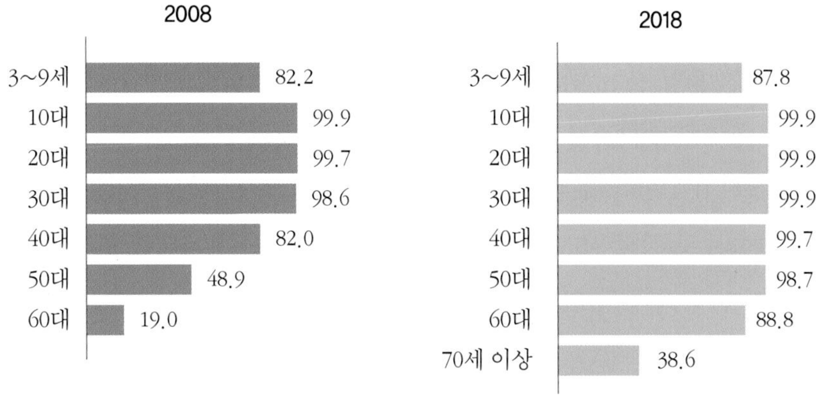

[그림 8-7] 연령별 인터넷 이용률 – 2008년, 2018년 비교(%)

구분		2016	2018	2년간 증가폭(%p)
전체		83.6	89.6	6.0
연령별	3~9세	60.8	73.7	12.9
	10대	95.9	98.4	2.5
	20대	99.7	99.9	0.2
	30대	99.5	99.9	0.4
	40대	98.9	99.5	0.6
	50대	92.3	97.7	5.4
	60대	64.1	86.3	22.2
	70세 이상	14.9	35.1	20.2

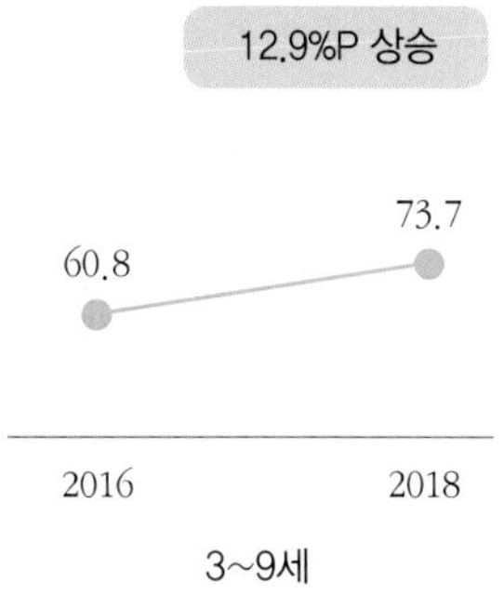

[그림 8-8] 연령별 스마트폰 이용률 및 증가폭 – 2016년, 2018년 비교(%)

이와 같은 미디어 활용 현황 자료들은 영유아 미디어 안전관리가 TV 및 스마트폰 등을 중심으로 더욱 관심을 가지고 지도되어야 함을 시사한다. 더구나 매력적인 미디어의 특성은 유아, 어린이들도 과의존 또는 중독의 위험에 처하게 하고 있다.

2. 미디어 안전관리와 교육

1) 미디어 중독과 사회적 대응

미디어는 '과몰입' 또는 '과의존' 및 '중독'[2]('아동기에는 중독보다 과몰입, 과의존이라는 용어를 사용하는 경향임')의 위험성이 있다. 특히 인터넷 기반의 매체들에 대한 중독 위험성이 높아지고 있다. 교육부는 학교안전교육 실시 기준에서 제시한 7대 교육 영역 중에 '사이버 중독 예방교육'을 포함하고 있다. 교육내용으로 'TV, 인터넷, 통신기기(스마트폰 등) 등의 중독 위해성을 알고 바르게 사용하기'를 유치원 교육에서 다루어야 한다고 명시하고 있다. 「국가정보화기본법」에서도 인터넷 중독을 정의하고 국가가 인터넷 중독 예방을 위한 계획을 수립하고 시행하여야 한다고 규정하고 있다. 즉, '이용자가 일상생활에서 쉽게 회복할 수 없는 신체적, 정신적, 사회적 기능의 손상을 입는 것(이하 '인터넷 중독'이라 한다)을예방 · 해소하기 위하여 필요한 계획을 수립하고 시행하여야 하며…….'로 규정하였다(「국가정보화기본법」 제30조).

과학기술정보통신부, 한국정보화진흥원(2019)이 시행한 '2018년 스마트폰 과의존 실태조사' 결과에 따르면 청소년의 스마트폰 과의존 비율은 줄어들고 있는 데 반하여 유아동과 60대 이상 집단의 과의존은 증가된 것으로 나타났다. 즉, 유아동 과의존 위험군이 1.6% 증가하여 다른 연령대보다 최대 증가폭을 보였다.

3~9세 유아동 중 20.7%가 스마트폰 과의존 위험군이었으며, 2.0%는 고위험을 나타내고 있었다. 남아가 여아에 비해 고위험군 및 잠재적 위험군 모두 높게 나타났으며, 만 6~9세 아동이 3~5세 유아에 비해 과의존 위험군 비율이 높은 것으로 나타났다.

2) 스마트폰 과몰입은 임상적 병리 상태를 진단할 때 사용하는 '중독'과 구별하기 위한 용어이다. 유아의 경우 중독 현상에 이르기보다는 과다 사용이나 과다 의존적 행동을 보이는 경우가 많다. 따라서 중독보다는 과몰입 또는 과의존이라는 용어를 사용하기도 한다. 과몰입은 스마트폰에 과도하게 의존하여 다른 행동과 상황으로 전환하지 못하고 스마트폰을 과도하게 요구하거나, 과몰입으로 인해 발달지연을 보이는 상태(권미경, 박현숙, 유주희, 한경희, 2016)를 의미한다.

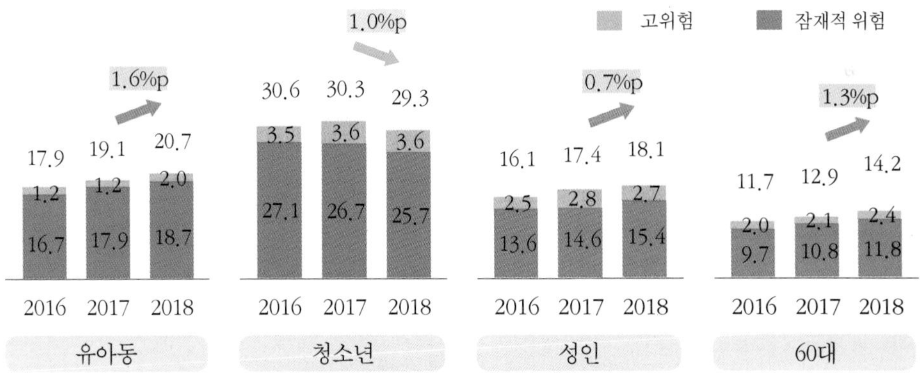

[그림 8-9] 연도별, 대상별 스마트폰 과의존 위험군 현황(%)

출처: 과학기술정보통신부(2019. 2. 13.), p. 2
과학기술정보통신부, 한국정보화진흥원(2019), p. 3.

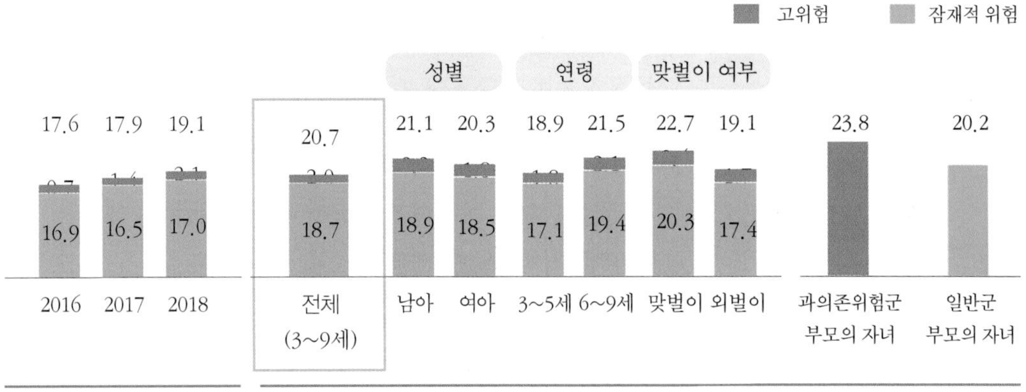

유아(만 3~5세)의 스마트폰 과의존 위험군 비율 추이(%, 2016~2018)

유·아동(만 3~9세)의 스마트폰 과의존 위험군 현황 및 부모·자녀 과의존 위험성 관계(%, 2018)

[그림 8-10] 2018년 유아동(만 3~9세) 스마트폰 과의존 위험군 현황 및 부모 – 자녀 간 과의존 위험성 관계

출처: 과학기술정보통신부(2019. 2. 13.), p. 3; 과학기술정보통신부, 한국정보화진흥원(2019), pp. 5-8.

또한 맞벌이 부모의 자녀가 과의존 위험이 높고, 부모가 과의존 위험군일 경우, 유아동 자녀가 위험군에 속하는 비율(23.8%)이 높은 것으로 나타났다. 과의존 위험군의 유아동은 스마트폰 과의존 요인 중에서 다른 것보다 스마트폰을 갖고 놀기를 좋아하고, 하루에도 수시로, 항상 스마트폰을 가지고 놀고 싶어 하는 '현저성' 상태가 가장 많았다(과학기술정보통신부, 한국정보화진흥원, 2019).

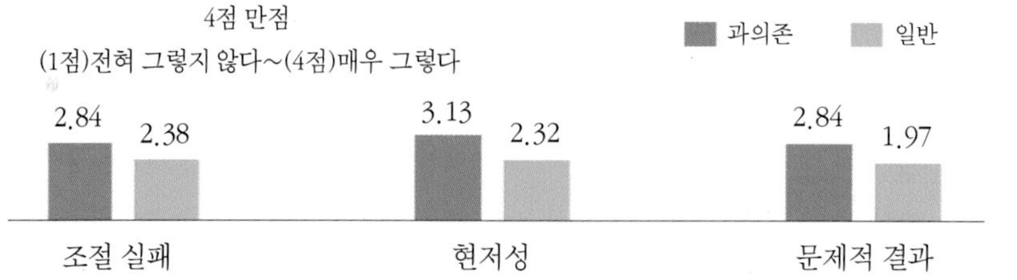

[그림 8-11] 유아 스마트폰 과의존 위험군 요인별 속성

출처: 과학기술정보통신부, 한국정보화진흥원(2019), p. 7.

이러한 조사 결과를 바탕으로 과학기술정보통신부(2019. 1. 25. 발표 보도)는 스마트폰, 인터넷 과의존 예방·해소를 위해 관계부처 합동으로 「제4차 스마트폰·인터넷 과의존 예방 및 해소 종합계획(2019~2021)」을 수립·발표(2018. 12. 관계부처합동)하였다. 이 종합계획의 특징 중 대표적인 것은 최근 스마트폰 과의존 위험군 비율이 크게 증가한 영유아와 고령층을 대상으로 한 정책이 많이 포함된 점이었다. 정부는 제4차 종합계획에서는 과의존 예방·해소를 위해 대상을 영유아와 학부모까지 포함하는 사업으로 확대했다고 밝혔다(2019. 1. 25. 발표 보도). 주요 정책 방향은 〈표 8-1〉과 같다.

표 8-1 제4차 스마트폰 · 인터넷 과의존 예방 및 해소 종합 계획(2019~2021): 주요 정책

영역	추진 내용
배움	예방교육의 초점 전환: • 정보화 역기능 원인과 해결에 대한 비판적 사고 증진으로 전환 • 정보, 게임, 데이터 리터러시 함양으로 디지털 미디어 이용에 대한 자기결정능력 강화 • 과의존 위험비율이 크게 상승한 영유아와 고령층 대상 과제를 확대 -유치원, 어린이집 원아 대상 과의존 예방 자체교육, 전문강사 방문교육, 문화체험교육 등 -디지털 미디어 올바른 이용 습관 함양 지원
상담 · 치유	• 전국 전문기관의 안정적 운영을 기반으로 상담효과 자체평가 및 사례 공유를 강화 • 상담을 마친 시민들이 디지털 역량을 발현할 수 있도록 재능기부, 동아리, 봉사, 교육 등 지역사회 프로그램에 연결시켜 주는 디지털 역량 강화 프로그램 도입
사회기반	• 영유아와 청소년이 긍정적인 디지털 미디어 이용 환경에서 성장할 수 있도록 학부모 인식 제고와 교원의 지도 능력 향상을 위한 교육과 연수를 강화 • 전국 어디서나 치유상담이 가능하도록 전문 상담 인력 풀을 확대
소통 · 참여	• 국민 관점의 정책 추진을 위해 국민패널 및 모니터링단을 상시 운영하는 등 국민정책 참여 기회를 확대

출처: 과학기술정보통신부(2019. 1. 25.).; 과학기술정보통신부(2019. 4. 12.).

유아의 인터넷 게임 중독, 과몰입의 원인을 분석한 연구에서는(김승옥, 이경옥, 2007) 1회 평균 인터넷 사용시간이 길수록, 유아가 자기조절력이 낮을수록, 부모가 자녀의 인터넷 활동내용에 무관심할수록, 성별로는 남아가 더 과몰입하는 경향을 나타내는 것으로 보고되었다. 이러한 결과는 유아의 미디어 과몰입, 중독을 예방하기 위해서는 가정 내 양육환경에서부터 세밀한 관심과 지도가 필요함을 시사한다. 또한 부모에게 구체적인 지도 지침이 제시되어야 한다.

스마트폰 과의존이란

과도한 스마트폰 이용으로 스마트폰에 대한 현저성이 증가하고, 이용 조절력이 감소하여 문제적 결과를 경험하는 상태, 즉

① 스마트폰 사용이 일상에서 가장 우선되는 중요 활동이 되고(현저성: salience),

② 스마트폰 이용 정도를 스스로 조절하기 어려워짐에 따라(조절 실패: Self-control Failure),

③ 주변 사람과 갈등, 신체적 불편, 가정・학교・직장 생활 등에 어려움(문제적 결과: Serious Consequences)이 있는 상태를 말한다.

※ 과의존 위험군 분류: 스마트폰 과의존 척도(스마트폰 과의존 경향성 평가를 위해 대상별로 표준화한 문항, '16년 개발)를 활용, 대상별 기준점수(cutoff point)에 따라 고위험군, 잠재적 위험군, 일반사용자군 유형으로 분류

출처: 과학기술정보통신부, 한국정보화진흥원(2019); 과학기술정보통신부(2019. 2. 13.).

2) 미디어 안전관리 및 교육

가족구성원의 연령이 다양하고 기기에 대한 필요가 있으므로 영유아의 가정에 미디어가 있는 것은 불가피하기도 하다. 그러나 유아의 건강한 성장을 위해 최대한 전자미디어들의 배치와 접촉을 제외하거나 늦추는 것, 그리고 노출과 접촉이 시작된 뒤라도 분명한 목적과 필요에 따라 제한적으로 사용하는 습관을 형성하는 것이 중요하다.

스마트폰 등을 포함한 미디어는 영유아에게 다음과 같은 위험성을 내포할 수 있다.

- 기기 및 콘텐츠가 지닌 자극성이 매력적이어서 쉽게 몰입하고 습관, 의지, 중독으로 이르기 쉽다.
- 기기의 조작이 쉽고 이동가능성이 있어 더 자주 사용하게 되어 의존도가 높아질 수 있다.
- 유아의 전자미디어 사용 시간이 많을수록 주의집중 문제, 공격성, 자기통제 문제행동, 과의존 경향도 증가하는 경향이다(김대웅, 박윤현, 2018; 이진화, 조인경, 2018).
- 미디어 기기의 자극에 노출되어 흥미를 느끼게 되면 일상적 놀이나 책 등에 흥미를 느끼기 어려워진다.
- 주로 앉아서 사용하는 미디어기기의 특성으로 신체활동의 감소를 가져와서 신체발달을 비롯하여 발달의 각 영역별 균형 있는 전인적 성장을 저해할 수 있다.
- 또래 및 성인과의 사회적 상호작용의 시간이 줄어들어 영유아기에 필요한 사회적 상호작용, 언어적 교류가 줄어들게 되고 이 분야의 성장에 영향을 미칠 수 있다(이혜숙, 2010).
- 미디어에 대한 의존은 자기조절력 문제로 연관되고 미디어와의 접촉으로 일상에서의 자연스럽고 다양한 정서표출과 순화의 경험이 줄어들 수 있다.
- 전자 미디어의 밝은 빛은 수면을 방해하고 이용시간이 길수록 수면시간 또한 줄어든다(Cheung et al., 2017; 유연지, 김진우, 2018).
- 스마트폰의 전자파는 발암물질로 분류되고(WHO) 어린이에게 영향이 더 크다(과학기술정보통신부, 한국정보화진흥원, 2019).
- 영유아기는 뇌발달의 결정적 시기로 뇌 구조와 기능의 발달이 충분히 이루어지지 않았으므로 스마트폰의 부정적 영향에 취약하다(과학기술정보통신부, 한국정보화진흥원, 2019).

이러한 위험성과 더불어 기술의 발달로 영유아가 미디어에 접촉하고 사용하는 것이 더욱 쉬워지고 콘텐츠의 양과 질의 증폭이 예상된다. 그러므로 미디어 안전관리 지도와 교육은 점점 더 중요성이 강조될 것이다.

(1) 미디어 안전관리 지도와 교육

과학기술정보통신부, 한국정보화진흥원(2019)은 스마트폰 과의존 예방 가이드라인을 연구 발표하였다. 이는 최근 크게 증가한 영유아 스마트폰 과의존 위험비율의 증대에 따른 대책 사업의 결과이기도 하다.

가이드라인은 4단계로 제시되었는데 1단계 스마트폰 과의존 문제 인식(problem Recognition), 2단계 스마트폰 사용상태 점검(statE check), 3단계 바른 스마트폰 사용 실천방안 및 대안 제시(Suggest alternatives), 4단계 주변 사람과의 관계 형성 강화(connecT)이다. 영유아를 위한 가이드라인 4단계의 구체적 내용은 다음과 같다.

표 8-2 영유아를 위한 스마트폰 과의존 예방 가이드라인

가이드라인 단계	대상 연령	스마트폰 과의존 예방 가이드라인 내용
1단계 스마트폰 과의존 문제 인식 (problem Recognition)	0~만 2세 보호자용	① 아이에게 무심코 보여 주는 10분의 모바일 콘텐츠(영상, 음악, 게임 등)로 인해 아이는 스마트폰에 과의존할 수 있습니다. ② 아이는 보호자(부모, 교사 등 주 돌봄자)의 스마트폰 이용습관을 닮아 갑니다. ③ 스마트폰을 육아 또는 교육 도구로 이용하는 것도 방임일 수 있습니다.
	만 3~5세 보호자용	① 아이가 스마트폰 작동에 능숙하다고 해서 Smart한(똑똑한) 것은 아닙니다. ② 보호자의 스마트폰 이용습관과 과의존도 아이에게 대물림될 수 있습니다. ③ 규칙 없는 스마트폰 이용은 방임일 수 있습니다.
2단계 스마트폰 사용상태 점검 (statE check)	0~만 5세 보호자 공통	④ 보호자가 스마트폰 과의존일 경우, 아이도 과의존 위험이 큽니다.

3단계 바른 스마트폰 사용 실천 방안 및 대안 제시 (Suggest alternatives)	0~만 2세 보호자용	⑤ 아이가 보호자와 함께하는 영상 통화 외에는 스마트폰을 이용하지 않도록 합니다. ⑥ 가정(기관) 내 스마트폰 활용 규칙을 정해 일관되게 지킵니다.
	만 3~5세 보호자용	⑤ 아이의 발달단계와 기질을 고려해 스마트폰 사용규칙을 '구체적'으로 정하세요. 가정(기관) 내 스마트폰 활용 규칙을 정해 일관되게 지킵니다. ⑥ 학습용 앱보다 '책'을 읽어 주세요. 보호자가 일할 때나 식당, 차 안에서도 스마트폰 대신 놀잇감(종이 그림책, 퍼즐, 블록 등)을 주세요.
4단계 주변 사람과의 관계 형성 강화 (connecT)	0~만 2세 보호자용	⑦ 스마트폰으로 보고 듣는 동요·동화보다 보호자와의 친밀한 시간이 아이의 발달에 도움이 됩니다. 아이와 눈을 맞추고 웃으며 노래와 이야기를 들려주세요.
	만 3~5세 보호자용	⑦ 아이가 규칙을 지키면 충분히 칭찬하고 격려해 주세요. 아이와의 상호작용을 위해 다양한 놀이를 함께해 주세요.

출처: 과학기술정보통신부, 한국정보화진흥원(2019); 스마트쉼센터. https://www.iapc.or.kr/

미디어는 순기능적으로는 긍정적이다. 그러나 기능의 우수함과 내용의 다양성이 지니는 특성이 영유가가 미디어에 과몰입, 의존할 때 위험성을 갖게 되는 것이다. 그러므로 이러한 특성을 고려하여 영유아를 위한 미디어 안전관리 및 지도 지침을 제시하면 다음과 같다.

- 미디어에 노출되는 시기를 최대한 늦춘다. 노출되면 관심을 갖게 되고 관심은 사용을, 사용은 습관화로 연결될 수 있다. 그러므로 티비, 스마트폰, 컴퓨터 등 모든 미디어에 영아, 유아가 노출되는 시기를 최대한 늦춘다.
  - 2세까지는 텔레비전을 포함 모든 영상미디어를 보여 주지 않는다(고정아 역, 2006; 과학기술정보통신부, 한국정보화진흥원, 2019).[3]
  - 유아기, 아동기, 청소년기까지도 자녀의 방에 텔레비전을 두지 않는다(고정아 역, 2006).

3) 미국의학협회와 정신의학협회의 권고사항.

[그림 8-12] 스마트폰 과의존 예방 가이드라인

출처: 과학기술정보통신부, 한국정보화진흥원(2019); 스마트쉼센터. www.iapc.or.kr

-부모가 스마트폰을 사용하는 모습을 유아에게 자주 보이지 않는 것이 유아에게 스마트폰 노출을 막는 일차적 방법이다.

- 이른 나이에 미디어를 사용하기 시작하여 애착, 매력이 형성되지 않도록 한다(고정아 역, 2006).
- 미디어의 활용이 시작되었다면 최소 시간만 사용하도록 한다.
- 미디어 사용에 대한 합리적 규칙을 유아와 함께 수립하고 활용한다(과학기술정보통신부, 한국정보화진흥원, 2019).

-수립한 규칙은 일관성 있게 지키고 쉽게 바꾸지 않는다.

-규칙은 구체적이고 명료하게 한다.

-텔레비전의 경우, 시청 시간을 미리 정하고 시간표를 짠다. 그러므로 아무 때나 보거나 프로그램을 임의 선정하여 시청하지 않도록 한다.

-컴퓨터, 스마트폰도 정한 규칙에 따라 제한된 최소의 시간 혹은 목적에 따라 사용하도록 한다. 타이머를 사용하는 것도 좋은 방법이다.

-스마트폰은 가능하면 자녀의 안전 확보를 위하여 부모 및 가족과 통화하는 용도로만 사용하도록 한다.

- 양질의 미디어 콘텐츠에 대해서 제한적으로 접촉하도록 하고 부모도 같이 보도록 한다.

-미디어를 활용하여야 하는 경우라면 24개월 이상에서 만 5세 이하 시기에는 양질의 콘텐츠로 1시간 이내로만 부모의 지도하에 사용한다[과학기술정보통신부(2019. 2. 13.), p. 3].[4]

-성장기 어린이에게 위해한 사이트, 앱 등에 접촉할 수 없도록 차단한다.

-좋은 콘텐츠, 프로그램을 선정하여 부모와 같이 보고 내용에 대해 함께 이야기해 본다.

- 부모가 미디어를 양육을 위한 대체 수단으로 사용하지 않는다.

-부모가 일을 하는 동안, 혹은 자녀가 혼자 있을 때 미디어와 시간을 갖도록 하는 것은 긍정적인 양육방법이 아니다.

-영유아의 미디어 사용을 보상의 수단 혹은 부모나 교사가 양육이나 교육활동의 어려움을 해소하기 위한 쉬운 대체 수단으로 사용하지 않는다.

- 부모도 자녀가 보는 때에 스마트폰 등의 미디어 사용을 자제한다.
- 미디어는 사용하지 않을 때 전원을 꺼 둔다.

-영유아가 사용하던 미디어를 종료할 때는 영유아 스스로 끄게 한다.

- 컴퓨터, 텔레비전 등의 미디어는 제시 환경을 영유아의 건강과 발달을 고려하여 안전하게 배치한다.

-텔레비전은 4~5미터 떨어진 곳에서 화면을 15도 내려다보며 시청할 수 있도

4) 미국소아과학회 2018 권고사항.

록 배치한다(신동주, 이상은, 김현경, 박영선, 2015).

-컴퓨터에는 영유아의 키, 눈높이에 맞는 책상, 의자를 비치한다. 45~70센티 거리에 모니터를 두고 모니터를 조금 내려다보는 정도의 높이가 좋다(신동주 외, 2015).

-컴퓨터는 자녀의 방에 두기보다 가족이 함께 활동할 수 있는 장소에 둔다.

-유아교육기관에서 컴퓨터를 배치할 때 다른 유아들과 상호작용이 가능하도록 의자를 2~3개 놓는다.

- 유아교육기관에서는 비디오 등의 영상매체, 컴퓨터를 교육매체로 활용하기보다 유아들의 직접적 경험으로 진행되는 놀이를 통해 교육이 이루어지도록 지향한다.
- 미디어를 사용할 때 자세를 바르게 하고 제한된 시간 동안 사용한 후에는 신체적 활동을 통해 몸의 균형과 건강을 유지할 수 있도록 지도한다.

-의학적으로 바르지 못한 자세로 미디어를 사용하는 것으로 인한 여러 신체적 문제(거북목, 손목터널증후군, 척추측만증, 눈의 질병 등)가 보고되고 있다(과학기술정보통신부, 한국정보화진흥원, 2019).

-미디어를 활용한 다음에는 바깥놀이 등 신체적 활동을 하는 시간을 포함하는 것이 건강에 도움이 된다.

(2) 유아교육기관에서 영유아를 위한 미디어 안전교육

영유아에게 미디어 안전교육은 지식, 기술, 태도의 측면과 위험성을 예측하고 안전을 지켜 나가는 실행 능력을 키우는 방향으로 진행되어야 한다. 다음과 같은 내용을 교육에 포함한다.

- 다양하고 유용한 미디어들이 우리의 삶을 더욱 윤택하게 하여 주고 있음을 안다.
- 다양한 미디어의 종류와 특성을 이해한다(박은혜 외, 2011).
- 미디어는 변화하고 발전하는 하나의 도구임을 이해한다.
- 미디어는 사람이 사용하는 방향 및 방법에 따라서는 해로움을 끼치는 도구가 될 수 있다는 것을 이해한다.

- -건강을 해칠 수 있다.
- -어린이의 바른 성장을 해칠 수 있다.
- 미디어의 적절한 활용 방법을 알고 바르게, 즉 안전하게 사용한다(박은혜 외, 2011).
- 부모 및 교사와 함께 규칙을 정하고 사용한다. 규칙은 꼭 준수한다.
- 미디어는 정해진 시간만큼 사용하며 오랫동안 또는 자주 사용하지 않는다(박은혜 외, 2011; 권덕수 외, 2018).
  - -미디어 사용 시 타이머, 시계를 놓고 시간을 체크하며 사용한다(고정아 역, 2006; 권덕수 외, 2018).
- 각 연령에 따라 접하여도 되는 콘텐츠와 접하지 않아야 할 콘텐츠가 있음을 안다.
  - -제한 연령 표시를 이해한다.
- 부모 및 교사와 함께 접근 가능, 사용 가능하면서도 질이 좋은 우수 콘텐츠를 선정하고 선정한 콘텐츠만 활용한다.
- 미디어 사용 시 바른 자세가 무엇인지 알고 바른 자세를 중요시하는 태도를 갖고 실천한다.
- 식사나 간식 등 음식을 먹으면서 미디어를 사용하지 않는다(권덕수 외, 2018).
- 미디어 사용시간 이후에는 신체적 활동 및 사람 간의 상호작용이 활발한 활동을 한다.
- 스스로 미디어를 조절하여 사용하는 능력을 기른다(박은혜 외, 2011).

사이버 중독에 대한 지도상의 유의점

- 유아들이 인터넷을 사용하는 습관을 말할 때 미리 잘못된 행위임을 말하기보다는 유아 스스로 판단할 수 있게 해 주는 것이 좋다.
- 인터넷 게임 중독이 초래하게 될 위험을 알려 주는 것도 좋지만 인터넷 게임을 하면서 얻을 수 있는 긍정적인 측면도 함께 아이들에게 얘기해 주도록 한다.
- 인터넷 예절을 알아본다. 유아들이 공공장소에서 실천할 수 있는 인터넷 사용 예절을 만들도록 지도한다.
- 인터넷을 바르게 사용할 수 있는 방법을 알아본다.
- 스마트폰을 올바르게 사용하는 방법을 알아본다. 스마트폰을 사용한 경험에 대해 이야기 나눌 때, 비판하지 않고 경험한 내용을 수렴하여 동기유발에 초점을 맞추어 진행하도록 한다.
- 스마트폰 중독의 위험성에 대해 알아본다. 특정 유아가 스마트폰 중독으로 낙인찍히지 않도록 유의하여 지도한다.
- 스마트폰을 건강하게 사용하는 방법을 알아본다. 유아들이 가정이나 유치원에서 지킬 수 있는 약속을 만들도록 지도한다.
- 스마트폰을 건전하게 사용할 수 있는 방법을 알아본다. 유아의 경우 스마트폰 게임의 유혹에 쉽게 빠져들 수 있다. 하지만 이러한 환경과 유아의 습관을 초기에 발견하여 중독예방상담을 받게 된다면, 중독에서 빨리 회복되는 효과가 나타날 수 있다. 그러므로 교사는 유아의 스마트폰 사용습관을 주의 깊게 관찰하고, 초기에 예방교육과 상담을 통해 중독을 예방할 수 있도록 지도해야 한다.

출처: 교육부, 경상남도교육청, 학교안전공제중앙회(2016), pp. 306-310.

스마트폰 과의존 척도

▣ 유아동용(3~5세 포함: 관찰자용, 9문항)

요인	항목	전혀 그렇지 않다	그렇지 않다	그렇다	매우 그렇다
조절실패 (역문항)	1) 스마트폰 이용에 대한 부모의 지도를 잘 따른다.	①	②	③	④
	2) 정해진 이용 시간에 맞춰 스마트폰 이용을 잘 마무리한다.	①	②	③	④
	3) 이용중인 스마트폰을 빼앗지 않아도 스스로 그만둔다.	①	②	③	④
현저성	4) 항상 스마트폰을 가지고 놀고 싶어 한다.	①	②	③	④
	5) 다른 어떤 것보다 스마트폰을 갖고 노는 것을 좋아한다.	①	②	③	④
	6) 하루에도 수시로 스마트폰을 이용하려 한다.	①	②	③	④
문제적 결과	7) 스마트폰 이용 때문에 아이와 자주 싸운다.	①	②	③	④
	8) 스마트폰을 하느라 다른 놀이나 학습에 지장이 있다.	①	②	③	④
	9) 스마트폰 이용으로 인해 시력이나 자세가 안 좋아진다.	①	②	③	④

※ 1)~3)번 문항 역채점: ① → 4점, ② → 3점, ③ → 2점, ④ → 1점으로 변환.
※ 기준점수(36점 최고점): 고위험군 28점 이상, 잠재적 위험군 27~24점.

▣ 청소년 · 성인 · 고령층용(자기보고용, 10문항)

요인	항목	전혀 그렇지 않다	그렇지 않다	그렇다	매우 그렇다
조절실패	1) 스마트폰 이용시간을 줄이려 할 때마다 실패한다.	①	②	③	④
	2) 스마트폰 이용시간을 조절하는 것이 어렵다	①	②	③	④
	3) 적절한 스마트폰 이용시간을 지키는 것이 어렵다.	①	②	③	④
현저성	4) 스마트폰이 옆에 있으면 다른 일에 집중하기 어렵다.	①	②	③	④
	5) 스마트폰 생각이 머리에서 떠나지 않는다.	①	②	③	④
	6) 스마트폰을 이용하고 싶은 충동을 강하게 느낀다.	①	②	③	④
문제적 결과	7) 스마트폰 이용 때문에 건강에 문제가 생긴 적이 있다.	①	②	③	④
	8) 스마트폰 이용 때문에 가족과 심하게 다툰 적이 있다.	①	②	③	④
	9) 스마트폰 이용 때문에 친구 혹은 동료, 사회적 관계에서 심한 갈등을 경험한 적이 있다.	①	②	③	④
	10) 스마트폰 때문에 업무(학업 혹은 직업 등) 수행에 어려움이 있다.	①	②	③	④

※ 기준점수(40점 최고점): (청소년) 고위험군 31점 이상, 잠재적 위험군 30~23점.
(성인) 고위험군 29점 이상, 잠재적 위험군 28~24점.
(60대) 고위험군 28점 이상, 잠재적 위험군 27~24점.
※ 대상별 표준화된 기준점수를 산출하여, 척도 문항은 동일하나 대상별 기준 점수는 상이함.
출처: 과학기술정보통신부, 한국정보화진흥원(2019), p. 20.

3) 미디어 안전교육 활동의 실제

- 활동명: 스마트폰을 사용하는 올바른 습관을 가져요[5]
- 학습목표: 스마트폰을 올바르게 사용하는 방법을 알아본다.
- 관련생활주제: 생활도구, 건강과 안전

지도 자료	-'스마트폰을 바르게 사용해요' 동영상 http://www.iapc.or.kr/info/mediaAddc/showInfoMediaAddcDetail.do?article_id=ICCART_0000000092819&board_type_cd=A1 (9분 5초)	

- 교수・학습활동

도입	1 스마트폰을 사용했던 경험에 대해 이야기 나눈다. -스마트폰을 사용해 봤니? -스마트폰으로 무엇을 했니? -스마트폰을 사용하니 어떤 점이 좋았니?
전개	1 '스마트폰을 바르게 사용해요'를 보고 스마트폰을 바르게 사용하는 방법에 대해 이야기 나눈다 -'초롱이'는 유치원에 왜 늦었을까? -어른들이 스마트폰을 보면서 길을 가다가 어떤 일이 생겼니? -스마트폰을 오래 하면 어떻게 될까? • 눈이 나빠진다, 키가 안 큰다, 어깨가 아프다 등 -스마트폰을 바르게 사용하는 방법에는 어떤 것이 있었니? • 약속한 시간만큼만 한다. 밥 먹을 때 사용하지 않는다. 걸어갈 때 사용하지 않는다. -그 이외에도 스마트폰을 바르게 사용하는 방법에는 무엇이 있을까?
마무리	1 스마트폰을 바르게 사용하는 방법에 대해 다시 한번 회상해 본다. -스마트폰을 바르게 사용하는 방법을 알아보니 어떤 생각이 드니? -집에서도 '스마트폰 사용 약속'을 정하여 꼭 지키도록 하자.

5) 출처: 교육부, 경상남도교육청, 학교안전공제중앙회(2016), p. 315.

- 지도상의 유의점
  - 스마트폰을 사용한 경험에 대해 이야기 나눌 때, 비판하지 않는다. 경험한 내용을 수렴하여 동기유발에 초점을 맞추어 진행하도록 한다.

9장

학대로부터의 안전

1. 아동학대의 정의 및 유형
2. 아동학대의 유발 요인 및 학대의 영향
3. 아동학대 실태 및 사회적 대처
4. 유아교육기관의 아동학대 관리와 대처
5. 학대예방교육

유아는 취약성과 의존성으로 인해 아동학대의 대상이 되기 쉽다. 취약한 아동과 학대 성향을 지닌 성인이 고립되고 스트레스를 유발하는 상황에 놓이면 아동학대가 일어나기 쉽다. 아동학대에 관한 인식과 관심이 커지면서 학대의 예방과 대처를 위한 법적 · 사회적 노력이 활발하게 이루어지고 있다. 아동학대를 예방하고 대처하는 데에는 유아교육기관의 역할도 매우 중요 중요하다. 유아교육기관은 아동학대 징후의 인식과 대처 및 학대예방교육에 대한 법적, 교육적 책임이 있다. 이러한 역할과 책임을 감당하기 위해 교사는 아동학대와 관련된 지식을 갖추어야 할 뿐 아니라 교사 자신이 학대 행위자가 되지 않도록 자신을 점검해야 한다.

1. 아동학대의 정의 및 유형

1) 아동학대의 정의

아동학대를 정의하는 것은 매우 어려운 문제이다. 문화에 따라 아동학대에 대한 개념이 다를 수 있으며 한 사회 안에서도 집단 간에 다양한 가치관과 신념 체계로 인해 아동학대에 대한 개념이 다를 수 있다.

「아동복지법」에서는 아동학대를 아동에게 가하는 신체적 폭력에서부터 유기와 방임을 포함하는 넓은 의미로 규정하고 있다. 즉, 아동학대는 '보호자를 포함한 성인이 아동의 건강 또는 복지를 해치거나 정상적 발달을 저해할 수 있는 신체적 · 정신적 · 성적 폭력이나, 가혹 행위를 하는 것과 아동의 보호자가 아동을 유기하거나 방임하는 것(「아동복지법」 제3조 제7항)'을 의미한다.

아동학대와 관련하여 법적으로 금지행위로 규정된 행위는 다음과 같다(「아동복지법」 제17조).

- 아동을 매매하는 행위
- 아동에게 음행을 시키거나 음행을 매개하는 행위
- 아동의 신체에 손상을 주는 학대행위
- 아동에게 성적 수치심을 주는 성희롱, 성폭력 등의 학대행위
- 아동의 정신건강 및 발달에 해를 끼치는 정서적 학대행위
- 아동을 유기하거나 의식주를 포함한 기본적 보호 · 양육 · 치료 및 교육을 소홀히 하는 방임행위
- 장애를 가진 아동을 공중에 관람시키는 행위
- 아동에게 구걸을 시키거나 아동을 이용하여 구걸하는 행위
- 공중의 오락 또는 흥행을 목적으로 아동의 건강 또는 안전에 유해한 곡예를 시키는 행위
- 정당한 권한을 가진 알선기관 외의 자가 아동의 양육을 알선하고 금품을 취득하거나 금품을 요구 또는 약속하는 행위
- 아동을 위하여 증여 또는 급여된 금품을 그 목적 외의 용도로 사용하는 행위

2) 아동학대의 유형과 징후

(1) 학대의 유형

아동학대의 유형은 크게는 학대와 방임으로 구분되며, 학대는 구체적으로 신체학대, 정서학대, 성학대 등으로 구분될 수 있다.[1]

① 신체학대

신체학대는 부모 또는 보호자가 의도적으로 아동에게 신체적 손상을 입히거나 이를 허용하는 모든 행위를 의미한다.

- 직접 신체를 가해하는 행위

1) 학대 유형별 구체적 행위의 예는 중앙아동보호전문기관 홈페이지(http://www.korea1391.go.kr)를 참고함.

- 도구를 사용하여 신체를 가해하는 행위
- 완력을 사용하여 신체를 위협하는 행위(세게 흔들기, 신체 부위 묶기, 벽에 밀어붙이기, 떠밀고 잡기, 던지기 등)
- 신체에 유해한 물질(화학물질, 약물)로 신체에 상해를 입히는 행위

② 정서학대

정서학대는 아동의 정서에 폭력을 가하는 것이다. 언어적 학대와 아동의 연령과 발달 수준에 적합하지 않거나 지나친 요구를 하는 경우가 포함된다. 부모는 자녀를 거부, 무시, 위협, 고립시킴으로써 정서학대를 한다. 아동의 인지적 욕구에 무관심하며 발달에 지장을 초래하는 것도 정서학대에 속한다.

- 원망적 · 거부적 · 적대적 또는 경멸적인 언어폭력 등
- 잠을 재우지 않거나 발가벗겨 내쫓는 행위
- 형제나 친구 등과 비교, 차별, 편애하는 행위
- 가족 내에서 왕따를 시키는 행위
- 아동이 가정폭력을 목격하도록 하는 행위
- 아동을 시설 등에 버리겠다고 위협하거나 짐을 싸서 쫓아내는 행위
- 미성년자 출입금지 업소에 아동을 데리고 다니는 행위
- 아동의 정서 발달 및 연령상 감당하기 어려운 것을 강요(감금, 약취 및 유인, 아동노동 착취)하는 행위
- 다른 아동을 학대하도록 강요하는 행위

③ 성학대

성학대는 성적 만족을 위해 아동을 이용하는 것이다. 구체적으로는 강간 및 유사성행위, 구강, 성기 등 신체 부위를 성적 추행하는 것, 성적 언동, 포르노그라피나 매춘에 어린이를 이용하는 것, 성기 노출, 성매매를 시키거나 성매매를 매개하는 행위, 옷을 벗기거나 벗겨서 보는 관음적 행동 등의 다양한 행동이 포함된다.

④ 방임

방임은 아동의 양육과 보호를 소홀히 하여 정상적인 발달을 저해하는 모든 행위를 의미한다. 방임은 신체적 또는 물리적 방임과 정서적 방임을 포함한다. 신체적 방임은 부모나 보호자가 아동의 기본적인 신체적 요구, 곧 적절한 음식, 주거 환경, 옷, 적절한 위생 그리고 의료적 보호와 교육에 소홀한 것이다. 이는 빈곤, 부모의 스트레스 등과 관련이 있을 수 있고, 아동에 대한 무관심이나 인식 부족으로 인한 경우도 많다. 가장 극단적 형태의 방임은 유기이다.

- 기본적인 의식주를 제공하지 않음
- 불결한 환경이나 위험한 상태에 아동을 방치
- 아동의 출생신고를 하지 않는 행위, 보호자가 아동을 가정 내에 두고 가출한 경우
- 보호자가 친족에게 연락하지 않고 아동을 친족 집 근처에 두고 사라진 경우
- 아동에게 필요한 의료적 처치 및 개입을 하지 않음
- 학교에 보내지 않거나 아동의 무단결석을 허용함
- 학교 준비물을 챙겨 주지 않음
- 특별한 교육적 욕구를 소홀히 함
- 유기: 아동을 버림, 병원에 입원시키고 사라지거나 시설 근처에 버림

정서적 방임은 안아 주고 쓰다듬어 주기, 대화, 감정의 표현과 같은 정서적 자극의 결여 등 아동의 심리적 요구와 성장에 기본적으로 관심이 없거나 반응적이지 않은 것이다.

(2) 아동학대의 징후

학대를 의심해 볼 수 있는 일반적 징후는 〈표 9-1〉과 같으며, 학대 유형별 징후는 〈표 9-2〉~〈표 9-5〉[2]와 같다.

2) 〈표 9-2〉~〈표 9-5〉는 중앙아동보호전문기관 홈페이지에 게재된 '아동학대 징후 체크리스트(세부)'에 기초함.

표 9-1 아동학대를 의심할 만한 일반적 징후

영유아의 특성	부모의 특성
• 행동의 급격한 변화 또는 학업 및 과제 수행능력의 급격한 변화 • 신체적, 의료적 문제에 대한 적절한 보살핌을 받지 못함 • 집중하지 못함 • 나쁜 일이 일어날 것을 대비하는 듯이 항상 경계하고 조심함 • 지나치게 고분고분하고, 수동적이고 위축됨 • 기관에 일찍 오고 집에 늦게 가려 하거나 가지 않으려 함	• 자녀에 무관심함 • 자녀가 지닌 문제를 부정하거나 자녀를 비난함 • 자녀를 못되고, 가치가 없고, 짐스럽다고 여김 • 자녀가 감당할 수 없는 신체적, 학업적 성취 수준을 기대함 • 관심, 정서적 욕구의 만족을 주로 자녀에게서 찾음

① 신체학대

신체학대는 징후가 대개 겉으로 확연히 나타나므로 발견하기가 가장 쉽다. 상처는 흔히 반복적으로 나타나고 새 상처와 오래되고 치료받지 않은 상처가 함께 있는 경우가 많다.

표 9-2 신체학대의 징후

신체적 징후	행동적 징후
• 설명하기 어려운 신체적 상흔 • 손발이 차거나 붉게 부어오른 상태 • 발생 및 회복에 시간 차가 있는 상처 • 비슷한 크기의 반복적으로 긁힌 상처 • 사용된 도구의 모양이 그대로 나타나는 상처 • 담뱃불 자국, 뜨거운 물에 잠겨 생긴 화상자국, 회음부에 있는 화상자국, 알고 있는 물체모양(다리미 등)의 화상자국, 회복속도가 다양한 화상자국 • 입, 입술, 치은, 눈, 외음부 상처 • 긁히거나 물린 자국에 의한 상처 • 손목이나 발목에 긁힌 상처, 영유아에게 발견된 붉게 긁힌 상처	• 어른과의 접촉 회피 • 다른 아동이 울 때 공포를 나타냄 • 공격적이거나 위축된 극단적 행동 • 양육자에 대한 두려움 • 집(어린이집)에 가는 것을 두려워함 • 위험에 대한 지속적인 경계

• 성인에 의해 물린 상처 • 겨드랑이, 팔뚝 안쪽, 허벅지 안쪽 등 다치기 어려운 부위의 상처 • 대뇌 출혈, 망막 출혈, 양쪽 안구 손상, 머리카락이 뜯겨 나간 두피 혈종 등을 동반한 복잡한 두부 손상 • 고막 천공이나 귓불이 찢겨진 상처와 같은 귀 손상 • 골격계 손상, 시간 차가 있는 골절, 치유 단계가 다른 여러 부위의 골절, 복합 및 나선형	

② 정서학대

정서학대는 감지하기가 매우 어려운 유형의 학대이다. 성인과 아동의 상호작용을 신중하게 관찰하는 것이 정서학대를 규명하는 데 도움이 될 수 있다.

표 9-3 정서학대의 징후

신체적 징후	행동적 징후
• 발달지연 및 성장장애 • 신체발달저하	• 특정 물건을 계속 빨고 있거나 물어뜯음 • 행동장애(반사회적, 파괴적 행동장애) • 신경성 기질 장애(놀이장애) • 정신신경성 반응(히스테리, 강박, 공포) • 언어장애 • 극단행동, 과잉행동, 자살시도 • 실수에 대한 과잉 반응 • 양육자와의 접촉에 대한 두려움

③ 성학대

성학대도 장기간 감지되지 않을 수 있다. 성학대가 은밀하게 이루어지고 어린 유아들은 가해자의 행동이 어떤 의미를 지니는지 모를 수 있기 때문이다.

표 9-4 성학대의 징후

신체적 징후	행동적 징후
〈신체적 지표〉	〈성적(性的) 행동지표〉
• 학령 전 아동의 성병 감염	• 나이에 맞지 않는 성적 행동
• 임신	• 해박하고 조숙한 성지식
〈생식기의 증거〉	• 명백하게 성적인 묘사를 한 그림들
• 아동의 질에 있는 정액	• 타인과의 성적인 상호관계
• 찢기거나 손실된 처녀막	• 동물이나 장난감을 대상으로 하는 성적인 상호관계
• 질에 생긴 상처나 긁힌 자국	〈비(非)성적인 행동지표〉
• 질의 홍진(紅疹)	• 위축, 환상, 유아적 행동(퇴행행동)
• 배뇨곤란	• 자기 파괴적 또는 위험을 무릅쓴 모험적인 행동
• 요도염	• 충동성, 산만함 및 주의집중장애
• 생식기의 대상포진	• 혼자 남아 있기를 거부 또는 외톨이
〈항문 증후〉	• 특정 유형의 사람들 또는 성에 대한 두려움
• 항문 괄약근의 손상	• 방화/동물에게 잔혹함(주로 남아의 특징)
• 항문 주변의 멍이나 찰과상	• 비행, 가출
• 항문 내장이 짧아지거나 뒤집힘	• 약물 및 알코올 남용
• 항문 입구에 생긴 열창	• 자기 파괴적 행동(자살시도)
• 항문이 좁아짐	• 범죄행위
• 회음부의 동통과 가려움	• 우울, 불안, 사회관계의 단절
• 변비	• 수면장애
• 대변에 혈액이 나옴	• 유뇨증/유분증
〈구강 증후〉	• 섭식장애(폭식증/거식증)
• 입천장의 손상	• 야뇨증
• 인두(咽頭)임질(pharyngeal gonorrhea)	• 외상 후 스트레스 장애
	• 저조한 학업수행

④ 방임

방임 중 정서 방임은 감지하기가 가장 어려운 학대 유형이다. 정서 방임은 고의적으로 행할 수도 있으나 성인이 아동의 요구를 알아채지 못하거나 알더라도 대처하는 방법을 모르기 때문에 일어날 수 있다.

표 9-5 방임의 징후

신체적 징후	행동적 징후
• 발달지연 및 성장장애 • 비위생적인 신체상태 • 예방접종과 의학적 치료 불이행으로 인한 건강 상태 불량 • 아동에게서 악취가 지속적으로 나는 경우	• 계절에 맞지 않는 부적절한 옷차림 • 음식을 구걸하거나 훔침 • 비행 또는 도벽 • 학교에 일찍 등교하고 집에 늦게 귀가함 • 지속적인 피로 또는 불안정감 호소 • 수업 중 조는 태도 • 잦은 결석

2. 아동학대의 유발 요인 및 학대의 영향

1) 아동학대의 유발 요인

특별한 사람만이 아동학대를 하는 것은 아니다. 다양한 학력, 인종, 종교, 사회 · 경제적 수준, 직업적 배경의 성인들이 아동학대를 한다. 교육 수준이 낮고, 알코올 중독자이거나 빈곤한 사람들이 아동학대를 할 것이라는 생각은 편견이다. 이들에게서 학대 사례가 많더라도 일반화하는 것은 무리가 있다. 일상의 삶이 이들에게는 더 스트레스를 유발하기 때문에 학대 비율이 높아질 수 있다.

아동학대는 복합적인 요인들 간의 상호작용을 통해 야기되므로 유발 요인들을 정확히 규명하기는 어렵다. 일반적으로 성인의 성격 특성과 상황적 요인, 사회 · 문화적 특성이 학대요인으로 작용한다(Coulton, Crampton, Irwin, Spilsbury, & Korbin, 2007; Jensen & Chevalier, 1990; Papalia, Olds, & Feldman, 1989; Robertson, 2010).

(1) 성인의 특성

성인들은 대부분 분노, 두려움, 좌절로 인한 폭력적 충동을 자제할 수 있다. 도움을 받거나 의지할 수 있는 가족, 친지, 지역사회 등의 지원체계가 있으면 학대를 억제할 수 있다.

• 성장기에 학대받은 경험

아동학대를 하는 성인들은 자라면서 학대를 받았거나 학대가 일어났던 가정에서 성장한 경우가 많이 있다. 학대받은 경험이 있는 사람들은 자신이 좋은 양육을 받지 못했기 때문에 자기 자녀를 적절하게 양육하는 것에 서툴 수 있다. 그리하여 자녀와 자주 갈등하며 대화를 통해 문제를 해결하기보다는 체벌을 사용하여 훈육한다.

• 불안정한 인간관계

배우자와의 관계를 포함한 인간관계의 불안정이 학대를 유발하기도 하는데, 신뢰감의 부족이 타인과 잘 지내는 것을 어렵게 하고 지속적이고 긍정적인 인간관계를 형성할 수 없게 한다. 그리하여 사회적 고립과 무기력감이 올 수 있다.

• 부모 역할에 필요한 지식과 기술의 부족

아동의 특성과 부모 역할에 대한 지식과 기술의 부족으로 자녀의 연령과 능력에 비추어 비현실적이고 부적절한 기대를 하게 될 수 있다. 예를 들어, 영아가 용변을 가리지 못하거나 유아가 물을 엎지르거나 할 때 어떤 부모는 심하게 화를 내고 벌을 줄 수 있다.

• 그 밖의 특성

–스트레스에 견디는 능력의 부족 또는 과도한 스트레스
–약물이나 알코올 남용
–심각한 만성 질환, 정신 질환 또는 정신 지체
–충동 자제능력 부족
–부적절감과 낮은 자아개념

(2) 가정의 위기

가정은 때로는 갈등과 위기에 직면한다. 다음은 성인이 자기조절력을 잃고 학대를 초래할 수 있는 상황들이다. 이러한 요인들이 있으면 자녀가 울거나 눈에 거슬리는 행동을 하거나 가벼운 부부싸움 등과 같은 사소한 일도 아동학대를 유발할 수 있다.

- 구성원의 질병, 사고 또는 사망
- 경제적 어려움, 실직
- 부부 갈등
- 한 부모 가정, 이혼 가족, 재혼 가족 등 가족 구조의 특성
- 사회적 고립

(3) 아동의 특성

흔히 가정에서의 학대가 특정한 자녀에게 집중되는 경우가 있다. 질병이나 장애로 인해 더욱 특별한 관심과 보살핌을 받아야 하는 아동들이 오히려 학대의 대상이 되는 경우가 있다. 다음과 같은 특성을 지닌 아동이 학대에 취약한 것으로 보고되고 있다(노충래, 2002; Marotz et al., 2005).

- 발달이 지체된 아동
- 공격적 행동, 반항적 행동, 심하게 울기 등의 문제 행동을 하는 아동
- 신체적으로 매력적이지 못한 아동
- 성격, 기질 면에서 산만하거나 까다롭거나 소심한 아동
- 자주 아프거나 질병을 앓고 있는 아동
- 성인이 싫어하는 사람과 닮은 아동
- 원치 않는 임신으로 인해 출생한 아동
- 비정상적 관계에서 출생한 아동
- 미숙아, 기형아

(4) 사회 문화적 요인

체벌이 훈육이나 교육 방식의 하나로 허용되는 사회에서 학대는 빈번히 발생한다. 자녀를 독립된 인격체라기보다는 소유물로 보는 문화에서도 발생할 가능성이 높다. 아동학대에 대한 인식 부족과 법적인 제재 장치의 부족도 학대를 유발하는 요인이 된다.

2) 아동학대의 영향

학대는 아동에게 심각한 신체적, 정신적 손상을 입힐 수 있다. 따라서 아동과 가족에게 필요한 개입과 지원을 통해 학대와 방임을 중지시켜야 한다.

신체학대로 인해 발달지체, 신체장애, 운동능력 손상, 청력과 시력의 상실, 심하면 사망에 이르기도 한다.

정서학대는 신체학대처럼 영향이 두드러지거나 당장 나타나지 않을 수도 있어 지나쳐 버릴 수 있다는 점에서 더욱 위험할 수 있다. 학대받은 아동은 우울과 불안, 낮은 자아존중감, 낮은 사회성, 자학적이거나 공격적 행동 등을 나타낸다. 이로 인해 잠재력을 충분히 발휘하지 못하고 정신적 상처를 지니고 살아갈 수도 있다.

특히 성학대를 당한 아동은 회복 불가능한 정신적, 육체적 후유증을 지니게 될 수 있다. 어릴 때 성학대를 당한 경우, 성장하며 성학대의 의미를 깨닫게 되면서 문제는 더욱 깊어질 수 있다. 가해자가 가족이나 친인척일 경우 더 큰 후유증에 시달리게 된다.

3. 아동학대 실태 및 사회적 대처

1) 아동학대 실태

아동학대 실태 중 주요 사항을 2018년도에 아동보호전문기관에 신고 접수된 사례에 기초한 분석을 통해 살펴보면 다음과 같다(보건복지부, 중앙아동보호전문기관, 2019).[3]

- 학대 사례 수의 증가: 2014년부터 2018년까지의 연도별 아동학대 사례 건수는 꾸준히 증가하였다. 아동학대 사례 건수는 2016년 전년 대비 약 50% 이상 증가

3) 이 절의 실태 관련 내용은 보건복지부, 중앙아동보호전문기관(2019)에서 발췌 · 요약함.

표 9-6 연도별 아동학대 사례 건수 (단위: 건, %)

구분 \ 연도	2014년	2015년	2016년	2017년	2018년
사례 건수	10,027	11,715	18,700	22,367	24,604
증가율	47.5%	16.8%	59.6%	19.6%	10.0%

하였고 2018년에는 전년 대비 10.0% 증가하고 있다.

- 피해아동 발견율:[4] 피해아동 발견율은 2.98%로서 발견율이 9.1%인 외국에 비해 많이 낮은 편이다.
- 재학대 비율의 증가: 2016년부터 2018년까지 3년간 재학대 사례는 조금씩 증가하고 있다. 즉, 2016년에는 8.55%, 2017년에는 9.7%, 2018년에는 10.3%이다. 재학대 사례 중 원가정보호가 지속된 사례가 69.0%로 가장 높았다.
- 피해아동의 성별 및 연령: 성별 차이는 별로 없으나 여아가 12,737건(51.8%), 남아가 11,867건(48.2%)으로 여아가 약 3.6% 많은 것으로 나타났다. 피해아동의 연령은 중학생에 해당하는 만 13~15세의 아동이 가장 큰 비중을 차지(24.7%)하였고, 다음은 만 10~12세(22.1%), 만 7~9세(17.3%)로 나타났다. 그러나 사망사례 피해아동은 영유아기에 주로 분포되어 있다. 2018년에도 28명의 사망 아동 중 1세 미만이 10명(35.7%)으로 가장 많았으며, 만 1세가 8명(28.6%), 만 4세와 5세, 7 세가 각각 2명(7.1%) 순이었다.
- 학대행위자와 피해아동과의 관계: 학대행위자와 피해아동과의 관계는, 2014년부터 2018년까지 학대행위자가 부모인 경우가 매년 70% 이상 나타났다. 부모 중에서는 친부에 의해 발생한 사례가 가장 많고, 다음이 친모, 계부, 계모 순이다. 대리양육자에 의한 학대는 지속적으로 증가하고 있다. 2018년 사례를 보면 대리양육자에 의한 학대 중 초·중·고교직원(8.4%)이 가장 높게 나타났다. 다음이 보육교직원(3.3%), 아동복지시설종사자(1.3%), 유치원교직원(0.8%)이었다.
- 피해아동의 가족 유형: 피해아동의 가족 유형을 연도별로 살펴보면 2014년부

4) 피해아동 발견율이란 아동 인구 1,000명 대비 아동학대로 판단된 피해아동 수를 의미함.

터 2018년까지 친부모가족 형태는 지속적으로 증가하고 있으며, 2018년에는 13,546건(55.1%)까지 증가했다. 친부모 가족 외 형태의 경우 점차 감소하고 있다.

- 아동학대 사례 유형: 중복학대를 별도로 분류하여 아동학대 유형을 연도별로 살펴보면, 2014년 이후 계속해서 중복학대와 정서학대가 가장 높게 나타났다. 정서학대는 2014년부터 2018년까지 지속적으로 증가하고 있으며 방임은 지속적으로 감소하고 있다.
- 아동학대 발생 장소: 아동학대 발생 장소는 아동의 가정 내에서 발생한 사례가 가장 많다(78.7%). 가장 편안해야 할 가정이 이 아동들에게는 고통과 공포의 장소인 것이다. 어린이집, 유치원, 학교와 같이 아동을 돌보고 교육하는 기관에서 발생한 아동학대는 각각 전체 학대 건수의 3.3%, 0.8%, 8.5%였다.
- 아동학대 유형별 피해아동의 연령 및 성별: 아동학대 유형별 피해아동의 연령은, 방임이 가장 많은 1세 미만을 제외하고는 전반적으로 모든 연령대에서 신체학대와 정서학대가 높게 나타났다. 아동학대 유형별 피해아동의 성별은 유형에 따라 조금씩 다른 경향을 보인다. 신체학대와 방임은 남아가 여아보다, 정서학대는 여아가 남아보다 약간 더 높게 나타났다. 성학대는 전체 사례 중 여아가 82.4%로 남아의 거의 6배로 높다.

표 9-7 아동학대 유형별 피해아동의 성별 (단위: 건, %)

성 \ 유형	신체학대	정서학대	성학대	방임	계
남	7,256(51.7)	8,297(47.9)	283(17.6)	2,188(50.5)	18,024(48.3)
여	6,767(48.3)	9,037(52.1)	1,327(82.4)	2,148(49.5)	19,279(51.7)
계	14,023(100.0)	17,334(100.0)	1,610(100.0)	4,336(100.0)	37,303(100.0)

* 중복 포함.

2) 아동학대에 대한 사회적 대처

(1) UN 아동권리협약 가입

1989년 국제연합(UN)에서 채택한 국제 협약(Convention on the Rights of the Child)은 협약에 규정된 아동의 권리를 실현하는 데 필요한 입법적, 행정적 기타 관련 조치를 취할 것을 협약 당사국의 의무로서 규정하고 있으며 국제법의 효력을 지니고 있다. 비준 당사국은 모든 형태의 신체적 · 정신적 폭력, 상해나 학대, 방임 또는 유기, 성학대를 포함한 혹사나 착취로부터 아동을 보호하기 위하여 모든 적절한 입법적, 행정적, 사회적 및 교육적 조치를 하여야 한다. 우리나라는 1991년 가입함으로써 협약 당사국으로서 아동을 보호하기 위한 각종 조치들을 취하여야 할 의무를 지닌다.

(2) 「아동복지법」 및 「아동학대범죄의 처벌 등에 관한 특례법」

아동학대와 관련된 법으로서 「아동복지법」에는 아동학대에 대한 정의와 처벌근거, 관련 기관에 대한 법적 근거가 제시되어 있다. 2000년에 개정된 「아동복지법」에 처음 아동학대 신고의무자 규정이 포함되었다. 현재 「아동복지법」은 아동학대의 예방 및 방지를 위한 국가와 지방자치단체의 역할, 학대예방교육, 학대예방의 날(11월 19일), 국가아동학대정보시스템 설치와 운용, 학대받은 아동의 발견, 보호, 치료에 대한 신속처리 및 아동학대예방을 담당하는 아동보호전문기관에 대한 내용을 담고 있다.

아동학대에 대한 개별법으로서는 2014년 9월부터 「아동학대범죄의 처벌 등에 관한 특례법」(약칭: 「아동학대처벌법」)이 시행되었다. 이 법에서는 아동학대에 대한 처벌을 강화하고 친권자 및 후견인의 권한을 정지하며, 피해 아동에 대한 신속한 조치 및 보호가 가능하도록 하였다. 또한 아동보호전문기관의 역할을 강화하여 피해 아동 보호 명령을 직접 청구할 수 있도록 하고, 직무상 아동학대범죄를 인지할 가능성이 높은 직군에게 아동학대범죄의 신고 의무를 부여하였다.

(3) 아동보호전문기관

학대와 관련한 국가와 지방자치단체의 지원체제는 「아동복지법」에 따른 지역아동보호전문기관을 중심으로 운용된다.[5] 지방자치단체별로 2000년부터 아동학대예방

5) 「아동복지법」 제45조(아동보호전문기관의 설치 등) 지방자치단체는 학대받은 아동의 발견, 보호, 치료에 대한 신속처리 및 아동학대예방을 담당하는 아동보호전문기관을 시 · 도 및 시 · 군 · 구에 1개소 이상 두어야 한다. 다만, 시 · 도지사는 관할 구역의 아동 수 및 지리적 요건을 고려하여 조례로 정하는 바에 따라 둘 이상의 시 · 군 · 구를 통합하여 하나의 아동보호전문기관을 설치 · 운영할 수 있다.

센터가 설치되었고, 2001년 10월에 중앙아동학대예방센터가 설치되었다. 2004년 아동학대예방센터는 아동보호전문기관으로 명칭을 변경하였다. 중앙아동보호전문기관은 아동학대예방사업을 활성화하고 지역 간 연계체계를 구축하기 위한 기관으로 국가가 설치하며, 지역아동보호전문기관은 학대받은 아동의 발견, 보호, 치료에 대한 신속처리 및 아동학대예방을 담당하기 위한 기관으로 지방자치단체가 시 · 도 및 시 · 군 · 구에 설치한다. 2019년 기준 중앙아동전문보호기관을 포함하여 전국에 총 68개의 아동보호전문기관이 있다.

지역아동보호전문기관은 「아동복지법」 제46조[6](아동보호전문기관의 업무)에 의거하여 아동학대 신고접수, 현장조사 및 응급 보호 업무와 피해 아동과 피해 아동의 가족 및 아동학대 행위자를 위한 상담 · 치료 및 교육 등을 수행한다.

성폭력 피해자를 위한 지원

- 통합지원센터: 원스톱지원센터, 해바라기 아동센터, 해바라기 여성 · 아동센터
- 수사 · 법률 지원: 피해자 국선변호사, 진술조력인 센터 배치로 신속한 수사, 법률 지원 및 피해자의 형사절차상 2차 피해 방지
- 의료, 상담 등의 지원

6) 「아동복지법」 제46조(아동보호전문기관의 업무)
1. 아동학대 신고접수, 현장조사 및 응급보호
2. 피해아동 상담 · 조사를 위한 진술녹화실 설치 · 운영
3. 피해아동, 피해아동의 가족 및 아동학대행위자를 위한 상담 · 치료 및 교육
4. 아동학대예방 교육 및 홍보
5. 피해아동 가정의 사후관리
6. 자체사례회의 운영 및 아동학대사례전문위원회의 설치 · 운영
7. 그 밖에 대통령령으로 정하는 아동학대예방사업과 관련된 업무

(4) 아동학대 신고제

① 아동학대 신고의무자

누구든지 아동학대 범죄를 알게 된 경우나 그 의심이 있는 경우, 아동보호 전문기관이나 수사기관에 신고할 수 있다(「아동학대범죄의 처벌 등에 관한 특례법」 제10조). 몇몇 직군에 대해서는 신고의무가 부여되어 있다. 유치원과 어린이집의 교직원 및 보육

아동학대신고자(「아동학대범죄의 처벌 등에 관한 특례법」 제10조 요약)

1. 아동학대범죄를 알게 된 경우나 그 의심이 있는 경우 모든 사람이 신고 가능
2. 신고의무자
   - 육아종합지원센터의 장과 그 종사자, 어린이집의 원장 등 보육교직원
   - 유치원 교직원 및 강사 등, 초 · 중등학교 교직원, 전문상담교사 및 산학겸임교사 등
   - 아동권리보장원 및 가정위탁지원센터의 장과 종사자
   - 아동복지전담공무원, 아동복지시설의 장과 종사자(아동보호전문기관의 장과 종사자 제외)
   - 건강가정지원센터, 가정폭력피해자 보호시설의 장과 그 종사자, 아이돌보미
   - 다문화가족지원센터의 장과 종사자
   - 사회복지시설의 장과 그 종사자, 한부모가족복지시설의 장과 종사자
   - 성폭력피해상담소, 성폭력피해자보호시설, 성폭력피해자통합지원센터의 장과 종사자
   - 소방구급대의 대원, 응급의료기관 등에 종사하는 응급구조사
   - 장애인복지시설의 장과 그 종사자로서 시설에서 업무를 수행하는 사람
   - 의료기관의 장과 의료인 및 의료기사, 정신의료기관과 정신요양시설 및 정신재활시설의 장과 종사자
   - 청소년시설 및 청소년단체, 청소년 보호 · 재활센터의 장과 종사자
   - 취약계층 아동에 대한 통합서비스 지원 수행인력
   - 입양기관의 장과 종사자

교직원은 신고의무자에 해당한다. 아동학대 신고의무자가 신고하지 않을 경우 500만 원 이하의 과태료가 부과된다(「아동학대범죄의 처벌 등에 관한 특례법」 제63조 제1항의2).

② 아동학대 신고의무자에 대한 보호

신고의무자를 보호하기 위하여 아동학대 신고자는 공개하지 않으며 공개자에 대해서는 제재를 하도록 되어 있다. 즉, 신고인의 인적 사항 또는 신고인임을 미루어 알 수 있는 사실을 다른 사람에게 알려 주거나 공개 또는 보도하여서는 안 된다(「아동학대범죄의 처벌 등에 관한 특례법」 제10조 제3항).

아동학대 신고자는 필요시 신변상 보호 조치를 요구할 수 있다(「공익신고자 보호법」 제13조).

③ 아동학대 신고의무자에 대한 교육

2015년부터는 「아동복지법」에 아동학대 신고의무자가 소속된 기관 · 시설 등의 장은 소속 아동학대 신고의무자에게 신고의무 교육을 실시하고, 그 결과를 관계 중앙행정기관의 장에게 제출하도록 하는 조항이 신설되었다(제26조). 이에 따라 유치원 · 어린이집의 장은 소속 아동학대 신고의무자에게 다음 내용의 신고의무 교육을 매년 1시간 이상 실시하고, 그 결과를 유치원은 교육감 · 교육장에게 어린이집은 시 · 도지사에게 제출하여야 한다.

- 아동학대 예방 및 신고의무에 관한 법령
- 아동학대 발견 시 신고 방법
- 피해 아동 보호 절차

④ 아동학대 신고 시 처리 절차

아동학대 발생 시 먼저 경찰과 아동보호전문기관의 직원이 현장에 출동하여 조사를 하여야 한다(아동학대 신고절차는 [그림 9-1] 참조). 이들은 범죄행위를 제지하고 피해아동을 보호시설이나 의료기관으로 인도하는 응급조치를 취한다. 긴급한 경우에는 경찰이 직권으로 격리, 접근금지 등의 조치(긴급 임시조치)를 취할 수 있다. 이

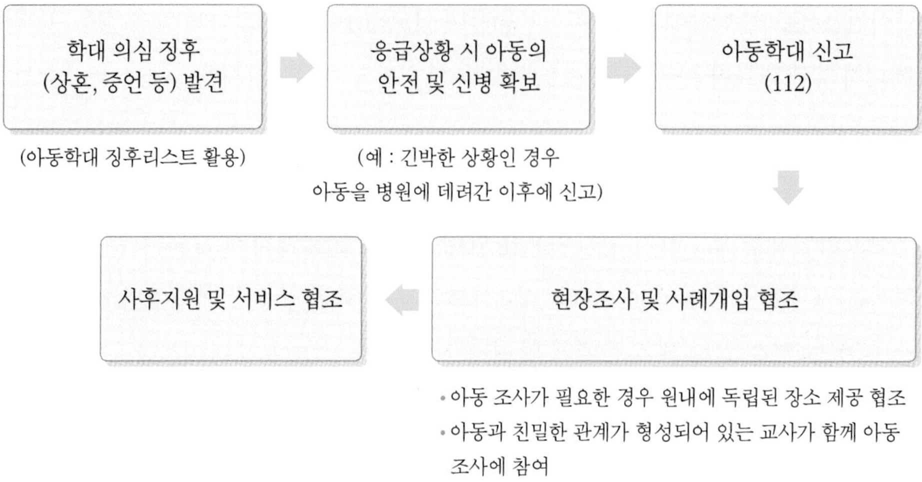

[그림 9-1] 아동학대 신고의무자의 신고절차

출처: 교육부, 보건복지부(2016), p. 17.

후 사건이 경찰에서 검찰로 송치되는데, 검사는 범죄가 중대한 경우 형사사건으로 형사법원에 공소를 제기할 수도 있고 사안에 따라서는 아동보호 사건으로 가정법원에 송치할 수도 있다.

아동보호전문기관에서는 가정법원에 피해아동보호명령을 청구할 수 있다. 피해아동보호명령은 퇴거 등 격리, 접근금지, 보호 위탁, 친권행사 제한 또는 정지 등의 조치로서 피해 아동의 상태와 보호의 필요에 따라 청구한다.

4. 유아교육기관의 아동학대 관리와 대처

1) 평상 시 관리와 대처

(1) 무단결석 및 퇴학 관리

① 무단결석 관리

- 결석 당일: 결석 아동의 결석 사유를 확인한다. 부모에게 자녀가 어린이집이나

유치원을 결석하는 경우, 미리 알리도록 한다.

- 2일 이상 무단결석 시 전화 연락 또는 가정방문 등을 통해 소재와 안전을 확인한다. 가정방문은 유치원 · 어린이집 교직원과 읍 · 면 · 동 공무원으로 구성된 2인이 함께 실시한다. 가정방문 결과 학대가 의심되거나 아동의 안전과 소재가 파악되지 않으면 112에 신고한다.
- 조치 결과를 관리대장에 작성하고, 교육청과 시 · 군 · 구에 즉시 보고한다.
- 무단결석 시의 가정방문을 위해 보호자 동의서를 미리 받아 둔다. 사전에 동의

시기	주요 점검 사항	조치 필요 사항	행정 사항
결석 당일(1일)	• 결석 아동의 결석 사유 확인	• 지속적 유선 연락을 통한 확인	• 무단결석 아동에 대한 조치 결과 관리대장 작성
2일	• 결석 아동의 출석 여부 확인 및 소재 · 안전 확인	• 결석 아동에 대한 가정방문 실시 • 가정 방문 결과 아동 학대가 의심되거나 아동의 소재 · 안전이 확인되지 않는 경우 수사기관(112)에 신고	• 무단결석 아동에 대한 조치 결과 관리대장 작성 • 무단결석 아동 중 아동학대 신고 현황 교육청/시 · 군 · 구 보고
사후관리	• (유관기관 연계) 수사기관에서 협조 요청 시 요청 사항에 대해 적극 협조 • (무단결석 아동 관리) 무단결석 아동이 재등원하였을 경우, 아동의 상태에 따라 적절히 조치 • (보호자 관리) 해당 보호자에 대해서는 면담 또는 부모교육 등을 실시		
비고	• 전화 연락 시 필요한 경우 아동과 직접 통화하여 소재 · 안전 확인 • 가정방문 시 교직원 및 읍 · 면 · 동 공무원이 함께 실시		
반복적 무단결석 관리	• 학비 지원 규정에 의한 수업일수 미달 시 학비 지원이 제한됨을 안내 • 유치원의 경우에는 유치원 규칙에 의한 퇴학 처리 규정 안내		

[그림 9-2] 무단결석 관리 대응 흐름도

출처: 교육부, 보건복지부(2016), p. 19.

서를 제출하지 않은 가정도 무단결석 시 방문할 수 있다. 의도적으로 동의서를 제출하지 않은 가정에는 보다 세밀한 관심을 기울여야 한다.

- 전화 연락 또는 가정방문을 실시한 결과 112에 신고해야 하는 사항은 다음과 같다.
  - 아동에 대한 폭력 · 방임 · 유기 등이 발견된 경우
  - 보호자가 정당한 사유 없이 아동 면담을 거절하여 아동학대가 의심되는 경우
  - 아동이 거주지에 거주하지 않거나 주소지가 확인되지 않아 소재불명인 경우

② 퇴학 관리

- 보호자로부터 퇴학 신청을 받아 처리를 하되, 보호자에게 사유(이사, 시설이동, 질병, 가정양육 등)를 확인한다. 또한 가정양육으로 전환 시 양육수당 대상임을 안내한다.
- 기관이동, 이사, 질병 등 명확한 사유 없이 퇴학 신청 시, 아동을 동반하여 자퇴 신청서를 제출할 것을 요청한다.
- 상황이 여의치 않을 경우, 유선으로 아동과 통화하여 소재 · 안전을 확인한다.
- 사유가 불명확하고 아동학대가 의심되는 경우 수사기관(112)에 신고한다.

(2) 매일 영유아의 건강과 안전 확인

교사는 매일 유아의 건강 상태를 점검하고 유아들을 가깝게 지켜보고 상호작용을 하므로 행동과 신체적 변화를 알아챌 수 있다. 일단 학대와 방임이 의심되면 의심을 입증할 만한 자료를 더 수집해야 한다.

앞의 〈표 9-1〉~〈표 9-5〉에 제시된 유형별로 나타나는 징후들은 아동학대를 확인하는 데에 도움이 된다. 학대로 의심되는 영유아의 조기 발견을 위해 〈표 9-8〉과 같은 간략 점검표를 활용할 수도 있다. 1개 문항 이상에 '예'라고 체크된 경우, 아동학대를 의심해 볼 수 있다. 그러나 이러한 문항 중 어떤 것들은 학대나 방임으로 인한 것일 수도 있고, 신체적 · 정서적 문제로 인한 것일 수도 있어서 학대 여부를 판단하기 어려울 수 있다. 그럴 경우 아동보호전문기관과 상담하도록 한다.

필요시 학대로 의심되는 근거가 되는 상황이나 상태를 기록하도록 한다. 기록에

포함될 수 있는 정보는 다음과 같다(Tower, 1993).

- 상처의 유형, 위치, 크기와 정도
- 상처에 대한 유아의 설명
- 유아의 상처에 대한 부모나 보호자의 설명
- 영양 불량, 지저분함, 부적절한 옷, 피곤해함, 치료의 결여 등 방임의 징후
- 유아의 감정과 행동 변화 등
- 부모와 자녀의 상호작용의 특성

표 9-8 아동학대를 확인하기 위한 체크리스트

	평가항목	체크란	
		예	아니요
1	사고로 보이기에는 미심쩍은 멍이나 상처가 발생한다.		
2	상처 및 상흔에 대한 아동 및 보호자의 설명이 불명확하다.		
3	보호자가 아동이 매를 맞고 자라야 한다는 생각을 갖고 있거나 체벌을 사용한다.		
4	보호자에게 언어적, 정서적 위협을 당한다.		
5	보호자에게 감금, 억제, 기타 가학적인 행위를 당한다.		
6	기아, 영양실조, 적절하지 못한 영양섭취를 보인다.		
7	계절에 맞지 않는 옷, 청결하지 못한 외모를 보인다.		
8	불결한 환경이나 위험한 상태로부터 아동을 보호하지 않고 방치한다.		
9	성학대로 의심될 성 질환이 있거나 임신 등의 신체적 흔적이 있다.		
10	나이에 맞지 않는 성적 행동 및 해박하고 조숙한 성지식을 보인다.		
11	자주 결석하거나 결석에 대한 사유가 불명확하다.		
12	필요한 의료적 처치 혹은 예방접종을 실시하지 않는다.		
13	보호자에 대한 거부감과 두려움을 보이고 집(보호기관)으로 돌아가는 것에 대해 두려워한다.		
14	매우 공격적이거나 위축된 모습 등의 극단적인 행동을 한다.		

출처: 중앙아동보호전문기관(n.d.). www.korea1391.go.kr

2) 학대 징후 확인 시 대처

(1) 신고

아동학대를 인지하였거나 또는 학대가 의심되면 즉시 수사기관(112)에 신고한다.[7] 유아교육기관의 교사는 신고의무자이지만 부모와의 관계나 이후 상황에 대한 염려로 인해 신고를 망설일 수 있다. 신고의무자 규정은 무력하고 미성숙한 어린이의 특성상 스스로 신고하지 못하므로 사회 구성원이 책임을 져야 한다는 데 근거를 두고 있다. 이런 의미에서 교사는 법적 의무뿐 아니라 윤리적 책임도 지닌다고 볼 수 있다. 학대의 징후가 의심되나 학대인지 확실하지 않을 때에는 아동보호전문기관과 상담하여 조언을 구한다.

학대 신고는 유아를 보호할 뿐만 아니라 궁극적으로 학대 가정에게 전문기관의 도움을 받도록 하기 위한 것이기도 하다.

아동학대 신고 시에는 다음을 주의하도록 한다(교육부, 보건복지부, 2016).

- 보호자에게 신고 내용을 알리는 등의 행위로 아동학대 증거가 은폐되지 않도록 주의한다.
- 가능한 한 증거 사진 등을 확보한다.
- 유아가 불안해하지 않도록 일상적으로 대한다.
- 성학대의 경우 증거 확보를 위해 씻기거나 옷을 갈아입히지 않는다.
- 진술의 오염이 있을 수 있으므로 학대에 대해 계속 캐묻거나 유도 질문을 하지 않는다.
- 신고 후에 아동보호전문기관 또는 수사기관과 지속적인 협력을 유지한다.
- 신고 후에 신고자나 피해아동의 정보가 외부에 노출되지 않도록 주의한다.[8]

---

7) 경찰청에서 제공하는 무료 앱인 'SMART 국민제보 목격자를 찾습니다'의 아동학대 신고 코너를 활용해도 사진 · 동영상 등을 촬영하여 신고가 가능함.

8) 「아동학대범죄의 처벌 등에 관한 특례법」 제35조 제3항 피해 아동의 교육 또는 보육을 담당하는 학교의 교직원 또는 보육교직원은 정당한 사유가 없으면 해당 아동의 취학, 진학, 전학 또는 입소(그 변경을 포함한다)의 사실을 아동학대 행위자인 친권자를 포함하여 누구에게든지 누설하여서는 안 된다.

표 9-9 아동학대 신고 전화의 내용 예

1. 유치원/어린이집에 재직하고 있는 교사로 아동학대 신고의무자입니다.	
〈아동학대 신고 시〉	〈무단결석 시 아동학대 신고 시〉
2. 유치원/어린이집에 등원하는 아동에 대해 …의 이유로 아동학대가 의심되어 신고합니다.	2. 유치원/어린이집에 등원하는 아동 중에 …월 …일부터 …월 …일까지… 동안 무단결석한 아동이 있어 전화 연락 또는 가정방문 등으로 아동의 소재 및 안전을 파악해 본 결과 …의 이유로 아동학대가 의심되어 신고합니다.
3. 아동의 현재 상황은…합니다(안전 여부, 응급조치 필요 여부, 심신 상태, 가정 상황 등). 아동의 인적 상황은 … 입니다(성명, 성별, 연령, 주소, 전화번호 등). 학대행위자로 의심되는 사람은 … 입니다(이름, 성별, 나이, 주소 등 학대행위자 정보를 파악하지 못해도 신고 가능). 신고자는 …입니다(성명, 전화번호, 주소, 아동과의 관계 등).	

출처: 교육부, 보건복지부(2016), p. 18, 22.

신고할 때에는 신고자의 성명과 연락처, 유아의 보호자 성명과 주소, 유아의 연령, 상해의 상태, 기타 아동학대의 원인을 밝히거나 가해자를 확인하는 데 도움이 될 수 있는 내용을 포함시킨다.

- 피해 유아의 인적 사항(이름, 성별, 나이, 주소, 전화번호, 유아교육기관명 등)
- 가해자로 의심되는 사람의 인적 사항(이름, 성별, 나이, 주소, 전화번호, 직업 등)
- 신고자와 피해 유아와의 관계, 신고자 인적 사항
- 유아가 입은 상처나 피해
- 유아가 위험에 처해 있거나 학대를 받고 있다고 믿는 이유
- 신고자 이외에 학대 사실을 확인해 줄 다른 사람의 이름, 전화번호

(2) 학대 피해 유아를 위한 교사의 역할

교사들은 다음을 통해 학대의 부정적 영향을 줄이는 데에 도움을 줄 수 있다.

- 신뢰관계의 형성

  교사와 유아와의 신뢰관계는 유아가 자신의 감정을 드러내도록 하는 데 중요하다. 신뢰관계 형성을 위해 교사는 일관성 있는 행동과 민감하고 온정적인 태도를 보인다. 자신의 생각과 감정, 염려들에 대해 이야기하도록 유아를 격려하며 필요할 때 교사가 언제나 도움이 되어 줄 것임을 유아에게 인식시킨다.
- 학대받은 것이 유아의 잘못이 아님을 확신시켜 주기

  모든 잘못과 책임은 학대 가해자에게 있으며 유아의 잘못이 아님을 확신시켜 주어 유아가 자기비하나 낮은 자존감을 갖지 않도록 한다.
- 자기표현을 할 수 있는 활동을 격려하기

  놀이와 미술과 같이 자신을 표현하는 활동을 충분히 하도록 한다. 놀이와 미술 등은 학대와 관련된 분노, 좌절 등의 감정들을 발산하게 해 주는 효과적인 활동이다. 놀이와 그림을 통해 유아가 처한 어려운 상황을 알게 될 수도 있다.
- 자신의 욕구를 적절히 표현할 수 있는 방법 알려 주기

  때로 유아들이 관심을 얻기 위해 방해되는 행동을 하는 경우가 있는데 이는 성인의 학대 행동을 유발할 수 있다. 교사는 자신의 감정을 적절하고 타인이 받아들일 수 있는 방식으로 표현하는 방법을 알려 줌으로써 그러한 유아를 도울 수 있다.
- 의사소통능력 발달을 돕기

  학대 가정에서는 유아들이 의사소통능력을 발달시킬 기회가 부족하다. 의사소통능력의 부족은 또래관계를 어렵게 하며 유아를 위축시킬 수 있다. 의사소통을 통해 타인의 생각과 감정을 이해하고 자신의 생각과 감정 또한 적절히 전달할 수 있게 되면 또래관계에 긍정적 영향을 미치게 된다.
- 예측 가능한 일과 운영

  예측 가능한 일과는 혼란스러운 유아의 생활에 질서와 안정감을 갖게 해 줄 수 있다.

3) 학대 예방을 위해 부모와 협력하기

학대를 예방하기 위해서는 양육의 요구와 긴장에 의해 스트레스를 받는 부모, 특히 특수한 보살핌과 교육을 요하는 아동의 부모들은 도움을 더욱 필요로 한다.

(1) 신뢰관계 형성

부모와 신뢰관계의 형성은 가족의 위기를 인식하고 학대 징후의 감지와 문제 해결책을 발견하도록 도울 기회를 제공해 준다. 교사와 부모의 신뢰를 통해 협력적이고 지원적인 관계가 형성될 수 있다. 이는 초기 개입과 예방 방법으로서 중요하다.

(2) 부모 역할 지원을 위한 부모교육

요즈음의 부모들은 과거의 세대만큼 부모 역할에 대해 배울 기회가 별로 없었다. 자녀 양육에 대한 지식과 도와줄 적절한 자원이 부족한 상태에서 매일의 스트레스는 아동 학대를 유발하는 요인이 될 수 있다. 교사는 부모와의 상호작용을 통해 영유아에 대한 정보를 나누고 부모 역할을 강화하는 데 필요한 지식과 기술을 나눌 수 있다. 기관 차원에서는 부모를 위해 강좌와 워크숍을 제공할 수 있다. 이는 지역사회기관과 협동으로 이루어질 수 있다. 부모들에게 도움이 되는 주제들은 다음과 같다.

- 아동의 성장 발달에 대한 이해
- 문제 행동의 발견과 대응
- 발달 단계에 따른 사회적 정서적 요구에 부응하는 법
- 도움이 되는 지역사회기관 및 자원의 소개 및 이용

4) 유아교육기관에서 일어날 수 있는 아동학대의 예방

(1) 어린이집과 유치원에서의 학대 유발 요인

학대 실태에 나타나 있듯이 대부분의 학대는 바로 영유아의 가정에서 부모에 의해 발생한다. 그러나 어린이집과 유치원에서도 아동학대가 발생하고 있어 사회적 이슈

가 될 때가 적지 않다. 교사의 인성, 아동발달과 아동학대에 대한 인식 부족, 과중한 업무로 인한 피곤과 스트레스, 발달에 부적합한 기관 환경 등으로 인해 교사에 의한 아동학대가 일어난다(보건복지부, 어린이집안전공제회, 중앙육아종합지원센터, 2018).

(2) 교사에 의한 아동학대의 내용

'국가아동학대정보시스템'의 2013년부터 2015년까지의 어린이집 보육교직원에 의한 아동학대로 판단된 사례에 나타난 학대 이유, 학대 행위 및 행위 특성은 다음과 같다(보건복지부, 중앙아동보호전문기관, 2017).

- 학대를 유발한 피해유아의 행동은 '교사가 지시한 것을 따르지 않음', '이유 없음', '식사 습관의 문제(밥을 늦게 먹기, 편식)', '교사의 어려움을 야기하는 행동(소리지르기, 뛰어다니기, 친구와 장난치기 등)', '친구와의 갈등', '잦은 실수(용변, 물 쏟기 등)' 등이었다.
- 교사의 학대 행위는 피해유아의 행동과 관련없이 다양하게 나타났는데, 대부분 '밀치기, 때리기, 잡아당기기, 꿀밤, 분리하기, 공포 분위기 조성하기, 소리지르기, 부적절한 언어 사용하기' 등 억압적 행동과 언어였다.
- 학대 교사의 행위 특성 및 내용은 다음과 같이 유아의 발달 특징에 대한 이해부족과 감정적 대응 등 교사로서의 전문성과 인성 면에서 문제를 드러내는 것으로 나타났다.
  - 온정적이지 않은 반응: 울고 있는 유아를 방치
  - 식사 지도 문제: 먹지 못하는 음식을 억지로 먹임, 늦게 먹는 유아의 식사를 뺏음
  - 체벌과 가혹한 행위를 훈육으로 알고 있음: 장시간 가둠, 장시간 분리
  - 대집단 운영 문제: 율동을 따라 하지 못한다고 때림
  - 보호 문제: 대변 본 기저귀를 갈아 주지 않음
  - 감정을 조절하지 못함: 다른 유아를 때린 유아를 똑같이 때림
  - 안전사고 대처 문제: 사고 시 부모에게 알리지 않고 병원 치료, 상황을 파악하지 않고 귀가시킴

(3) 어린이집과 유치원에서 발생한 학대에 대한 조치

① 조사 및 처벌

어린이집과 유치원의 학대 행위자는 수사기관의 조사 및 처벌을 받는다.

② 자격정지 및 폐쇄

어린이집과 유치원에서 학대가 발생하면 자격정지 및 기관 폐쇄조치를 받게 된다. 어린이집의 경우, 아동학대가 인지되면 어린이집을 관할하는 행정기관인 시·군·구청장은 수사기관(관할 경찰서 또는 112)에 신고하고 아동보호전문기관에 통보하여 합동 조사하거나 피해 아동에 필요한 조치를 취하고 관련 내용을 시·도 및 보건복지부에 즉시 보고한다. 아동학대로 확정되면 행정기관은 「영유아보육법」에 따라 원장과 보육교사의 자격정지, 자격취소, 어린이집의 폐쇄와 위반사실 공표 등 행정처분 절차를 진행한다.

- 어린이집 폐쇄: 아동학대 행위를 한 경우
- 보육교직원 자격정지: 아동학대 행위를 한 경우 2년 이내의 범위에서 자격정지
- 보육교직원 자격취소: 아동학대관련 범죄로 처벌을 받은 경우, 자격정지처분을 3회 이상 받은 경우, 보육교사와 어린이집 원장 둘 다 취득한 경우에는 두 자격 모두 취소

유치원의 경우 아동학대 발생 시 폐쇄 조항만 있다(「유아교육법」 제32조).

- 원장 또는 설립·경영자가 아동학대 행위를 한 경우
- 교직원 등 원장 또는 설립·경영자의 관리·감독하에 있는 자가 아동학대 행위를 한 경우, 다만 원장 또는 설립·경영자가 교직원 등의 아동학대 행위를 방지하기 위하여 상당한 주의와 감독을 게을리하지 아니한 경우는 제외함

③ 학대 관련 범죄 전력자의 아동관련 기관 운영 및 취업의 제한

아동학대 관련 범죄 전력이 있는 사람은 일정 기간 유치원과 어린이집을 포함한 아동관련 기관을 운영하거나 관련 기관에 취업을 할 수 없다(「아동복지법」 제29조의 3). 유치원과 어린이집에서는 채용 시 아동 성범죄 전력을 조회하여야 하고 채용된 교직원에 대해서도 매년 성범죄 전력을 조회하여야 한다.

(4) 어린이집과 유치원에서 발생하는 학대의 예방

① 근무 여건의 개선

유아와 민감하고 긍정적인 상호작용을 할 수 있도록 하기 위해 학급 크기와 교사 1인당 유아 수를 축소하고, 잡무를 줄여 주며, 처우를 개선할 필요가 있다.

② 훈육 및 생활지도에 대한 기관의 방침

기관에서는 유아 훈육 및 생활지도에 대한 지침을 제공할 수 있는 교육 철학과 원칙을 수립하고 지키도록 하여야 한다. 어떤 경우에도 체벌이나 위협 등을 훈육의 수단으로 사용하지 않도록 한다.

③ 유아의 발달에 대한 지식에 기초한 합리적 기대

유아에게 요구하는 기대 수준은 발달적으로 적절해야 하며 제한은 현실적이어야 한다. 교직원 모두 이러한 지침을 따르고 있는지 원장은 항상 살피도록 한다.

④ 바른 인성의 교사 채용

교직원 채용 시 아동학대 관련 범죄 조회를 하도록 하고 있으나 이로써는 충분치 않다. 유아발달 및 교육에 대한 전문적 지식과 기술과 더불어 정서적으로 안정되고 긍정적이며 인내심을 지닌 교사를 채용하여야 한다.

아동학대 가능성을 알아보기 위한 면접 문항의 예

- 유아 교사가 되려는 이유는 무엇입니까?
- 당신의 아동기는 어떠했나요?
- 훈육에 대한 당신의 생각은 어떠한가요?
- 체벌의 효과에 대해 어떻게 생각하십니까?
- 아이가 어떤 행동을 할 때 화가 나십니까?
- 일상생활에서 스트레스를 많이 받고 있습니까?
- 화나 분노를 어떻게 표현합니까?
- 만일 …하다면 어떻게 하실 것입니까? (분노, 훈육 등과 관련한 내용을 질문…….)
- 스트레스를 줄이기 위해 어떤 방법을 사용합니까?

출처: Robertson (2010), p. 535.

⑤ 교직원 대상의 아동학대 예방교육 및 자기 점검

어린이집과 유치원의 교직원은 매년 일정 시간 아동학대 예방교육을 받도록 되어 있다. 정기적인 교육 외에도 자체 연수와 원외 연수를 통해 아동학대에 대한 지식과 민감성을 갖추도록 한다.

⑥ 교사의 자기 점검과 노력

〈표 9-10〉은 교육부와 중앙아동보호전문기관에서 유아교사의 민감성을 스스로 점검할 수 있도록 개발한 체크리스트이다. 이를 활용하여 자기 행동 평가, 교직원 간 상호 점검과 결과 공유에 활용하는 것도 학대 예방에 도움이 될 수 있다.

표 9-10 교직원용 아동권리보호 자가체크리스트

문항		평가	
		예	아니요
1	유아를 때리거나 신체에 고통을 가한 적이 있다.		
2	도구 등을 이용하여 유아를 억압하거나 위협한 적이 있다.		
3	유아가 한 행동을 그대로 하도록 하는 보복성 행동을 요구한 적이 있다.		
4	아동을 위협하는 언어를 사용하여 공포 분위기를 조성한 적이 있다.		
5	유아에게 비난, 원망, 거부, 우롱, 경멸적인 언어를 사용하여 공개적으로 창피를 준 적이 있다.		
6	유아의 인격이나 감정/기분을 무시하거나 모욕하는 행위를 한 적이 있다.		
7	유아가 할 수 없거나 원하지 않는 활동을 강제적으로 시킨 적이 있다.		
8	수업시간이나 급 · 간식 시간에 유아를 의도적으로 배제시킨 적이 있다.		
9	유아를 교실이나 특정 장소에 혼자 있게 하거나 움직일 수 없도록 강제한 적이 있다.		
10	유아의 신체 부위를 만져 유아를 불쾌하게 만들거나 불편하게 한 적이 있다.		
11	교육과정과 무관하게 노골적이거나 자극적인 성적 표현을 하거나 관련 자료를 보여 준 적이 있다.		
12	유아의 요구에 대해 모른 척 하거나 아무런 반응을 보이지 않은 적이 있다.		
13	유아에 대한 기본적인 보호와 돌봄을 소홀히 한 적이 있다.		
14	교육활동 중에 유아와 직접 관련 없는 개인적인 행동을 하느라 유아를 방치한 적이 있다.		
15	유아가 한 수행결과에 대해서 공개적으로 비난하거나 창피를 준 적이 있다.		

출처: 중앙아동보호전문기관(2016. 12. 14.). http://www.korea1391.go.kr

5. 학대예방교육

1) 학대예방교육 및 성폭력 예방교육의 내용

학대예방교육은 아동학대는 나를 아프고 상하게 하는 모든 행동이며, 누구도 아동학대를 가하는 사람이 될 수 있다는 것을 알고 학대에 대처하는 방법을 알게 하는 것이어야 한다.

표 9-11 법령에 의한 학대 예방 교육

구분	학교안전교육 실시 기준 등에 관한 고시	아동복지법 제31조 (아동의 안전에 대한 교육)
영역	폭력예방 및 신변보호교육	성폭력 및 아동학대 예방교육
실시주기 (총 시간)	학기당 2회 이상(8시간)	6개월에 1회 이상(연간 8시간 이상)
교육내용	1. 내 몸의 소중함과 정확한 명칭 알기 2. 좋은 느낌과 싫은 느낌 알기 3. 성폭력 예방 및 대처방법 알기 4. 나와 내 주변사람(가족, 친구 등)의 소중함을 알고 사이좋게 지내기 5. 아동학대 신고 및 대처방법 알기	1. 내 몸의 소중함 2. 내 몸의 정확한 명칭 3. 좋은 느낌과 싫은 느낌 4. 성폭력 예방법과 대처법

* 유치원의 실시 시간의 단위는 교육과정 고시에 따른 단위활동을 의미함.

학대 예방교육에 대해서는 법적으로 내용과 시수가 정해져 있다. 「학교안전교육 실시 기준 등에 관한 고시」에 제시된 7개 교육 영역 중 학대예방과 관련된 것은 '폭력예방 및 신변보호교육'이다. 「아동복지법」에서는 '성폭력 및 아동학대 예방교육'이 학대예방과 관련된 것이다.

교육과정의 경우 3~5세 유아는 신체운동 · 건강 영역의 내용 범주인 '안전하게 생활하기'의 내용에 학대에 대한 내용이 명시되어 있다.

표 9-12 2019 누리과정

내용 범주	내용
안전하게 생활하기	안전사고, 화재, 재난, 학대, 유괴 등에 대처하는 방법을 경험한다.

표 9-13 표준보육과정(0~1세)

내용 범주	내용	1수준	2수준	3수준	4수준
안전하게 생활하기	위험한 상황에 반응하기	–	위험하다는 말에 반응을 보인다.	위험하다고 알려 주면 주의한다.	

표 9-14 표준보육과정(2세)

<table>
<tr><th>내용 범주</th><th>내용</th><th>1수준</th><th>2수준</th></tr>
<tr><td rowspan="2">안전하게 생활하기</td><td rowspan="2">위험한 상황에 반응하기</td><td>위험한 상황과 위험한 것을 안다.</td><td>위험한 상황과 위험한 것을 알고 조심한다.</td></tr>
<tr><td colspan="2">위험한 상황 시 어른의 지시에 따른다.</td></tr>
</table>

여기서는 성폭력을 예방하는 교육에 초점을 두고자 한다. 성폭력 예방 교육의 내용은 다음과 같다.

- 자신의 신체는 자신의 것이며 누구든지 이상한 방법으로 유아의 신체에 접촉하려는 사람에게는 비록 그들이 믿는 가까운 사람일지라도 '안 돼요.'라고 말할 수 있으며, 또 그렇게 말해야 한다.
- 자신과 타인의 신체의 소중함을 알게 한다. 신체의 특정한 부분은 아주 소중하고 개인적인 것이므로 다른 사람이 함부로 보거나 만지지 않게 해야 한다. 친구들 간에도 서로의 신체를 함부로 만지거나 때리지 않도록 한다.
- 안전한 접촉, 불안전한 접촉, 비밀스러운 접촉 등 다양한 유형의 접촉에 대해 알려 준다. 안전한 접촉은 기분을 좋게 하는 접촉이다. 안전한 접촉에는 껴안기, 손을 잡기, 등을 두드려 주기, 입맞춤 등이 있다. 불안전한 접촉은 사람을 불쾌하게 만드는 접촉이다. 여기에는 때리기, 차기, 꼬집기 등이 포함된다. 성적 학대는 비밀스러운 접촉이라고 불리는 다른 형태의 접촉이다. 비밀스러운 접촉이란 누군가가 다른 사람들이 안 보는 데서 유아의 은밀한 부분을 만지거나 유아로 하여금 그들의 성기를 접촉하게 만드는 것이다. 집에서 부모님이 몸을 씻겨 줄 때나 의사가 신체검사나 진단을 하는 경우 외에 다른 사람들에게 신체의 은밀한 부분을 보여 주지 말아야 한다는 것을 알려 준다.
- 자기주장을 할 수 있도록 한다. 성인에게 순종해야 '착한' 어린이라고 여겨지는데, 성인이 하는 일이나 요구가 잘못될 수도 있으며 이런 경우 거부할 수 있어야 함을 가르친다.
- 용납되는 행동과 그렇지 못한 행동을 알려 준다. 성적 안전에 대해 학습하지

않으면 성폭력적인 행동도 일종의 애정 표현으로 받아들일 수 있다.

- 긍정적 자아개념을 길러 준다. 긍정적 자아개념을 지닌 유아는 자신이 부당하게 취급되는 것에 대해 저항할 수 있다.
- 낯선 사람에 대한 불필요한 두려움이나 불신을 주지 않도록 주의한다. 어른의 행동이 모두 옳은 것은 아니지만, 대부분의 어른은 아이들을 해치지 않으며 신뢰할 수 있는 사람이라는 것을 알려 준다.
- 문제가 발생했거나 그럴 위험에 처할 뻔한 경우, 취해야 할 행동에 대해 알려준다. 이상하거나 위험하다고 느낄 때는 언제든지 거부하거나 도움을 요청해야 한다.

아동학대 예방수칙

- 싫어요! 안 돼요! 하지 마세요! 단호하게 큰소리로 외치기
- 빨리 도망가기
- 주변의 믿을 만한 어른에게 이야기하기/112로 신고하기

대부분의 유아는 너무 두려워서, 그리고 어린 유아의 경우, 자기가 당하는 일의 의미를 이해하지 못해서 '안 돼요.'라고 말하거나 피하지 못할 수 있다. 그러나 이야기를 할 수는 있다. 문제가 있을 때 그들이 문제를 털어놓고 도움을 받을 수 있음을 알려 준다. 가족과 교사, 기타 지역사회 기관의 사람들이 문제가 있을 때 도움을 줄 수 있음을 강조한다. 성폭력은 유아 자신의 잘못이 아니라 가해자의 잘못임을 알려준다. 유아가 '안 돼요'라고 소리치기, 도망가기, 이야기하기 등의 수칙을 따르지 않았다 하더라도 유아의 잘못이 아님을 강조해 주어야 한다.

성폭력을 당했을 때 해야 할 조치

1. 의학적 조치(증거 채취 및 진찰을 위함)
   - 진단서를 끊고 몸의 상처나 멍든 곳을 사진으로 찍어 놓기
   - 범인이 잡혔을 때 재판에 필요한 증거는 가능한 빨리(24시간 이내) 수집되어야 함
   - 성폭력 상담소로 전화하여 가까운 병원 또는 잘 아는 산부인과로 감
   - 피해를 당시 입었던 옷을 입고, 씻지 않은 상태에서 병원에 가야 함
   - 병원에는 성폭력 피해자라는 사실을 알려야 함
   - 폭행 당한 현장을 그대로 보존해 속옷이나 흉기, 머리카락, 사용한 휴지 등의 증거물을 수집하여 코팅되지 않은 종이 봉투에 넣음
2. 법적 조치
   - 가능한 경우 사건 현장을 휴대전화 카메라 등으로 찍어 둠
   - 언제, 어디서, 누가 성폭력을 했는지 피해 사실을 자세히 기록
   - 목격자를 확보하여 고소 시 법정 증인으로 부를 수 있도록 해야 함
   - 경찰에 고소, 신고하는 등 법적 조치를 취함
   - 가해자와 통화할 경우 녹음을 해 두고, 휴대전화 문자 메시지나 이메일 등은 저장해 둠
3. 심리적 조치
   - 부모나 교사가 지나치게 걱정하는 태도를 보이지 않도록 함
   - 아동이 피해 사실을 이야기하면 앞으로는 그런 일이 없도록 보호해 줄 것이라고 안심시킴
   - 사건 발생 후 평소 하지 않는 행동을 하거나 불안과 두려움을 나타내면 소아정신과 치료를 받도록 함
   - 성폭력의 모든 책임은 가해자에게 있으므로, 자신을 비하하거나 자책하지 않고, 용기를 잃지 않도록 함
   - 가족이 스트레스를 겪거나 가족관계의 변화가 있을 경우 전문 상담기관을 찾아 함께 상담받아야 함

출처: 경기도교육청(2013), p. 67.

2) 성폭력 예방 교육의 접근 방식

학대 예방, 특히 성폭력 예방 교육은 대부분의 교사에게는 가르치기 불편하기도 하고 어떻게 접근해야 할지 모르는 주제일 수 있다. 성폭력을 예방하기 위해 만들어진 동영상 자료나 그림책을 이용하는 것이 유용하다. 관련 기관에서 하는 방문교육을 활용하는 것도 도움이 된다.

어떤 것을 활용하건 교육내용과 방법은 유아의 연령과 발달 수준에 적절한 것이어야 하며, 내용뿐 아니라 그림 자료나 영상, 사진, 음악 등이 유아를 겁주는 것이 아니어야 한다.

3) 성폭력 예방 교육의 실제

- 활동명: 안전하게 생활해요[9)]
- 학습목표: 위험한 상황에서 도움을 요청하는 방법을 알아본다.
- 관련생활주제: 나와 가족, 건강과 안전

지도 자료	–동화 '난 싫다고 말해요' 〈글 베티 뵈거홀드, 그림 가와하라 마리코, 역 이향순(북뱅크, 2006)〉

- 교수 · 학습활동

도입	1 성폭력의 위험으로부터 안전한 생활이 왜 중요한지 이야기해 본다. –유치원(집, 마트, 길)에서 위험한 것들을 본 적이 있었니? –위험한 것이 있었을 때 어떻게 했었니? 왜 그렇게 했었니?
전개	1 동화 '난 싫다고 말해요'를 보고, 내 몸이 위험할 수 있는 상황에는 어떤 것이 있는지 알아본다. –주인공은 위험한 상황에 있었지? 어떤 상황이었지?(백화점, 공원, 아파트) –왜 위험한 상황이라고 생각하니? –동화 속에 나오는 것 말고 우리 주변에서 일어날 수 있는 위험한 상황에는 어떤 것이 있을까? 2 위험한 상황에서 대처하는 방법과 도움을 요청하는 방법을 이야기해 본다. –위험한 상황에서 동화 속 주인공은 어떻게 했니? –나라면 어떻게 행동했을까? –내가 위험할 때 누구에게 도움을 요청해야 할까?(부모님, 아이와 있는 어른, 경찰 등)
마무리	1 나의 몸을 안전하게 지키기 위해서는 어떻게 해야 하는지 정리해 본다. –위험한 상황에서는 어떻게 해야 할까? –어떤 사람에게 도움을 요청하는 것이 안전할까?

- 지도상의 유의점

–낯선 사람뿐만 아니라 동네 어른도 위험할 수 있다는 점을 지도한다.

–위험 상황은 언제든 발생할 수 있다는 것을 지도한다.

9) 출처: 교육부, 경상남도교육청, 학교안전공제중앙회(2016), p. 255.

10장

실종 및 유괴 안전

재난이나 전쟁과 같은 비상 상황이 아니어도 아동의 실종은 여전히 발생하고 있다. 아동의 실종은 대체로 사람이 많이 모이는 유원지나 백화점과 같은 곳에서 이른바 미아사고로 발생하기도 하고 유괴나 사고 등으로 인해 발생하기도 한다. 실종은 가족과 아동 당사자에게 엄청난 심리적 충격을 주는 사건으로서 장기화되면 삶 전반에 걸쳐 매우 심각한 영향을 미친다. 따라서 가정과 사회에서는 아동의 실종 예방과 실종 시 신속한 발견을 위한 노력을 하여야 한다. 유아교육기관 또한 유아의 실종 예방을 위한 안전수칙을 지키고, 유아와 성인 대상의 교육을 시행하여야 한다.

1. 실종에 대한 이해

1) 실종의 개념

실종이란 「실종아동등[1]의 보호 및 지원에 관한 법률」(약칭: 「실종아동법」)에 따르면 '약취 · 유인 또는 유기되거나 사고를 당하거나 가출하거나 길을 잃는 등의 사유로 인하여 보호자로부터 이탈된 상태'이다(제2조).

실종아동은 약취 · 유인(유괴), 유기, 사고, 가출, 미아 등으로 인해 발생한다. 즉, 실종에는 호기심과 위험에 대한 인식 및 대처 능력 부족 등 발달적 특성으로 인한 실종과 고의적인 범죄로 인해 발생하는 실종이 포함된다. 영유아는 미아나 유괴가 많고, 연령이 높아질수록 가출의 비율이 높아진다.

우리 사회에서 실종아동은 꾸준히 발생하고 있다. 2005년 「실종아동등의 보호 및 지원에 관한 법률」이 제정되고, 휴대전화를 통한 위치 추적과 사전등록제 실시 등 실종아동 대책이 강화되었다. 이로 인해 실종아동의 발생건수는 2012년 27,295건에서

1) 「실종아동법」에서 '실종아동등'이란 실종 당시 만 18세 미만인 아동, 장애인과 치매환자를 포함한다.

2018년 21,980건으로 감소하였으나 매년 2만 건 내외로 꾸준히 발생하고 있다. 미발견 아동의 수는 3명에서 108명으로 증가하였다(실종아동전문기관. https://www.missingchild.or.kr/).

2) 실종의 영향

실종은 실종아동은 물론 가족 모두에게 심각한 영향을 미치며, 사회적으로도 불안과 큰 비용이 발생한다. 따라서 실종아동 문제는 예방이 최선이며, 실종되었을 경우 초기에 신속하게 찾는 것이 중요하다.

• 실종아동

격리 경험으로 인해 극도의 불안감, 분노, 스트레스, 외상 후 스트레스 장애가 나타날 수 있으며 성장 발달에 지장을 가져올 수 있다.

• 실종아동의 부모 및 가족

실종으로 인하여 심리적 외상, 절망감과 가족 간의 갈등을 경험한다. 정신적 고통뿐만 아니라 육체적으로도 지치고 쇠약해지며, 실종이 장기화되면 경제적으로도 어려움에 빠지게 된다.

• 사회

실종아동이 가정에 복귀하지 못할 경우 보호 양육에 따른 사회적 경비뿐만 아니라 실종아동 가족의 심리 · 경제적 문제에 대한 사회적 손실이 발생하고 그에 따른 막대한 사회적 비용이 발생한다.

2. 실종아동 예방을 위한 정책 및 서비스

우리나라의 실종아동 정책은 경찰청과 보건복지부의 이원화된 체계로 운영하고 있다. 경찰청에서는 실종자 발견정책을 '실종아동찾기센터'를 통해 수행하고 있으며, 보건복지부에서는 실종 예방 정책과 가족지원정책을 실종아동전문기관에 위탁하며 운영하고 있다.

1) 경찰청 실종아동찾기센터 (안전Dream 아동 · 여성 · 장애인 경찰지원센터)

경찰청 실종아동찾기센터는 국내 유일의 실종아동수사기관으로서 전국에서 발생하는 모든 실종아동등에 대한 신고 · 접수, 조회 및 전산 입력 등 실종자 찾기 업무를 통합 관리하기 위해 설치되었다. 실종아동찾기센터는 모든 실종아동등에 대한 신고(국번 없이 182)를 일원화하여 접수하고 처리하기, 실종아동등 프로파일링 시스템,[2] 유괴 · 실종경보발령 시스템, 실종아동 예방을 위한 사전등록,[3] 지문과 유전자 활용 가족 찾기 등의 서비스를 제공하고 있다.

세계 실종아동의 날(5월 25일)

1979년 5월 25일 뉴욕에서 6세 어린이가 등교 중 유괴, 살해된 사건을 계기로 1983년 제정되었다. 우리나라는 2007년부터 5월 25일을 실종아동의 날로 정하고 실종에 대한 사회적 관심을 높이기 위한 관련 행사를 하고 있다.

2) 실종아동등에 속하는 실종자와 가출인의 발생 상황과 신상 정보를 등록 · 관리하며, 접수 즉시 전국 경찰관서에 수배하고 발생지 경찰서에 하달하여 탐문수색이 이루어지면 찾는 신고 자료와 보호 신고 자료를 비교 검색하여 발견이 가능한 업무용 시스템이다.

3) 실종 시 등록된 자료로 실종아동을 신속하게 찾기 위한 제도임. 경찰청장은 아동등의 보호자가 신청하는 경우 아동등의 지문 및 얼굴 등에 관한 정보(지문 등 정보)를 정보시스템에 등록하고 데이터베이스로 구축 운영한다(「실종아동등의 보호 및 지원에 관한 법률」 제7조의2).

2) 실종등 조기발견 지침(코드 아담)

코드 아담(Code Adam)은 다중 이용 시설 및 장소에서 실종아동 등을 신속하게 대응하고 찾기 위한 실종 예방 대응 지침으로서「실종아동등의 보호 및 지원에 관한 법률」개정에 따라 2014년 7월부터 시행되었다. 이 제도로 인해 보호자는 영유아를 잃어버렸을 때 신속하게 해당 시설에 실종 사실을 알려 코드 아담을 발령하게 하여 도움을 받을 수 있다.

(1) 코드 아담(실종등 조기발견 지침) 적용 대상 시설 및 장소

「실종아동등의 보호 및 지원에 관한 법률」(제9조의3)에 따라 일정 규모 이상의 시설 · 장소는 실종등 조기발견 지침이 적용된다. 이들 시설의 관리주체는 종사자에게 실종아동등 조기발견 지침에 관한 교육 · 훈련을 연 1회 실시하고, 그 결과를 관할 경찰관서의 장에게 보고하여야 한다.

- 10,000m^2 이상의 대규모 점포, 유원시설, 박물관, 미술관, 지방자치단체가 주최하는 지역축제가 행하여지는 장소, 도시철도의 역사, 철도시설 중 역시설(물류시설은 제외)
- 5,000m^2 이상의 여객자동차(버스)터미널, 공항시설 중 여객터미널, 항만시설 중 여객이용시설
- 전문체육시설: 관객수 5,000석 이상 시설, 프로스포츠 개최 시설
- 객석 1,000석 이상의 공연장 등 시설 또는 장소
- 한국마사회법에 따른 경마장
- 경륜 · 경정법에 따른 경륜장 또는 경정장

(2) 실종 발생 시 조치

실종신고가 접수되면 관리주체(소유자 · 점유자 또는 관리자)는 조기발견 지침에 따라 다음 조치를 하여야 한다.

- 즉시 경보(코드 아담 경보) 발령
- 출입구 봉쇄 및 각 출입문의 통제, 수색 등의 조치로 실종아동을 찾기
- 수색 시작 후 10분 경과 후에도 실종아동을 발견하지 못할 경우 경찰에 신고

코드 아담(Code Adam)의 시작

코드 아담은 미국에서 실종아동 예방을 위한 사업장의 대응방침으로 시작되었다. 1981년 미국 플로리다주의 아담 월시라는 6세 유아가 백화점에서 실종 후 16일 만에 살해된 채 발견된 것이 계기가 되었다. 1994년부터 월마트에서 미아방지를 위한 내부 행동지침으로서 아담을 추모하는 의미로 코드 아담 경보를 시행한 것을 시초로 2003년에는 코드 아담이 「코드 아담법(Code Adam Act of 2003)」으로 입법화되어 놀이공원 등 다중이용시설의 경우 아동실종 발생신고가 접수되면 즉각 안내방송과 경보를 발령하고 시설내부를 집중적으로 수색할 수 있도록 하였다(http://en.wikipedia.org).

3) 실종 및 유괴경보체제(앰버 경보)

앰버 경보(AMBER Alert)는 실종아동 공개수배 시스템으로서 아동실종에 대한 정보를 시민들에게 알림으로써 사회 전체가 피해 아동의 수색과 안전한 귀가를 위해 조력하도록 하는 제도이다. 우리나라는 경찰청 주도하에 2007년에 경보발령제도를 도입하였고 2011년에 「실종아동등의 보호 및 지원에 관한 법률」에 그 법적 근거가 마련되었다.

경찰청장은 실종아동등의 공개 수색 · 수사를 위하여 필요한 경우 유괴 · 실종경보발령시스템을 구축 · 운영할 수 있다. 경찰청장은 실종아동등의 조속한 발견과 복귀를 위하여 공개 수색 · 수사가 필요하고, 실종아동등의 보호자가 실종아동등과 관련된 정보의 공개에 대하여 동의한 경우에는 '실종경보' 또는 '유괴경보'를 발령할 수 있다(「실종아동등의 보호 및 지원에 관한 법률」 제4조의5).

실종경보는 상습적인 가출 전력이 없는 실종아동등에 관하여 경찰관서에 신고가

접수된 경우, 유괴경보는 유괴 또는 납치 사건으로 의심할 만한 증거나 단서가 존재하는 실종아동등에 관하여 경찰관서에 신고가 접수된 경우에 발령한다. 경보의 내용에는 아동의 사진, 이름과 성별, 실종 일시와 장소, 아동의 특징 등이 포함된다.

앰버 경보의 시작

앰버 경보(Amber Alert, America's Missing: Broadcasting Emergency Response)는 아동실종사건 발생 시 실종아동에 대한 정보를 사회에 신속하게 알림으로써 아동의 조속한 복귀를 도모하기 위한 경보체계로서 미국에서 시작되었다. 앰버 경보는 1996년 유괴되어 살해된 앰버 헤거먼(Amber Hagerman)이라는 9세 여아를 기리는 의미를 담고 있다(김상호, 2008).

앰버 경보는 상업 라디오 방송, 공영 라디오 방송, 인터넷 라디오, 위성 라디오, 텔레비전 방송, 케이블 TV, 문자 등을 통해 'Child Abduction Emergency' 또는 'Amber Alerts'라는 긴급경고 문구로 퍼지게 된다. 뿐만 아니라 이메일, 전자 교통상황 안내판, 무선 SMS 메시지 등으로도 배포된다. 몇몇 주에서는 로또복권 단말기를 이용하기도 한다. 앰버 경보 발령은 경찰의 실종조사기관에 의해 결정된다. 경보의 내용은 유괴된 아동의 이름과 아동에 대한 설명, 유괴 용의자에 대한 설명, 용의자의 차량에 대한 설명 등으로 구성된다(https://en.wikipedia.org).

4) 실종신고 의무자 및 미신고 보호 행위의 금지

실종 시 신속한 발견을 위해 다음 사람들을 실종신고 의무자로 지정(「실종아동등의 보호 및 지원에 관한 법률」 제6조)하고 있다.

- 보호시설의 장 또는 그 종사자
- 「아동복지법」에 따른 아동복지전담공무원
- 「청소년 보호법」에 따른 청소년 보호·재활센터의 장 또는 그 종사자
- 「사회복지사업법」에 따른 사회복지전담공무원

- 「의료법」에 따른 의료기관의 장 또는 의료인
- 업무 · 고용 등의 관계로 사실상 아동등을 보호 · 감독하는 사람

실종아동을 신고하지 않고 보호하는 것은 불법이다. 「실종아동등의 보호 및 지원에 관한 법률」은 누구든지 정당한 사유 없이 실종아동등을 경찰관서의 장에게 신고하지 아니하고 보호할 수 없다는 미신고 보호 행위 금지조항을 담고 있다(제7조).

5) 아동안전지킴이집과 아동안전수호천사

아동안전지킴이집 제도는 2008년 경기도에서 발생한 초등학생 유괴 · 살인 사건을 계기로 지역사회와 경찰이 함께 아동을 보호하기 위해 도입하게 되었다. 학교 주변, 통학로, 공원 주변의 문구점, 편의점, 약국 등을 아동안전지킴이 집으로 지정하여 위험에 처한 아동을 다음과 같이 임시 보호하고 경찰에 인계하도록 하고 있다.

- 아동이 들어와 도움을 요청하면 바로 112나 관할 지구대에 연락
- 낯선 사람이나 동물로부터 위협을 받는 아동을 목격한 경우, 경찰에 알리고 아동을 개방된 곳에서 안정시키며 아동의 부모나 보호자에게 연락
- 길을 잃은 아동을 발견한 경우, 경찰청 실종아동찾기(182)에 신고하고, 아동을 개방된 공간에서 보호함

[그림 10-1] 아동안전지킴이집 표지물

출처: 안전Dream 아동 · 여성 · 장애인 경찰지원센터. http://www.safe182.go.kr

[그림 10-2] 아동안전지킴이집의 역할에 대한 홍보자료

출처: 안전Dream 아동 · 여성 · 장애인 경찰지원센터(2017. 11. 1.). http://www.safe182.go.kr

아동안전수호천사 제도는 야쿠르트 판매원, 집배원, 태권도 사범, 모범택시 운전자회, 학원차량 기사 등 신뢰성 있는 업체의 외근 사원을 수호천사로 위촉하여 외근 활동 중 아동보호활동을 하는 제도이다.

6) 아이 CU(I Care for yoU)

아이 CU는 편의점 CU를 운영하는 BGF에서 운영하는 사회공헌 활동으로서 경찰청과 협력하여 전국 매장의 결제 단말기를 활용해 길을 잃은 아이(치매환자, 지적 · 자폐 · 정신 · 장애인 포함)를 CU 매장에서 일시 보호하고, 경찰 또는 보호자에게 안전하게 연결해 주는 사회 안전망 서비스 시스템이다.

2018년에 경찰청과 BGF는 '편의점 기반의 지역사회 안전망 구축을 위한 업무 협약'을 맺고 CU 매장과 경찰청 신고 시스템을 직접 연결하는 '원터치 신고 시스템'을 구축했다. '아이 CU' 시스템에서는 이름, 성별, 인상착의 등 실종아동등의 정보를 단말기에 입력하면 바로 경찰에 신고된다. 입력한 정보는 신고와 동시에 전국 CU 매장과 공유된다.

3. 실종 안전수칙[4)]

1) 부모 수칙

(1) 실종 예방을 위한 안전수칙

- 아동의 정보를 사전 등록하기: 지문과 사진, 보호자 인적 사항 등을 경찰 실종자관리 시스템에 등록한다. 안전Dream 홈페이지나 안전Dream 모바일 앱을 이용할 수도 있고, 가까운 지구대나 경찰서를 방문해서 등록할 수 있다.
- 유전자 등록하기: 경찰서를 방문하여 아동의 유전자 정보를 등록해 두면, 실종 시 실종아동전문기관의 유전자 신상 정보 데이터베이스와 국립과학수사연구소의 유전자 분석 및 비교를 통해 아동의 신원을 신속하게 파악할 수 있다.
- 자녀를 집에 혼자 두지 않기: 잠깐 동안의 외출 시에도 혼자 두지 않는다. 특히 아이가 잠들었을 때 외출을 삼간다. 아이가 집 바깥으로 보호자를 찾으러 나올 수 있기 때문이다.
- 어린 자녀와 외출 시 항상 자녀와 함께 다니고, 항상 지켜보기: 화장실을 혼자 가게 하거나 심부름을 보내지 않도록 한다. 자동차 안에 혼자 두는 것도 위험하다.
- 실종아동 예방 용품 활용하기: 어리거나 장애로 말을 하지 못하는 아동에게는 이름표를 착용하도록 한다. 바깥으로 쉽게 드러나지 않도록 옷 안쪽, 신발 밑창 등에 새겨 유괴 위험을 피하도록 한다.
- 외출 시 자녀의 착의사항을 기억하기
- 자녀에 관한 정보의 기억 및 기록: 키, 몸무게, 신체특징, 혈액형, 버릇, 자녀가 입은 옷 등을 기록한다. 사전등록을 하면 더욱 신속히 위치추적이 가능하다.

4) 실종 관련 안전수칙은 '안전Dream, 아동 · 여성 · 장애인 경찰지원센터' 홈페이지(http://www.safe182.go.kr), '안전보장원, 실종아동전문기관 초록우산어린이재단 실종아동전문기관' 홈페이지(http://missingchild.or.kr), 교육부, 경상남도교육청, 학교안전공제중앙회(2016)에 제시된 내용에 기초하여 기술함.

- 자녀의 일과와 자녀의 친구와 가족들, 주변 사람들을 미리 알아 둔다.
- 자녀의 정면 사진을 최소 6개월 단위로 찍어 두기:[5] 사전등록된 경우 수시로 사진을 변경 등록하는 것이 가능하다.
- 실종 즉시 112 또는 실종아동찾기센터 상담전화 182로 신고하기
- 자녀에게 예방수칙 및 위급 상황 시 대처방법을 가르치기
- 이름, 나이, 주소, 연락처, 부모님 이름 등을 기억하도록 가르치기
- 실종 예방 3단계 구호(멈추기! 생각하기! 도와주세요!)를 외우도록 연습시키기
- 길을 잃거나 부모를 잃어버렸을 때, 부모에게 전화(수신자 부담 · 부모님 연락처)를 하거나 도움을 요청하기(경찰, 가게)

	**보호자가 직접 등록** 보호자가 안전Dream홈페이지(또는 스마트폰 App)에서 본인 인증 후 사진 등 정보(지문 제외)를 직접 등록하며, 지문 등록 희망 시 가까운 경찰관서(지구대, 파출소)에 방문하여 추가 등록함
	**경찰관서 방문 등록** 보호자가 등록 대상 아동을 데리고 경찰관서 방문, 신청서 작성 후 사진 촬영 및 지문 등 정보를 등록함
	**현장방문 단체 등록** 경찰 또는 인력(민간)이 기관에 직접 방문하여 사전 등록하며, 이때 ① 등록 대상 아동의 보호자 신청서를 바탕으로 ② 보호자가 신청서에 기재한 사항, 사진 촬영 및 지문정보 등을 등록함

[그림 10-3] 실종아동 예방을 위한 지문 등 사전 등록방법

출처: 교육부, 충청남도교육청(2015), p. 103.

5) 앞으로는 장기 실종자를 찾기 위한 인공지능기술인 '나이 인식 및 인상 변환기술'을 활용할 예정이다. 따라서 장기 실종아동도 보다 용이하게 확인이 가능할 것이다.

유괴 예방 수칙은 실종 예방 수칙에 더하여 다음 수칙이 추가된다.

- 아동의 이름, 주소, 전화 번호 등은 눈에 띄는 곳에 적어놓지 말고 옷 안, 신발 안, 가방 안 등 보이지 않는 곳에 써 준다.
- 예방수칙 및 위급 상황 시 대처방법을 가르친다.
  -혼자 밖으로 나가지 않기
  -부모의 허락 없이는 낯선 차를 타거나, 아는 사람의 차라도 타지 않기

유괴범죄의 3단계

① 1단계: 기회 엿보기

- 유괴범이 범행대상자를 물색하는 단계
- 다른 아이들이나 어른으로부터 떨어져 있어 있는 아이들이 범행 대상이 됨
  → 혼자 다니지 말고 친구들과 함께 무리지어 다니도록 지도함

② 2단계: 탐문하기

- 범행 대상자가 정해지면 탐문을 하면서 아이의 저항 정도를 측정하는 단계
- 아이에게 접근하여 이름, 집, 부모님 성함 등을 물어봄
  이때 아이가 저항하거나 의심하면 대부분 유괴를 중단함
  → 낯선 사람이 이름, 주소, 연락처 등 개인 신상에 관한 정보를 물어보면 말하지 않고 빨리 자리를 피하도록 지도함

③ 3단계: 유괴하기

- 아이를 범행장소로 데려가서 범행을 저지름
  → 유괴 예방 3단계 행동지침 "안 돼요! 싫어요! 도와주세요!"를 숙지하도록 함

출처: 어린이재단 실종아동전문기관(2008), p. 4.

–낯선 차가 접근하면 차량근처로 가지 않기

–누군가 억지로 데려가려고 할 때에는 "안 돼요! 싫어요!"라고 외치기

- 아동이 자신을 스스로 보호할 수 있도록 안전수칙들을 반복해서 연습시킨다.

(2) 자녀 실종 시 안전수칙

- 주변을 샅샅이 찾아보기
- 즉시 신고하기: 실종아동찾기센터(국번없이 182)에 신고 후 가까운 경찰서에 주변 수색/탐문을 요청한다.
- 아동과 관련된 증거를 보존하기(의류, 침구, 개인물품 등)
- 친구, 이웃을 통해 정보 파악하기
- 실종아동전문기관에 접수하기

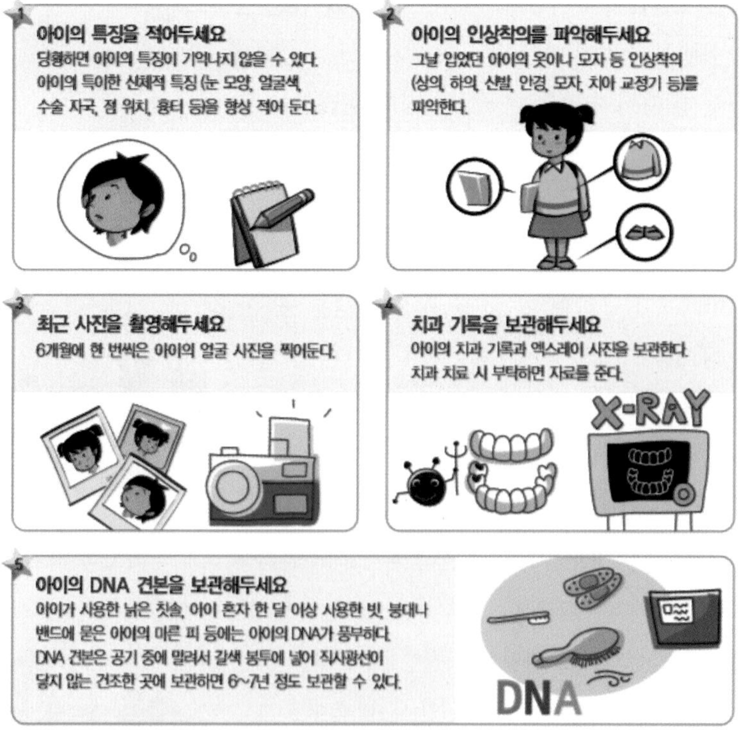

[그림 10–4] 실종될 때를 대비한 5가지 정보 수집 요령

출처: 어린이재단 실종아동전문기관(2008), p. 28.

- 일시보호시설에 아이가 있는지 실종아동전문기관과 함께 확인하기
- 실종아동전문기관 홈페이지에서 보호시설에 있는 아동자료를 확인하기: 보호자가 확인되지 않은 아동의 자료만 확인할 수 있다.
- 경찰에 유전자 검사를 요청하기: 시설에서 성장하고 있는 보호자가 확인되지 않은 아동의 유전정보와 부모의 유전정보를 대조하여 실종아동을 찾을 수 있다.
- 지문등사전등록제를 이용하기: 사전에 유아의 지문, 사진, 보호자 인적사항 등을 등록했다면 자녀를 잃었을 때 신속히 찾을 수 있다.

실종 신고 시 포함 사항

- 아동의 이름
- 아동의 나이(생년월일)
- 잃어버린 일시 및 장소
- 잃어버리게 된 경위
- 실종 당시 아동의 옷차림, 신발, 소품, 신체특징
- 아동의 다양한 모습이 담긴 최근 사진 여러 장
- 보호자의 이름 및 연락처, 주소

2) 유아 수칙

(1) 미아 예방을 위한 안전수칙

① 기본수칙

- 혼자 밖에 나가지 않는다.
- 낯선 사람을 따라가지 않는다.
- 보호자가 지켜볼 수 있는 곳에서 놀이한다.
- 보호자와 함께 외출하거나 나들이를 갔을 때에는 보호자와 떨어지지 않는다.

② 보호자와 헤어졌을 때

- 1단계: 멈추기
  - 제자리에 서서 보호자를 기다린다.
  - 보호자는 왔던 길을 되짚어 간다. 유아가 당황하지 않고 자리에 잘 있어 준다면 아이를 쉽게 찾을 수 있다.
- 2단계: 생각하기
  - 자신의 이름과 연락처 등을 생각하고 기다린다. 평소 자신의 이름과 부모님

[그림 10-5] 실종 예방 구호 3단계

출처: 안전Dream 아동 · 여성 · 장애인 경찰지원센터. http://www.safe182.go.kr

이름, 부모님 연락처, 주소 등을 잘 외우고 있는 아이라 할지라도 미아 상황이 발생하면 쉽게 기억하지 못할 수도 있다. 평소에 유아와 함께 연습해서 익숙해져야 한다. 10번씩 외우며 기다리도록 하고 보호자는 빠른 시간 내에 유아를 찾아가야 한다.

- 3단계: 도움 요청하기(도와주세요!)
  - 기다려도 보호자가 오지 않으면 주위에 있는 안전한 사람(예: 경찰관, 아이와 함께 있는 여성 등)에게 '도와주세요!'라고 도움을 요청한다. 가까운 곳에 파출소나 아동안전지킴이집, 편의점, 기타 가게가 있으면 들어가 '도와주세요!'라고 도움을 구한다.

(2) 유괴 예방을 위한 안전수칙

① 유괴를 하는 사람은 낯선 사람일 수도 있고 내가 잘 아는 사람일 수도 있다

교사와 부모들은 유아들에게 흔히 낯선 사람에 대해서만 경계할 것을 강조한다. 그러나 유괴범은 낯선 사람일 수도 있고 유아들이 알고 있거나 유아의 부모와도 잘 아는 사람일 수도 있다. 따라서 아는 사람이라도 따라오라거나 이상한 행동을 하려 할 때 따라가지 않고 부모에게 알려야 함을 알려 준다.

② 낯선 어른들은 도움을 주는 사람이기도 하다

낯선 어른들은 유괴범일 수도 있으나 유아들에게 도움을 줄 수 있는 사람이기도 하다. 위험한 상황이나 도움이 필요한 상황에서는 낯선 사람에게도 이야기를 하고 도움을 받아야 한다. 도움을 요청해도 되는 안전한 사람은 경찰관을 비롯한 제복을 입은 사람(소방관, 우체부, 청소부 등), 아이를 데리고 있는 여자 성인, 놀이동산이나 마트에서는 종사자임을 나타내는 유니폼을 입은 사람 등이다.

③ 미아 예방을 위한 기본 수칙과 더불어 다음의 수칙을 지킨다

- 낯선 사람이 아는 사람임을 가장하여 접근할 수 있으므로 이름이 새겨진 옷을 입거나 가방을 휴대하지 않는다.

- 낯선 사람이 이름, 사는 곳, 전화번호를 물어보면 절대 알려 주지 않는다.
- 아는 사람이 같이 가자고 해도 따라가지 말고 부모님께 먼저 말씀드리고 허락을 받는다.
- 집에 혼자 있을 때에는 문과 창문을 잠그고 있는다. 집에 혼자 있을 때 누군가 찾아오면 소리를 내지 않고 없는 척을 한다.
- 집에 혼자 있고 누군가 찾아와서 말을 하게 되면 부모님이 바쁘시니 나중에 오라고 한다.
- 누군가 강제로 데려가려 하면 "안 돼요! 싫어요!"라고 큰 소리로 외친다.
- 밝고 사람이 많은 곳으로 뛰어가 큰 소리로 도움을 요청한다.

[그림 10-6] 유괴 예방 3단계

출처: 초록우산 어린이재단 미아예방 캠페인.

④ 유괴의 다양한 유형 및 유형에 따른 대처방법을 알고 지킨다

유괴는 다양한 유형으로 일어난다. 유괴 유형에 따른 대처방법은 〈표 10-1〉과 같다.

표 10-1 유인 · 유괴 유형과 대처방법

유형	특성	대처
호기심 유발형  	게임기, 선물 제공 등을 미끼로 아이의 호기심을 유발하여 유인	• 모르는 사람이 물건(과자, 장난감, 게임기)을 주면, 절대 받지 않고, 정중하게 거절한다. • 부모님께 먼저 말씀드리고 허락을 받아야 한다고 말로 거절한다.
물리적 강제 동원형  	반항하는 아이를 힘을 이용하여 억지로 유괴	• 누군가 강제로 데려가려고 하면 "안 돼요! 싫어요! 도와주세요!"라고 큰 소리로 외치며 발버둥 친다. • 밝고 사람이 많은 곳으로 뛰어가 큰 소리로 도움을 요청한다.
지인 사칭형  	부모님 친구, 이웃사촌, 친척 등으로 가장하여 친근감 있게 다가가 유인하거나 유괴	• 아는 사람이나 주위 사람이라고 생각되더라도 따라가지 않는다. 먼저 부모님께 허락을 받아야 한다고 말한다.
동정심 유발형  	도움을 요청한 뒤 아이가 응하면 유괴	• 모르는 사람이 길을 묻거나 하면서 다른 도움을 요청하면 잘 알아도 모른다고 정중히 거절하고 "다른 어른에게 물어보세요."라고 말한다.

출처: 어린이재단 실종아동전문기관(2008), p. 5.

(3) 유괴 당했을 때의 대처방법

유괴 당했을 때의 대처에 대해 실종아동전문기관에서 제시한 바에 의하면 마음을 진정하고 기력을 잃지 않도록 하며, 유괴범을 자극하지 않아야 한다고 한다. 구체적으로 제시되는 대처방법은 다음과 같다(실종아동전문기관. http://www.missingchild.or.kr).

- 마음을 진정시키기: 겁나고 무서울 때 '반드시 집에 돌아갈 수 있다'는 생각을 하며 마음이 안정되도록 진정시킨다.
- 음식 섭취하기: 배가 고프거나 몸이 약해지면 더 겁나고 두렵기 때문에 음식을 주면 먹기 싫어도 거부하지 말고 먹는다.
- 유괴범 자극하지 않기: 소리를 지르거나 우는 행동은 위험할 수 있기에 유괴범의 지시를 잘 따르도록 한다.
- 유괴범을 쳐다보지 않기: 유괴범은 자신의 얼굴이 알려지는 것을 싫어하기 때문에 쳐다보지 않는 것이 안전에 도움이 된다.
- 범인의 차량 번호 외우기: 유괴범의 차에 타게 되면 상황을 봐서 들키지 않게 차량 번호를 외우도록 한다.
- 정신을 바짝 차리고 있기: 집에 돌아가게 될 것이라고 생각하며 믿고 기다린다.

[그림 10-7] 유괴를 당했을 때의 대처방법

출처: 어린이재단 실종아동전문기관(2008), p. 9.

3) 유아교육기관의 수칙

(1) 하원 시 보호자 인계 정책

- 보호자에게 '귀가 시 유아 인계 방법 확인서' 등 관련 서류를 받아둔다.
- 기관에서는 통학버스의 하차 위치 및 시각을 지킨다.
- 지정된 보호자가 통학버스 하차 시각에 맞춰 약속된 하차 지점에 못 나온 경우 보호자가 요청해도 유아를 단독으로 귀가시키지 않는다.
- 보호자의 사전 연락 없이 유아를 다른 사람에게 인계하지 않는다.
- 지정된 보호자가 하차 지점에 못 나올 경우, 대리인을 지정하고 기관에 연락하도록 한다.

(2) 출입문 관리

- 유아가 외부로 바로 나갈 수 없도록 안전장치(예: 자동잠금장치, 안전문 등)를 설치한다.
- 외부인의 무단출입 통제/출입관리 시스템을 구축(기관 방문 사전 예약제, 방문 기록지 작성, 출입증 패용 등)한다.

(3) 현장학습 시 실종 예방을 위한 안전수칙(어린이집안전공제회, 2018)

- 현장학습 시 사전에 가능한 도움 인력을 확보하여 외부 현장에서 교사 대 유아의 비율을 더 적게 만든다.
- 교직원들 간 역할 분담을 한다.
- 단체복(예: 안전조끼), 미아방지 손목밴드, 목걸이, 명찰 등을 준비한다.
  - 유아가 착용하는 목걸이, 명찰 등에는 실종 예방을 위해 영유아의 이름을 기록하지 않는다. 대신 기관명, 기관 및 교사 연락처를 기록한다.
- 현장학습 전 유아가 입은 옷을 기억한다.
- 유아의 개별적 특성을 고려하여 짝을 정해 준다.
- 유아의 인원수를 수시로(활동 이전, 중간, 이후/차량 승차 이전, 중간, 이후 등) 점검한다.

- 유아에게도 수시로 교사와 친구들을 확인하도록 안전교육을 실시한다.
- 반드시 유아와 함께 이동한다.
- 미아 발생 시 대처방법을 숙지해 둔다.
  - 우선 유아를 마지막으로 본 곳에 되돌아 가기
  - 함께 걸어가던 짝이나 친구들에게 묻기
  - 걸어오던 방향으로 가면서 유아를 찾아보기(발달상 뒤로 돌아 걷기보다는 가던 방향으로 계속 걷는 성향이 있음)
  - 근처에 있는 유아교육기관 관계자, 야외 활동 관리자, 부모님(일정 시간이 지나도 못 찾았을 경우)께 신속히 사실을 알리기
  - 안내 방송을 할 수 있는 경우에는 유아의 옷차림과 신체적 특징을 자세히 이야기하며 안내 방송하기
  - 경찰서(112)와 경찰청 실종아동찾기센터(182)로 신고하기

4) 실종된 아동을 발견한 사람이 지켜야 할 수칙

- 아동을 다른 곳으로 데려가거나 자신의 집으로 데려가지 않기
- 겁먹은 아동를 달래어 진정시켜 주기
- 경찰청 실종아동찾기센터(182)에 신고하기

[그림 10-8] 유괴상황 목격 시 일반인 대처법

출처: 어린이재단 실종아동전문기관(2008), p. 29.

- 그 자리에 서서 아동의 부모를 함께 기다리기: 아동이 잠깐 한눈을 팔거나 부모의 부주의로 아이를 잃어버린 경우 아동의 부모가 가까이 있어 곧 찾으러 올 수 있기 때문이다.
- 아동의 이름과 연락처 등을 물어보기: 이름을 불러 주면서 달랜다. 아동이 집에 갈 수 있다고 해도 혼자 가게 하지 않는다.
- 안내방송 요청하기

4. 실종 및 유괴 안전교육

1) 교육내용

「학교안전교육 실시 기준 등에 관한 고시」와 「아동복지법」, 누리과정 모두 실종 및 유괴 안전교육을 포함하고 있다. 구체적 내용은 표 〈표 10-2〉와 같다. 「학교안전교육 실시 기준 등에 관한 고시」와 「아동복지법」의 안전교육에는 미아와 유괴가 명시되어 있는 반면, 누리과정에는 유괴만 명시되어 있다.

표 10-2 법령에 의한 유괴 및 실종 예방 교육, 교육과정에 따른 내용

구분	학교안전교육 실시 기준 등에 관한 고시	아동복지법 제31조 (아동의 안전에 대한 교육)	누리과정
영역	생활안전교육에 포함	실종 · 유괴의 예방 · 방지 교육	신체운동 · 건강
실시주기 (총 시간)	학기당 2회 이상(13시간) * 실종 및 실종 예방 교육 포함 시간임	3개월에 1회 이상 (연간 10시간 이상)	
교육 내용	실종, 유괴, 미아 상황 알고 도움 요청하기	1. 길을 잃을 수 있는 상황 이해하기 2. 미아 및 유괴 발생 시 대처방법 3. 유괴범에 대한 개념 4. 유인 · 유괴 행동에 대한 이해 및 유괴 예방법	• 안전하게 생활하기 -안전사고, 화재, 재난, 학대, 유괴 등에 대처하는 방법을 경험하기

* 유치원의 실시 시간의 단위는 교육과정 고시에 따른 단위활동을 의미함.

교육과학기술부(2012)에서 펴내고 보급한 '유아 재난대비, 생활안전교육 프로그램'도 「학교안전교육 실시 기준 등에 관한 고시」와 「아동복지법」의 내용과 유사한 내용을 담고 있다. 미아 안전에 대한 내용으로 길을 잃을 수 있는 장소 알기, 길을 잃지 않는 방법 알기, 길을 잃었을 때 안전한 행동요령 알기, 믿을 수 있는 사람 알기, 길을 잃었을 때 도움 요청하는 방법 알기를 포함하고 있다. 유괴안전 내용으로는 낯선 사람의 개념 알기, 다양한 유인 상황 알기, 집에 혼자 있을 때의 위험한 상황 알기, 위급한 상황에서 주변의 도움 요청하는 방법 알기, 일어난 일에 대해 부모님께 말하기 등을 포함하고 있다.

실종의 주요 원인이 되는 미아와 유괴를 중심으로 영유아기 아동을 위한 안전교육내용을 제시하면 다음과 같다.

① 미아가 되거나 유괴를 당할 수 있는 상황을 알고 안전수칙을 지키기: 동네 놀이터, 유원지나 쇼핑센터와 같은 다중이용시설 등에서 길을 잃거나 유괴를 당할 수 있다.
② 낯선 사람, 유괴범에 대한 개념 알기: 낯선 사람뿐 아니라 아는 사람도 나에게 해를 가할 수 있다.
③ 미아, 유괴 시 도움을 요청할 대상 알기
④ 미아 및 유괴 예방을 위한 3단계 구호 알기
⑤ 유괴 예방을 위한 기본 수칙 알고 지키기
⑥ 유괴 유형 및 유괴 유형에 따른 대처방법 알기
⑦ 유괴당했을 때의 대처방법 알기

2) 접근방식 및 지도상의 유의점

- 다양한 자료와 방법을 활용하되, 미아와 유괴 예방 수칙과 실종 상황에 처했을 때의 대처 방식을 유아들이 체험해 볼 수 있는 역할놀이를 통해 지도하는 것이 대처행동을 빠르게 습득하는 데에 효과적이다.
- 유괴범들은 험상궂게 생기거나 거칠게 행동하기보다는 오히려 친절하게 접근

한다는 점을 강조한다.

- 친절보다 자신의 안전이 중요함을 강조한다. 길을 묻거나 도움을 청하는 사람에게 친절을 베푸는 것도 중요하지만, 자신의 안전을 지키는 것이 더 중요함을 강조한다.
- 낯선 사람만이 위험한 것이 아니므로 아는 사람도 부모의 허락 없이 따라가지 않도록 교육한다.
- 유괴 상황에서의 대처 방식을 가르치되 소리치는 것이 더 위험할 수 있는 상황인지를 분별하도록 한다.
- 공포심을 조장하지 않도록 밝은 분위기에서 다룬다. 실종 상황 자체가 유아에게는 공포가 된다. 유괴는 더 큰 공포와 불안을 야기할 수 있는 주제이다. 예방교육을 두려워하지 않도록 밝은 분위기에서 다룬다.
- 가정과 연계하여 지도한다. 부모님 이름과 연락처, 집 주소 등을 외울 수 있도록 한다. 안전수칙을 가정에서도 가르치고 연습시킬 수 있도록 한다.
- 어린이집과 유치원 주변에 있는 아동안전지킴이집을 방문해 본다.

3) 실종 예방 안전교육의 실제

- 길을 잃었을 때 도움을 요청해요[6]
- 학습목표: 아동안전지킴이집의 역할과 유치원 주변의 아동안전지킴이집을 안다.
- 관련생활주제: 우리 동네

지도 자료	-꼭꼭이 미아 예방송(https://www.youtube.com/watch?v=t5apfYn7SUY, 인천지방경찰청폴인천) -유치원 주변의 아동안전지킴이집 사진 자료

- 교수 · 학습활동

도입	1 〈꼭꼭이 미아 예방송〉을 부르며 주의를 집중한다. -꼭꼭이 미아 예방송을 불러 보자. 어떤 가사가 나오니?
전개	1 아동안전지킴이집 표시를 소개한다. -(아동안전지킴이집 표시) 이 표시를 본 적이 있니? 이 그림은 무엇일까? 2 유치원 주변의 아동안전지킴이집에 대해 이야기 나눈다. -아동안전지킴이집 표시를 어디에서 보았니? 3 위험한 상황에서 아동안전지킴이집으로 피하는 역할놀이를 해 본다. -유치원 주변에서 길을 잃었는데, 주변의 사람이 아무도 없을 때 누구에게 도움을 요청해야 할까?
마무리	1 유치원 주변의 아동안전지킴이집에 대해 정리한다. -아동안전지킴이집에 도움을 요청해야 할 때는 언제일까? -유치원 주변의 아동안전지킴이집은 어디였니?

- 지도상의 유의점
  - 유치원 주변에 있는 아동안전지킴이집을 현장체험을 통해서 방문해 본다.
  - 미아의 상황을 유아들이 체험해 볼 수 있는 역할놀이를 통해 지도한다.
  - 유아의 안전을 위해 유아 이름, 부모님 이름, 집 전화번호, 부모님 휴대전화 번호를 외울 수 있도록 가정과 연계하여 지도한다.
  - 집이나 유치원 주변의 아동안전지킴이집을 가정으로 안내하여 미아 상황에 대처하는 방법을 지도하게 한다.

6) 출처: 교육부, 경상남도교육청, 학교안전공제중앙회(2016), p. 93(미아 예방송 출처는 수정함).

11장

응급상황에 대한 대처 및 응급처치

1. 응급상황에 대한 대처 방안 수립
2. 응급상황의 확인과 대처
3. 응급처치

안전한 환경 구성과 관리에도 불구하고 사고는 발생할 수 있다. 유아교육기관에서는 사고로 인한 손상을 최소화하기 위하여 사고에 대처하기 위한 방침 및 절차를 마련해야 하며, 문서화하도록 한다. 각 응급상황에 대한 교직원의 역할과 책임, 그리고 일련의 대처 사항을 명시하고, 모든 교직원은 이를 숙지하고 있어야 한다. 긴급 상황에 대한 확인, 응급처치를 해야 할 상황과 우선적 실시자, 사고 시 유아를 돌보는 방법 등도 명시할 필요가 있다. 사고나 응급상황에 대한 유아교육기관의 방침 및 절차는 가정에도 안내하고 협조를 구한다. 다양한 사고 및 응급상황에 대비한 훈련은 교직원과 유아 모두의 참여하에 이루어져야 한다.

1. 응급상황에 대한 대처 방안 수립

유아교육기관에서는 재난과 중대한 사고와 같은 응급상황[1]에 대비하여 다음과 같은 대처 방안을 수립하도록 한다(Aronson, 2012).

① 화재나 지진과 같은 사고 발생 시 대피 절차를 사전에 계획한다.

- 비상 대피 경로와 절차는 비상구 근처나 눈에 잘 띄는 곳에 붙여 놓아야 한다.
- 건물 내의 어디에서나 탈출할 수 있는 비상 대피로가 계획되어 있어야 한다.
- 응급처치 도구, 응급상황에 대한 정보가 기록된 서류, 학급 유아의 명단은 쉽게 가져갈 수 있는 곳에 있어야 한다. 비상 상황과 관련된 중요한 정보들은 긴급 상황이나 야외학습을 갈 때 교직원 중 한 사람이 책임지고 갖고 있어야 한다.

1) 응급상황은 '매우 위급하거나 긴급한 상황'(국립국어원 우리말샘 opendict.korean.go.kr)을 의미한다. 응급상황에 해당하는 영어인 'emergency'의 사전적 의미는 '즉각적인 조치를 요하는, 갑작스럽고, 긴급하며, 대개는 예상치 못한 사건(Webster 사전)'을 의미한다.

- 전화기 옆에 경찰서, 소방서, 기타 긴급 상황에서 도움이 되는 기관의 연락처를 붙여 놓는다. 번호에 익숙해져서 비상시 사용할 수 있도록 한다.
- 대피 후 만나는 장소를 지정해 놓아야 하며 지정된 장소에서 유아가 다 빠져나왔는지 확인하고 안전을 점검하는 절차를 계획해야 한다.
- 계획에 따라 한 달에 한 번, 필요하면 더 자주 연습을 한다.
- 대피 훈련 일지를 기록한다.
- 매일 유아와 전 교직원의 출결 상황을 기록하여, 훈련 또는 실제 상황 시 대피 여부를 확인할 수 있도록 한다.
- 응급상황 시의 계획을 세우는 데 있어 소방서, 경찰서 등 관련 기관의 도움을 받을 수 있다. 실제로 훈련을 하면서 이들 기관의 도움으로 대처의 적절성을 재검토하고 평가하는 것이 효과적이다.

② 응급상황에 대처하는 지침 및 절차를 수립하고, 응급처치 도구를 갖추어야 한다. 교직원은 이러한 절차를 숙지하고 응급처치에 대한 훈련을 받아야 한다.

③ 보호자와 연락이 닿지 않거나 연락을 취할 수 없는 긴급 상황에 대비하여 응급처치를 위임하는 동의서를 가정으로부터 받아 둔다. 일반적으로 동의서 양식에는 유아의 이름, 주소, 부모, 그리고 부모와 연락이 닿지 않을 경우 유아를 책임질 다른 성인의 전화번호, 치료를 의뢰할 병원과 의사의 이름 및 전화번호가 포함된다. 보건복지부에서 매년 발행하는 보육사업안내에서는 응급처치 동의서 양식 등을 비롯하여 다양한 양식을 제공하고 있다.

④ 기관에서 유아의 사고 및 응급상황과 관련하여 행했던 조치를 기록, 보고하여야 한다. 사고 시 병원 치료를 한 경우에는 학교안전공제회 및 어린이집안전공제회에도 알리며(부록 보고서 양식), 위중한 사고는 관할 교육청과 시 · 군 · 구청에 보고하도록 되어 있다.

표 11-1 구급약품 및 구급용품의 종류

구분		종류	효용
구급약품	외용약	• 소독약(과산화수소, 포비돈액)	• 상처소독
		• 항히스타민 연고, 물파스	• 벌레 물린 데 사용
		• 항생제가 들어 있는 외상용 피부 연고	• 외상용
		• 방충제	• 벌레 무는 것을 예방
		• 근육마사지용 연고	
	내복약	• 해독제	• 독극물을 마셨을 때
		• 식염	• 구토, 설사, 화상, 출혈, 열, 피로로 인한 탈수 방지나 경련이 일어났을 때(1L의 물에 식염을 찻숟가락으로 1/2술 넣고 휘저어 조금씩 먹인다.)
		• 탄산수소나트륨	• 탈수가 있을 때, 수액 대용으로(1L의 끓인 물에 식염 1/2술, 탄산수소나트륨 1/4술을 넣고 잘 섞은 다음 조금씩 먹인다.)
		• 구토제	• 의사의 지시에 따라 사용: 강산, 강알카리, 석유 제품의 독극물을 먹었을 때는 사용하면 안 됨
		• 소화제	
구급용품	붕대류	• 여러 크기의 1회용 반창고, 멸균 거즈(5×5cm, 10×10cm), 면붕대(7.5cm 너비), 탄력 붕대(7.5cm 너비, 15cm 너비), 삼각건, 반창고, 지혈대, 안대 및 안전용 패드, 손가락 부목을 대기 위한 설압자, 부목 2개	
	기타	• 얼음, 물과 증류수, 얼음 주머니와 얼음 주머니 대용 비닐 봉지, 뜨거운 찜질용 주머니, 생리 식염수	
		• 체온계(항문용, 구강용), 안전핀, 침, 바늘, 가위(대, 소), 핀셋, 족집게, 눈 세척용 용기, 면봉, 흡입기	
		• 손전등, 여분의 건전지, 건전지로 작동하는 라디오, 비누, 손소독제(물이 없을 경우 사용), 화장지, 종이컵, 숟가락, 수건(큰 것, 작은 것), 필기용구, 메모 용지, 응급처치를 위한 전화번호, 휴대전화, 응급처치방법에 대한 자료, 사고 유발의 원인이 된 곤충·식물 등의 견본을 담기 위한 용기, 옷이나 거즈 등을 담기 위한 비닐 봉투, 호루라기	

출처: 조경자, 이현숙(2010), p. 375; Aronson (2012), p. 57.

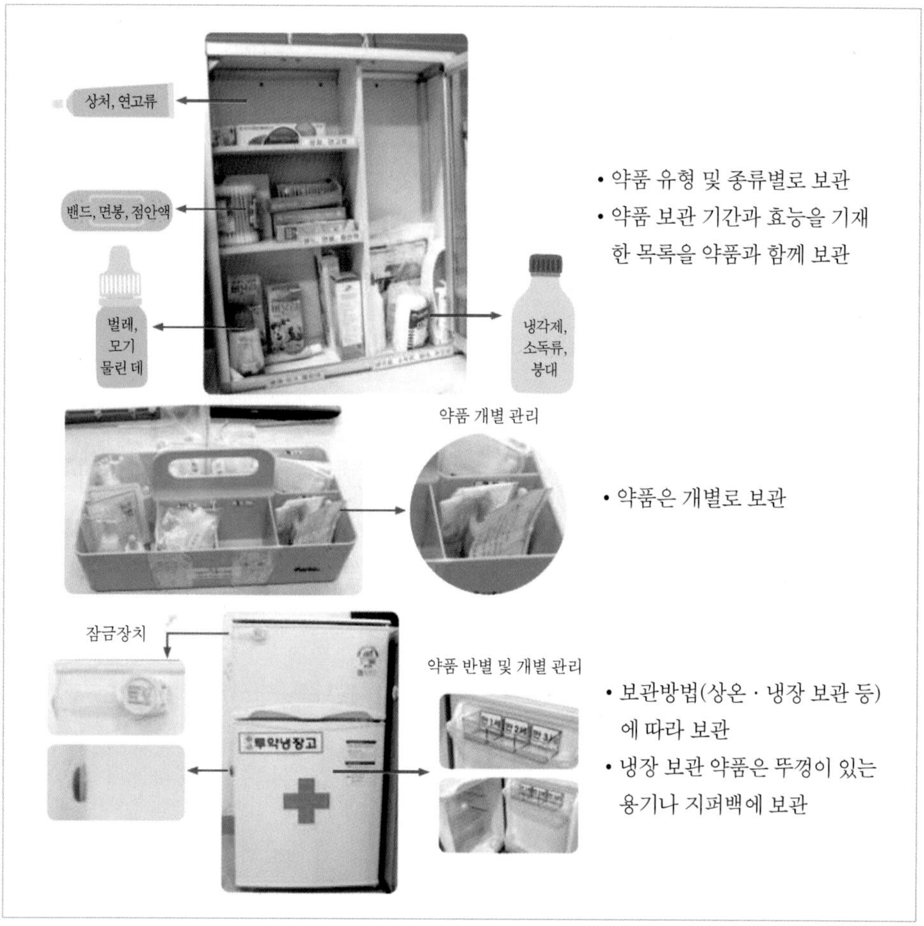

[그림 11-1] 구급약품의 보관

출처: 어린이집안전공제회(2019d), pp. 16-17.

2. 응급상황의 확인과 대처

1) 응급상황의 확인

사고에 적절하게 대처하기 위해서는 응급상황이 발생하였음을 인식할 수 있어야 한다. 응급상황임을 나타내는 지표 중 생명과 직결되면서 명백히 드러나는 지표는 호흡 곤란과 과다 출혈이다. 이는 생명을 위협할 수 있어 긴급한 조처가 필요한 상황이다. 과다 출혈 시 지혈이 신속히 이루어지지 않으면 사망에 이를 수 있고, 호흡곤란이 수 분간 지속되면 뇌손상이나 사망을 초래할 수 있다. 이러한 명백한 지표 외에 안전에 문제가 있음을 나타내는 징후들은 다음과 같다(Robertson, 2010, p. 169). 이러한 징후들이 있으면 상황을 확인하고 원인을 제거하거나 지침을 따라 대처한다.

- 평소와 다른 광경: 깨진 유리, 뒤집힌 냄비, 엎질러진 약통, 끊어진 전선, 불꽃이 튀는 것, 연기 또는 불
- 평소와 다른 유아의 모습이나 행동: 의식이 없음, 혼란스러운 행동 또는 평소와 다른 행동, 호흡 곤란, 가슴이나 목을 움켜잡음, 어눌하거나 알아들을 수 없는 말투, 이유 없는 졸음, 뚜렷한 이유 없이 땀 흘리기, 피부색의 변화, 몸을 움직이지 못함
- 냄새: 평소보다 강한 냄새, 알 수 없는 냄새, 악취
- 소리: 비명, 고함, 신음, 도움을 청하는 소리, 유리 깨지는 소리, 금속이 부딪치는 소리, 타이어가 끌리는 소리, 갑작스럽게 나는 큰 소리, 무슨 소리인지 식별하기 어려운 큰 소리, 심상치 않은 정적

2) 재난 · 사고 발생 시 보고체계

(1) 유치원

사안의 중요도에 따라 재난이나 사고 발생 즉시 119(또는 112)에 신고하고 관할 교육지원청, 교육청과 더불어 교육부에도 동시에 보고한다.

교육부에도 보고해야 하는 중요 재난 · 사고의 종류는 다음과 같다(교육부, 2018, p. 5).

- 교육활동 중 사고: 병원진료를 요하는 중상 이상의 사고
- 교육활동 외 사고: 사망 1명 또는 부상 5명 이상의 사고
- 학교관련 시설에 대한 화재, 붕괴, 폭발사고 등
- 학교현장의 폭발사고로 인명피해가 발생하고 시설피해가 심대한 경우
- 학교현장에서 신종 전염병 최초 발생 및 법정 전염병 집단 발생 시
- 기타 사회적 파장이 예상되는 사건 사고 및 국가적 대응이 필요한 재난 발생 시

상황보고 체계는 [그림 11-2]와 같다. 중요 재난 · 안전사고가 발생하면 교육지원청, 교육청 및 교육부에 전화 보고 후 이메일로 보고한다(부산광역시교육청학교안전플러스. http://schoolsafe.pen.go.kr).

- 1차 유선 보고 시: 발생일시 및 사건개요를 6하원칙에 의거하여 보고한다.
  -대상자, 발생 장소, 사유, 사건 내용, 조치사항(병원후송, 경찰 연락 등), 현재 상태, 언론 취재사항, 주변 정황, 특이사항 등
- 유선 보고 후 교육지원청 및 교육청(업무관리시스템 업무담당자 내부메일), 교육부 담당자 메일(교육부 안전대표 메일: moe119@moe.go.kr)로 즉시 보고한다.
- 교육지원청은 NDMS(행정안전부 재난관리시스템) 피해현황 탑재를 위해 교육청 또는 교육부 상황보고와 함께 기초자치단체(시 · 군 · 구)에도 재난상황을 통보한다(「재난 및 안전관리 기본법」 제20조; 경기도성남교육지원청, 2019, p. 10).

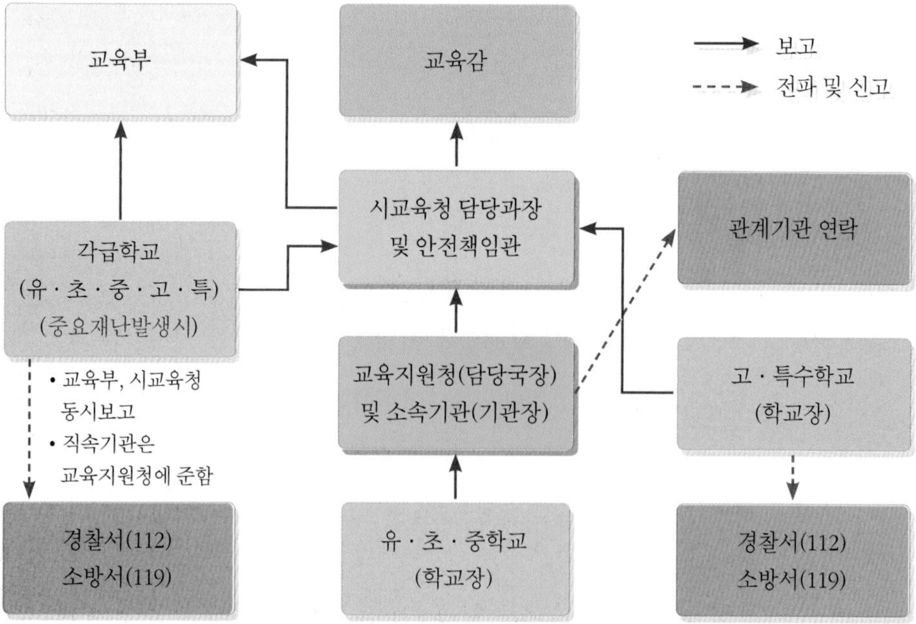

[그림 11-2] 상황보고 체계

출처: 광주광역시교육청(2017), p. 9.

(2) 어린이집

사고 발생 24시간 이내에 사고보고서를 작성하여 시장 · 군수 · 구청장에게 보고한다. 중상 이상의 사고, 감염병 및 식중독 등 집단 질병, 화재 · 침수 · 붕괴 등 재난사고 등의 중대 사고는 사고 발생 즉시 유선 통보 후 24시간 이내에 서식에 의한 보고를 하여야 한다(보건복지부, 2019d).

- 어린이집 영유아의 사고 및 감염병 발생 보고는 보육통합정보시스템에 입력 · 보고하는 것을 원칙으로 한다.
- 시 · 군 · 구에서는 어린이집에서 발생한 중대사고, 아동학대, 사망사고 및 언론취재 사항 등 중요사항의 경우 시 · 도와 보건복지부에 즉시 보고하여야 하며 사고통계를 관리한다.

3) 응급상황에 대한 대처

여기서는 유아에게 일어난 사고와 관련한 응급상황을 중심으로 대처 방법을 다룬다(사고 유형에 따른 대처는 이 장 3항 참조). 유아교육기관에서는 의료인이 전문적인 도움을 줄 때까지 사고를 당한 유아에게 필요한 응급조치를 취해야 한다. 무엇보다 다른 유아들이 불안해하지 않도록 침착함을 유지하면서 절차를 따라 신속하게 대처하는 것이 중요하다. 사고 발생 시 단계별 대처 방법은 다음과 같다(Aronson, 2012; 경기도교육청, 2014; 어린이집안전공제회, 2019d).[2]

(1) 사고 당한 유아를 돕기: 응급처치, 신고 및 병원 후송

응급 여부를 판단하여, 현장에서 가능한 응급처치를 실행하거나 응급의료기관(보건복지부 지정) 후송 등 구호 조치를 한다.

2) 이하 내용은 조경자, 이현숙(2010); 경기도교육청(2014); 어린이집안전공제회(2019d)의 내용을 보완하여 기술함.

- 응급상황에서 가장 우선해야 할 것은 사고를 당한 유아를 돕는 것이다. 유아를 신속하게 살펴서 어느 정도 다쳤는지, 도움을 필요로 하는 다른 유아가 더 있는지를 확인한다. 여러 유아가 다쳤다면 더 크게 다친 유아부터 돕는다. 화재나 건물 붕괴와 같이 생명을 구하는 것이 더 시급한 경우를 제외하고는 다친 유아를 옮기지 않도록 한다. 응급처치가 필요하면 응급의료상담원의 응답에 따라 초기 응급처치를 실시한다(Aronson, 2012).
- 119(112)에 신속히 연락을 취한다. 119 신고 시 상담원에게 다음을 알려 주어 의료진이 적절한 준비를 할 수 있도록 한다.
  - 응급상황이 발생한 위치(기관명, 도로나 거리 이름, 반 이름, 교실)
  - 응급상황의 내용(무의식, 무호흡, 사고 등)
  - 도움이 필요한 인원과 상태
  - 유아에게 시행한 응급처치 내용
  - 사고 경위, 사고 시간 등
- 담당 교직원은 반드시 병원까지 동행하고, 유아에게 외상이 없더라도 병원에서 제시하는 검사를 실시한다.
- 다친 유아의 부모 등 보호자와 원장 및 원감에게 신속하게 알린다.
- 보호자에게 사고를 알리고 취해야 할 조처에 대한 동의를 구한다. 기관에서 유아에게 의료적 조치가 필요하지 않다고 생각하더라도 보호자가 진료나 치료 여부를 결정하도록 해야 한다. 담당 교직원 또는 다른 교직원이 보호자에게 연락을 한 경우, 담임교사는 응급상황에 대처하고 난 후 보호자와 사고에 대해 이야기 나눈다.

(2) 다른 유아에 대한 조치

필요한 경우 안전 및 후속 조치를 취한다.

- 도움 인력(원장, 비담당 교직원 등)을 요청한다.
- 사고 장소가 위험하다고 판단되면 안전한 장소로 유아를 이동시킨다. 현장학습 등 외부에서 발생한 차량 사고 등의 경우, 유아들을 안전지대로 신속하게 이

동시킨다.

- 유아를 정신적으로 안정 및 휴식할 수 있도록 한다.
- 유아의 인원을 파악하고 추가 사고 유아가 있는지 확인한다.
- 남아 있는 유아가 안전하게 귀가할 수 있도록 조치를 한다.

(3) 사고 경위 파악, 기관 내 보고 및 학부모 보고

① 사고 경위 파악 및 증빙 자료 확보

- 사고 발생과 관련된 요인, 환경(바닥, 벽, 놀이기구, 자연물 등)을 파악하고 사고 과정을 파악한다.
- 사고 현장이나 상황에 대한 기록이나 사진 촬영 또는 녹음을 해 둔다.
- 사고를 유발한 장소나 물체, 기구 등의 사진을 찍는다.
- 기관외부 활동 시 일어난 사고의 경우 사전답사 기록을 확인한다.
- 사고를 겪은 유아가 대답할 수 있는 상황이면 질문을 하여 사고 경위 파악에 고려한다. 사고를 목격한 유아들의 말도 참고한다.

② 사고 직후의 초기 대응을 비롯한 경위 및 경과를 상세히 작성한다.

③ 원장 및 담당교직원은 유아의 보호자에게 유아의 상태와 조치 상황을 보고한다.

④ 가벼운 사고라도 유아의 안전 강화를 위해 사고와 관련된 보고서를 작성하고 보관한다.

(4) 사후 조치

① 사고 보고 체계에 따라 사고 보고: 유치원은 학교안전공제회에, 어린이집은 어린이집 안전공제회에 보상 청구 신청을 한다.

② 관련자에게 '안전공제회에 사고 통지 및 공제급여 청구 완료'를 안내한다.

4) 안전공제회의 사고처리 절차

사고가 발생한 경우 사안에 따라 안전공제회를 통해 사고를 처리한다. 유치원은 학교안전공제회에 의무적으로 가입하도록 되어 있으며 어린이집은 어린이집안전공제회에 원장이 당연 회원으로 가입하도록 되어 있다.

(1) 학교안전공제회

학교안전공제회는 「학교안전사고 예방 및 보상에 관한 법률」[3]에 의한 법인으로서 학생 · 교직원 및 교육활동참여자가 학교안전사고로 인하여 입은 피해를 보상하는 업무를 수행하고 사고 발생 대응, 안전교육 등 관련 정보를 제공하는 업무를 수행한다. 유치원에서의 사고 발생 시 안전공제회의 처리 절차는 다음과 같다(서울특별시학교안전공제회, 2019. 5. 10.).

① 사고 발생: 사고처리를 한다.

② 통지

- 사고 발생에 따른 통지는 지체 없이 유치원에서 공제급여관리시스템(www.schoolsafe.or.kr)으로 한다.
  - 지체 없이 통지한다는 것은 업무를 처리함에 있어 통상적으로 처리할 수 있는 시간을 의미한다.

③ 신청

- 유치원 또는 학부모가 필요한 서류를 갖추어 공제급여청구를 신청한다.
- 공제회는 접수일로부터 14일 이내로 처리한다.

④ 결정: 처리 후에는 이에 따른 결정 내역을 공문으로 유치원으로 통지한다.

⑤ 결정 불복 시: 이의신청이 가능하며, 공제급여 결정일로부터 90일 이내로 신청할 수 있다.

---

3) 「학교안전사고 예방 및 보상에 관한 법률」 제11조(학교안전공제회의 설립 등) ① 교육감은 학교 안전공제 사업을 실시하기 위하여 해당 시 · 도에 학교안전공제회(이하 "공제회"라 한다)를 설립한다.

[그림 11-3] 학교안전공제회 사고처리 절차

출처: 서울특별시학교안전공제회. http://www.ssia.or.kr

(2) 어린이집안전공제회

어린이집안전공제회는 「영유아보육법」[4]에 따른 비영리 법인으로서 어린이집 원장이 회원으로 당연 가입하도록 되어 있는 상호 협동조직체이다. 어린이집안전공제회는 어린이집의 안전사고 예방, 영유아 및 보육교직원 등이 어린이집 사고로 인하여 입은 피해를 보상하는 업무를 수행한다. 어린이집의 사고 발생 시 공제회의 처리절차는 다음과 같다(어린이집안전공제회. http://www.csia.or.kr).

4) 「영유아보육법」 제31조의2. 어린이집 상호 간의 협동조직을 통해서 어린이집의 안전사고를 예방하고 어린이집 안전사고로 인하여 생명 · 신체 또는 재산상의 피해를 입은 영유아 및 보육교직원등에 대한 보상을 하기 위하여 보건복지부장관의 허가를 받아 어린이집 안전공제사업을 할 수 있다.

① 사고 발생: 사고처리를 한다.

② 사고 보고: 사고 발생 24시간 이내에 보육통합정보시스템 내 어린이집지원시스템에 사고보고서를 작성한다.

③ 청구서류 확인: 사고 보고 시 팝업으로 안내된 사고별(영유아, 보육교직원 종사자, 제3자 및 대물) 청구서류를 확인한다.

④ 청구서류 제출: 팩스, 이메일, 우편을 통해 제출한다.

⑤ 공제급여 산정: 결정 통지를 받는다. 이의가 있으면 보상심사위원회에 심사를 청구한다.

⑥ 공제회 지급: 공제회 지급에 따른 공제급여를 수령하면 절차가 종결된다.

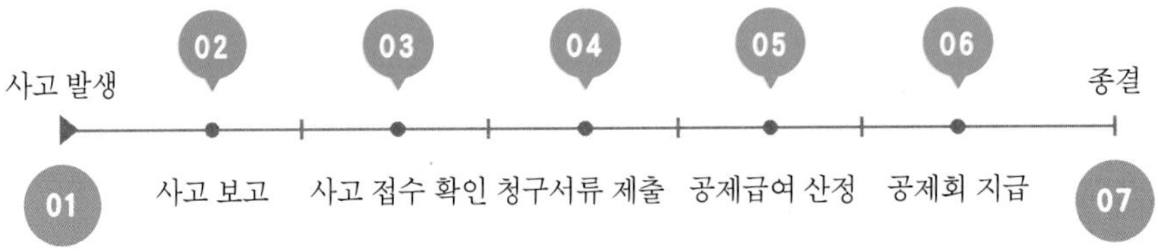

[그림 11-4] 어린이집안전공제회 사고처리 절차

출처: 어린이집안전공제회. http://www.csia.or.kr/

3. 응급처치

1) 심정지 소아[5]의 기본소생술[6]

기본소생술은 심장마비가 의심되는 사람을 발견한 목격자(구조자)가 해야 하는 일련의 구조 과정이다. 기본소생술에는 심장마비의 확인–구조요청–심폐소생술–자동심장충격기[7] 사용이 포함된다.

---

5) 여기서는 '2015 한국형 심폐소생술 가이드라인'의 연령구분에 따른 용어를 사용한다. 심폐소생술에서는 8세 이상을 성인으로 본다. 8세까지의 어린이 중 출생 후 4주까지는 신생아, 만 1세 미만은 영아, 만 1세부터 8세 미만은 소아로 구분한다.

6) 소아의 기본소생술 내용은 주로 '보건복지부, 질병관리본부, 대한심폐소생협회(2016)에 기초함.

'2015 한국형 심폐소생술 가이드라인'에서는 심정지 환자의 연령에 관계없이 목격자는 119에 전화신고를 먼저 한 후에 심폐소생술을 실시하는 것을 권장하고 있다. 심장이 멈추고 숨을 쉬지 않으면 산소가 몸의 각 조직으로 운반되지 못한다. 그런 상태가 4분 이상 계속되면 뇌에 손상을 입혀 치명적 결과를 초래한다.

심폐소생술은 심장마비가 발생한 사람을 살리기 위해 시행되는 일련의 생명 구조 행위로 심장마비환자에게 응급으로 호흡과 혈액순환을 보조해 주는 과정이다. 심폐소생술은 C, A, B 순으로 한다. 즉, 가슴압박(Compression)을 통해 피가 돌게 하고, 기도를 유지하며(Airway), 인공호흡을 통해 다시 숨 쉬게 하는(Breathing) 일련의 순서를 유지해야 한다(조규종, 2012; 보건복지부, 질병관리본부, 대한심폐소생협회, 2016).

인공호흡을 할 수 있는 구조자는 인공호흡이 포함된 심폐소생술을 시행하고, 인공호흡을 할 수 없는 구조자는 구급대가 도착하거나 자동심장충격기 패드 부착 시까지 가슴압박만 하는 '가슴압박 소생술(hands-only CPR)'을 계속 실시한다.

(1) 심정지 소아(영아)의 생존사슬

생존사슬은 심정지 소아(영아)의 생존율을 증가시키기 위한 일련의 단계들로 각 단계들이 사슬과 같이 '빠짐없이' 그리고 '지체 없이' 연속해서 이어져야 함을 의미한다. 단계들은 심정지의 적절한 예방과 신속한 심정지 확인, 신속한 신고, 신속한 심폐소생술, 신속한 제세동, 효과적 전문소생술과 심정지 후 통합치료의 다섯 가지 요소로 이루어진다.

7) 자동심장충격기(Automated External Defibrillator: AED)는 환자의 피부에 부착된 전극을 통하여 전기충격을 심장에 보내 심방이나 심실의 세동(비정상적으로 빠르게 떨려 제대로 된 심장기능을 하지 못하는 상태)을 제거하는 제세동기를 자동화하여 만든 의료기기이다. 자동심장충격기는 환자의 심장박동을 자동으로 측정하고 제세동이 필요한 상황을 확인하여 이를 음성, 문자, 점멸 등의 방법을 통해 사용자에게 안내한다. '자동제세동기'라는 명칭으로도 사용되었었으나 좀 더 이해하기 쉬운 용어인 '자동심장충격기'로 2017년 5월 30일부터 사용되었다(보건복지부, 2019a).

[그림 11-5] 소아(영아) 심정지 환자의 생존사슬

출처: 보건복지부, 질병관리본부, 대한심폐소생협회(2016), p. 306.

(2) 소아(영아)의 기본소생술 시행 방법

심정지 소아(영아)를 발견하면 신속히 119 신고와 자동심장충격기[9]를 가져다줄 것을 주변 사람에게 요청하고 구조대가 도착할 때까지 심폐소생술을 실시한다([그림 11-6] 참조).

신고할 때에는 환자 발생 장소, 발생 상황, 발생한 환자 수와 상태 그리고 하고 있던 응급처치에 대하여 설명해야 한다. 만약에 신고자가 심폐소생술을 전혀 배우지 않았거나 하는 방법을 잊은 경우라면 응급의료전화상담원의 지시에 따라야 한다. 응급의료전화상담원이 전화로 알려 주는 사항을 효율적으로 시행하기 위해서는 스피커 통화를 시행하는 것이 바람직하다. 응급의료전화상담원이 더 이상 지시사항이 없어서 끊으라고 할 때까지 통화 상태를 유지한다.

구체적인 소아(영아) 기본소생술 시행방법은 다음과 같다.

① 구조자와 환자가 있는 지역의 안전 확인

② 반응의 확인

- 심폐소생술이 필요한 상태인가를 먼저 평가한다.

---

8) [그림 11-5]의 내용 중 '신속한 제세동'을 '신속한 심장충격'으로 용어를 변경하여 제시함(2017년 용어 변경에 따름).

9) [그림 11-6]의 내용 중 '자동제세동기'를 '자동심장충격기'로, '제세동'을 '심장충격'으로 용어를 변경하여 제시함(2017년의 용어 변경에 따름).

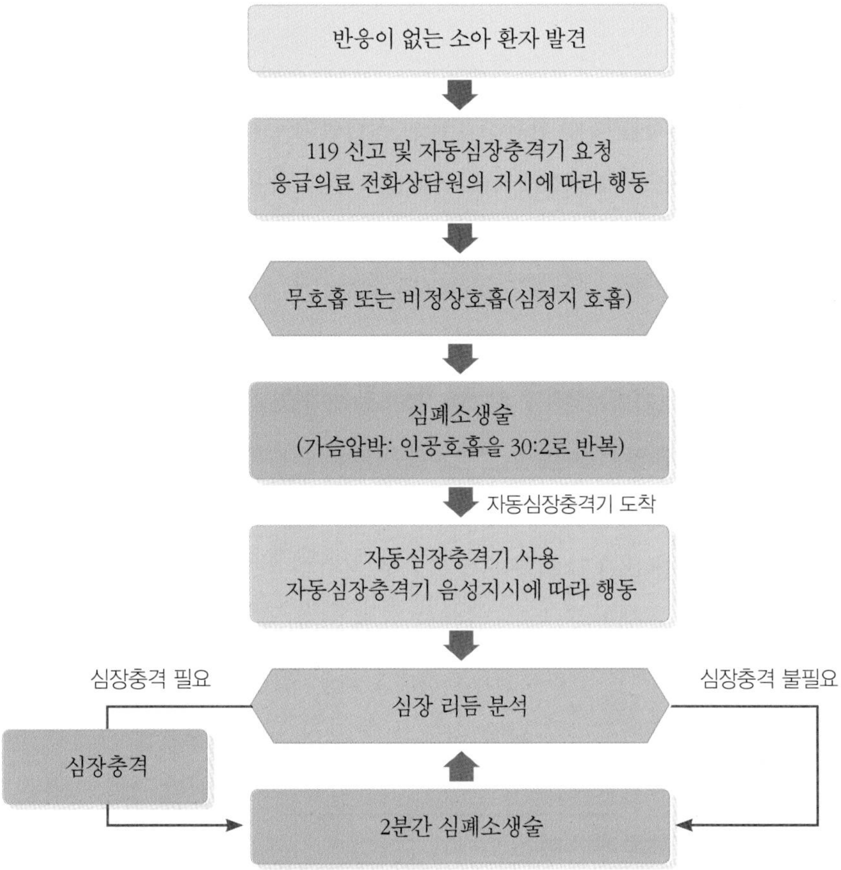

[그림 11-6] 일반인을 위한 소아 기본소생술 흐름도

출처: 보건복지부, 질병관리본부, 대한심폐소생협회(2016), p. 309.

- 양쪽 어깨를 가볍게 두드리며, 큰 목소리로 "얘야? 괜찮니?"와 같이 소리치거나 이름을 알면 이름을 불러 본다.
- 아이의 움직임, 눈 깜박임, 대답 등으로 반응을 확인한다.
- 반응이 없더라도 움직임이 있거나 호흡을 하는 경우는 심정지가 아니다.

③ 119 신고 및 자동심장충격기 요청

- 주변에 도와줄 사람이 있으면 지목하여 도움을 요청한다.
- 주변에 아무도 없을 경우
  - –최초 발견자가 아이 곁을 떠나지 말고 현장에서 즉시 119에 구조요청을 한다.
  - –자동제세동기를 요청하고 응급의료 전화상담원의 지시에 따라 다음 단계의

처치를 하도록 한다.

- 두 명 이상의 목격자가 있는 경우
  - 첫 번째 구조자는 즉시 심폐소생술을 시작한다.
  - 다른 목격자는 응급의료체계에 신고를 하면서 자동제세동기를 준비한다.
- 구조자가 혼자이며 휴대전화가 없는 경우
  - 먼저 2분간 심폐소생술을 실시한 후 119에 신고하고 근처에 있는 자동심장충격기를 가져온다.
  - 자동심장충격기가 없는 경우 가슴압박을 시작으로 심폐소생술을 재개한다.

④ 호흡 확인: 호흡의 유무 및 비정상 여부 판단

- 규칙적으로 숨을 쉬는 상태라면
  - 외상의 증거만 없다면 회복자세를 취해 기도를 유지하고 이물의 흡입 위험을 줄인다.
  - 119가 도착할 때까지 반복적으로 호흡상태를 확인한다.
  - 호흡곤란이 있는 소아는 종종 기도가 더 많이 열리고 호흡이 최적화되는 자세를 스스로 취하므로, 호흡곤란이 있는 소아가 자기가 더 편한 자세를 취하려고 하면 그대로 유지하게 한다.
- 호흡이 없거나 헐떡이는 숨(심정지 호흡)만 간신히 쉬고 있는 상태라면 즉시 심폐소생술을 시작한다.

⑤ 가슴압박 30회 실시

- 평평하고 딱딱한 바닥에 눕혀서 실시하는 것이 가장 좋다.
- 매번의 압박 직후 심장에 혈액이 다시 채워질 수 있도록 압박된 가슴은 원래 상태로 완전히 이완되도록 한다.
- 구조자가 도착하거나 환자가 스스로 숨을 쉴 때까지 30회의 가슴압박과 2회의 인공호흡 주기를 반복한다.

영아의 가슴압박

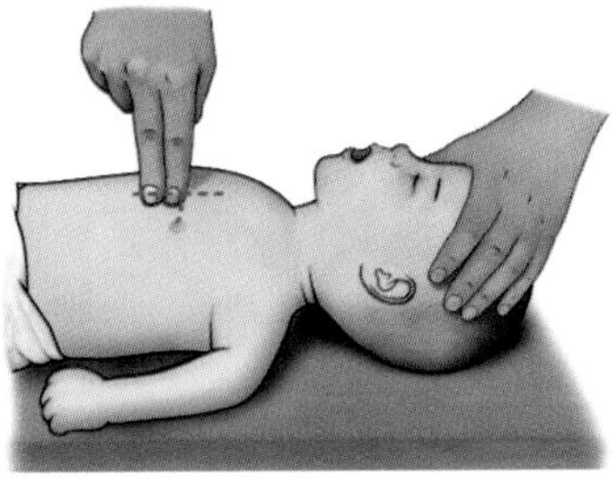

- 두 손가락으로 젖꼭지 연결선 바로 아래의 가슴뼈를 압박함
- 1분에 100~120회의 속도로 빠르게, 적어도 가슴두께의 1/3 깊이(또는 4cm 깊이)로 눌리도록 강하게 압박함

소아의 가슴압박

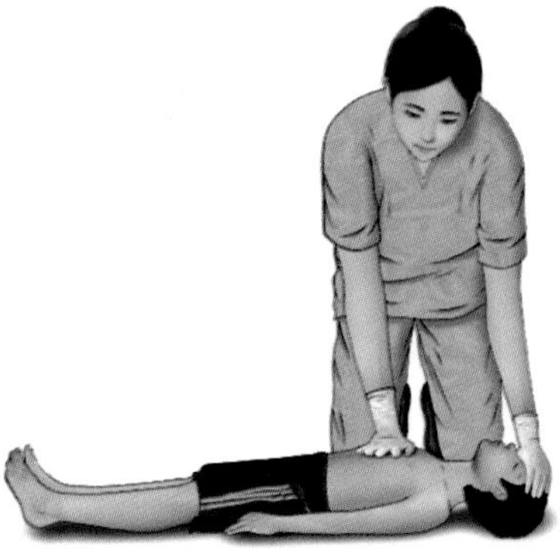

- 가슴뼈의 아래쪽 1/2에 깍지 낀 두 손(체구가 작으면 한 손)의 손바닥 손꿈치를 댐
- 양팔의 팔꿈치를 곧게 펴고, 체중을 실어서 적어도 가슴 두께의 최소 1/3 깊이(약 4~5cm)로 눌리도록 강하게 압박함
- 1분에 100~120회의 속도로 빠르게 압박함

[그림 11-7] 영아와 소아의 가슴압박

출처: 보건복지부, 질병관리본부, 대한심폐소생협회(2016), pp. 313-314.

⑥ 기도 열기와 인공호흡 2회 시행

- 반응이 없는 영아 또는 소아는 혀가 기도를 막을 수 있으므로 외상 유무와 상관없이 모두 머리 젖히고 턱 들기 방법을 이용하여 기도를 열어 준다.
- 영아에게는 입과 코를 성인의 입으로 한꺼번에 덮고 인공호흡을 하지만 이것이 어려운 경우, 입-입 혹은 입-코 인공호흡 방법을 사용한다. 소아는 입-입 인공호흡을 한다. 입-입 인공호흡을 하는 경우는 코를 막고, 입-코 인공호흡을 하는 경우는 입을 막는다(대한심폐소생협회, 2018, p. 58, 71).
- 보통 호흡으로 1초 동안 소아의 가슴이 상승될 정도로 숨을 불어넣는다.
- 숨을 불어넣은 후 즉시 입을 떼고 코를 막은 손가락을 놓아 숨을 내쉬게 한다.

표 11-2 소아와 영아의 기도 열기

소아의 기도 열기	• 한 손은 이마에 갖다 대고 다른 한 손은 목 뒤에 댄다. 이마를 살며시 누르면서 목 뒤를 약간 올린다. 이 상태에서 목구멍이 보이면 바른 자세이다. • 목을 받치고 있던 손을 떼어 그중 손가락 두 개로 턱을 위로 치켜올려 턱이 앞쪽으로 나오게 한다. 이때 턱과 함께 혀도 앞으로 밀려나오면 기도가 열리게 된다. • 숨을 쉬는지 살펴본다. 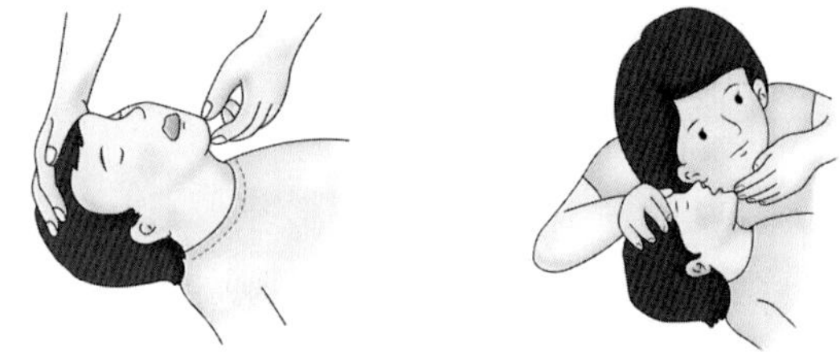
영아의 기도 열기	• 영아는 목이 짧고 기도가 연약하여 고개를 너무 뒤로 젖히게 되면 오히려 기도가 막힌다. • 한 손으로 이마를 짚은 다음, 살며시 아래쪽으로 눌러 고개를 약간만 뒤로 젖히게 한다. • 손가락 2개로 턱 끝을 받친 다음 숨을 쉬는지 살펴본다.

출처: 조경자, 이현숙(2010), pp. 384-385.

이상에서 살펴본 소아를 위한 기본소생술 시행방법을 요약 · 정리하면 〈표 11-3〉과 같다.

표 11-3 일반인을 위한 소아(영아)의 기본소생술 참고표

치료			내용
소생술이 필요한 호흡			호흡이 없거나 헐떡거리는 양상의 심정지 호흡을 보일 경우
가슴압박	위치	소아	가슴뼈의 아래쪽 1/2
		영아	젖꼭지 연결선 바로 아래의 가슴뼈
	깊이	소아	가슴 두께의 최소 1/3 이상(4~5cm)
		영아	가슴 두께의 최소 1/3 이상(4cm)
	속도		분당 100~120회
가슴압박 대 인공호흡 비율			가슴압박:인공호흡=30:2 구조자가 인공호흡을 할 수 없는 경우 가슴압박소생술 시행
자동심장충격기 사용			자동심장충격기가 도착하는 즉시 전원을 켜고 사용
심장리듬 분석			가슴압박을 중단한 상태에서 시행
심장충격 후 심폐소생술[10]			심장충격[11]을 시행한 후에는 즉시 가슴압박을 다시 시작

출처: 보건복지부, 질병관리본부, 대한심폐소생협회(2016), p. 310.

(3) 소아(영아)의 자동심장충격기 적용

자동심장충격기는 반응과 정상적인 호흡이 없는 심정지 환자에게만 사용해야 하며, 심폐소생술 시행 중에 자동심장충격기가 도착하면 지체 없이 적용해야 한다. 우리나라는 「응급의료에 관한 법률」 제47조의2(심폐소생을 위한 응급장비의 구비 등의 의무)의 규정에 의해 공공보건의료기관, 공동주택, 다중이용시설 등에 자동심장충격기 설치 · 관리를 의무화하고 있다(보건복지부, 2019a).

소아는 성인에 비해 작은 에너지로 심장충격을 실시하기 때문에 소아용 자동심장충격기를 사용하여야 하나 불가능한 경우라면 성인용 자동심장충격기를 사용할 수도 있다. 소아에게 성인용 자동심장충격기 패드를 사용할 경우 서로 맞닿지 않도록 해야 한다(대한적십자사, 2009).

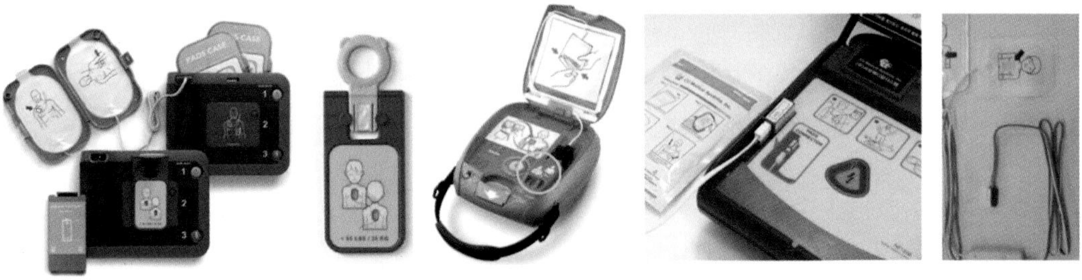

에너지 감쇠 키를 사용하는 것 | 성인과 소아용 스위치가 있는 것 | 에너지 감쇠 패드를 사용하는 것

[그림 11-8] 소아용 자동심장충격기의 종류

출처: 대한심폐소생협회(2018), p. 85.

10) 〈표 11-3〉 내용 중 '제세동 후 심폐소생술'을 '심장충격 후 심폐소생술'로 용어를 변경하여 제시함(2017년 용어 변경에 따름).

11) 〈표 11-3〉 내용 중 '제세동 쇼크'를 '심장충격'으로 용어를 변경하여 제시함(2017년 용어 변경에 따름).

자동심장충격기 사용방법은 다음과 같다(식품의약품안전처 식품의약품안전평가원, 2018. 6. 27.).

① 준비 가능 상태 확인하기

- 작동가능 표시램프의 점등을 확인한다.
- 전자파의 방해를 받지 않는 곳에서 사용한다.

② 전원 켜기: 전원 버튼을 누르고 음성안내에 따른다.

③ 패드 부착하기

- 패드 접촉면에 물기나 땀이 있을 경우 화상의 위험이 있으므로 마른 수건으로 제거한다.
- 소아가 25kg 이하 8세 미만일 경우, 유아모드와 유아용 패드를 사용한다.
- 지시에 따라 2개의 패드를 부착한다.
- 패드 부착 후 전극을 자동심장충격기에 연결한다.

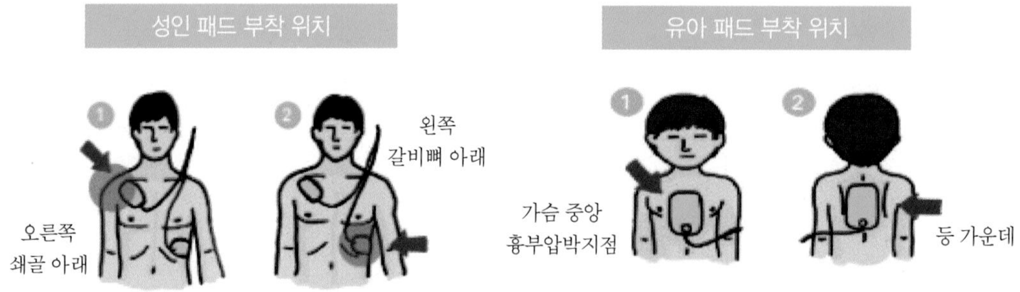

[그림 11-9] 심장자동충격기 패드 부착 위치

그림 출처: 식품의약품안전처 식품의약품안전평가원(2017. 12. 11.). http://www.nifds.go.kr

④ 심전도 분석하기

- 자동심장충격기의 분석 버튼 눌러 심장충격이 필요한 상황인지 분석한다.
- 음성안내에 따라 환자를 만지는 사람이 없는지 확인한 후 소아로부터 떨어져 기다린다.
  - 심장충격기 작동 중 소아를 만지면 심전도 분석 시 영향을 미치며, 감전의 위험도 있다.

⑤ 심장 충격 가하기

- "쇼크(shock) 버튼을 누르십시오!"라는 음성신호에 따라, 쇼크(Shock) 버튼을 누른다.
- 처치자와 주변인에게 상해를 입힐 수 있으므로 반드시 아무도 소아와 접촉하지 않은 것을 확인해야 한다.

⑥ 즉시 심폐소생술 재시행

- 심장 충격을 실시한 후 가슴압박과 인공호흡을 30:2 비율로 다시 심폐소생술을 시작한다.
- 자동심장충격기는 2분마다 심장리듬 분석을 반복해서 시행한다.
- 소아가 회복되었거나 119 구급대가 현장에 도착할 때까지 자동심장충격기 사용 및 심폐소생술을 지속적으로 시행한다.

[그림 11-10] 자동심장충격기는 언제, 어떻게 사용해야 할까요?

그림 출처: 식품의약품안전처 식품의약품안전평가원(2017. 12. 11.). http://www.nifds.go.kr

2) 상황에 따른 응급처치 방법[12)]

부상이나 급성 질병이 발생하였을 때 전문적인 도움을 받기 전까지 취할 수 있는 응급처치법을 상황별로 살펴보면 다음과 같다(김형묵 역, 1995; 사단법인 대한응급구조사협회, 2016; 서길준 외, 2016; 이상원, 1988; 이상원, 1998; 이용일 역, 1989; 이은옥 외, 1990; 이일남 역, 1992; 이일남 역, 1994; 인도주의 실천 의사협의회, 1996; 중앙응급의료센터, https://www.e-gen.or.kr; 팬더북 편집부, 1992; 홍창의, 1997; Kendrick et al., 1991; Marotz et al., 2005).

(1) 갑자기 의식을 잃었을 때

어린이가 의식을 잃었을 때는 생명이 위험할 수도 있으므로 즉시 병원에 데리고 가야 한다. 의식을 잃은 어린이에게는 산소호흡과 인공호흡 등이 필요한 경우도 있지만 각종 검사 등이 필요한 경우도 있으므로 가급적 가까운 종합병원으로 데리고 가는 것이 좋다. 병원에 도착하기 전까지는 응급처치를 계속한다.

의식을 잃은 사람에게는 물이나 음식물을 먹게 해서는 안 된다. 기도를 막거나 나중에 폐렴을 유발할 수 있기 때문이다. 병원에 가는 동안 어린이가 의식을 잃은 원인을 보다 정확하게 파악하기 위해 놀았던 곳의 주위나 의식을 잃은 장소를 두루 살펴 원인이 될 만한 근거가 있으면 이를 의사에게 알려 준다. 그러면 원인을 빨리 알 수 있고 또 치료하는 데도 큰 도움이 될 수 있다.

의식을 잃게 되는 주요 원인은 다음과 같다.

① 뇌 손상: 뇌진탕, 뇌출혈 등

② 전염병: 뇌염, 뇌막염, 패혈증 등

③ 약물중독: 독극물 중독이나 약의 과량 복용 등

④ 화학약품 중독이나 금속 중독: 수은이나 납 중독 등

12) '2) 상황에 따른 응급처치 방법'은 조경자, 이현숙(2010), pp. 393-423의 내용에 의거함. 단 이 책의 집필에 포함하는 과정에서 일부 추가 자료를 통한 내용 점검, 보완이 진행됨(사단법인 대한응급구조사협회, 2016; 서길준 외, 2016; 중앙응급의료센터, https://www.e-gen.or.kr; Aronson, 2012).

⑤ 가스 중독이나 알코올 중독 등
⑥ 간질환, 당뇨병, 신장병, 저혈당증 같은 질병
⑦ 출혈, 심한 설사 또는 구토로 인한 탈수
⑧ 뇌종양
⑨ 기타

다음과 같이 응급처치를 한다.

① 우선 숨을 잘 쉴 수 있도록 해 주어야 한다. 숨을 쉬지 않거나 또는 숨을 잘 쉬지 않으면 입 대 입 인공호흡을 한다.
② 팔이나 다리 같은 신체 외부에서 출혈이 있으면 이를 지혈하고 동시에 병원으로 데리고 간다.

(2) 질식(기도폐쇄)

질식은 음식물이나 장난감 등의 이물질이 기도로 들어갔을 때 발생하며 4세 이전 어린이 중 많은 수가 이를 경험한다.

- 공기가 드나들 틈만 있어도 유아로 하여금 기침을 하게 하여 쉽게 이물질을 빼낼 수 있다.
- 유아의 기도에 이물질이 들어간 것 같으나 호흡곤란이 심하지 않으면 얼굴을 땅을 향해 엎드리게 한 상태에서 병원으로 간다.
- 목에 걸린 이물질이 육안으로 식별될 때는 손가락으로 훑어 빼낸다. 이때 다른 한 손으로 유아를 꼭 잡아 이물질을 삼키지 않도록 하며, 이물질을 빼내려다 더 깊숙이 넣게 되지 않을 자신이 있을 때만 행한다.
- 성인의 무릎 위에 엎드려 고개를 밑으로 떨구게 한 다음 유아의 허리를 단단히 잡고 견갑골(어깨 죽지 사이)을 여러 번 친다([그림 11-11] 왼쪽 참조). 아주 어린 아이인 경우에는 성인의 팔에 엎어 놓고 손으로 고개를 잘 받친 다음 얼굴이 가슴보다 내려오게 한 뒤 등을 가볍게 쳐 준다([그림 11-11] 오른쪽 참조). 또는 다

기도폐쇄

기도가 폐쇄되는 경우

① 소아나 고령자: 이물질(사탕, 고기, 땅콩 등)을 삼키다가 기도가 막히는 경우
② 외상/사고: 입 안이 손상되어 부러진 치아나 출혈 등에 의해 기도가 막히는 경우
③ 의식이 없을 때: 혀가 뒤로 말려서, 또는 구토물에 의해 막히는 경우

기도가 폐쇄될 때 나타나는 증상

기도가 완전히 막히면 말을 하지 못하면서 양쪽 손으로 목을 쥐고 얼굴과 입술이 파랗게 변한다. 또 기도가 일부 막히는 경우에는 기침을 하지만 말을 할 수 없으며, 매우 안절부절못하는 행동을 나타내지만 얼굴과 입술이 파랗게 변하지는 않는다.

기도를 막고 있는 이물질의 제거

호흡 상태가 정상이고 의식이 있는 경우에는 이물질의 제거를 위해 계속 기침을 하도록 유도하며, 지속적으로 기침을 해도 이물질이 배출되지 않을 때는 즉시 응급의료체계(119)로 연락을 취한다.

출처: 보건복지부, 한국보건사회연구원(2000), pp. 231-232.

음의 하임리히(Heimlich)법을 사용한다.

- 질식을 일으킨 사람이 서 있을 때는 처치자가 뒤에서 허리를 감싼다. 한쪽 손은 주먹을, 다른 쪽 손은 그 주먹을 감싸는 모습으로 만들어 질식을 일으킨 사람의 배꼽 약간 위, 갈비뼈 아래쯤 되는 부위에 갖다 댄다. 그리고 빠르고 힘차게 배를 쓸어 올린다([그림 11-12] 참조).
- 유아를 안을 수 없다면 똑바로 눕히고 옆에 무릎을 꿇고 앉아 역시 유아의 배꼽 약간 위 갈비뼈 아래쪽 부위에 손을 대고 빠르고 힘차게 위로 쓸어 올린다.

• 질식을 일으킬 때는 즉시 구급차를 불러야 하며 구급차가 올 때를 기다리는 동안에도 이물질을 제거하려는 노력을 계속해야 한다. 또한 의식을 잃었으나 숨을 쉴 때는 회복 체위로 눕히고, 호흡이 정지되었을 때는 인공호흡을 실시한다.
• 옷을 느슨히 풀어 주어 숨을 편안하게 쉴 수 있도록 한다.

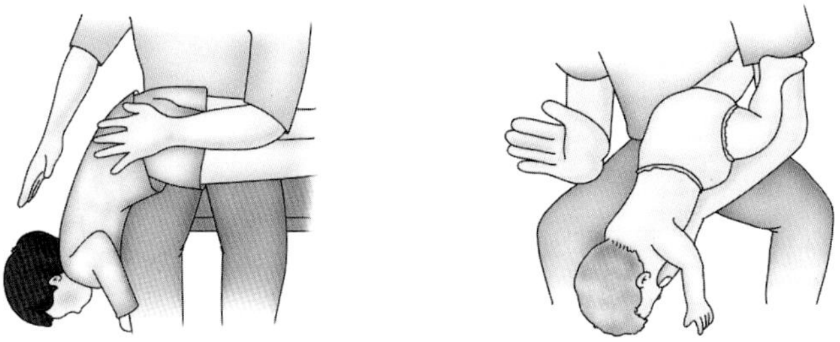

[그림 11-11] 질식에 대한 응급처치

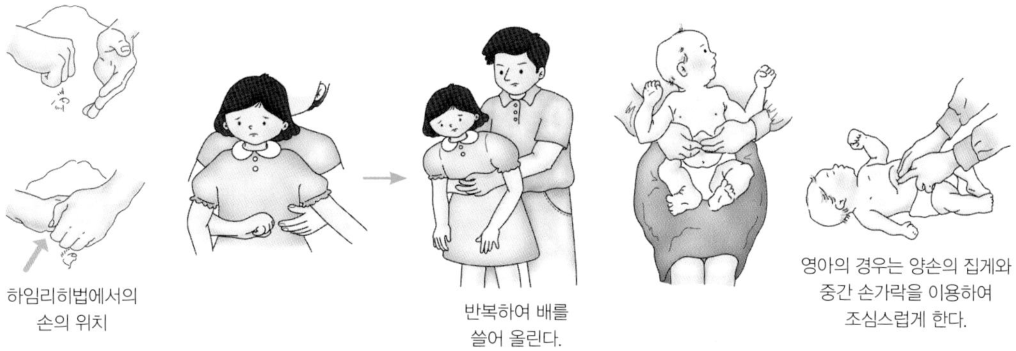

[그림 11-12] 하임리히 처치법

출처: 이일남 역(1992), p. 32, 36, 38.

(3) 출혈

① 지혈을 한다.

- 상처 위에 거즈나 깨끗한 천을 대고 직접 압박법으로 지혈한다([그림 11-13] 첫 번째 그림 참조). 거즈나 붕대가 준비되기 이전까지는 일시적으로 지혈점(상처로부터 심장에 가까운 동맥 부위)을 압박하는 방법으로 지혈할 수 있으나 지혈점을 찾는 데 익숙하지 않다면 시도하지 않는다.
- 다친 팔이나 다리를 심장보다 높게 한다([그림 11-13] 두 번째 그림 참조). 어린이가 서 있는 상태라면 즉시 바닥에 눕히며 다친 부위를 심장보다 높게 하고 지혈도 계속한다.
- 일단 출혈이 멈추면 조이지 않을 정도로 상처 부위를 붕대로 맨다([그림 11-13] 세 번째 그림 참조). 붕대가 피로 젖었을 경우에는 젖은 붕대 위에 새 붕대를 계속 감아 눌러 준다. 이때 혈액순환이 되지 않을 정도로 꽉 묶지 않도록 조심한다. 겨드랑이 혹은 목과 같은 곳에서 출혈이 있을 때에는 붕대를 사용할 수 없

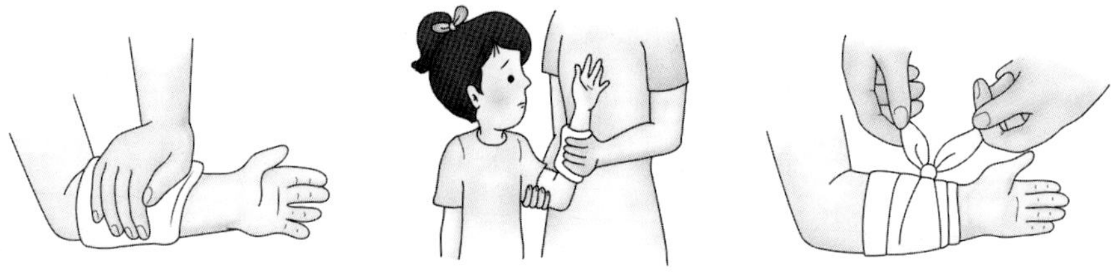

[그림 11-13] 직접 압박을 통한 지혈

으므로 손가락이나 손으로 지혈한다.

② 직접 압박이 효과가 없으면 심장에서 가까운 상처의 위쪽 부위에 붕대를 감아 출혈을 차단시켜 심한 출혈을 막을 수 있다.

③ 팔다리의 출혈이 멎지 않고 심각한 경우, 마지막 처치로 지혈대를 사용한다([그림 11-14] 참조).

- 상처가 있는 팔이나 다리의 지혈점과 상처 사이의 압박해야 할 동맥 위에 거즈나 손수건을 접어 댄 뒤 5cm의 폭으로 접은 삼각건이나 붕대를 단단하게 이중으로 돌려서 반 맺음을 한다.
- 길이 20~30cm의 단단한 막대를 매듭 위에 놓고 묶는다.
- 막대를 뒤틀어 돌려서 출혈이 멈출 때까지 지혈대를 조인다.
- 지혈을 하고 막대의 끝자락을 붕대의 남은 부분으로 고정시킨다.
- 지혈대를 한 정확한 시간을 기록해 둔다.
- 지혈대를 감으면 2시간 이내에 의사의 치료를 받아야 한다.
- 1시간이 경과한 시점에서는 쇼크에 주의하면서 일단 지혈대를 풀어서 혈액을 순환시키고 거즈로 압박 지혈한다. 압박 지혈로 지혈이 되면 그대로 붕대를 감아 두며, 지혈이 안 되는 경우에는 5분 후 다시 지혈대를 감는다.

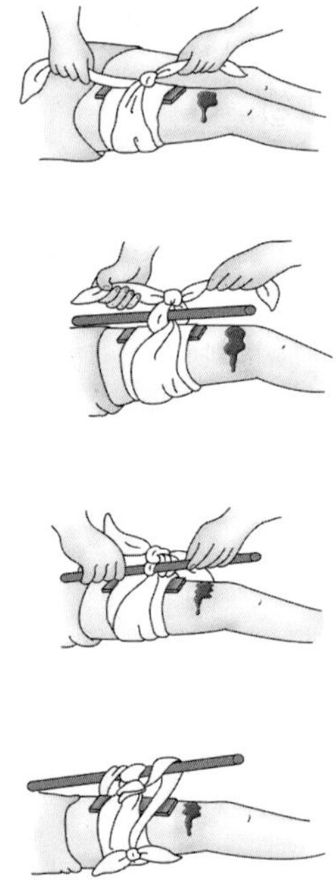

[그림 11-14] 지혈대를 사용한 지혈

④ 쇼크에 대비한다. 외상 등으로 출혈이 심할 때는 순환하고 있는 혈액량이 감소하여 저산소 상태가 되어 출혈성 쇼크에 빠질 수 있다. 피부가 창백하고 식은 땀을 흘리고 호흡이 가쁜 쇼크 상태는 위험하다. 쇼크를 방지하기 위하여 뼈가 부러지지 않은 한 출혈 부위를 높이고, 머리와 상체를 낮게 눕힌 채로 응급실로 데려간다.

(4) 독극물 중독

무엇이든 입으로 가져가는 유아의 특성으로 인해 독극물 중독 사고가 생길 수 있다. 어린이들은 의약품이나 청소용 세제, 가루비누, 그릇 닦는 세제, 니스, 왁스, 석유, 휘발유, 페인트, 좀약, 쥐약, 농약, 살충제, 비료, 화장품 등을 먹고 마실 수도 있다. 이러한 것들은 어린이의 손이 닿지 않는 곳에 잘 보관하여야 한다.

독극물을 먹었다고 의심이 되거나, 먹은 것이 확실할 때는 먹은 양에 관계없이 다음과 같이 대처해야 한다.

① 어린이가 의식이 있고 대답을 할 수 있는 나이라면 무엇을 먹었는지 물어본다.
② 독극물을 먹은 어린이를 병원으로 데리고 가기 전에 병원에 전화하여 병원에 가기 전에 처치해야 할 것이 있는지 알아본다. 의사의 지시에 따라 현장에서 할 수 있는 응급처치를 한다. 병원이나 응급의료체계에 연락할 때는 다음의 필요 정보를 제공한다(사단법인 대한응급구조사협회, 2016; 서길준 외, 2016).
   - 해당 유아의 나이와 몸무게
   - 삼킨 내용물 이름(용기의 라벨, 분석을 위해 삼킨 구토물 수거)
   - 먹은 양(맛만 봄, 10알 등)
   - 삼킨 시간
③ 어린이가 먹거나 마신 독극물질에 명기된 설명서를 참고하여 응급처치를 행한다.
④ 어린이를 병원으로 데리고 갈 때, 먹었거나 마셨다고 의심되는 물질과 구토물을 검사하기 위해 함께 가지고 가야 한다.
⑤ 만약 어린이가 의식을 잃었거나 경기를 한다면 강제로 토하게 하거나 희석시

키려고 해서는 안 된다. 이러한 경우에는 다음과 같이 한다.

- 호흡 상태를 관찰하고 의식을 점검한다.
- 필요하면 인공호흡을 실시하고 몸을 따뜻하게 보호해 준다.
- 인공호흡 시, 어린이에게 약물이 묻어 있으면 응급처치자에게도 해가 되므로 얼굴 주위의 독극물을 깨끗이 씻어 낸 다음 실시한다.
- 음료나 물을 주어서는 안 된다.
- 구토물에 의한 질식을 예방하기 위해 유아를 왼쪽 방향으로 옆으로 눕힌다. 이러한 자세는 독극물이 소장으로 넘어가는 것을 지연시킬 수 있다(사단법인 대한응급구조사협회, 2016).

⑥ 의식이 명료한 경우, 취할 수 있는 응급처치는 독극물 희석 혹은 구토를 유발하여 독극물을 제거하는 것이다. 독극물을 먹은 후 얼마 동안 아무 증상이 없을 수 있으나 시간이 지나가면 독극물이 위장에서 혈액으로 흡수되면서 중독 증상이 더 나타날 수 있으므로 가능한 한 빨리 응급처치가 진행되어야 한다.

- 희석
  - 만일 어린이가 무엇을 먹었는지 모르는 상태에서 의식이 있다면 구토를 유도하지 말고 2~3컵 정도의 우유나 물을 먹여 희석시킨 후 병원에 데려간다.
- 독극물 구토
  - 삼킨 내용물에 따라 구토를 유도하면 안 되는 경우가 있다. 구토 유도는 반드시 응급의료 센터에 연락 후 의사의 지시가 있고 유아의 의식이 명료한 경우에만 시행하여야 한다(중앙응급의료센터. https://www.e-gen.or.kr).
  - 구토제의 사용 역시 의사의 지시가 있을 경우에만, 구토제를 사용하여 구토를 유도한다. 구토제를 먹으면 신속한 약물 배출에는 도움이 되지만 심하게 토하는 경우, 위출혈 등 다양한 위험을 초래할 수 있다(보건복지부, 한국보건사회연구원, 2000).
  - 구토제도 없고 또 병원에 데리고 가는 데 시간이 상당히 걸릴 경우에는 전화로 의사와 상의한 후, 지시에 따라 물이나 우유를 먹인 다음 손가락을 유아의 목구멍에 집어넣어 토하도록 시도해 본 후에 병원으로 데리고 간다.

–구토를 시작하면 유아의 머리를 아래로 숙이게 하여 질식하지 않도록 한다. 어린 아기라면 성인의 무릎 사이에 머리를 고정시켜 안정감 있게 토하도록 한다.

–구토 후 자극이 적은 음료를 마시게 하여 독성을 희석시킨다.

–구토물은 검사를 위하여 잘 보관한다.

⑦ 토하게 하지 말아야 할 경우

- 어린이가 의식이 없을 때, 경련을 일으킬 때 토한 것이 폐로 들어갈 수 있다.
- 무엇을 먹었는지 모르는 경우
- 생후 6개월 미만의 영아(중앙응급의료센터. https://www.e-gen.or.kr)
- 마신 화학물질이 강한 산성 물질(화장실 용기 세척제, 녹 제거제, 황산 등), 강한 알칼리성 물질(양잿물, 가정용 표백제, 하수구 세척제, 세탁 소다 등), 또는 석유 제품(가솔린, 등유, 휘발유, 가구용 왁스, 나프탈렌, 벤젠, 페인트 용제, 솔벤트 등)일 때

  –유아의 입술과 입, 혀 주위에 화상이나 붉은 반점이 있는 경우는 보통 강한 산성이나 알칼리성 물질의 흡입으로 인한 화학적 화상으로 짐작할 수 있다(Marotz et al., 2005).

(5) 눈에 이물질이 들어갔을 때

① 이물질이 박혔을 경우

이물질이 눈동자나 눈꺼풀에 깊이 박혀 있을 때나 눈동자에 상처를 입었을 때에는 어떠한 응급처치든 함부로 하지 말아야 한다. 눈을 비비지 말게 하고 안대나 깨끗한 거즈로 눈위를 감싸고 빨리 응급실로 가는 것이 최선이다.

이물질이 깊이 박히지 않아 눈의 흰자위에 있을 경우에는 식별이 가능하므로 제거할 수 있다. 그러나 자신이 없으면 이물질이 깊이 박혔을 때와 같은 방법을 취하여 병원으로 가야 한다. 대부분의 작은 이물질은 눈물로 씻겨 나오지만 어린이, 특히 말을 잘 못하는 어린이는 눈을 비벼 자극하거나 눈을 뜨기 힘들어하므로 빨리 제거하여 주는 것이 좋다.

- 눈을 비비지 않게 한다.
- 처치자의 손을 비누로 깨끗이 씻는다.
- 처치 시 움직일 수 있는 어린아이라면 처치자의 무릎이나 바닥에 눕힌다.
- 눈 속의 이물질을 꺼내기 전에 어떻게 할 것인지를 어린이에게 미리 설명하여 준다.
- 눈을 크게 뜨게 하거나 처치자의 손으로 눈을 조심스럽게 벌려 보면서 눈을 자세히 살펴본다. 이때 조명이 어둡다면 전등불을 비추어 살핀다.
- 먼저 어린이에게 위를 쳐다보게 한 다음 아래 눈꺼풀을 뒤집어 이물질이 들어갔는지 살펴보고 조처한다. 이물질이 있으면 면봉 끝에 살짝 묻혀 꺼낸다. 또는 바늘을 제거한 주사기에 식염수를 넣어 이물이 있는 눈에다 뿜어 씻어 낼 수도 있다. 이때 어린이가 몸을 움직이지 못하도록 하여야 하며 다른 사람에게 어린이의 몸을 잡고 있게 하면 도움이 된다.
- 안구나 아래 눈꺼풀 속에 티가 없으면 위쪽 눈꺼풀을 뒤집어 본다. 위쪽 눈꺼풀을 살펴보기 위해서는 면봉을 눈꺼풀 중앙에 댄 다음 눈꺼풀을 뒤집는다([그림 11-15] 참조).
- 아주 작은 먼지가 눈에 많이 들어갔을 때에는 눈을 껌빽이게 하면서 생리식염수나 깨끗한 물을 눈 속에 넣어 씻어 낸다.

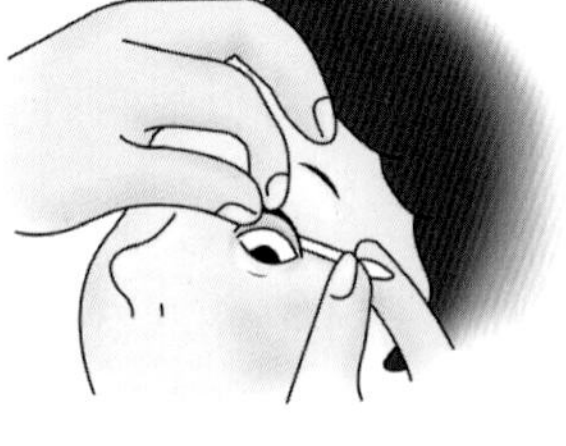

[그림 11-15] 눈의 이물질

② 눈에 화학약품이 들어갔을 때

표백제, 세제, 소독제, 살충제 등과 같은 화학물질이 눈으로 들어갔으면 즉시 적절한 치료를 받아야 한다. 잘못 치료하거나 즉시 치료하지 않으면 실명할 수도 있다.

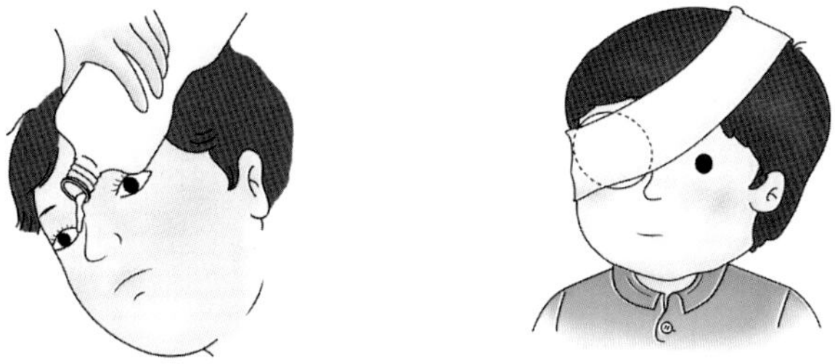

[그림 11-16] 눈에 화학약품이 들어갔을 때의 응급처치

- 즉시 물로 약품을 씻어 내야 한다. 충분한 양의 물이나 생리식염수로 약품이 들어간 쪽의 눈을 안쪽부터 씻어 내야 한다. 다른 쪽 눈이나 얼굴로 약품을 씻어 낸 물이 흘러내리지 않도록 다친 눈을 바닥 쪽으로 향하게 하고 씻어 낸다. 우선 한쪽 손가락으로는 눈꺼풀을 잡고 눈이 감기지 않게 해야 한다. 이때 너무 높은 위치에서 물을 부으면 수압 때문에 오히려 눈에 상처를 입힐 수 있으므로 주의한다. 물은 주전자와 같이 입구가 작은 용기에 담아 사용한다.
- 씻어 내고 있는 동안 다른 사람은 구급차를 부른다.
- 물로 다 씻은 다음 안대를 대거나 깨끗한 거즈를 대고 붕대로 감아 준다.
- 거즈를 댄 채 응급실로 간다. 이때 눈에 들어간 약품의 병을 함께 병원에 가져가서 의사에게 보인다.

(6) 코에 이물질이 들어갔을 때

유아가 말뜻을 이해할 수 있는 나이일 때는 이물질이 들어가지 않은 쪽의 코에 손가락을 대고 코를 풀게 하면 이물질이 나올 수도 있다. 그러나 나이가 어린 경우라면 잘못해서 오히려 이물질이 기도로 넘어갈 수 있으므로 이 방법은 적절하지 않다.

유아를 평평한 바닥에 누인 다음 손전등으로 콧속을 비춰 본다. 만일 이물질이 코 입구에 걸려 있고 부드러운 것일 때는 핀셋으로 집어내면 된다. 그러나 깊숙이 들어가 있어서 제거하기 어렵거나 자칫 빼내려다 더 깊숙이 들어가게 할 우려가 있다면 건드리지 말고 즉시 병원으로 데리고 간다. 유아를 안정시키고 입으로 숨을 쉬도록 하며 이송한다.

(7) 코피가 날 때

유아들에게 있어 코피가 나는 가장 흔한 원인은 코를 후비거나, 급만성 비염이나 감기가 있을 때 코를 세게 풀어 나타나는 외상에 의한 것이 일반적이다. 그러므로 거의 대부분 코의 앞쪽 모세혈관의 파열로 코피가 난다.

코피가 나면 어린이의 고개를 앞으로 숙이게 하여 코피가 목구멍으로 흘러들어가지 않도록 한다. 콧구멍 바로 위쪽 또는 콧등의 아래쪽에 있는 연골 부위(콧방울)를 엄지와 검지 손가락으로 몇 분 동안 압박하면 대개 지혈되거나 코피의 양이 줄어들게 된다. 이때 아이의 콧속에 솜을 넣어 압박할 수 있다.

압박과 동시에 찬 물수건이나 얼음주머니로 찜질을 하면 콧속의 혈관을 수축하게 하여 코피를 멈추는 데 도움이 된다. 그래도 코피가 계속 나오거나, 과거에도 코피를 자주 계속 흘렸다든지, 또는 코의 상처나 이물질에 의하여 코피가 나오면 병원으로 데리고 가도록 한다.

[그림 11-17] 코피가 나면 머리를 뒤로 젖히지 말고 앞으로 숙이고 손가락으로 코를 꼭 잡아 출혈을 막는다.

(8) 화상

화상은 데인 부분의 깊이에 따라 1, 2, 3도의 화상으로 구분하고 또 화상의 피부 표면적의 넓이에 따라 몇 %의 화상으로 구분한다.

① 화상의 정도

• 1도 화상

햇볕에 피부를 노출시켰거나 뜨겁게 달구어진 물체에 가볍게 스친 것, 또는 뜨거운 물이나 증기에 약간 데인 정도이다. 피부가 빨갛게 되며, 약간 부풀어 오르고, 화끈거리거나 손으로 만지면 쓰리고 아프다.

• 2도 화상

피부가 빨갛게 되고, 붓고 물집이 생긴다. 또 피하층까지 열기가 침투한 상태이다. 예를 들면, 햇볕에 심하게 노출되었을 때, 가스 불이 닿았을 때, 또는 끓는 물에 데었을 때는 2도 화상일 가능성이 높다. 심한 통증을 느끼며 흉터를 남길 수도 있고 깨끗이 나을 수도 있다. 만일 염증이 생기면 3도 화상으로 되어 흉터를 남기게 된다. 치료 기간은 7~21일 정도이다.

• 3도 화상

외피와 피하층은 물론이고 피하조직(피부 밑 조직)까지 화상을 입은 상태이다. 물집은 형성되지 않으며 피부는 타서 말라 쪼그라진 상태로 창백한 흰색이 되거나 까맣게 된다. 신경이 파괴되어 화상 부위에 심한 통증이 느껴지지 않기도 하지만 대신 그 주변 부위의 통증은 매우 심하다.

② 화상의 크기

화상의 상태가 심각한지의 여부는 화상의 정도뿐 아니라 화상의 범위에 따라 좌우된다. 예를 들어, 가슴과 같은 넓은 부위에 2도 화상을 입었다면, 손가락과 같은 좁은 부위에 3도 화상을 입은 것보다 훨씬 위험하다.

어른의 경우 신체의 15%가, 어린이의 경우 10% 내외의 화상을 입으면 쇼크를 일으킬 가능성이 높다. 쇼크를 일으킬 경우, 즉시 병원으로 데리고 가야 한다.

③ 화상의 부위

얼굴, 손, 외음부 등에 2~3도의 화상을 입은 경우, 화상의 크기가 작아도 즉시 병원에 가야 한다. 즉, 얼굴에 화상을 입은 경우에는 기도에 상처를 입거나 호흡기가 부풀어 올라 호흡 장애를 일으킬 수 있으므로 위험하다. 화상 부위가 눈 주위인 경우와 손이나 결합 부위(팔꿈치, 무릎, 어깨 등)에 2, 3도의 화상을 입었을 때에도 기능성 및 운동능력에 손상이 올 수 있다. 외음부 또한 매우 민감한 부위로 손상을 입기 쉽다.

④ 화상에 대한 응급처치

화상을 입었을 때에는 먼저 화기를 제거한 다음 화상 부위를 식히고 감염의 위험성과 통증을 줄이며 쇼크를 방지해야 한다.

가벼운 화상, 즉 국소적인 1도 화상인 경우에 한해서만 집이나 유아교육기관에서 치료하도록 한다. 그밖에 심한 화상을 비롯하여, 얼굴에 화상을 입었거나 전기 화상일 경우에는 즉시 의사에게 도움을 청해야 한다. 또한 가벼운 화상이라고 해도 일단 병원에서 치료를 받는 것이 바람직하다. 1주일 내에 완치되지 않거나 점점 피부가 빨개지고 부으며 고름이 나올 때는 세균에 감염된 증거이므로 의사에게 보이도록 한다.

• 1도 화상인 경우

화상을 식히기 위하여 상처 부위를 10~15분 동안 찬물이나 얼음물에 담근다. 찬물은 상처 부위를 진정시켜 주며 회복을 빠르게 한다. 그러나 흐르는 수돗물을 세게 틀어 상처 부위에 대는 것은 피부에 손상을 입힐 수 있다. 또한 장시간 얼음을 직접 화상 부위에 대고 있는 것은 피부의 혈액순환에 지장을 줄 수 있다.

대부분의 1도 화상은 불결하지 않으나 데인 부위가 지저분할 때는 먼저 맹물이나 비눗물로 조심스럽게 씻어 낸다. 씻을 때는 조심스럽게 해야 하며 절대 문질러서는 안 된다. 필요에 따라 환부에 상처가 생기지 않도록 마른 거즈를 붙여 주어도 된다. 이때 상처 부위를 완전히 덮도록 넓게 붙이는 것이 좋다. 다른 합병 증세가 없으면 1~2일이면 진정되고 약 1주일이면 완전히 회복된다.

• 2도 화상인 경우

통증이 가라앉을 때까지 찬물을 끼얹어 주거나 또는 냉찜질을 한다. 그다음 화상 부위 표면을 건조하게 한다. 물집은 화상을 입은 부위를 소독된 깨끗한 상태로 보호하는 역할을 하므로 터뜨리면 안 된다. 함부로 연고를 바르는 것도 좋지 않다. 화상의 크기가 10% 이상이거나 얼굴, 손, 발, 외음부에 화상을 입었거나 통증이 심하고 물집이 많아지며, 더 빨갛게 부풀어 오르는 등 상태가 안 좋을 때는 즉시 병원에 가서 치료를 받아야 한다.

• 병원에 가야 할 정도의 2도 화상이거나 3도 화상을 입은 경우

가능한 한 신속하게 병원으로 옮기도록 한다. 구급차를 기다리는 동안 깨끗한 시트 위에 유아를 편안하게 눕힌다. 손이나 발 · 다리에 화상을 입었을 경우, 화상 당한 부위를 심장보다 높은 위치로 놓는 것이 편하다. 얼굴에 화상을 입었을 때는 되도록 고개를 들고 있도록 해야 하며 계속해서 호흡곤란을 일으키는지의 여부를 관찰해야 한다. 만일 호흡곤란을 일으킨다면 인공호흡으로 기도를 트이게 해 주어야 한다. 자리에 눕힌 다음 고개를 한쪽 옆으로 돌리게 하고 다리는 심장보다 높은 위치에 놓이게 해 준다. 이는 중요 기관에 필요한 만큼의 혈액이 공급되게 하여 쇼크가 일어나는 것을 예방하기 위함이다. 또한 세균의 감염이 우려되므로 요에 깨끗한 시트를 까는 것이 바람직하다.

의사의 진료를 받기까지 시간이 걸릴 때는 입고 있는 옷을 벗기되, 이미 피부에 달라붙어 있는 옷은 억지로 벗기지 말고 가위로 옷을 자른다.

어떤 약도 의사의 처방 없이 발라서는 안 되며, 특히 연고, 파우더 그리고 기름기 있는 물질을 바르지 말아야 한다. 단지 깨끗한 면 헝겊으로 느슨하게 감아 준다.

만일 의식이 있고 음식을 삼킬 수 있다면, 물이나 음료수를 먹인다.

• 몸에 불이 붙었을 때

–옷에 불이 붙으면 신속히 어린이를 방바닥이나 땅 위에 불이 붙은 쪽을 대고 뒹굴게 하고 젖은 담요 같은 것으로 어린이를 꼭 싸고 찬물을 끼얹어 불을 끈다.

–가까이에 물이 없다면 불연성의 담요나 코트 등으로 어린이를 덮어 불을 끈

다. 합성섬유는 불에 녹으며 오히려 불길을 세게 하므로 적합하지 않다.

- 전기제품에 의해 불이 붙었고 어린이가 그 가까이에 있다면 물을 이용하면 안 된다. 어른도 감전의 위험이 있기 때문이다.
- 옷에 붙은 불을 끈 다음에는 타다 남은 옷을 가위로 잘라 벗기고 화상 입은 피부 위에 얼음주머니를 올려놓은 후 병원으로 급히 데리고 가야 한다.

• 화학약품에 의한 화상

- 피부에 화학약품이 묻은 경우, 가능한 한 빨리 흐르는 물로 10~20분 동안 약품을 씻어 내야 한다. 샤워기나 호스, 분무기를 사용하면 효과적이다. 물의 압력이 높으면 화학물질이 피부에 침투할 수 있으므로 주의한다(서길준 외, 2016). 이때 약품을 씻은 물이 다른 피부에 묻지 않도록 주의한다.
- 옷에 약품이 묻은 경우, 재빨리 옷을 벗기고 약품이 닿은 부위를 물로 씻는다. 옷을 입고 있으면 계속해서 화상이 번지기 때문이다. 그러나 이미 피부에 달라붙은 옷은 함부로 벗겨 내서는 안 된다.
- 약품의 용기에 응급처치법이 명시되어 있다면 그에 따라 적당한 조치를 취한 뒤, 마른 거즈를 붙이고 병원에 간다. 이때 상처에 붙이는 천은 털 보푸라기가 일지 않는 매끄러운 것이어야 한다. 또한 치료에 도움이 되도록 유아의 화상에 원인이 된 약품의 용기도 병원에 가져간다.

• 감전에 의한 화상

전기에서 발생하는 열에 의하여 화상을 입을 수도 있고, 전류에 감전되어 뇌 · 심장 · 혈관이 손상될 수도 있다. 어린이들은 끊어진 전깃줄을 맨손으로 만지거나 맨발로 밟아서 전기에 감전되는 경우도 있고, 전깃줄을 빨거나 물어 감전이 되면서 화상을 입을 수도 있다.

감전사고는 상처가 작더라도 화상이 깊이 퍼져 있을 수 있으므로 의사의 치료를 받아야 한다. 어린이가 감전이 되었을 때는 다음과 같이 응급처치를 한다.

- 먼저 감전의 원인을 제거한다. 즉, 감전의 원인이 된 기구의 플러그를 뽑는다. 기구의 전류를 끊을 수 없는 경우에는 즉시 어린이로부터 그 물체를 떼어 놓아야 한다([그림 11-18] 참조). 전류가 통하지 않는 나무막대, 플라스틱 등의 물체를 이용하여 어린이를 전류가 흐르는 물체로부터 떼어 놓는다. 이때 응

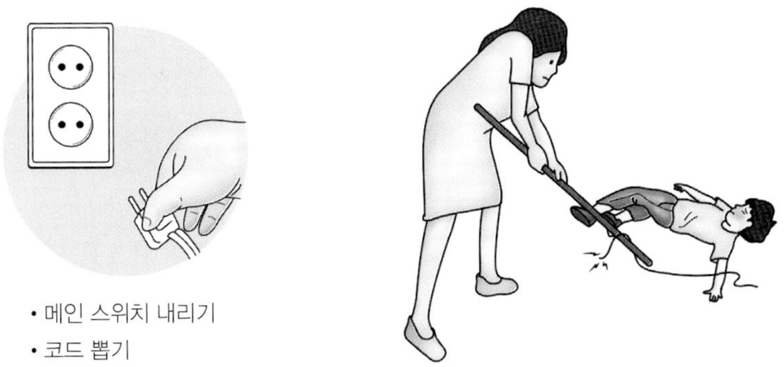

[그림 11-18] 감전사고 시의 대처

오른쪽 그림 출처: 이용일 역(1989), p. 203.

급처치자는 손과 옷이 모두 건조한 상태여야 하고 몸에 금속 성분이 부착되어 있지 않아야 한다.

-화상을 입은 상처가 있는지 조사한다.

-상처를 흐르는 물로 진정시킨 다음 거즈를 대고 붕대를 감아 주며 빨리 병원으로 간다.

-구급차를 기다리거나 병원에 가는 동안 쇼크를 일으키면 그에 대한 처치를 한다.

(9) 찰과상

넘어지거나 피부가 어디에 스치거나 긁혀서 생기는 상처로, 피부가 약간 벗겨진 상태를 찰과상이라 한다. 찰과상이 생기면 피부가 아프고, 붓고, 진물이 생기며, 피가 맺히고, 거무스름하거나 푸른색의 멍이 생긴다. 만약 상처가 깊지 않은 경우라면 다음의 절차를 따른다([그림 11-19] 참조).

- 치료하는 사람의 손을 비누로 깨끗이 씻는다. 가능하면 1회용 장갑을 착용한다.
- 상처를 세척한다. 상처 소독의 가장 중요한 과정으로 이물질(모래, 흙 등)을 씻어 내어 감염을 막을 수 있다. 대개는 흐르는 깨끗한 물로 씻어 내는 것으로도 감염을 막는 것이 가능하다. 물에 담그는 것보다 흐르는 물로 씻어 내는 것이 효과적이며 비누칠을 해서 흐르는 물로 씻어 내는 방법을 사용해도 좋다.

- 과산화수소수나 소독된(끓였다가 식힌) 물, 포비돈액과 같은 소독액으로 소독한다.
- 찰과상에 의한 출혈은 피가 베어 나오는 정도이므로 세척한 후 깨끗한 거즈로 수분간 누르고 있으면 지혈이 된다.
- 상처 부위를 청결하게 소독한 후, 달라붙지 않는 청결한 거즈를 덮고 반창고로 고정하거나 붕대를 감고 고정한다. 붕대를 갈려고 할 때 만일 떨어지지 않고 상처에 붕대가 붙어 있다면, 과산화수소수를 적셔서 떼어 낸다.
- 상처의 정도에 따라서는 다음 날쯤 거즈를 바꾸어 주면서 항생제 연고를 발라 곪는 것을 예방하여 줄 수 있다.
- 찰과상을 입은 부위가 넓고 깊어서 물이나 소독약으로 이물질이 제거되지 않는다면 병원으로 간다. 또한 일시적인 처치 이후에 지속적인 발진, 통증, 부종, 농양 형성 등의 감염 증상이 있을 때에도 즉시 병원으로 간다.
- 피부 손실의 깊이에 따라 다르나 상처를 입은 지 5일 내지 일주일이 지나면 딱지가 생기는데, 눌러도 통증이 없고 농이 나오지 않으면 저절로 떨어질 때까지 기다린다. 피부 손상이 깊은 경우에는 딱지가 떨어진 후 상처 부위가 불그스레한 색을 띠게 되는데 이때 직사광선을 받으면 까맣게 색이 변하여 회복되지 않을 수가 있으므로 직사광선을 피해야 한다.

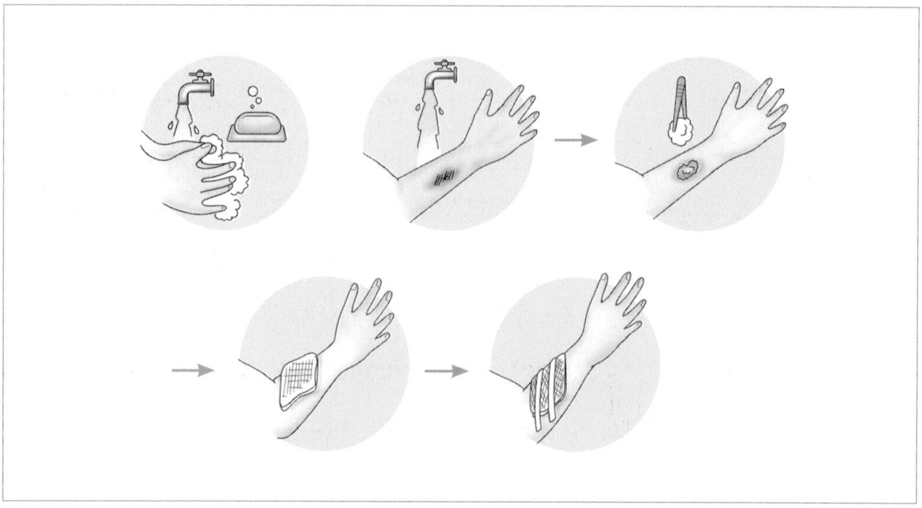

[그림 11-19] 찰과상에 대한 처치

(10) 열상(裂傷, 피부가 찢어져 생긴 상처)

칼, 책상 모서리, 돌과 같은 날카롭거나 거친 도구에 의해 피부 혹은 피하지방층까지 상처가 난 경우를 열상이라 한다. 이때의 상처는 피부에 수직으로 생기는데 상처가 가벼운 경우에는 신경 손상이나 피부의 결손이 거의 없다.

- 찰과상과 마찬가지로 열상에는 상처에 이물질이 있는 경우가 많다. 상처의 정도가 심하지 않을 때는 찰과상에서처럼 세척과 소독의 과정을 거친다.
- 열상은 찰과상보다는 출혈이 있지만 수 분간 누르면 대부분 지혈된다. 이때 상처 부위를 심장보다 높게 한다. 손가락 등의 지혈에 있어서는 붕대로 너무 꽁꽁 묶거나 하면 혈액순환에 방해가 될 수 있으므로 유의한다.
- 소독과 지혈이 끝나면, 나비 모양의 붕대 혹은 반창고를 붙여 벌어진 상처를 서로 붙게 하고 출혈을 방지한다([그림 11-20] 참조). 대개 6~7mm 이하 길이의 열상인 경우, 피부를 서로 아귀가 맞게 붙여 고정하면 일주일 정도 후에는 자연 봉합된다.
- 상처가 깊고 세척하기 어려울 때, 상처가 길거나 찢어진 아귀가 맞지 않을 때, 출혈이 멈추지 않을 때, 감각 이상 또는 운동장애가 있을 때는 상처 부위를 깨끗한 거즈나 붕대로 덮어 단단히 고정시킨 후 병원으로 가야 한다.

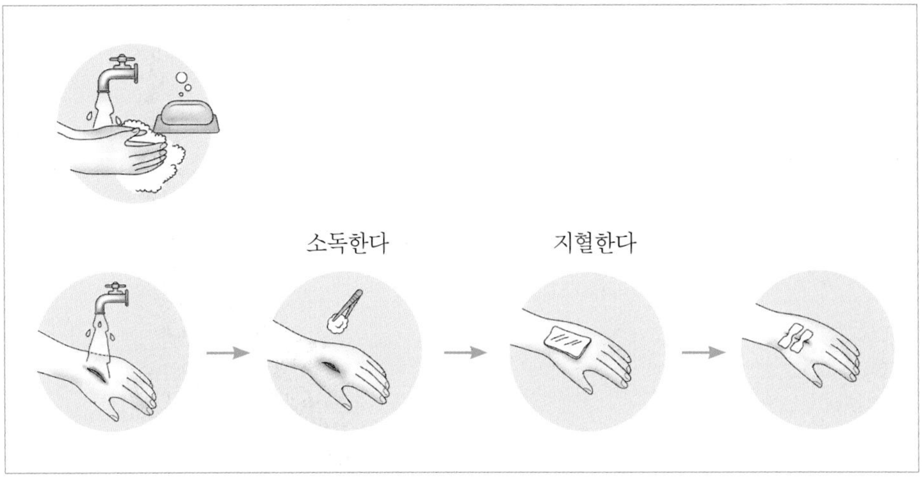

[그림 11-20] 열상에 대한 처치

(11) 자상(찔린 상처)

가시, 칼, 면도날, 나무 조각, 깨진 유리조각 등과 같은 날카로운 물건에 '찔린 상처'를 자상이라 한다. 자상은 겉보기보다 내부의 손상이 큰 특징이 있어 세균 감염으로 인한 패혈증이나 파상풍의 위험이 있으므로 신속하게 의사의 진단과 치료를 받는다.

- 가시와 같이 작은 조각에 찔린 경우에 처치자는 손을 깨끗이 씻고 소독한 집게로 가시나 조각을 뽑는다. 그런 다음 환부를 깨끗이 소독하고 오염된 조각으로 인한 후유증이 있을 수 있으므로 의사에게 데려간다.
- 큰 나무 조각 등으로 깊숙이 찔렸을 경우는 찔린 물체를 뽑아 내려 하지 말고 그대로 병원으로 데려간다. 박힌 물체를 빼는 도중에 오히려 신경이나 혈관 등을 손상시킬 수 있기 때문이다.

(12) 타박상(멍)

타박상은 어린이들의 부상 중에서 가장 흔한 것으로 물건이나 사람에게 맞거나 부딪쳤을 때 모세혈관들이 터져서 나타나는 흔적이다. 타박상은 처음에는 붉은색을 띠나 시간이 흐르면 곧 검푸른색이나 자줏빛으로 변한다. 멍이 들어 변색된 부위는 차츰 갈색에서 노란색으로 변해 가고 나중에는 완전히 사라져 본래의 색으로 돌아온다. 또 환부는 약간 부풀어 오르고 만지면 아프고 말랑말랑하다.

약간 멍이 들었을 경우에는 그대로 두면 저절로 회복된다. 심한 타박상을 입었을 경우에는 부어오르는 것과 변색을 제한하고 통증을 감소시키도록 다음과 같이 응급처치를 해야 한다.

- 즉시 얼음주머니(건냉 찜질)나 차가운 압박 붕대(습냉 찜질)로 환부를 차게 해 주어야 한다. 어느 정도 환부가 가라앉은 후에는 뜨거운 찜질을 해 주어도 좋다. 팔이나 다리에 타박상을 입었을 경우에 환부를 약간 높여 주면 통증을 다소 가라앉힐 수 있다.
- 건냉 찜질: 얼음주머니를 사용하는 방법으로 용기의 반 이상 얼음을 넣은 다음,

뚜껑을 덮고 얼음이 든 그릇을 수건이나 천으로 싸서 환부에 올려놓는다. 얼음이 녹으면 곧 갈아 주어야 하며 의사의 지시가 있을 때는 지시만큼, 의사의 지시가 없었던 상황에서는 환자가 통증을 느끼지 않을 때까지 행한다.

- 습냉 찜질: 압박 붕대나 몇 장의 두꺼운 거즈나 깨끗하고 부드러운 천을 사용하는데, 환부를 덮을 수 있을 만큼 커야 한다. 대야에 얼음 조각과 물을 넣어 준비한 붕대나 천을 담갔다가 꼭 짜서 환부에 덮어 준다. 약 3분 정도가 경과하여 물수건이 미지근해지면 새로 갈아 준다.
- 건냉, 습냉 찜질 모두 드라이아이스를 사용하는 것은 안 된다.
- 타박상이 심할 때는 항상 골절상의 가능성을 염두에 두고 즉시 병원으로 가야 한다.

(13) 골절

뼈가 부러지거나, 금이 가거나, 구부러지는 것을 골절이라 한다. 어린이의 뼈는 약하면서도 유연하여 어른의 굳은 뼈만큼 잘 부러지지 않는 대신 잘 구부러지는 경향이 있다. 골절이라고 의심되면, 어린이를 안정시키고 골절에 대한 응급처치 후에 의사의 치료를 받는 것이 안전하다. 골절을 입으면 통증이 심하며, 다친 부위와 주변이 붓고, 멍이 들며, 모양이 변한다. 또한 통증이 없는 경우라도 틀어진 부상 부위를 바로잡을 수가 없다. 골절에서의 일반적인 응급처치 기준은 다음과 같다.

- 뼈가 피부 밖으로 돌출된 경우에는 즉시 구급차를 불러 응급실로 간다. 구급차가 올 때까지 안정을 취한다.
- 틀어진 손, 발의 모양을 바로잡으려 하거나 강제로 뻗어 보게 해서는 안 된다.
- 뼈가 피부 밖으로 나왔거나 상처가 깊을 때는 소독이나 여타의 이유로도 함부로 상처를 건드려서는 안 되며 다만 살균한 거즈로 상처를 덮는다.
- 뼈가 피부 밖으로 나오지는 않았으나 골절이 있다고 의심되면 의심되는 부위를 중심으로 건강한 신체 부위까지 상하 2관절을 포함하여 부목을 대고 붕대를 감아 고정시킨 후 병원으로 간다. 부러진 다리는 부상당하지 않은 다리에, 부러진 팔은 가슴에 오게 하여 고정시킨다. 부목은 의사에게 보이기까지 골절 상

태를 그대로 유지하고 뼈가 더 이상 움직이는 것을 막기 위한 것이다. 따라서 부러진 팔이나 다리를 똑바로 펴려고 무리해서는 안 된다. 골절된 부위에 부목을 댈 때 너무 꼭 졸라매면 혈액순환에 방해가 되므로 부목을 댄 부위의 변화를 잘 관찰하면서 병원으로 간다. 이송하는 중에는 골절된 부위가 더 이상 움직이지 않도록 무거운 모래주머니, 베개 등을 이용하여 양쪽 목 옆, 머리 주변, 몸의 양쪽을 잘 받쳐서 어린이의 전신을 움직이지 못하도록 고정한다. 부목이 없을 경우 판자, 막대기, 방석, 두껍게 만 신문 · 잡지 · 골판지 등을 대용할 수 있다. 피부의 상처를 방지하기 위해 부목을 부드러운 헝겊으로 싼다.

- 유아가 목이나 등을 잘 움직이지 못하고 아파하거나 머리, 목, 등에 부상을 당했다고 의심되면 다친 유아의 몸을 움직여 다른 장소로 옮겨서는 안 된다. 머리부터 발끝까지 일직선이 되도록 똑바로 누워 있게 하고 더 이상 움직이지 못하게 한 후 구급차를 불러 응급처치 전문가에 의하여 처치가 이루어지도록 한다. 척추에 골절이 있나 알아보기 위하여 목이나 허리 등을 구부려 보거나 밀고 당겨 보는 일은 절대로 해선 안 된다. 상처를 악화시키는 것보다는 아무것도 하지 않는 편이 현명하다.
- 음식이나 음료수는 주지 않는다. 병원에 도착해서 수술을 받게 될 경우 마취를 해야 하기 때문이다.

부상 위치에 따라 부목을 대는 방법은 [그림 11-21]과 같다.

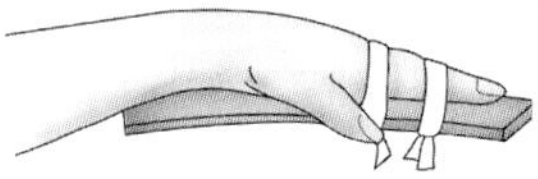	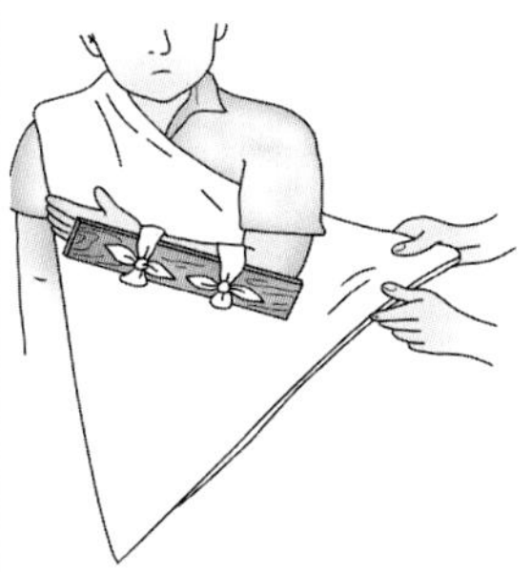	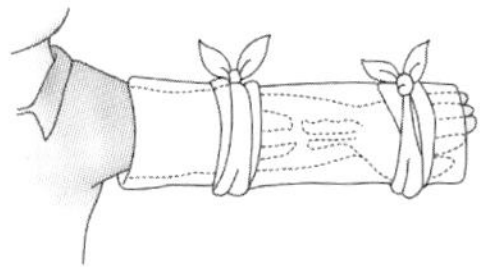
손가락 골절 의심: 손가락, 손, 팔목까지 부목을 대며 이때 손톱을 보이게 하여 혈액순환을 돕는다.	**손목 뼈 골절 의심:** 손, 손목과 팔꿈치를 포함시킨 부위에 부목을 댄다.	**손목에서 팔꿈치 사이의 골절 의심:** 손, 손목, 손꿈치를 지나서 팔의 윗부분까지 부목을 댄다.
	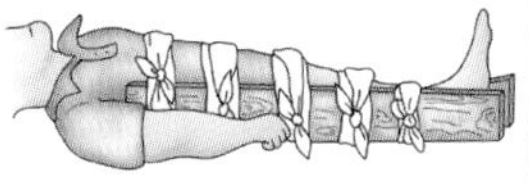	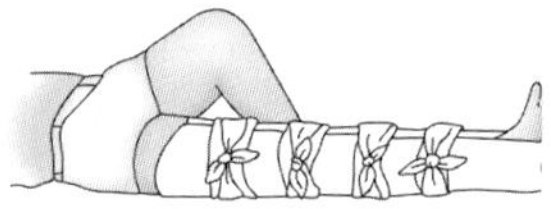
상박 골절: 판지를 이용해 부목을 댄 경우 겨드랑이에 보호대를 넣는다.	**대퇴골 골절 의심:** 겨드랑이 밑에서 발목까지 부목을 댄다.	**무릎, 종아리 부근의 골절 의심:** 넓적다리 중간에서 발끝까지 부목을 댄다.

[그림 11-21] 부상 위치에 따른 부목 대는 방법

(14) 탈구

탈구는 관절 속에 있는 뼈가 본래의 자리에서 빠져나온 상태를 말한다. 탈구는 뼈가 골절된 것과 동등하게 생각해야 한다. 흔히 탈구가 일어나는 곳은 어깨, 손가락, 팔꿈치이지만 몸에 있는 어느 관절에서도 탈구가 일어날 수 있다.

유아들에게서는 탈구가 자주 일어난다. 이는 유아들의 관절이 탄력성이 있고 뼈가 아직 단단하지 않으며 작고 연골조직으로 구성되어 있기 때문이다. 유아들의 팔을 갑자기 잡아당길 때, 층계나 침대 등 높은 곳에서 유아를 내려 줄 때, 팔을 잡고 원을 그리며 돌 때, 유아가 격한 동작으로 운동을 하거나 장난을 칠 때 탈구의 위험이 있다. 선천적으로 관절을 지탱하는 조직이 약하여 탈구가 쉽게 생기는 유아도 있다. 탈구가 되면 다음의 증상을 나타낸다.

- 탈구된 관절과 그 부위가 몹시 아파서 움직일 때 통증을 느끼거나 움직이는 것이 불가능하다. 예를 들어, 팔꿈치가 빠지면 손가락은 움직일 수 있으나 그 손으로 물건을 잡지는 못하며, 팔을 만지면 심하게 운다.
- 탈구된 관절과 그 부위가 부어오르고, 피부가 변색된다.
- 부상당하지 않은 부위와 비교했을 때, 부상당한 관절이 현저히 변형된다.

탈구와 골절은 일반인이 겉으로 보아서는 정확히 판단하기 어려운 경우가 많다. 탈구로 짐작되면 다친 관절은 움직이지 말아야 한다. 골절되었을 때와 마찬가지로 탈구가 된 것으로 보이는 관절과 그 주위의 정상적인 부분까지 부목을 대고 붕대로 고정시킨 후 얼음찜질을 하면서 병원에 가야 한다.

탈구된 뼈를 제자리에 맞추는 것은 비교적 쉽다. 대개 '딸깍' 하는 소리와 함께 뼈가 제자리를 찾으면서 통증이 사라지고 정상적으로 움직일 수 있으나 반드시 의사에게 의뢰하여야 안전하다. 손상 입은 관절을 주무르거나 뼈를 넣으려고 시도하다가 오히려 탈구된 관절의 조직을 손상시켜 더욱 심각한 상황을 초래할 수 있다.

(15) 염좌(삠)

관절이 정상 범위 이상으로 움직였을 때 인대나 근육 또는 혈관 등이 파열되거나 늘어나면서 관절을 둘러싸고 있는 부드러운 조직에 상처가 난 것을 염좌라 한다. 발목, 무릎, 손목, 팔꿈치, 손가락 등이 삐는 빈도가 높으며 염좌의 정도도 다양하다.

골절상과 염좌의 차이는 의사가 구분할 수 있는 것으로 삐었다고 보기엔 심하며 조금이라도 골절상이라고 의심이 가면 일단 응급처치만 하고 병원에 연락한다.

염좌의 증상은 다음과 같다.

- 부상당한 관절에 통증이 있고 움직이려고 하면 통증이 증가한다.
- 부상당한 관절 부위를 건드리면 민감하게 반응한다.

- 환부가 빠른 속도로 부어오르며 심한 경우, 부어오르는 범위가 넓어진다.
- 때로 모세혈관의 파열로 피부색이 검푸르게 변색되며 이러한 변색은 몇 시간 혹은 며칠 동안 증가하지는 않지만 그 색이 사라지려면 몇 주가 걸린다.

염좌에 대한 응급처치는 다음과 같다.

- 부상당한 관절이 아프기만 하고 모양이 변하지 않았다면 어린이를 눕게 하여 편안하게 해 주고 움직이지 못하게 한다.
- 환부를 높이 올려 준다. 예를 들어, 발목이 삔 경우 어린이를 눕게 하고 발목 밑에 베개나 옷 등을 넣어 다른 부위보다 30cm 가량 더 높게 한다.
- 냉찜질을 한다. 냉찜질은 손상된 모세혈관들을 수축시키는 데 도움이 되며 통증을 완화시킨다. 의사에게 갈 때까지, 그리고 부상의 정도가 심할수록 냉찜질을 오래해야 한다. 부상당한 후 몇 시간이나 며칠이 지나서 손상된 혈관이 회복되었을 때는 더운 찜질로 전환한다.
- 아픈 부위와 관절을 압박 붕대로 감싸며, 이때 상처가 부어 붕대가 꼭 조이는 일이 없는지 자주 살핀다. 심한 경우 부목을 대고 병원에 간다.
- 적어도 24시간 동안은 힘을 주거나 관절을 사용하지 말고 쉬게 한다.
- 부상당한 부위가 48시간 이내에 정상으로 회복되지 않고 통증이 계속되면 골절상에 염좌가 같이 왔을 수 있으므로 의사의 진료를 받아야 한다.

(16) 경련

경련은 질병의 징조이지 병은 아니다. 어린이에게서 경련은 아무런 관계없는 상황에서도 일어날 수 있다.

경련은 몇 초 동안 지속되는 정도가 약한 것에서부터 몇 분 동안 이어지는 심한 경련에 이르기까지 다양하며 몸 전체에 일어나는 경우도 있고, 얼굴, 팔, 다리, 상체 등에 부분적으로 일어나는 경우도 있다.

경련에는 전염성 질병에 의한 체온의 갑작스러운 상승으로 일어나는 열성 경련과 간질성 경련, 성장통에 의한 경련 등 그 유형이 다양한데 어떤 종류의 경련이든 그 원인이 판명될 때까지는 잠재적인 위험을 갖고 있는 것으로 보아야 한다. 경련이 끝난 다음에는 반드시 병원에 데려가 그 원인을 진단하여 치료해야 한다.

가장 흔한 경련의 유형은 열성 경련으로 생후 6개월부터 8세 사이의 어린이들에게 흔히 생기나, 6개월 이전과 8세 이후의 어린이들에게는 거의 생기지 않는다.

열성 경련이 생기면 갑자기 의식을 잃고, 눈을 부릅뜨며, 이를 악물고, 입에 거품을 품기도 한다. 호흡곤란을 일으키며 안색이 창백해지고, 입술이 푸르스름해지면서 팔과 다리에 강직 또는 이완성 경련이 생겨 팔다리를 흔들거나 오므렸다 폈다 한다.

경련에 대한 대처는 다음과 같이 이루어질 수 있다.

- 만일 유아가 발작 초기에 쓰러지지 않고 있다면 바닥에 편안하게 눕혀 준다.
- 움직이는 기계나 화재 현장 근처와 같이 위험한 장소가 아닌 이상 유아를 옮기지 말고 그 자리에 그대로 둔다. 위험한 장소에서 경련을 일으켰다면 안전한 곳으로 옮겨 눕힌다.
- 유아를 눕힌 상태에서 머리 밑에 베개나 둘둘 만 이불 등을 놓아 충격에서 머리를 보호한다.
- 엉덩이를 높게 해 준다.
- 열이 심하여 경련이 일어났을 경우에는 물수건으로 몸을 닦아 준다.
- 머리에 차가운 물수건을 댄다.
- 경련이 가라앉은 후에는 침대에 눕힌다. 운동이나 소음은 또 다른 발작을 유발할 수 있으므로 가능한 한 유아를 조용하고 안정된 장소에 있게 한다.
- 팔다리의 경련은 격렬하게 운동을 했거나 운동 경기에서 외상을 입었을 때도 근육통과 함께 발생하는데 소위 '쥐가 난다'고도 한다. 이때에는 휴식을 취하게 하고 환부의 위아래를 부드럽게 마사지해 주며 처음에는 냉찜질, 그다음에는 뜨거운 찜질을 해 준다.
- 성장통이나 특별한 이유가 없는 통증과 근육 경련에는 활동량을 줄이고 휴식시간을 늘려 준다. 또한 마사지와 뜨거운 물로 목욕을 하는 것이 도움이 된다.

(17) 쇼크

쇼크는 갑자기 혈액순환의 장애로 조직 내로 세포 대사에 필요한 혈류와 산소, 영양분의 공급이 중단된 상태이다. 뇌나 심장, 그 외의 중요 기관으로 혈액이 잘 공급되지 못한다. 심한 상처나 중증의 화상, 과다 출혈, 구토, 설사에 따른 탈수증, 골절상, 전염병, 심장병, 일사병, 중독, 흥분과 발작 등에 의하여 나타난다. 증상으로는 창백한 얼굴, 식은 땀, 차갑고 축축한 피부, 약하고 빠른 맥과 약하고 가쁜 호흡, 어지러움, 눈이 침침함, 침착하지 못한 행동, 갈증, 구역질과 구토 등이 나타난다.

쇼크 증상을 일으킬 때는 다음과 같이 조처한다.

- 구급차를 부른다.
- 바닥에 편안한 자세로 눕힌다. 다리 밑을 괴어 상체를 하체보다 낮게 함으로써 뇌의 혈액 순환을 돕는다.
- 옷, 특히 목, 가슴, 허리 부분을 느슨하게 한다.
- 단, 머리에 상처를 입은 경우는 평평한 바닥에 그대로 눕혀야 한다.
- 너무 덥지는 않게 하되 체온이 떨어지는 것을 막기 위하여 담요를 덮어 따뜻하게 해 준다.
- 입 안에 침이나 토사물이 괴어 있으면 즉시 깨끗하게 해 준다.
- 의식이 있고, 복부에 손상을 당하지 않았으며, 구역질이나 구토를 하지 않은 경우로 음료를 삼킬 수 있다면 물이나 알코올 성분이 없는 음료를 조금씩 준다.
- 의식을 잃었을 경우에는 회복체위로 엎드리게 하고 몇 분 간격으로 호흡 상태를 점검한다.

(18) 탈수

수분은 영양분을 각 기관에 보내고 신진대사를 원활히 하고 불순물을 몸 밖으로 내보내기 위하여 꼭 필요하다. 탈수증은 섭취한 수분의 양에 비하여 배출량이 많을 때 일어난다. 구토, 설사, 고열로 인하여 체내의 수분을 빼앗기고 보충해 주지 못했을 때, 격렬한 운동으로 땀을 많이 배출했거나 이뇨제 복용에 의하여 소변 배출이 많았을 때도 탈수증이 나타난다. 탈수는 매우 위험하며 탈수증이 이미 진행된 상태에서는 뇌의 손상과 사망에 이를 수도 있으므로 즉시 응급실로 가야 한다. 탈수증의 증상으로는 다음을 들 수 있다.

- 입과 입술이 마르고 피부가 건조해진다.
- 혼수 상태에 빠진다.
- 저혈압과 근육 마비가 나타난다.
- 소변이 짙은 노란색이며 8~12시간 동안 소변을 누지 않는다.
- 18개월 미만의 영아는 숫구멍이 움푹하게 들어간다.

탈수증이라고 생각될 때에는 다음과 같이 대처한다.

- 즉시 물을 먹인다. 보리차나 경구용 전해질 용액(이온 음료)을 먹인다. 소량씩 자주 먹게 하며, 우유나 원액 주스를 먹여서는 안 된다. 얼음덩어리를 입에 넣어 주어 녹여 먹도록 하는 것도 한 방법이다.
- 수분이 배설될 때는 미네랄도 함께 빠져나가므로 소금물을 먹게 한다.
- 열이 높거나, 설사나 구토를 한 다음에는 체온을 재고 찬물에 적신 수건으로 온몸을 닦아 주며 수분을 섭취하게 한다.
- 아기의 경우, 모유는 먹여도 된다. 그러나 우유는 평소 우유를 먹고 있었다 해도 먹이지 말고 6시간 정도는 물만 먹게 한다.

(19) 딸꾹질

딸꾹질은 자율신경의 반사작용이다. 그 원인은 소화불량, 너무 급히 먹었을 때, 너무 많이 먹었을 때, 탄산음료나 알코올 음료를 먹었을 경우에 나타난다. 딸꾹질을 예방하는 확실한 방법은 없으나 다음과 같은 방법들이 딸꾹질을 멈추게 하기 위하여 사용될 수 있다.

- 심하지 않을 경우 그대로 있으면 저절로 멈춘다.
- 숨을 쉬지 않고 참아 보게 한다(숨을 참으며 10까지 세기).

- 따뜻한 물을 마시게 한다.
- 빵 한 조각을 삼키거나 찻숟가락으로 설탕 한 숟가락을 먹고 혀의 윗면에 두면 신경의 말단이 강한 단맛으로 채워져 딸꾹질이 멈출 수 있다.
- 혀를 잡고 당겨 본다.
- 종이 봉투로 코와 입을 덮고 그 속에서 숨을 쉰다. 그러나 비닐 봉투는 사용해서는 안 된다.

(20) 동물에 의한 상처

① 개에 물렸을 때

가능한 한 병원에 가기 전 개의 상태를 살펴서 의사에게 알리고 전문가의 조사를 받아 광견병 여부를 확인할 수 있도록 한다. 기르는 개라면 주인에게 광견병 예방접종을 받았는지 물어본다.

- 물린 부분은 비누를 사용하여 흐르는 물로 약 5분 동안 씻은 후 소독하고 깨끗한 거즈를 대고 병원에 간다.
- 개가 광견병에 걸린 것 같으면 광견병 혈청 주사를 맞아야 한다.

② 고양이에게 긁혔을 때

- 고양이에게 긁히면 화농을 일으킬 우려가 있으므로 비누를 사용하여 깨끗이 씻고 소독한다. 출혈이 있을 경우에는 지혈한다.
- 가벼운 상처라도 외과에서 치료를 받는 것이 좋으므로 곧장 병원에 간다. 그 외 다른 동물도 동물의 입이나 발톱은 세균이 가득하므로 가벼운 상처라도 응급처치를 한 후 소아청소년과나 외과의 진찰을 받는다.

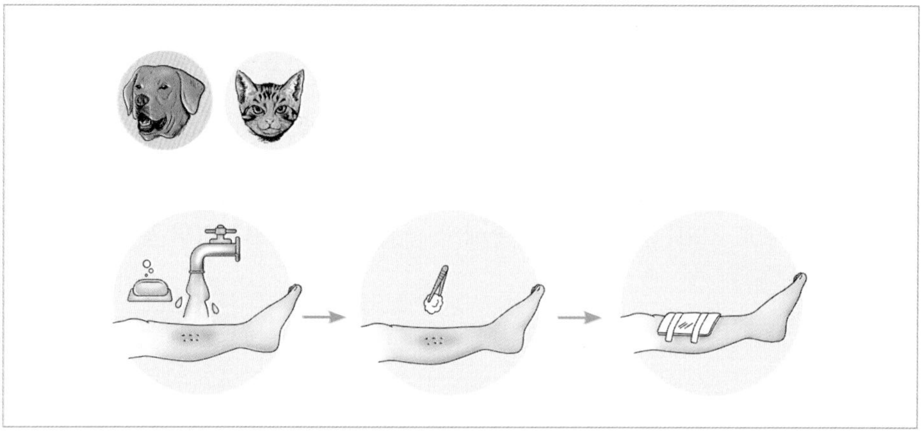

[그림 11-22] 동물에 물린 상처에 대한 처치

(21) 벌에 쏘였을 때

벌에 쏘이면 쏘인 부위만 아프고 붓는 국소 반응이나 전신에 두드러기가 생기며 호흡곤란과 쇼크가 일어나는 벌 알레르기 반응이 나타날 수 있다.

① 벌에 쏘여 국소 반응을 일으킬 때

- 집게로 벌침을 빼고 독액을 입으로 빨아 낸 후 암모니아수를 바른다.
- 통증을 해소하고 부기를 막기 위해 벌에 쏘인 부위에 얼음주머니를 올려놓아 냉찜질을 한다. 그래도 환부의 통증과 가려움이 계속되면 의사에게 문의하여 약물치료를 받는다.

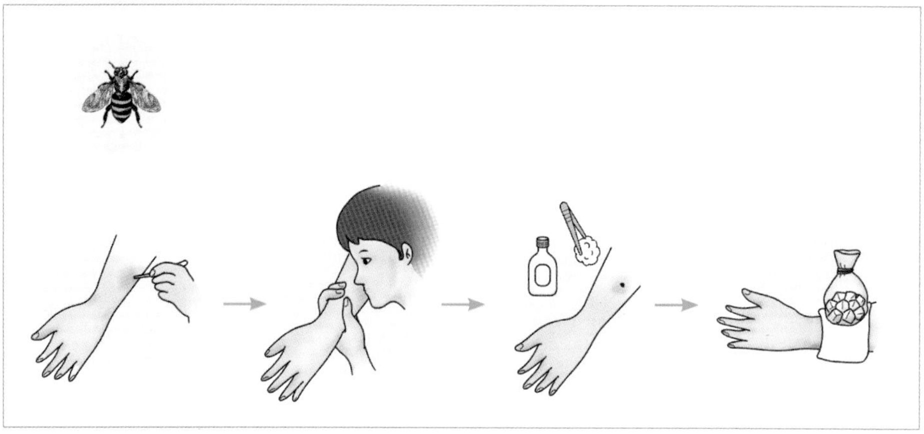

[그림 11-23] 벌에 쏘였을 때

② 벌 알레르기가 있는 경우

벌 알레르기가 있는 경우나 유아가 벌에 쏘여 전신에 두드러기가 생기며 호흡곤란이 일어나면 즉시 가까운 병원으로 데려가야 한다.

이때 병원에 가기 전에 우선 벌에 쏘인 부위에서 심장에 가까운 부위를 붕대로 졸라매어 벌의 독이 전신으로 퍼지는 것을 방지한다. 붕대가 없는 경우, 허리띠, 스카프, 넥타이 등을 사용한다.

부록

영유아 안전관리와 교육

부록 I. 국내 어린이안전법 체계

<table>
<tr><th>분야</th><th>관련 법률(조항)</th><th colspan="2">관리 대상</th><th>소관 부처</th></tr>
<tr><td rowspan="4">어린이
제품</td><td>• 어린이제품 안전 특별법* (2014. 6. 3. 제정)</td><td colspan="2">어린이제품</td><td>산업통상자원부
(국가기술표준원)</td></tr>
<tr><td>• 전기용품 및 생활용품, 안전관리법(제5장)</td><td>생활용품</td><td rowspan="3">어린이
보호 포장</td><td>산업통상자원부
(국가기술표준원)</td></tr>
<tr><td>• 화장품법(제9조)</td><td>화장품</td><td>식품의약품안전처</td></tr>
<tr><td>• 화학물질의 등록 및 평가 등에 관한 법률
(제34조)</td><td>위해우려제품
(5개 품목)</td><td>환경부</td></tr>
<tr><td rowspan="7">어린이
식의약품</td><td>• 어린이 식생활안전관리 특별법*
(2008. 3. 21. 제정)</td><td colspan="2">어린이식생활안전
관련 품목</td><td>식품의약품안전처</td></tr>
<tr><td>• 식품위생법(제10조)</td><td colspan="2">식품 등의 표시</td><td>식품의약품안전처</td></tr>
<tr><td>• 약사법(제64조)</td><td>의약품</td><td>어린이 안전
용기/포장</td><td>보건복지부,
식품의약품안전처</td></tr>
<tr><td>• 학교급식법</td><td colspan="2">학교(유치원) 급식</td><td>교육부</td></tr>
<tr><td>• 식품위생법</td><td colspan="2">어린이집, 유치원 급식
(집단급식소)</td><td>식품의약품안전처</td></tr>
<tr><td>• 학교보건법</td><td colspan="2">학교 보건관리</td><td>교육부</td></tr>
<tr><td>• 식품위생 분야 종사자의 건강진단규칙</td><td colspan="2">학교(유치원) 급식</td><td>식품의약품안전처</td></tr>
<tr><td rowspan="6">어린이
시설/환경</td><td>• 어린이놀이시설 안전관리법*
(2007. 1. 26. 제정)</td><td colspan="2">어린이 놀이시설</td><td>행정안전부</td></tr>
<tr><td>• 아동복지법</td><td colspan="2">아동 놀이시설물/
아동용품</td><td>보건복지부</td></tr>
<tr><td>• 영유아보육법</td><td colspan="2">어린이집</td><td>보건복지부</td></tr>
<tr><td>• 유아교육법</td><td colspan="2">유치원</td><td>교육부</td></tr>
<tr><td>• 환경보건법(제4장)</td><td colspan="2">어린이 활동공간</td><td>환경부</td></tr>
<tr><td>• 석면안전관리법</td><td colspan="2">석면관리</td><td>환경부</td></tr>
<tr><td rowspan="4">어린이집/
학교
(유치원)
안전</td><td>• 학교안전사고 예방 및 보상에 관한 법률</td><td colspan="2">학교(유치원) 안전사고</td><td>교육부</td></tr>
<tr><td>• 도로교통법</td><td colspan="2">어린이 · 노인, 장애인
보호구역, 통학버스</td><td>경찰청</td></tr>
<tr><td>• 아동 · 청소년의 성보호에 관한 법률</td><td colspan="2">어린이집, 유치원 취업제한</td><td>여성가족부</td></tr>
<tr><td>• 아동복지법</td><td colspan="2">어린이집, 유치원
(취업제한, 아동학대예방)</td><td>보건복지부</td></tr>
</table>

		• 성폭력방지 및 피해자보호 등에 관한 법률	어린이집, 유치원 (교육, 신고의무 관련)	여성가족부
		• 아동학대범죄의 처벌 등에 관한 특례법	어린이집, 유치원 아동학대 예방	법무부
학교안전	소방	• 화재예방, 소방시설 설치 · 유지 및 안전관리에 관한 법률	소방안전검사, 소방안전관리자, 소화기구 내용연한, 방염제품 사용, 간이소화용구 (투척용 소화기)	소방청
		• 공공기관의 소방안전관리에 관한 규정	어린이집, 유치원 소방훈련/ 소방안전관리자	
		• 소화기구 및 자동소화장치의 화재안전기준	소화기구 배치기준, 소화기 표지판, 자동확산소화기 설치	
		• 스프링클러설비의 화재안전기준 • 간이스프링클러설비의 화재안전기준	스프링클러	
		• 옥외소화전설비의 화재안전기준	소화전, 송수구	
		• 비상경보설비 및 단독경보형감지기의 화재안전기준 • 영유아보육법 • 자동화재탐지설비 및 시각경보장치의 화재안전기준	경보시설 (감지기, 자동화재탐지설비)	
		• 피난기구의 화재안전기준 • 유도등 및 유도표지의 화재안전기준 • 비상조명등의 화재안전기준	피난기구설비 (피난기구, 구조대, 유도등, 휴대용 비상조명등)	
		• 다중이용업소의 안전관리에 관한 특별법 시행규칙 • 화재예방, 소방시설 설치 · 유지 및 안전관리에 관한 법률 시행규칙	피난안내도	
환경 · 위생/ 감염병 예방 · 대응		• 학교보건법	학교(유치원) 보건관리	교육부
		• 감염병의 예방 및 관리에 관한 법률	어린이집, 유치원 감염병 예방(소독 관련)	보건복지부
		• 먹는물관리법	어린이집, 유치원 수질관리	환경부
		• 수도법	어린이집, 유치원	환경부
		• 하수도법	어린이집, 유치원	환경부
		• 학교보건법	유치원 수질관리	교육부

※ * 표기의 법은 특별법적 성격을 지님.

출처: 지광석(2018), p. 46의 내용을 보완하여 재정리함.

부록 II. 안전점검표(일별)

〈일별 점검표〉

① 급식 분야

(점검 상태: 양호 ○, 보통 △, 불량 ×)

구분	점검 항목	점검 결과						조치 사항
		/	/	/	/	/	/	
		월	화	수	목	금	토	
위생관리 및 식재료 관리	작업 전 건강상태를 확인한다(감기, 설사, 손 상처자 등 조리 금지).							
	위생복, 위생화, 앞치마, 위생모를 착용하고, 배식 시에는 배식 전용기구, 마스크, 위생장갑을 사용하고 있다.							
	유통기간 확인 및 선입선출을 준수하고 있다.							
	식재료 보관실은 항상 청결을 유지하고 있다.							
	보존식 보존 및 관리기준을 준수하고 있다(배식 직전 소독된 전용용기에 100g 이상 채취하여 144시간 냉동 보관).**							
	어류 · 육류 · 채소류를 취급하는 칼 · 도마는 각각 구분하여 사용하고 있다.							
	식기류 및 조리기구의 세척, 소독을 철저히 하고 있다.							
	세제, 소독제, 살충제에 라벨을 부착하고 분리보관하고 방충, 방서 등을 위한 정기적인 방역 소독필증을 보관 하고 있다.							
	식재료의 입고날짜를 기록한 라벨을 부착하여 관리하고 있다.							
	식재료 검수일지를 작성하고 보관하고 있다.**							
작업 관리	조리 후 2시간 이내 배식하고 있다.							
	영양사가 작성한 식단을 사용하고 있다.							
	농수산물 및 그 가공품(쇠고기 등 16종)을 조리하여 제공하는 경우 식단표에 그 원산지를 기재하여 공개하고 있다.**							
	영양사나 교사는 검식 후 검식일지 작성 및 배식 점검을 하고 있다.							
시설 설비관리	조리장 바닥과 배수로에 물고임 및 냄새역류가 없도록 관리하고 있다.							
	후드, 환풍기를 청결하게 관리하고 있다.							

※ '**'가 표시된 점검 사항은 집단급식소 미신고 대상시설에서 반드시 준수할 사항은 아님.

② 안전 분야

(점검 상태: 양호 ○, 보통 △, 불량 ×)

구분	점검 항목	점검 결과						조치 사항
		/	/	/	/	/	/	
		월	화	수	목	금	토	
실외 환경	어린이집 보호벽 및 주변의 관리 상태는 양호한가?							
	실외놀이 공간 주변의 돌, 유리조각, 요철, 녹이 슨 부분, 벗겨진 페인트, 돌출된 모서리가 방치되어 있지는 않은가?							
	놀이터 바닥에 오물, 방치된 물 웅덩이가 없는가?							
실내 환경	문과 창문 등의 추락 위험은 없는가?							
	바닥에는 다칠 수 있거나 미끄러운 곳이 없는가?							
	복도, 계단, 비상계단, 미끄럼대 등에 방치된 물건이 없어 피난계단, 미끄럼대 등을 사용하기에 양호한가?							
	보육용품이나 비품 유리창 등에 날카로운 모서리 등이 없는가?							
놀잇감 및 놀이기구	망가져 날카롭고 위험한 것 또는 부품이 빠지거나 작은 볼트 등이 빠진 것은 없는가?							
	유해 색소가 칠해진 놀잇감은 없는가?							
	영유아가 삼킬 만한 작은 놀잇감이나 부품은 없는가?							
	놀잇감 및 놀이기구의 수납 상태가 양호한가?							
화장실 · 세면대	화장실 내 세제나 락스 등 위험한 물건이 영유아들의 손이 닿는 곳에 방치되어 있지 않는가?							
전기 · 화기 · 위험물	콘센트는 안전덮개로 보호되어 있는가?							
	화기에 의한 안전사고 위험은 없는가?							
	위험물에 의한 안전사고 위험은 없는가?							
	가스밸브와 가스중간밸브 잠금은 양호한가?							

③ 차량 분야

(점검 상태: 양호 ○, 보통 △, 불량 ×)

구분	점검 항목	점검 결과						조치 사항
		/	/	/	/	/	/	
		월	화	수	목	금	토	
운행 전 점검	차량 외부의 이상 유 · 무를 확인한다.							
	차량 내 소화기, 비상약품의 비치여부 및 비치상태가 양호한지 확인한다.							
	차량시동 후 엔진 및 각종계기판 이상 유 · 무를 확인한다.							
	엔진 및 차체의 잡음은 없는가?							
	차량 출발 전 탑승자의 안전벨트 및 문단속을 확인하고 전 · 후방 사각지대에 영유아 또는 장애물이 있는지 확인한다.							
운행 중 점검	차량에 영유아를 보호할 수 있는 사람(보육교사 등)이 탑승하는가?							
	창문 밖으로 머리, 손을 내미는 영유아가 있는가?							
	안전운행을 위하여 교통안전규칙을 철저히 지킨다.							
	정차는 후방의 차량에 최대한 방해되지 않는 곳에 한다.							
	운행 중에는 휴대전화, 이어폰 등을 사용하지 않는다.							
운행 후 점검	타이어 압력 및 트랙은 양호한가?							
	주차 브레이크는 정상인가?							
	차량 내 영유아가 전원 하차하였는지 확인한다.							

출처: 보건복지부(2019b), pp. 314-316.

부록 Ⅲ. 안전점검표(월별)

〈월별 점검표〉

(점검 상태: 양호 ○, 보통 △, 불량 ×)

구분	점검 항목	점검 결과	조치사항
		월	
안전관리	안전관리의 책임 및 위기관리 체계가 적합한가?		
	일별 안전점검 체크리스트에 의해 관리되고 있는가?		
	응급전화번호 및 비상연락망 등이 잘 관리되고 있는가?		
실외환경	어린이집 주변에 감전 위험은 없는가?		
	위험한 적치물, 축대 붕괴, 맨홀 등에 대한 위험은 없는가?		
실내 환경	모든 설비는 움직이거나 떨어지지 않도록 바닥과 벽면에 단단히 고정되어 있는가?		
	창문, 방충망의 상태는 안전한가?		
현관 · 통로 · 계단 · 비상구	출입문, 현관문 등의 안전장치는 정상 작동하는가?		
	계단, 통로 부분에 미끄럼 방지처리가 되어 있는가?		
	계단의 안전 상태는 양호한가?		
화장실 · 세면대	화장실 내 전기 콘센트 등 전기용품은 안전한가?		
	세면대의 고정 상태는 안전한가?		
실내외 놀이기구 및 공간	모든 놀이기구가 바닥에 안전하게 고정되어 있는가?		
	놀이 시설물의 상태(틈새나 간격)가 영유아의 몸에 끼이지 않는 넓이인가?		
	기초대, 지지대 등 매설부분이 노출되지 않았는가?		
	모든 놀이기구 아래와 주위(안전지대)의 충격흡수재 성능은 양호한가?		
	보수가 필요한 놀잇감 및 놀이기구가 방치되어 있는가?		
	놀이기구의 높이가 영유아에게 적합한가?		
	어린이제품안전특별법, 안전인증대상 어린이제품의 안전기준 등에 의한 안전검사(KC 인증 등)를 필한 제품인가?		
전기 · 가스 · 위험물 안전관리	전선, 콘센트, 플러그 등 손상된 부분은 없는가?		
	한 개의 콘센트에 용량을 초과해 사용하고 있지 않은가?		
	분배전반 및 각종 전기기구의 노후 및 파손된 것은 없는가?		
	가스경보기의 설치상태가 양호한가?		

소방시설 관리	대피를 위한 대피도가 잘 관리되어 있는가?		
	소화기, 스프링클러 등 소화장비의 작동 및 관리상태는 양호한가?		
	자동화재 탐지설비의 설치상태가 양호한가?		
	옥내소화전의 관리 및 작동이 양호한가?		
비상대피 시설관리	비상계단 및 미끄럼대 등이 화재 등 유사시 사용이 가능한가?		
	피난유도등 유도표지 등이 잘 갖추어져 있고 정상 작동하는가?		
	건물 내 대피경로에 장애가 되는 요소는 없는가?		

출처: 보건복지부(2019b), pp. 317-318 중 폐기된 법령을 관련법(안전인증대상 어린이제품의 안전기준)으로 수정함.

부록 Ⅳ. 어린이놀이시설별 세부 안전점검 항목

점검 항목: 어린이놀이시설 검사 및 관리에 관한 운용요령
(행정안전부 고시 제2017-1호) 별표 2의 안전점검항목

구분	점검 항목	점검 주기		점검 결과
		권고	의무	
부대시설	울타리, 의자, 가로등의 고장 또는 파손	매일	월간	
	화장실의 파손 및 청결	매일	월간	
	식수대, 쓰레기 처리대의 파손 및 청결	매일	월간	
	놀이터 표지판의 파손 및 내용물 지워짐	1주	월간	
놀이터 공통사항	모든 놀이기구 및 시설의 낙후, 휘어짐	1주	월간	
	움직임이 많은 영역에 밧줄이나 전선의 늘어짐	매일	월간	
	놀이터내 전기, 고압선, 유독물질, 유리조각 등 위험물질 존재	매일	월간	
	유실 모래의 보충 및 굳은 모래 부수기	2주	월간	
	놀이터의 배수, 쓰레기 적재 및 입구의 주차 상태	매일	월간	
	기둥의 고정 및 조임 장치의 조임 상태	매일	월간	
	기구 및 시설의 베어링의 윤활	매일	월간	
	기구 및 시설의 도장 상태	2주	월간	
그네	그네고리('S' 훅)의 풀림 및 파손	매일	월간	
	그네 좌석판의 파손	매일	월간	
	그네 회동구 베어링의 윤활유 주입 상태	매일	월간	
	그네 줄의 꼬임	매일	월간	
	그네 체인의 모양 변형	1주	월간	
	그네 줄의 균형 상태	매일	월간	
	그네 추락지대까지 바닥재의 충분 여부, 추락시 상해위험 장애물 존재	매일	월간	
	신체부위가 낄 수 있는 틈새의 존재	매일	월간	
	금속재질의 녹 발생	1주	월간	
	금이 간 곳의 존재	매일	월간	
	페인트 칠이 벗겨짐	2주	월간	
	돌출부나 거친면의 존재	1주	월간	
	볼트나 나사의 풀림	매일	월간	

미끄럼틀	미끄럼틀 보호벽(난간)의 파손	1주	월간	
	미끄럼틀 계단의 파손	1주	월간	
	미끄럼틀 활주판의 요철 및 파손	1주	월간	
	착지판에 흠 및 물의 존재	매일	월간	
	신체부위가 낄 수 있는 틈새의 존재	매일	월간	
	금속 재질의 녹 발생 상태	1주	월간	
	금이 간 곳의 존재	매일	월간	
	페인트 칠이 벗겨짐	2주	월간	
	돌출부나 거친면의 존재	1주	월간	
	볼트나 나사의 풀림	매일	월간	
흔들 놀이기구	시소의 무게 균형 상태	매일	월간	
	충격 완화용 타이어의 파손	1주	월간	
	지지대와 시소판의 연결부위의 원활성 및 회전성	1주	월간	
	시소가 좌 · 우로 흔들림	1주	월간	
	손잡이가 흔들림	1주	월간	
	신체부위(손, 발, 머리)가 낄 수 있는 틈새	매일	월간	
	금속부분의 녹슴, 목재부분의 부식	1주	월간	
	기구의 금이 간 곳	매일	월간	
	페인트 칠이 벗겨짐	2주	월간	
	돌출부나 거칠음	매일	월간	
	볼트나 너트 등의 나사 풀림	매일	월간	
회전 놀이기구	회전상태(베어링 상태)	2주	월간	
	손잡이의 파손	매일	월간	
	회전판의 기울어짐이나 흔들림	1주	월간	
	회전축의 파손, 기울어짐, 흔들림	1주	월간	
	회전축의 움직이는 부분의 노출	1주	월간	
	신체부위(손, 발, 머리)가 낄 수 있는 틈새	매일	월간	
	금속부분의 녹슴, 목재부분의 부식	1주	월간	
	금이 간 곳의 존재	매일	월간	
	페인트 칠이 벗겨짐	2주	월간	
	돌출부나 거칠음	1주	월간	
	볼트나 너트 등의 나사 풀림	매일	월간	

정글짐 · 건너는 기구	파이프가 휘어짐	1주	월간	
	금속부분의 녹슴	1주	월간	
	금이 간 곳의 존재	매일	월간	
	페인트 칠이 벗겨짐	2주	월간	
	돌출부나 거칠음	1주	월간	
	볼트나 너트 등의 나사풀림	매일	월간	
오르는 기구	그물망(체인, 타이어) 사이의 연결 부위 고정성	매일	월간	
	손잡이(파이프, 체인, 타이어)의 파손(갈라짐, 휘어짐, 엉킴, 벗겨짐)	매일	월간	
	지지대가 느슨해졌는 지 여부	매일	월간	
	신체부위(손, 발, 머리)가 낄 수 있는 틈새	매일	월간	
	금속부분의 녹슴, 목재부분의 부식	1주	월간	
	금이 간 곳의 존재	매일	월간	
	페인트 칠이 벗겨짐	2주	월간	
	돌출부나 거칠음	1주	월간	
	볼트나 너트 등의 나사풀림	매일	월간	
건너는 기구 · 공중 놀이기구	손잡이 파이프(혹은 링)가 파손(갈라짐, 휘어짐)	1주	월간	
	신체부위(손, 발, 머리)가 낄 수 있는 틈새	매일	월간	
	금속부분의 녹슴, 목재부분의 부식	1주	월간	
	금이 간 곳의 존재	매일	월간	
	페인트 칠이 벗겨짐	2주	월간	
	돌출부나 거칠음	1주	월간	
	볼트나 너트 등의 나사풀림	매일	월간	
물 이용 놀이기구	급 · 배수 상태(물공급 노즐, 오버플로우, 배수구 등)	매일	월간	
	매달려 있는 구동구조물 상태(베어링, 이중안전장치 등)	2주	월간	
	미끄럼방지 조치 상태(테잎, 매트 등)	1주	월간	
	수질오염 상태(부유물질 등)	매일	월간	
	기초부, 연결부 등의 물고임 및 부식 상태	매일	월간	

출처: 행정안전부(2018a), pp. 43-45.

부록 V. 안전사고보고서

사고보고서

<table>
<tr><td>어린이집명
(유형)</td><td colspan="3">(　　　)
*전담지정종류 포함</td><td>인가일</td><td>최초:　　　년　월　일
변경:　　　년　월　일</td></tr>
<tr><td>주 소</td><td colspan="3"></td><td>연락처</td><td></td></tr>
<tr><td>어린이집현황</td><td colspan="5">정원(　　)명, 현원(　　)명, 보육교직원(　　)명</td></tr>
<tr><td>반별 현황</td><td colspan="5">0세반(　)명 1세반(　)명 2세반(　)명 3세반(　)명 4세반(　)명 5세반(　)명
시간제(　)명 방과후(　)명 시간연장(　)명 24시간(　)명</td></tr>
<tr><td>사고아동명</td><td></td><td>성별</td><td>남　여</td><td>생년월일</td><td>년　월　일</td></tr>
<tr><td>사고일자</td><td>년　월　일</td><td>목격자명</td><td></td><td>사고시간</td><td>오전/오후</td></tr>
<tr><td>사고 당시 원장 및
담임교사 근무상황</td><td colspan="5"></td></tr>
<tr><td>부모연락사항</td><td colspan="5"></td></tr>
<tr><td>연락시간</td><td>오전/오후</td><td colspan="2">119 신고 여부</td><td colspan="2">□ 안 함　□ 신고함(오전/오후　시)</td></tr>
<tr><td>사고발생 장소</td><td colspan="5">□ 수송중　□ 견학중　□ 실외놀이장　□ 실내놀이실
□ 화장실　□ 복도　□ 주방　□ 대근육활동실(유희실)
□ 교사실　□ 식당　□ 계단　□ 기타(　)</td></tr>
<tr><td>사고당시
활동내용</td><td colspan="5">□ 목욕 및 배변시간　□ 교실활동　□ 계단오르내리기
□ 실내자유놀이　□ 점심/간식/수유시간　□ 실외자유놀이
□ 계획된 실외놀이　□ 놀이시설 설비　□ 물놀이
□ 견학　□ 낮잠　□ 기타(　　　)</td></tr>
<tr><td>상해를 입은
시설 설비</td><td colspan="5">□ 오르기시설　□ 평균대　□ 크롤(기어나가는 시설)
□ 장애설비　□ 현관문/교실문　□ 실외고정물
□ 회전대　□ 놀이집　□ 시소
□ 미끄럼틀　□ 그네　□ 바퀴 달린 탈것
□ 바퀴 달린 장난감　□ 잘 모르겠음　□ 기타(　　　)</td></tr>
<tr><td>상해의 유형</td><td colspan="5">□ 화상　□ 쇼크/질식　□ 추락/강타　□ 물체에 끼임
□ 찢어짐　□ 뼈가 부러지거나 탈구　□ 압박, 눌림
□ 베임　□ 찰과상(벗겨짐)　□ 삠　□ 물림　□ 찔림
□ 식중독　□ 기타 중독　□ 호흡곤란　□ 기타(　　　)</td></tr>
</table>

상해를 입은 다른 아동이 있는가?		□ 예 □ 아니요	
사고원인	□ 바닥으로 떨어짐: 떨어진 높이 약 m 바닥의 형태: □ 뛰거나 발을 헛디뎌 넘어짐 □ 다른 유아에게 물림 □ 다른 유아에게 맞거나 밀림 □ 바퀴 달린 탈것(인라인 스케이트 등) □ 물체에 의해 다침 □ 음식물에 의한 질식 □ 곤충에 물리거나 쏘임 □ 동물에게 물림 □ 열, 추위에 노출 □ 기타( )		
다친 부위 (좌, 우 표시)	□ 머리 □ 눈(좌, 우) □ 귀(좌, 우) □ 코 □ 입 □ 목 □ 가슴 □ 등 □ 엉덩이(좌, 우) □ 생식기 □ 팔(좌, 우) □ 손(좌, 우) □ 다리(좌, 우) □ 발(좌, 우)		
사고 관련 특이사항			
보육기관에서 행해진 응급처치(상술 예: 압박붕대, 세척, 붕대, 위로 등)			
상해 · 배상보험 가입 현황			
□ 상해 □ 배상 □ 기타( ) 보험금 최고한도 인당( )만 원 건당( )만 원			
응급처치자		의료기관 진료여부	□ 안 함 □ 함
의료기관 진료를 한 경우	□ 외래 진료를 받음(예: 진료실, 응급실) □ 입원(시간/일)		
기타 사후처리 상황 (경찰조사, 피해합의 등)			
사고아동 보호(치료)를 위한 추후 계획			
재발방지를 위한 조치사항			
직원 서명	(인) 날짜: . . 오전/오후		
부모 서명	(인) 날짜: . . 오전/오후		

출처: 어린이집안전공제회(2019d), pp. 141-142.

참고문헌

경기도교육청(2013). 행복을 지키는 안전교육 길라잡이.

경기도교육청(2014). 유치원 안전교육 길라잡이.

경기도성남교육지원청(2019). 학교안전관리 세부집행계획.

과학기술정보통신부, 한국정보화진흥원(2019). 스마트폰 과의존 예방 가이드라인 매뉴얼–영 · 유아 보호자용. 스마트쉼센터 홈페이지. https://www.iapc.or.kr/

관계부처합동(2015). 아동의 삶과 대한민국의 미래를 바꾸는 제1차 아동정책 ('15~'19)기본계획(안). http://www.mohw.go.kr/

광주광역시교육청(2017). 학교안전관리 세부집행계획.

교육과학기술부(2012). 유치원 교육과정 운영 지원을 위한 유아재난대비생활안전교육프로그램.

교육부(2014). 교육분야 안전 종합대책.

교육부(2015a). 학교안전사고 예방 기본계획.

교육부(2015b). 2015 유치원 시설안전관리매뉴얼.

교육부(2016a). 식품알레르기 교육 참고자료.

교육부(2016b). 학교급식 위생관리 지침서.

교육부(2017). 유치원 급 · 간식 운영관리 지침서.

교육부(2018). 2019년도 국가안전관리 집행계획.

교육부(2019). 유치원 교육과정. 교육부 고시 제2019-189호(2019. 7. 24.).

교육부, 경상남도교육청, 학교안전공제중앙회(2016). 학교안전교육 7대 표준안 유치원용.

교육부, 보건복지부(2016). 유치원 · 어린이집 아동학대 조기발견 및 관리 · 대응 매뉴얼.

교육부, 충청남도교육청(2015). 건강 · 안전관리 길라잡이.

교육부, 한국교육개발원(2017). 학교급식 학부모 모니터단 운영 안내서.

국민안전처(2016. 4. 17.). (정책설명자료) 어린이 안전 종합대책 추진. https://www.mois.go.kr/

권경희(2009). 올바른 의약품 사용법. 식품의약품안전청, 한국마약퇴치운동본부 편. **약물 오 · 남용 예방교육 총론**(pp. 93-103). 서울: 한국마약퇴치운동본부.

권미경, 박현숙, 유주희, 한경옥(2016). 유아기 스마트폰 과몰입에 영향을 미치는 변인에 관한 연구. **인간발달연구, 23**(4), 121-138.

김대웅, 박윤현(2018). 어머니 양육 스트레스, 온정적 양육행동, 유아 전자매체 이용시간, 외현화 문제행동의 관계: 성별 다집단 분석. **열린유아교육연구, 23**(6), 135-156.

김상호(2008). 앰버 경보 운영에 대한 주요 쟁점과 분석. **한국공안행정학회보, 3**, 69-98.

김승권, 윤선화, 김형욱, 정윤경, 이주영(2008. 6.). 제2차 아동안전종합대책 5개년계획 수립 연구. https://www.kihasa.re.kr/

김승옥, 이경옥(2007). 아동의 인터넷 게임 중독 및 과몰입의 개념적 이해. **어린이미디어연구, 6**(2), 63-83.

김재영(2016). 소비자법령 정비방안 연구 III: 식품안전. **한국소비자원 정책연구 16-12**. 충북: 한국소비자원.

나승일(2012). 청소년 흡연에 영향을 미치는 요인에 관한 연구. 서울시립대학교 도시과학대학원 석사학위논문.

노충래(2002). 아동 및 가해자의 특성에 따른 아동학대의 심각성 예측 요인에 관한 연구. **한국아동복지학, 13**, 123-154.

대한심폐소생협회(2018). **대한심폐소생협회 기본소생술**. 경기: 군자출판사.

대한암협회, 이화어린이생활연구원(2009). **유아흡연예방교육프로그램**.

대한적십자사(2009). **심폐소생술**.

도로교통공단(2015a). **교통안전 길라잡이**.

도로교통공단(2015b). **주머니속 교통안전**.

도로교통공단(2019). **교통사고 통계분석**(2019-0203-004).

박남수(2016). **안전한 학교 개론**. 서울: 보문각.

박은혜, 조혜선, 이성희, 황보영(2011). **영유아 안전교육**. 서울: 파란마음.

보건복지부(2013). 제3차 어린이집 표준보육과정. 보건복지부 고시 제2013-8호(2013. 1. 21.).

보건복지부(2019a). **공공장소 및 다중이용시설의 자동심장충격기(AED) 설치 및 관리 지침**(제4판).

보건복지부(2019b). **2019년 보육사업안내**.

보건복지부, 국가금연지원센터(2015). **누리과정과 연계한 유아 흡연예방교육 프로그램**.

보건복지부, 국가금연지원센터(2016). **유아흡연예방교육을 위한 교사교육과정**.

보건복지부, 어린이집안전공제회, 중앙육아종합지원센터(2018). **2018 어린이집 보육교직원 안전교육**.

보건복지부, 어린이집안전공제회, 중앙육아종합지원센터(2019). 2019 어린이집 보육교직원 안전교육.

보건복지부, 중앙아동보호전문기관(2017). 어린이집 아동학대 사례 심층분석.

보건복지부, 중앙아동보호전문기관(2019). 2018 아동학대 주요 통계.

보건복지부, 질병관리본부, 대한심폐소생협회(2016). 2015 한국형 심폐소생술가이드라인.

보건복지부, 한국보건사회연구원(2000). 우리 가족 행복지킴이: 건강소백과.

보건복지부, 한국보건사회연구원(2003). 어린이 안전수칙을 위한 부모님 가이드.

보건복지부, 한국보육진흥원(2018). 2018년도 부모모니터링단 운영매뉴얼.

사단법인 대한응급구조사협회(2016). 응급처치와 심폐소생술(제7판). 서울: 도서출판 한미의학.

서길준, 이희택, 오수일, 이원태(2016). 응급처치와 심폐소생술(개정7판). 서울: 도서출판 의학서원.

손순복, 권경숙, 방혜경, 조미영, 봉진영(2018). 아동안전관리. 서울: 학지사.

스포츠안전재단(2017). 청소년 스포츠 안전매뉴얼: 초등학생용.

식품의약품안전처(2016). 어린이급식관리지침서.

식품의약품안전처(2018). 2017년 어린이 식생활 안전지수 조사 및 평가 결과.

식품의약품안전처(2019). 어린이집, 유치원 식중독 예방 관리 매뉴얼(시설운영자용).

식품의약품안전청(2009). 집단급식소 위생관리 매뉴얼.

신동주, 이상은, 김현경, 박영선(2015). 영 · 유아 안전관리. 경기: 정민사.

어린이재단 실종아동전문기관(2008). 소중한 우리아이 안전하게 지키기.

어린이집안전공제회(2019a). 어린이집 안전관리백과 1: 실내 · 외 보육환경.

어린이집안전공제회(2019b). 어린이집 안전관리백과 2: 소방 · 재난.

어린이집안전공제회(2019c). 어린이집 안전관리백과 3: 통학차량과 등 · 하원.

어린이집안전공제회(2019d). 어린이집 안전관리백과 4: 건강 · 환경 · 위생 · 급식.

유연지, 김진우(2018). 만4세 유아의 야간수면시간에 영향을 미치는 변인 분석. 육아정책연구, 12(3), 55-76.

유효순, 최경숙(2006). 아동발달. 서울: 한국방송통신대학교출판부.

이근화(2017). 안전교육 7대 표준안에 근거한초등 교과서 안전교육 내용 분석. 대구교육대학교 교육대학원 석사학위청구논문.

이기숙, 장영희, 정미라, 윤선화(2014). 영유아안전교육. 경기: 양서원.

이명선, 이재은, 허억, 왕순주, 김인태, 김연희, 오영아, 김선혜, 남영희, 이윤, 이유진, 정혜인, 배성숙, 이경원, 최혜정, 박예진(2011). 안전교육 표준 교재 지도서. 서울: 이화여자대학교 산학협력단.

이명선, 이재은, 허억, 왕순주, 오영아, 김인태, 김연희(2012). **안전생활 길잡이 지도서**. 서울: 이화여자대학교 산학협력단.

이상원(1988). **소아 가정의학백과**. 서울: 서문당.

이상원(1998). **부모도 반의사가 되어야 한다**. 서울: 도서출판 청문각.

이은옥, 전명희, 박영숙, 유정희(1990). **응급처치의 원리와 실제**. 서울: 수문사.

이정림(2013). 영유아의 스마트폰 노출실태, 육아정책연구소 I 세미나자료 2013-09, 영유아 및 아동 · 청소년의 스마트폰 중독예방을 위한 정책. 한국청소년정책연구원, 육아정책연구소.

이정림, 도남희, 오유정(2013). 영유아의 미디어 노출실태 및 보호대책(연구보고 2013-15). 육아정책연구소.

이진화, 조인경(2018). 유아 미디어 이용 정도, 실내 · 외 놀이가 문제행동과 또래놀이 상호작용에 미치는 영향. **인문사회 21, 9**(3), 471-485.

이혜숙(2010). 유아의 게임 몰입성과 유아의 정신건강 및 어머니의 양육태도 간의 관계. 성균관대학교 대학원 석사학위논문.

인도주의 실천 의사협의회(1996). **꼭 알아야할 건강상식 105**. 서울: 한울.

조경자, 이현숙(2010). **유아건강교육**(3판). 서울: 학지사.

조규종(2012). 익수환자에게는 어떻게(ABC 또는 CAB) 심폐소생술을 시행해야 하는가? **대한심폐소생협회소식지**(2012. 12.). 5면.

조근호(2009). 약물 남용 및 의존의 증상과 진단. 식품의약품안전청, 한국마약퇴치운동본부 편. **약물오 · 남용 예방교육총론**(pp. 104-122). 서울: 한국마약퇴치운동본부.

중앙보육정보센터(2008). **보육시설 안전관리 매뉴얼**.

지광석(2018). 정부의 어린이안전대책 현황과 시사점. **한국소비자원 소비자정책동향 제90호**.

채수미(2015). 약물오남용의 실태와 개선방안. **보건복지포럼, 통권 제228호**, 66-76.

최화경(2009). 약물남용의 정의. 식품의약품안전청, 한국마약퇴치운동본부 편. **약물오 · 남용 예방교육 총론**(pp. 7-36). 서울: 한국마약퇴치운동본부.

팬더북 편집부 엮음(1992). **눈으로 보는 응급처치법**. 서울: 팬더북.

한국소비자원 안전감시국 제품안전팀(2017). **생활화학제품 어린이보호포장 안전실태조사**.

한국소비자원 위해정보국 위해분석팀(2017). **생활화학제품 위해정보 동향분석**.

한국소비자원 위해정보국 위해분석팀(2018a). **2017년 어린이 안전사고 동향분석**.

한국소비자원 위해정보국 위해분석팀(2018b). **어린이 화상사고 위해정보 분석**.

한국소비자원 위해정보국 위해예방팀(2019). **2018년 어린이 안전사고 동향분석**.

행정안전부(2012). **안전생활 길잡이 지도서**.

행정안전부(2018a). 어린이놀이시설 안전관리 매뉴얼.

행정안전부(2018b). 주민등록인구 현황 통계.

홍창의(1997). 소아과학. 서울: 대한교과서주식회사.

환경부, 교육부, 보건복지부(2017). 고농도 미세먼지 대응요령(유치원, 학교). 환경부. 행정간행물 등록번호11-1480000-001435-01. 에어코리아. http://www.airkorea.or.kr/

Arena, J. M., & Settle, M. B. (1987). 위험 속에서 노는 아이들 그 예방과 응급처치법(이용일 역, 1989). 서울: 이레서원.

Aronson, S. S. (ed.) (2002). *Healthy young children: A manual for programs* (4th ed.). Washington, DC: NAEYC.

Aronson, S. S. (ed.) (2012). *Healthy young children: A manual for programs* (5th ed.). Washington, DC: NAEYC.

Cheung, C. H. M., Bedford, R., De Urabain, I. R. S., Karmiloff-Smith, A. & Smith, T. J. (2017). Daily touchscreen use in infants and toddlers is associated with reduced sleep and delayed sleep onset. *Scientific Reports, 7,* 46104; doi: 10.1038/srep46104.

Coulton, C. J., Crampton, D. S., Irwin, M., Spilsbury, J. C., & Korbin, J. E. (2007). How neighborhoods influence child maltreatment: A review of the literature and alternative pathways. *Child Abuse & Neglect, 31,* 1117-1142.

Decker, C. A., & Decker, J. R. (2005). *Planning and administering early childhood programs* (8th ed.). NJ: Pearson Merrill-Prentice Hall.

Florio, A. E. (1962). *Safety education.* New York: McGraw Hillbook.

Frost, J. L., Wortham, S., & Reifel, S. (2001). *Play and child development.* Upper Saddle River, NJ: Prentice Hall.

Gurian, M., & Stevens, K. (2005). 아들이 아니라 학교가 문제다(고정아 역, 2006). 서울: 큰솔.

Heimlich, H. J. (1992). 누구나 할 수 있는 응급처치법(이일남 역). 서울: 태웅출판사.

Howes, C., Phillips, D., & Whitebook, M. (1992). Thresholds of quality: Implication for the social development of children in center-based child care. *Child Development, 63,* 449-460.

Jensen, M. A., & Chevalier, Z. W. (1990). *Issues and advocacy in early education.* Boston: Allyn & Bacon.

Kendrick, A. S., Kaufmann, R., & Messenger, K. P. (1991). *Healthy young children: A manual for programs.* Washington, DC: NAEYC.

Marland, S. K., James, A, E., Ralph, B. C., & John, E. R. (1973). *Fundamentals of safety education* (3rd ed.). New York: Macmillan Co.

Marotz, L. R., Cross, M. Z., & Rush, J. M. (2005). *Health, safety, & nutrition for the young child* (6th ed.). Albany, NY: Delmar.

Marsden, A., Moffat, C., & Scott, R. (1992). **응급처치 매뉴얼**(김형묵 역, 1995). 서울: 도서출판 고려의학.

Miller, D. F., Telljohann, S. K., & Symons, C. W. (1996). *Health education* (2nd ed.). Madison: WI. Brown & Benchmark Publishers.

Papalia, D. E., Olds, S. W., & Feldman, R. D. (1989). **인간발달: 아동발달 I**(박성연 역, 1991). 서울: 교육과학사.

Robertson, C. (2002). *Safety, nutrition, and health in child care*. Albany, NY: Delmar.

Robertson, C. (2010). *Safety, nutrition, and health in early education* (4th ed.). Wadsworth: Cengage Learning.

Stoppard, M. (1994). **어린이 건강 365일**(이일남 역). 서울: 상아.

Tower, C. (1993). *Understanding child abuse and neglect*. Boston: Allyn and Bacon.

강애란(2019. 10. 7.). '식중독 조기경보 시스템' 운영 10년… 작동은 절반에 그쳐. 연합뉴스. https://www.yna.co.kr에서 인출.

강연국(2019. 2. 15.). 'k급' 소화기를 아시나요? 한국안전신문. http://www.119news.net에서 인출.

경상북도 소방본부. http://gb119.go.kr

과학기술정보통신부(2018. 12./2019. 1. 25. 발표 보도). 제4차 스마트폰 · 인터넷 과의존 예방 및 해소 종합계획(안)(2019~2021). https://www.msit.go.kr/에서 인출.

과학기술정보통신부(2019. 1. 25. 발표 보도). 영유아, 노령층 스마트폰 과의존에 민관협력 대응강화—제4차 스마트폰 · 인터넷 과의존 예방 및 해소 종합계획 발표. https://www.msit.go.kr/에서 인출.

과학기술정보통신부(2019. 2. 13.). 2018년 스마트폰 과의존 실태조사 결과 발표 보도자료. https://www.msit.go.kr/에서 인출.

과학기술정보통신부(2019. 4. 12.). '5G 이동통신 시대 이용자 보호 강화' 일환으로 스마트폰 과의존 범부처 대응체계운영 계획 및 예방 · 해소 서비스 통합안내 방안 마련 보도자료. https://www.msit.go.kr/에서 인출.

과학기술정보통신부, 한국인터넷진흥원(2019. 2. 24.). 2018 인터넷이용실태조사 요약보고서(국가승인 지정통계 제120005호). https://www.msit.go.kr/에서 인출.

과학기술정보통신부, 한국정보화진흥원(2019). 2018 스마트폰 과의존 실태조사 결과. https://www.msit.go.kr/에서 인출.

과학문화포털 사이언스올 과학백과사전. https://www.scienceall.com/

교통안전 캠페인-속도를 줄이면, 사람이 보입니다(2019. 2. 26.). 헷갈리는 교통 표지판 정복하기. http://savethelife.kr에서 인출.

국가기술표준원(2017. 3. 2.). 어린이 보호장치 안전인증기준. http://kats.go.kr에서 인출.

국립국어원 우리말샘. opendict.korean.go.kr

국민재난안전포털. http://www.safekorea.go.kr

국토교통부(2014. 2. 20.). 어린이 교통사고 예방을 위해 자동차 기준 강화된다. http://www.molit.go.kr에서 인출.

금연길라잡이(2013. 1. 24.). 금연 상담전화 이용자를 위한 지침서. http://www.nosmokeguide.go.kr에서 인출.

금연길라잡이(2017. 9. 7.). 흡연 현황 · 통계: 청소년 흡연율, 간접흡연 노출률. http://www.nosmokeguide.go.kr에서 인출.

기상청. http://www.weather.go.kr/weather/typoon/knowledge/

녹색제품정보시스템. http://greenproduct.go.kr

다음백과사전. https://100.daum.net/encyclopedia/

다음백과사전 최신대기과학용어사전. https://100.daum.net/encyclopedia/

대한민국정책브리핑(2019. 4. 18.). 어린이 통학버스 '하차 확인장치' 의무화. http://korea.kr에서 인출.

대한임상건강증진학회(n.d.). 건강자료실 '약물사용'. http://www.healthpro.or.kr에서 인출.

도로교통공단. http://www.koroad.or.kr

부산광역시교육청학교안전플러스(n.d.). 사고 발생 시 보고방법. http://schoolsafe.pen.go.kr에서 인출.

서울대학교병원 N의학정보(n.d.). 아나필락시스[anaphylaxis]. http://www.snuh.org에서 인출.

서울특별시 소방재난본부. 재난안전 119 신고요령 안내가이드. https://fire.seoul.go.kr

서울특별시학교안전공제회(2019. 5. 10.). 학교안전공제제도 안내자료. http://ssia.or.kr에서 인출.

서울특별시학교안전공제회(n.d.). 학교안전사고보상공제 보상절차. http://www.ssia.or.kr에서 인출.

소방청 국가 화재 정보센터. https://www.nfds.go.kr/

소방청 블로그. https://blog.naver.com/safeppy/

스마트 서울경찰 Blog(2018. 4. 3.). 스쿨존(School Zone) 우리 함께 지켜요. https://smartsmpa.tistory.com에서 인출.

식품안전정보포털 식품안전나라(2018. 6. 25.). 식중독 예방 3대 요령. https://www.foodsafetykorea.go.kr에서 인출.

식품안전정보포털 식품안전나라(n.d.). 위해 · 예방: 식중독 정보. https://www.foodsafetykorea.go.kr에서 인출.

식품의약품안전처 독성정보시스템. http://toxinfo.nilds.go.kr

식품의약품안전처 식품의약품안전평가원(2017. 12. 11.). 공공장소에서 자주 볼 수 있는 자동심장충격기(AED) 어떻게 써야 할까요? http://www.nifds.go.kr에서 인출.

식품의약품안전처 식품의약품안전평가원(2018. 6. 27.). 4분의 기적! 자동심장충격기(AED)에 대해 알아볼까요? http://www.nifds.go.kr에서 인출.

실종아동전문기관(n.d.). 통계자료. http://www.missingchild.or.kr에서 인출.

안전Dream 아동 여성 장애인 경찰지원센터(2017. 11. 1.). 딸 바보가 그렸어 3탄(아동안전지킴이집 편). http://www.safe182.go.kr에서 인출.

안전Dream 아동 여성 장애인 경찰지원센터(n.d.). 아동안전지킴이집. http://www.safe182.go.kr에서 인출.

어린이안전학교(n.d.). 유형별 안전교실-교통안전. http://www.go119.org에서 인출.

어린이안전학교(n.d.). 유형별 안전교실-약물 및 사이버안전. http://www.go119.org에서 인출.

어린이집안전공제회(n.d.). 사고처리절차. http://www.csia.or.kr에서 인출.

에어코리아. http://www.airkorea.or.kr/

의약품안전나라(n.d.). 어린이의약정보. https://nedrug.mfds.go.kr에서 인출.

인천강화소방서 안전문화운동. https://www.incheon.go.kr/119/index

전라남도보건환경연구원. http://www.jihe.go.kr/business/ozone/

정부24(2018. 11. 21.). 119 다매체신고 서비스 안내. https://www.gov.kr에서 인출.

중앙아동보호전문기관(2016. 12. 14.). 유치원 교직원용 아동권리보호 자가체크리트 개발 보급(보도자료). http://korea1391.go.kr에서 인출.

중앙아동보호전문기관(n.d.). 아동학대 신고. http://www.korea1391.go.kr에서 인출.

중앙아동보호전문기관(n.d.). 아동학대 유형 및 징후. http://www.korea1391.go.kr에서 인출.

중앙응급의료센터. https://www.e-gen.or.kr

지식경제부 기술표준원. http://kats.go.kr

질병관리본부(2018. 5. 9.). 알레르기질환 교육자료 3종(아나필락시스 교육자료). http://www.cdc.go.kr에서 인출.

친환경 인증관리 정보시스템. http://www.enviagro.go.kr

통계청(2018. 5. 3.). 사고에 의한 어린이 사망(보도자료). http://kostat.gp.kr에서 인출.

폴인러브(2018. 4. 23.). 어린이 먼저! 어린이 보호구역 '스쿨존'. http://polinlove.tistory.com에서 인출.

학교안전공제중앙회(2019. 5. 19.). 학교안전공제회(2018년 사고발생통계). http://www.ssif.or.kr에서 인출.

한국소비자원(2018. 9. 18.). 생활화학제품 어린이 중독사고 예방 리플릿. http://www.kca.go.kr에서 인출.

한국식품안전관리인증원(2017. 12. 1.). 홍보자료(안심하고 먹을 수 있는 행복한 안심 먹거리, p. 14). https://www.haccp.or.kr에서 인출.

한국식품안전관리인증원(n.d.). HACCP 소개. https://www.haccp.or.kr에서 인출.

한국의약품안전관리원(2013. 10. 28.). 어린이를 위한 의약품 안전사용 정보(홍보물). https://drugsafe.or.kr에서 인출.

행복드림 열린소비자포털(2018. 10. 16.). 영유아용 카시트, 올바로 장착해야 안전 담보할 수 있어. https://www.consumer.go.kr에서 인출.

행정안전부. www.safekorea.go.kr

환경부(2016. 4. 27.). 바로 알면 보인다. 미세먼지 도대체 뭘까? 행정간행물 등록번호 11-1480000-001435-01. 국가환경산업기술정보시스템 환경 자료실. https://www.konetic.or.kr에서 인출. (등록 2018. 5. 16.)

환경부(2019. 7. 4.). 미세먼지 개선을 위한 대기환경 정책 소개, 국가환경산업기술정보시스템 환경 자료실. https://www.konetic.or.kr에서 인출. (등록 2019. 7. 15.)

환경부 대기보전국(2001). 오존 오염의 현황과 대응방안. http://www.me.go.kr/에서 인출.

환경부 수도권대기환경청. http://www.me.go.kr/mamo/web/

환경부 케미스토리. http://chmistory.go.kr

환경부 화학물질정보시스템 http://ncis.nier.go.kr

환경부 환경통계포털(n.d.). 더 안전하게 만나는 생활화학 제품. http://stat.me.go.kr에서 인출.

환경부 환경통계포털(n.d.). 바르게 알고 관리하자! 화학물질이야기. http://stat.me.go.kr에서 인출.

PAHO/WHO Health Emergencies Department(PHE). https://www.paho.org/disasters/

WHO "Golden Rules" for Safe Food Preparation. PAHO/WHO Health Emergencies Department(PHE) 홈페이지. https://www.paho.org/disasters/

Wikipedia. http://en.wikipedia.org

감염병예방 및 관리에 관한 법률 시행규칙[시행 2019. 11. 22.] [보건복지부령 제687호, 2019. 11. 22., 일부개정]

감염병예방 및 관리에 관한 법률 시행령[시행 2019. 7. 9.] [대통령령 제29961호, 2019. 7. 9., 일부개정]

결핵예방법[시행 2020. 1. 1.] [법률 제15534호, 2018. 3. 27., 타법개정]

결핵예방법 시행규칙[시행 2019. 9. 27.] [보건복지부령 제672호, 2019. 9. 27., 타법개정]

고등학교 이하 각급학교 설립 · 운영 규정[시행 2018. 11. 6.] [대통령령 제29275호, 2018. 11. 6., 일부개정]

공공기관의 소방안전관리에 관한 규정[시행 2016. 1. 21.] [대통령령 제26916호, 2016. 1. 19., 타법개정]

공익신고자보호법[시행 2018. 11. 1.] [법률 제15022호, 2017. 10. 31., 타법개정]

교통안전법[시행 2019. 3. 28.] [법률 제15530호, 2018. 3. 27., 타법개정]

대기환경보전법 시행규칙[시행 2019. 7. 16.] [환경부령 제817호, 2019. 7. 16, 일부개정]

대기환경보전법 시행령[시행 2019. 7. 16.] [대통령령 제29988호, 2019. 7. 16, 일부개정]

도로교통법[시행 2019. 11. 26.] [법률 제16652호, 2019. 11. 26., 타법개정]

도로교통법 시행령[시행 2019. 8. 1.] [대통령령 제29720호, 2019. 4. 30., 일부개정]

소화기구 및 자동소화장치의 화재안전기준(NFSC 101)[시행 2018. 11. 19.] [소방청고시 제2018-14호, 2018. 11. 19., 일부개정]

식품 등의 표시 · 광고에 관한 법률 시행규칙[시행 2019. 4. 25.] [총리령 제1535호, 2019. 4. 25., 제정]

식품위생법[시행 2019. 11. 1.] [법률 제16431호, 2019. 4. 30., 일부개정]

식품위생법 시행규칙[시행 2019. 12. 21.] [총리령 제1572호, 2019. 11. 20., 일부개정]

식품위생법 시행령[시행 2019. 12. 13.] [대통령령 제28472호, 2017. 12. 12., 일부개정]

실내공기질 관리법[시행 2018. 10. 18.] [법률 제15583호, 2018. 4. 17., 일부개정]

실종아동등의 보호 및 지원에 관한 법률(약칭: 실종아동법)[시행 2018. 10. 18.] [법률 제15608호, 2018. 4. 17., 타법개정]

아동 · 청소년 성보호에 관한 법률[시행 2019. 7. 16.] [법률 제16275호, 2019. 1. 15., 일부개정]

아동복지법[시행 2019. 7. 16.] [법률 제16248호, 2019. 1. 15., 일부개정]

아동복지법 시행령[시행 2019. 7. 16.] [대통령령 제29987호, 2019. 7. 16., 일부개정]

아동학대범죄의 처벌 등에 관한 특례법(약칭: 아동학대처벌법)[시행 2019. 7. 16.] [법률 제16248호, 2019. 1. 15., 타법개정]

안전인증 대상 어린이제품의 안전기준[시행 2018. 12. 13.][산업통상자원부 고시 제2018-226호, 2018. 12. 13., 타법개정]

약사법[시행 2019. 12. 12.] [법률 제16250호, 2019. 1. 15., 일부개정]

어린이 기호식품 등의 알레르기 유발 식품 표시기준 및 방법[시행 2019. 10. 28.] [식품의약품안전처고시 제2019-99호, 2019. 10. 28., 일부개정]

어린이 기호식품 등의 영양성분과 고카페인 함유 식품 표시기준 및 방법에 관한 규정[시행 2019. 12. 20.] [식품의약품안전처고시 제2019-136호, 2019. 12. 20., 일부개정]

어린이 식생활안전관리 특별법(약칭: 어린이식생활법)[시행 2019. 8. 1.] [법률 제16432호, 2019. 4. 30., 일부개정]

어린이 식생활안전관리 특별법 시행규칙(약칭: 어린이식생활법 시행규칙)[시행 2016. 8. 4.] [총리령 제1312호, 2016. 8. 4., 일부개정]

어린이 · 노인 및 장애인 보호구역의 지정 및 관리에 관한 규칙[시행 2017. 7. 26.] [행정안전부령 제3호, 2017. 7. 26., 타법개정]

어린이놀이시설 안전관리법[시행 2017. 7. 26.] [법률 제14839호, 2017. 7. 26., 타법개정]

어린이놀이시설 안전관리법 시행규칙[시행 2019. 12. 23.] [행정안전부령 제147호, 2019. 12. 23., 일부개정]

어린이놀이시설 안전관리법 시행령[시행 2019. 5. 7.] [대통령령 제29731호, 2019. 5. 7., 일부개정]

어린이놀이시설의 시설기준 및 기술기준[시행 2017. 7. 26.] [행정안전부고시 제2017-1호, 2017. 7. 26., 타법개정]

어린이제품 공통안전기준[시행 2017. 8. 1.] [산업통상자원부고시 제2017-18호, 2017. 1. 31., 일부개정]

여객자동차 운수사업법[시행 2019. 8. 27.] [법률 제16563호, 2019. 8. 27., 일부개정]

여객자동차 운수사업법 시행규칙[시행 2019. 12. 26.] [국토교통부령 제677호, 2019. 12. 26., 일부개정]

여객자동차 운수사업법 시행령[시행 2019. 10. 1.] [대통령령 제30104호, 2019. 10. 1., 일부개정]

영유아보육법[시행 2019. 11. 1.] [법률 제16404호, 2019. 4. 30., 일부개정]

영유아보육법 시행규칙[시행 2019. 12. 31.] [보건복지부령 제698호, 2019. 12. 31., 일부개정]

유아교육법[시행 2018. 2. 9.] [법률 제14567호, 2017. 2. 8., 타법개정]

유아교육법 시행규칙[시행 2019. 8. 6.] [교육부령 제189호, 2019. 8. 6., 일부개정]

유아교육법 시행령[시행 2019. 8. 6.] [대통령령 제30024호, 2019. 8. 6., 일부개정]

응급의료에 관한 법률(약칭: 응급의료법)[시행 2019. 6. 12.][법률 제15893호, 2018. 12. 11., 일부개정]

응급의료에 관한 법률 시행령[시행 2019. 6. 12.][대통령령 제29840호, 2019. 6. 11., 일부개정]

의약품 안전용기 · 포장 및 투약계량기에 관한 규정[시행 2016. 8. 23.] [식품의약품안전처고시 제2016-88호, 2016. 8. 23, 일부개정]

재난 및 안전관리 기본법(약칭: 재난안전법)[시행 2019. 12. 3.] [법률 제16666호, 2019. 12. 3., 일부개정]

정서저해 식품 등의 판매 등 금지에 관한 규정[시행 2014. 2. 12.][식품의약품안전처고시 제2014-38호, 2014. 12. 2., 일부개정]

주택건설기준 등에 관한 규정[시행 2018. 12. 31.] [대통령령 제29459호, 2018. 12. 31., 일부개정]

주택법[시행 2019. 11. 1.] [법률 제16415호, 2019. 4. 30., 타법개정]

청소년 보호법[시행 2019. 12. 12.] [법률 제15913호, 2018. 12. 11., 일부개정]

학교급식법 시행규칙[시행 2016. 4. 20.] [교육부령 제96호, 2016. 4. 20., 타법개정]

학교보건법[시행 2019. 10. 24.] [법률 제16339호, 2019. 4. 23., 일부개정]

학교보건법 시행규칙[시행 2019. 10. 24.] [교육부령 제194호, 2019. 10. 24., 일부개정]

학교안전교육 실시 기준 등에 관한 고시[시행 2017. 4. 21.] [교육부고시 제2017-121호, 2017. 4. 21., 일부개정]

학교안전사고 예방 및 보상에 관한 법률[시행 2019. 6. 19.] [법률 제15966호, 2018. 12. 18., 일부개정]

학교안전사고 예방 및 보상에 관한 법률 시행령[시행 2019. 7. 2.] [대통령령 제29950호, 2019. 7. 2., 타법개정]

화재예방, 소방시설 설치 · 유지 및 안전관리에 관한 법률[시행 2019. 10. 17.] [법률 제15810호, 2018. 10. 16, 일부개정]

화재예방, 소방시설 설치 · 유지 및 안전관리에 관한 법률 시행령[대통령령 제30029호, 2019. 8. 6., 일부개정]

환경보건법[시행 2019. 6. 13.] [법률 제15661호, 2018. 6. 12., 일부개정]

찾아보기

저자 소개

조경자

이화여자대학교 사범대학 교육학과 유아교육 전공 졸업(문학사)

이화여자대학교 대학원 교육학과 유아교육 전공 졸업(문학석사)

이화여자대학교 대학원 유아교육학과 졸업(문학박사)

현 호서대학교 유아교육과 교수, 호서대학교 부속유치원장

이현숙

이화여자대학교 사범대학 교육학과 유아교육 전공 졸업(문학사)

이화여자대학교 대학원 교육학과 유아교육 전공 졸업(문학석사)

이화여자대학교 대학원 유아교육학과 졸업(문학박사)

이화여자대학교 사범대학 부속 이화유치원 교사 역임

현 경복대학교 유아교육과 교수

영유아 안전관리와 교육
Safety in Early Childhood Education and Care

2019년 12월 10일 1판 1쇄 인쇄
2019년 12월 20일 1판 1쇄 발행

지은이 • 조경자 · 이현숙

펴낸이 • 김진환
펴낸곳 • (주)학지사
04031 서울특별시 마포구 양화로 15길 20 마인드월드빌딩
대표전화 • 02-330-5114 팩스 • 02-324-2345
등록번호 • 제313-2006-000265호

홈페이지 • http://www.hakjisa.co.kr
페이스북 • https://www.facebook.com/hakjisa

ISBN 978-89-997-2060-4 93370

정가 23,000원